Ute K. Boonen / Ingeborg Harmes
in Zusammenarbeit mit Michaela Poß, Truus Kruyt
und Gunther De Vogelaer

Niederländische Sprachwissenschaft

Eine Einführung

narr
VERLAG

Dr. Ute K. Boonen ist wissenschaftliche Mitarbeiterin der Abteilung für Niederländische Sprache und Kultur an der Universität Duisburg-Essen.

Ingeborg Harmes, M.A., lehrt am Institut für Niederländische Philologie der Westfälischen Wilhelms-Universität Münster.

Dieses Projekt wurde finanziell unterstützt von der *Nederlandse Taalunie*.

Nederlandse Taalunie

Bibliografische Information der Deutschen Nationalbibliothek

Die Deutsche Nationalbibliothek verzeichnet diese Publikation in der Deutschen National-bibliografie; detaillierte bibliografische Daten sind im Internet über http://dnb.dnb.de abrufbar.

© 2013 · Narr Francke Attempto Verlag GmbH + Co. KG
Dischingerweg 5 · D-72070 Tübingen

Internet: http://www.narr-studienbuecher.de
E-Mail: info@narr.de

Printed in the EU

ISSN 0941-8105
ISBN 978-3-8233-6771-0

Vorwort

Gute Bücher über die niederländische Sprache und Sprachwissenschaft gibt es schon. Und es gibt auch im Internet vielfältige Informationen. Warum sollte man also ein Buch zur niederländischen Sprachwissenschaft schreiben? Nun, nahezu alle Standardwerke der Niederlandistik sind auf Niederländisch verfasst, was für Studienanfänger und andere Interessierte ohne ausreichende Niederländischkenntnisse ein Problem darstellt. Online Informationen wiederum sind oft weitgefächert und dadurch nicht immer überschaubar. Außerdem besteht immer wieder die Gefahr, dass Links nicht mehr existieren oder unauffindbar sind. Bücher leiden weniger darunter und zudem kann man mit einem Text auf Papier besser lernen, weil man unterstreichen und markieren kann. Deshalb diese Einführung in die niederländische Sprachwissenschaft auf Deutsch. Das Buch umfasst zehn Kapitel, die zwar aufeinander aufbauen, die aber auch getrennt voneinander verständlich sind und in einer anderen Reihenfolge gelesen werden können. Zu jedem Kapitel gehören neben einem Textteil auch Aufgaben. Lösungsvorschläge können unter der URL http://www.narr-studienbuecher.de eingesehen werden.

Dieses Projekt konnten wir nicht alleine in die Tat umsetzen. Wir danken unseren Mitautoren, Michaela Poß, Truus Kruyt und Gunther De Voghelaer, für ihre konstruktive Mitarbeit und die inhaltliche Bereicherung durch ihre Beiträge. Viele Kolleginnen und Kollegen der intra- und extramuralen Niederlandistik waren bereit, die Kapitel einer kritischen Begutachtung zu unterziehen und durch ihr Fachwissen zu bereichern. Dafür danken wir: Amand Berteloot, Ronny Boogaart, Gabriële Boorsma, Heinz Eickmans, Bernhard Fisseni, Joop van der Horst, Karolien Janssens, Jürgen Jaspers, Benina Knothe, Esther de Leeuw, Willy Martin, Anneke Neijt, Daniël Van Olmen, Michaela Poß, Ariane van Santen, Ton van der Wouden und Chris De Wulf. Für die tollen maßgefertigten Illustrationen danken wir Helmut Aretz. Die Übersetzung der Kapitel 3 und 8 aus dem Niederländischen ins Deutsche erfolgte in angenehmer Zusammenarbeit mit Kerstin Kamp und Bettina Anhuth. Nicole Dorweiler und Bernhard Fisseni haben mit großer Sorgfalt das Korrekturlesen übernommen, bei Layout und Formatierung wurden wir von Nicole Dorweiler und Michael Wentker unterstützt. Dem Narr-Verlag danken wir für das uns entgegengebrachte Vertrauen, insbesondere Bernd Villhauer, der sich für dieses Projekt persönlich eingesetzt hat, und Tillmann Bub und Karin Burger. Schließlich möchten wir der *Nederlandse Taalunie* für die finanzielle Unterstützung des Projektes danken.

Amsterdam/Münster, im September 2013   Ute K. Boonen & Ingeborg Harmes

Inhaltsverzeichnis

1. Die niederländische Sprache

Ingeborg Harmes & Ute K. Boonen

> Eines sollte man trotz allem nicht tun, nämlich die niederländische Sprache in aller Arroganz zu unterschätzen. Gerade wir Deutschen können dieser Neigung nur schwer widerstehen. Bester Beweis war mein deutscher Schwager: Der meinte, ich solle endlich aufhören, über *Nederlands* zu klagen, so schwer könne das ja alles nicht sein, es ginge doch bloß um eine Art deutschen Dialekt.
>
> Kerstin Schweighöfer, *Auf Heineken könn wir uns eineken*

Derzeit sprechen etwa 23 Mio. Menschen Niederländisch als Muttersprache und damit gehört die niederländische Sprache in Europa zu den mittelgroßen Sprachen. Als große europäische Sprachen gelten z.B. Deutsch mit mehr als 90 Mio. und Englisch mit mehr als 50 Mio. Sprechern; kleine Sprachen sind Schwedisch und Dänisch mit 8 bzw. 5 Mio. Sprechern. Wenn man berücksichtigt, dass weltweit schätzungsweise 6000 Sprachen existieren, hat das Niederländische dennoch eine ziemlich starke Position, denn es gehört zu den 40 meistgesprochenen Sprachen der Welt.

Klischees und Halbwissen über die niederländische Sprache wie im obenstehenden Beispiel sind nach wie vor im Umlauf.

> Wer über die niederländische Sprache schreibt, darf bei Leserinnen und Lesern außerhalb des niederländischen Sprachgebietes keine auch nur einigermaßen angemessene Vorstellung vom Gegenstand der Darstellung voraussetzen; zu sehr ist das Bild des Niederländischen fast allgemein von Vorurteilen und Mißverständnissen verzerrt. (Vekeman & Ecke 1992: 1)

Um einige Missverständnisse gleich auszuräumen: Niederländisch wird oft Holländisch, die Niederlande oft 'Holland' genannt. Genau wie England nur ein Teil von Großbritannien ist, ist Holland eigentlich nur ein Teil der Niederlande. Nordholland und Südholland sind zwei Provinzen im Westen der Niederlande. Die größten Städte sowie das politische und ökonomische Zentrum liegen in dieser Region. Vielleicht weil *Hollands* kürzer und dadurch praktischer ist als *Nederlands*, verwenden auch die Niederländer selbst häufig *Holländisch* statt *Niederländisch* für ihre Sprache. In Belgien wird die niederländische Sprache häufig *Vlaams* genannt (man spricht hier nicht *Hollands*!). Eigentlich bezieht sich 'flämisch' bzw. *Vlaams* aber auf die Region Flandern und ist der Name von zwei Dialekten, dem West- und Ostflämisch, die im Westen Flanderns gesprochen werden. Offiziell gibt es weder die Sprache 'Holländisch' noch die Sprache 'Flämisch', sondern nur die Sprache 'Niederländisch'.

1.1   Die Verbreitung des Niederländischen

Spuren der niederländischen Sprache findet man weltweit. Die vielen Handels- und Kulturkontakte innerhalb und außerhalb Europas haben dazu geführt, dass wir bis heute noch sprachliche Einflüsse in verschiedenen Regionen der Welt finden. Dabei handelt es sich hauptsächlich um niederländische Wörter, die in anderen Sprachen übernommen wurden. Viele dieser Wörter beziehen sich auf das alltägliche Leben, die Seeschifffahrt, den amtlichen Bereich und den Handel. Beispiele für solche Wörter sind *bīru* (*bier*) im Japanischen, *brote* (*brood*) im brasilianischen Portugiesisch, *smear-case* (*smeerkaas*) im amerikanischen Englisch, *mápka* (*map*) und *kanál* (*kanaal*) im Russischen, *gávan* (*haven*) und *kontorá* (*kantoor* 'Büro') im Polnischen, *kasir* (*kassier*) im Javanischen oder *notāris* (*notaris*) und *kakkussi-ya* (*kakhuis*) im Singalesischen (Sri Lanka). In der Stadt New York erinnern bestimmte Ortsnamen noch an die niederländischen Anwesendheit im 17. Jahrhundert: *Broadway* (*Breede Weg*), *Brooklyn* (*Breukelen*), *Harlem* (*Haarlem*) oder *Coney Island* (*konijneneiland* 'Kanincheninsel').

Derzeit ist Niederländisch die offizielle Amtsprache in den Niederlanden, Belgien, auf den Karibikinseln Aruba, Curaçao, Sint Maarten, Bonaire, St. Eustatius und Saba sowie in Suriname. In den folgenden Abschnitten wird die Position des Niederländischen in den jeweiligen Gebieten vorgestellt. Anschließend gehen wir noch kurz auf die niederländische Sprache in der ehemaligen Kolonie Niederländisch-Ostindien, heute Indonesien, und die Tochtersprache Afrikaans ein.

1.1.1   Niederlande

Niederländisch ist die offizielle Amtssprache für die etwa 16,7 Mio. Einwohner der Niederlande.[1] Außerdem hat seit 1995 auch **Friesisch** (*Fries*) den Status einer offiziellen Sprache, allerdings nur in der Provinz Friesland. Es gibt etwa 350.000 Sprecher des Friesischen.

> **Friese tolk helpt advocaat Vaatstra-verdachte**
>
> LEEUWARDEN – De advocaat van de veeboer uit Oudwoude die wordt verdacht van de moord op Marianne Vaatstra laat zich bijstaan door een Friese tolk. De rechter-commissaris spreekt weliswaar Fries, maar advocaat Jan Vlug van de 45-jarige verdachte is de Friese taal niet machtig. Daarom werd hij donderdag al bijgestaan door een beëdigd vertaler. In Friesland mag een verdachte op de rechtbank altijd de Friese taal gebruiken.
>
> *Leeuwarder Courant*, 23. 11. 2012

---

[1]   Am Kapitelende befindet sich eine Quellenaufstellung zu den Daten zu Sprecher- und Bevölkerungszahlen.

Außer im familiären Umfeld wird Friesisch in bestimmten Bereichen wie in der Schule, der Verwaltung und der Rechtssprechung verwendet (s. Textbeispiel). Weder die niederländische noch die friesische Sprache sind übrigens im Grundgesetz festgelegt.

Neben Friesisch sind Limburgisch (*Limburgs*) und *Nedersaksisch* seit 1997 bzw. 1996 offiziell als **Regionalsprache** (*streektaal*) anerkannt. Die Provinzen und Gemeinden können ihre eigene regionale Sprache durch diesen Status fördern. So subventionieren sie beispielsweise lokale Theatervereinigungen und lokale Radiosender, die auch in der eigenen Regionalsprache senden. Außerdem werden in den Niederlanden noch – ohne offiziellen Status – die Sprachen der Immigranten gesprochen, wie Türkisch, Marrokanisch-Arabisch, Papiamento (vgl. 1.1.3), Indonesisch und Sranantongo (vgl. 1.1.3).

1.1.2 Belgien

Belgien hat drei offizielle Sprachen: Niederländisch, Französisch und Deutsch. Von den etwa 11 Mio. Einwohnern sprechen über 6 Mio. Belgier Niederländisch als Muttersprache, 4,6 Mio. Französisch und circa 150.000 Deutsch. Der belgische Föderalstaat ist in Gemeinschaften und Regionen eingeteilt. Die **Gemeinschaften** (*gemeenschappen*) sind sprachlich-kulturell gestaltet und in eine flämische, französische und deutschsprachige Gemeinschaft gegliedert. Die **Regionen** (*gewesten*) sind politisch-administrativ gestaltet, im Norden liegt die Region Flandern (*Vlaanderen*), in der Mitte die Region Brüssel-Hauptstadt (*Brussel-Hoofdstad*) und im Süden die Region Wallonien (*Wallonië*). Zudem werden noch – ohne offiziellen Status – u.a. die Immigrantensprachen Italienisch, Marrokanisch-Arabisch, Portugiesisch und Türkisch gesprochen. Die geografische Verteilung der drei offiziellen Sprachen ist in Artikel 4 des Grundgesetztes festgelegt.

België omvat vier taalgebieden: het Nederlandse taalgebied, het Franse taalgebied, het tweetalige gebied Brussel-Hoofdstad en het Duitse taalgebied.

Elke gemeente van het Rijk maakt deel uit van een van deze taalgebieden.

De grenzen van de vier taalgebieden kunnen niet worden gewijzigd of gecorrigeerd dan bij een wet, aangenomen met de meerderheid van de stemmen in elke taalgroep van elke Kamer, op voorwaarde dat de meerderheid van de leden van elke taalgroep aanwezig is en voor zover het totaal van de ja-stemmen in beide taalgroepen twee derden van de uitgebrachte stemmen bereikt.

Belgische Grondwet, Gecoördineerde tekst van 17 februari 1994

Laut Gesetz besteht Belgien also aus vier Sprachgebieten (s. Abb. 1.1): dem niederländischen Sprachgebiet in Flandern (1), dem französischen Sprachgebiet in Wallonien (2), dem deutschen Sprachgebiet in den Ostkantonen bei Eupen (3) und dem zweisprachigen Sprachgebiet in der Region Brüssel-Hauptstadt (4).

Darüber hinaus gibt es die sog. **Fazilitäten-Gemeinden** (*faciliteitengemeenten*). In diesen Gemeinden, die unmittelbar an den Sprachgrenzen liegen, ist gesetzlich festgelegt, dass die Einwohner das Recht haben, gewisse Verwaltungsdienste in der jeweils anderen Sprache zu erhalten: In einer Gemeinde, die eigentlich im französischen Gebiet liegt, kann der Bürger auch auf Niederländisch oder Deutsch Leistungen beantragen, Formulare erhalten etc., und umgekehrt. Regionalsprachen sind in Belgien allerdings nicht anerkannt.

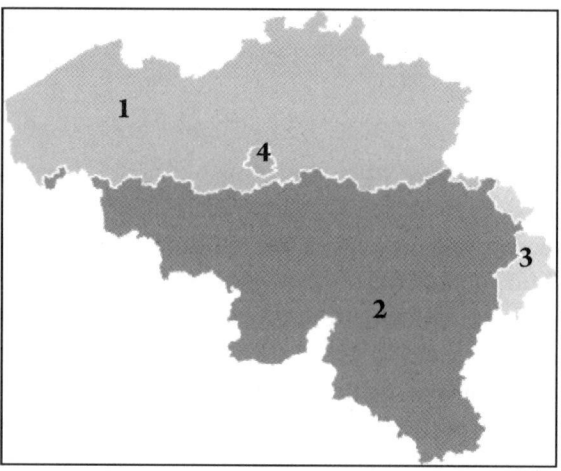

Abb. 1.1: Sprachgebiete in Belgien (wikimedia)

Wer in Belgien ist, bemerkt schnell, dass sich die gesprochene Sprache dort anders anhört als in den Niederlanden:

1) Ik heb een heel *schoon kleedje* gekocht in Antwerpen.

2) Allee ja bij manier van spreken zoudt *de'd gij* vijfentwintig keer beter doen dan dat wat zij daar zit te doen. (*Corpus Gesproken Nederlands*, fv700025)

3) We *gaan* volgend jaar twee miljoen *moeten* bezuinigen. (ANS)

Einige typische Merkmale des Niederländischen in Flandern sehen wir im Wortschatz: *schoon* statt *mooi*, *kleedje* statt *jurkje* und die Aufforderung *allee!* statt *vooruit!*, andere Merkmale sind das Anredepronomen *gij* statt *jij*, die dialektale Form *de*d* für *jij* und die grammatische Konstruktion *gaan moeten bezuinigen* statt *zullen moeten bezuinigen*. In den letzten Jahrzehnten sprechen immer mehr Flamen eine bestimmte Form des Niederländischen, die kein Dialekt (mehr) ist, aber sich erheblich vom Niederländischen in den Niederlanden unterscheidet. Diese Form des Niederländischen ist unter dem Namen *Verkavelingsvlaams* oder auch *tussentaal* bekannt. Das *Verkavelingsvlaams* (s. Textbeispiel) ist ein äußerst facettenreiches Phänomen, das in den letzten Jahren verstärkt im Zentrum des Interesses steht, sich aber nicht einfach beschreiben lässt.

Laat ons ne keer te goei naar onszelf luisteren
Dag Karl, gij ept voor ons dienen dikken boek elemaal uitgelezen. Vertelt ne keer.

http://www.vrt.be/taal/ (13.11.2001)

1.1.3 Übersee

Die Karibikinseln
Seit der Verfassungsänderung vom Oktober 2010 besteht das Königreich der Niederlande aus vier Ländern auf zwei Kontinenten: den Niederlanden in Europa und den Karibikinseln **Aruba, Curaçao** und **Sint Maarten** (s. Abb. 1.2). Die Inseln sind selbstständige Länder mit einer eigenen Regierung. Auch die drei südamerikanischen Inseln **Bonaire, St. Eustatius** und **Saba** (*BES-eilanden*) gehören zum Königreich. Diese Inseln, die auch als **Karibische Niederlande** (*Caribisch Nederland*) bezeichnet werden, haben den Status einer besonderen Gemeinde der Niederlande.

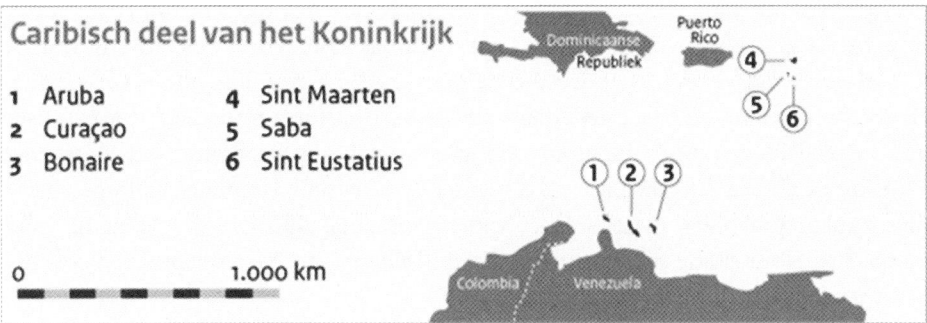

Abb. 1.2: Karibischer Teil der Niederlande (Rijksoverheid)

Niederländisch ist auf allen sechs Inseln eine der offiziellen Amtssprachen und die Sprache, die in der Verwaltung, für die Gesetzgebung und andere rechliche Vorgänge und auch im Schulunterricht hauptsächlich verwendet wird. Als Umgangssprache spielt Niederländisch eher eine kleine Rolle, denn die meisten Einwohner sprechen im Alltag **Papiamento** (*Papiaments*) auf Aruba, Curaçao und Bonaire oder Englisch auf Curaçao, Sint Maarten, Saba und St. Eustatius. 2003 haben das Parlament von Aruba und 2007 das Parlament von Curaçao neben Niederländisch auch das Papiamento als offizielle Amtssprache eingeführt, wodurch beide Sprachen gleichwertig sind. In einem Anpassungsgesetz aus dem Jahr 2010 ist für die BES-Inseln festgelegt, dass außer Niederländisch auch Papiamento und Englisch Kommunikationssprachen zwischen den öffentlichen Behörden und den Bürgern sind, wie beispielsweise im folgenden Fragment zum *reibeweis* 'Führerschein' der Behörde auf Bonaire (s. Textbeispiel).

Pidimentu di eksámennan teóriko i práktiko pa e diferente tiponan di reibeweis i e atendementu atministrativo di esaki ta sosodé na Asuntunan Sivil. Pa informashon tokante reibeweis òf petishon pa hasi eksámen mester tuma kontakto ku Asuntunan Sivil.

Het aanvragen van theoretische en praktijkexamens voor de verschillende rijbewijzen en het administratief afhandelen daarvan gebeurt bij Burgerzaken. Voor informatie over een rijbewijs of het aanvragen van een examen neemt u contact op met Burgerzaken.

http://www.bonairegov.an (29.05.2013)

Suriname

Die Republik Suriname ist eine ehemalige niederländische Kolonie im Norden des südamerikanischen Kontinents. Aufgrund der Geschichte Surinames mit den Eroberungen durch Spanier und Engländer sowie die Sklaverei in den ersten zwei Jahrhunderten der niederländischen Kolonisierung hat sich die Bevölkerung zu einer multiethnischen Gesellschaft entwickelt. In Suriname, das seit 1975 unabhängig ist, werden deshalb um die 20 verschiedenen Sprachen gesprochen. Offizielle Amtssprache ist das Niederländische, das im Bildungswesen, der Verwaltung und im Rechtswesen verwendet wird. Etwa 60% der rund 531.000 Einwohner sprechen es als Muttersprache. Neben Niederländisch ist das **Sranantongo** (auch Surinamisch oder Taki-Taki genannt) die zweitwichtigste Sprache in Suriname, sie funktioniert als **Lingua franca** (*lingua franca*), d.h. als Kontakt- und Gemeinschaftssprache in dieser mehrsprachigen Gesellschaft. Andere Sprachen sind z.B. das Sarnami (surinamisches Hindustanisch), Javanisch, Chinesisch und die Marronsprachen, wie das Saramakanisch und Aukanisch.

Das Niederländische in Suriname ist eine eigene Form der niederländischen Sprache, das sich durch den intensiven Sprachkontakt mit den vielen einheimischen Sprachen schwer beschreiben lässt. Schauen wir uns das Fragment aus einem literarischen Text genauer an (s. Textbeispiel unten). In den Dialogen dieses Textes fallen einige Eigenheiten sofort auf, wie z.B. der Gebrauch einer anderen Präposition (*breng voor je huisarts* statt *breng naar je huisarts*) oder das Hilfsverb *gaan,* um das Futur auszudrücken (*Waar denk je dat je zo gaat gaan?*). Auch findet man ab und an Wörter oder kurze Sätze in Sranantongo, wie *poku (muziek), Pe yu karta de? (Waar is je kaartje?), nanga hebi alen disi (in deze zware regen)* oder das Wörtchen *nò? (niet waar?),* das am Ende einer Frage steht und bedeutet, dass man eine Bestätigung erwartet.

> De zinkplaten dakbedekking knapte toen de regen aarzelend zijn eerste druppels
> losliet. Tjrrrp tjrrrp tjrrrp. Als waterspetters op hete olie. Toen werd het zwaarder,
> luidruchtig geroffel. Regen speelde poku, danste patyanga op het dak.
> "Heb je al een nummer gehaald?" Voor een moment staarde ze de zuster verdwaasd
> aan, drong het niet door wat haar werd gevraagd. "Je nummer!"
> "Ik kom voor uitslag zuster. Alleen uitslag", klonk het toonloos.
> "Oh, voor resultáát kom je! Niet hier toch meisje. Is niet hier moet je zijn. Kijk, ga bij
> zuster daar, dan vraag je." Ze sprong op, liep haastig naar het loket waar ze haar
> kaartje eerder had laten zien. Er zat nu een ander.
> "Ik kom voor uitslag zuster, ik verzoek zuster mijn uitslag..."
> "Pe yu karta de?" Ze overhandigde haar kaartje. Kreeg het terug met een
> opgevouwen tweedruk die was dichtgeniet. "Breng voor je huisarts."
> Een enorm watergordijn werd vanuit de hemel neergelaten. Mensen verdrongen
> zich bij de uitgang. Ze wrong zich tussen hen door. "Hmmm meisje, je kan niet
> wachten nò, je hebt geen manieren nò? Man! Waar denk je dat je zo gaat gaan nanga
> hebi alen disi." Ze keek niet op, gaf geen antwoord.
>
> Marylin Simons, *Carrousel*

Es ist jedoch in solchen Texten und Situationen schwierig festzulegen, was charakte-
ristisch für das surinamische Niederländisch ist und was vielleicht kein 'gutes' Niederländisch ist. Denn in einer mehrsprachigen Gesellschaft besteht eine rege Interaktion zwischen den verschiedenen Sprachen, in Suriname vor allem zwischen
Sranantongo und Niederländisch.

Indonesien

In Indonesien ist die offizielle Amtsprache das *Bahasa Indonesia*, was 'Sprache von
Indonesien' bedeutet. Ende des 16. Jahrhunderts setzten die ersten Niederländer
ihren Fuß auf den Indischen Archipel und bis 1949 war Indonesien die niederländische Kolonie Niederländisch-Ostindien. Aber im Gegensatz zu z.B. England und
Spanien haben die Niederländer bewusst keinen Sprachimperialismus betrieben:
Die allgemeine Verbreitung des Niederländischen unter der einheimischen Bevölkerung war sogar unerwünscht. Nur in der Verwaltung, der niederländischen Kirche
und in einigen Schulen war die niederländische Sprache präsent. Erst in der zweiten
Hälfte des 20. Jahrhunderts wurde Niederländisch gezielt an bestimmten Schulen
eingeführt, die Ausbreitung in den Schulen erfolgte aber erst in der ersten Hälfte des
21. Jahrhunderts. Während der japanischen Besetzung (1942–1945) wurde das
Niederländische verboten. Nach dem Zweiten Weltkrieg gab es noch für eine kurze
Zeit Pläne, die Position der niederländischen Sprache zu stärken, dafür war es aber
zu spät. Kurz nach der Souveränitätsübertragung am 27.12.1949 wurde das Niederländische in Schule und Verwaltung abgeschafft. Die niederländische Sprache ist
aber nie vollkommen aus Indonesien verschwunden. Es gibt z.B. eine ganze Reihe

von Lehnwörtern aus dem Niederländischen im *Bahasa Indonesia*, der indonesischen Sprache, und umgekehrt (vgl. Tab. 1.1). Hinzu kommt, dass heutzutage viele Menschen in Indonesien Niederländisch lernen. Dafür gibt es verschiedene Gründe: Erstens ist Niederländisch als **Quellensprache** (*bronnentaal*) von großer Bedeutung in Studiengängen wie Geschichte, Rechtswissenschaften, Antropologie oder Sprachwissenschaft, weil viele ältere Quellen in niederländischer Sprache verfasst sind. Zweitens bestehen immer noch viele Familienkontakte mit den Niederlanden oder besteht der Wunsch, an einer niederländischen oder flämischen Universität zu studieren. Und drittens erhöht das Niederländische die Chancen auf dem Arbeitsmarkt.

Niederländische Lehnwörter		Indonesische Lehnwörter	
rebewis	(rijbewijs)	amok	(probleem, ruzie)
taplak	(tafellaken)	soebatten	(lief vragen)
sekolah	(school)	pienter	(slim)
hotperdom	(godverdomme)	toko	(Chinese winkel)
seterika	(strijken)	amper	(nog maar net)

Tab. 1.1: Lehnwörter

Im ehemaligen Niederländisch-Ostindien wurde außer Niederländisch, Malaiisch, Javanisch und anderen einheimischen Sprachen auch eine Art Jugendsprache gesprochen: das *Petjo*. Vor allem Jungen haben das Petjo auf der Straße gesprochen.

Op een dah ik ontmoet Si Bentiet bij 't sluis, haat noh srijven. Dese hij is een wonder fan de werelt. Ik seht: "Masa 'ntiet jij haat werken bij 't sluis!" Hij seh: "Als dese ik doet thuis, di-gampar ikke door mijn moeder! Dese hij is straf." En dan ik leest: "Ik mag niet brutaal zijn tegen de jifrouw." Ik seht: "In de eerste plaats fout dese. Moet júffrouw met korte u. Ajo, ferbeteren. Als niet, kwaai-kwaai djiefrouw straks. Overmaken lagi, als niet tambah extra honderd stuks strafrehel." En dan Si Bentiet hij kijk lang naar mij, tot ik wordt bang een beetje.

Op een dag ontmoet ik Bentiet bij de sluis, hij gaat nog schrijven. Dit is een wonder van de wereld. Ik zeg: "Broer Bentiet, ga jij bij de sluis werken?" Hij zegt: "Als ik dit thuis doe, word ik door mijn moeder getekend (=gestraft). Dit is straf." En dan lees ik: "Ik mag niet brutaal zijn tegen de jifrouw." Ik zeg: "In de eerste plaats is dit fout. Júfrouw moet met een korte u. Kom op, verbeteren. Zo niet, dan is de jufrouw straks verschrikkelijk kwaad. Nog eens overmaken, zo niet, honderd stuks strafregels extra erbij doen." En dan kijkt Bentiet lang naar mij, tot ik een beetje bang word.

Tjalie Robinson, *Ik en Bentiet*

Die Niederländer dort ärgerten sich sehr über diese 'Krummsprache' (*kromtaal*), der Schriftsteller Tjalie Robinson setzte sich aber für diese Sprache ein und hat auch einige Geschichten in Petjo geschrieben. Die Mischung aus niederländischen und malaiischen Elementen ist in diesem Textbeispiel (s.o.) gut zu erkennen. Malaiische Wörter sind: *masa* (glaubst du), *di-gampar* (eins auf die Mütze bekommen), *lagi* (wieder) und *tambah* (noch mehr bekommen/geben). Eine andere Wortstellung zeigt sich in *op een dah ik ontmoet Si Bentiet* oder *en dan ik leest*. Typisch sind auch Wortformen wie *kwaai-kwaai* (sehr wütend) oder Konjugationsformen wie *ik seht, ik leest, hij kijk*. Heute wird das Petjo nur noch vereinzelt gesprochen, man hört es z.B. noch bei den jährlichen Gedenktagen für die Opfer der japanischen Gefangenenlager oder bei Veranstaltungen zur indonesischen Kultur.

1.2 Die Tochtersprache Afrikaans

Afrikaans ist kein Niederländisch, aber die beiden Sprachen ähneln sich so sehr, dass sich Sprecher des Niederländischen und des Afrikaans im Prinzip gegenseitig verstehen können. Vergleichen wir ein Textfragment aus *Der kleine Prinz* von Antoine de Saint-Exupéry auf Afrikaans und Niederländisch (es hilft wenn man das afrikaanse Textfragment laut liest):

> A, klein prinsie, so het ek stadigaan iets van jou lewetjie en sy hartseer begin verstaan. 'n Baie lang tyd was die lieflikheid van die sonsondergang vir jou die enigste plesier op jou planeet – dit het ek agtergekom toe jy op die oggend van die vierde dag vir my sê: Ek hou baie van sonsondergange.
>
> Ach, kleine prins, zo heb ik langzamerhand je droefgeestige leventje leren begrijpen. Lange tijd had je geen andere afleiding dan het ondergaan van de zon. Dat hoorde ik de vierde dag, toen je zei: Ik houd erg van zonsondergangen.
>
> Antoine de Saint-Exupéry, *Der kleine Prinz*

Viele Wörter sind eindeutig zu erkennnen, auch wenn sie nicht gleich geschrieben werden (*ek – ik, lewetjie – leventje, vir jou – voor jou, oggend – ochtend* und *agtergekom – achtergekomen*). Auch die Wortstellung unterscheidet sich nicht stark vom Niederländischen. Nicht so leicht zu erkennen sind Wörter wie *stadigaan* für *langzamerhand* (nach und nach) und *baie* für *erg* (sehr). Die sprachlichen Ähnlichkeiten gehen auf die Entstehungsgeschichte des Afrikaans zurück: Es hat sich aus den holländischen (und seeländischen) Dialekten des 17. Jahrhunderts entwickelt, nachdem sich die Vereinigte Ostindische Handelskompanie (VOC) im heutigen Kapstadt niedergelassen hatte. Die Sprachsituation war von Anfang an sehr divers, außer Niederländisch gab es am Kap noch die europäischen Sprachen Deutsch und Französisch, das Portugiesisch-Malaiische, das die Sklaven sprachen, und die einheimischen afrikanischen Sprachen der San und Khoi-Khoi. Bis etwa 1800 hat sich in dieser Sprachvielvalt das Afrikaans als eigenständige Umgangssprache entwickelt. Nachdem die Briten 1806 die Herrschaft der Kapkolonie übernommen hatten, spielte das Englische eine immer größere Rolle. Erst 1925 wurde Afrikaans neben Englisch als offizielle Amtssprache anerkannt.

Seit 1994 ist Afrikaans eine der elf offiziellen Sprachen in Südafrika mit etwa 6 Mio. Sprechern. Außerdem wird es in Namibia von einigen zehntausend Menschen gesprochen. Die Position des Afrikaans steht heutzutage ein wenig unter Druck, weil Englisch in immer mehr Bereichen wie in der Verwaltung, in der Rechtssprechung und in den Medien an Bedeutung gewinnt. Dennoch hat das Afrikaans keine schwache Position: Es ist die drittgrößte Sprache, die im familiären Umfeld gesprochen wird (nach Zulu und Xhosa), es existiert eine reiche afrikaanse Literatur und man kann Afrikaans nicht nur in Südafrika, sondern auch in Leiden oder Gent studieren.

1.3   Standardsprache

Niederländisch gibt es in verschiedenen Formen:

4)   Dit is voor ikke!

5)   Arme lieverd, dikke kus dan is het gauw weer beter.

6)   Hahaha Floris nieuwe chick?

7)   Vandaag ben ik naar uw Verenigde Vergadering gekomen om als uw Koning te worden beëdigd en ingehuldigd. Als gekozen volksvertegenwoordigers bent u daartoe hier, in de hoofdstad, bijeen.

8)   Ik heb een heel schoon kleedje gekocht in Antwerpen.

9)   Er tocht niet bij mij naar binnen.

Ein fünfjähriges Kind (Bsp. 4) spricht ein anderes Niederländisch als eine siebzigjährige Dame (Bsp. 5). Jugendliche in sozialen Netzwerken (Bsp. 6) benutzen eine andere Form des Niederländischen als König Willem-Alexander in seiner Ansprache beim Thronwechsel (Bsp. 7), während eine Flämin (Bsp. 8) bestimmte Wörter verwendet, die in den Niederlanden weniger alltäglich sind. Und nichtmuttersprachliche Niederländer können bestimmte Fehler machen, wie hier beim Gebrauch von *er* (Bsp. 9). Auch wenn nicht alle Beispiele dem Idealbild der niederländischen Sprache entsprechen, sind es trotzdem Formen, die wir Niederländisch nennen können. Das Idealbild einer Sprache entspricht oft der **Norm** (*norm*), d.h. dem, was die Gesellschaft für korrektes Niederländisch hält. Eine eindeutige Norm besteht allerdings nur für die Rechtschreibung, sie steht in der *Woordenlijst der Nederlandse Taal*, die unter dem Namen *Het Groene Boekje* bekannt ist. Für Grammatik oder Aussprache gibt es keine eindeutig festgelegte Norm, oft orientiert man sich an Personen mit fachlichem Ansehen, wie Schriftstellern, Journalisten oder Politikern.

> Over de Haarlemse tongval zijn de meeste Nederlanders heel positief. Ze noemen die keurig, helder en duidelijk. Vreemd en stijf vinden ze daarentegen het Nederlands in Friesland. Dat vinden ze het lelijkst. Ook het Amsterdams valt niet in de smaak. Dat komt plat, vulgair, brutaal en hoogmoedig over. Vlamingen waarderen het meest het Nederlands van de provincie Antwerpen: dat vinden ze duidelijk en helder. Maar de taal van de stád Antwerpen waarderen ze helemaal niet. Die klinkt ze plat, vulgair, brutaal, hoogmoedig en arrogant in de oren.
>
> *Taalpeil* 2009

Wer im Ausland Niederländisch lernt oder studiert, lernt in der Regel 'Standardniederländisch'. Lehrwerke sind auf diese Form des Niederländischen ausgerichtet mit dem Ziel, möglichst 'gutes' Niederländisch zu lernen. Standardniederländisch ist allerdings nur eine der vielen Formen von Niederländisch, die gesprochen und geschrieben werden. Wenn man jedoch allgemein über Niederländisch spricht, meint man normalerweise die niederländische **Standardsprache** (*standaardtaal*). Standardsprache kann man wie folgt beschreiben:

> We verstaan onder de standaardtaal het Nederlands dat algemeen bruikbaar is in het publieke domein, dat wil zeggen in alle belangrijke sectoren van het openbare leven, zoals het bestuur, de administratie, de rechtspraak, het onderwijs en de media. Anders uitgedrukt: standaardtaal is het Nederlands dat algemeen bruikbaar is in contacten met mensen buiten de eigen vertrouwde omgeving (in zogenaamde secundaire relaties). Woorden, uitdrukkingen, uitspraakvormen of constructies die standaardtaal zijn, zijn dus in principe zonder problemen bruikbaar in de genoemde sectoren en situaties.
>
> http://taaladvies.net

Standardsprache ist demnach das Niederländisch, das in allen wichtigen Sektoren des öffentlichen Lebens verwendet werden kann: in der Verwaltung, Rechtsprechung, Lehre und Wissenschaft sowie in den Medien. Man verwendet sie normalerweise im Kontakt mit Menschen, die nicht zum Bekanntenkreis gehören, sie wird als Schriftsprache (z.B. in Zeitungen) verwendet und in der Schule gelehrt. Man kann die Standardsprache jedoch nicht mit der Norm gleichstellen. In gewisser Weise ist Standardsprache ein *Kultur*produkt, in dem der Einfluss einer bewussten Normierung gelegentlich merkbar ist: So kennt das Standardniederländisch bei den Personalpronomen eine Unterscheidung zwischen *hen* und *hun*, die – vereinfacht gesagt – als direktes bzw. indirektes Objekt fungieren: *ik zie hen* vs. *ik stel hun een vraag*. Diese Unterscheidung wird im alltäglichenSprachgebrauch aber kaum beachtet.

Niederländisch: 'Een standaardtaal met drie poten'

Um die niederländische Sprache zu unterstützen und fördern, wurde 1980 ein Vertrag über eine Sprachunion (*taalunie*) geschlossen und die *Nederlandse Taalunie*
gegründet. Ursprünglich ging es um eine Zusammenarbeit zwischen den Niederlanden und Belgien, seit 2005 ist auch Suriname Mitglied der *Taalunie*. Der *Taalunie*-
Vertrag hat zum Ziel, die niederländische Sprache zu fördern und die Kenntnisse
rund um die niederländische Sprache zu verbreiten. Außerdem fördert die
Nederlandse Taalunie den Niederländischunterricht an Schulen und Universitäten
(im In- und Ausland) und allgemein die niederländischsprachige Literatur. Die
Nederlandse Taalunie ist auch Behörde für die Sprachpolitik, sie gibt Lehrbücher und
und andere Werke zur niederländischen Sprache heraus und sie legt die Rechtschreibregeln fest, die in Verwaltung und Unterricht bindend sind.

Die *Nederlandse Taalunie* geht davon aus, dass es eine niederländische Standardsprache gibt, diese aber sozusagen auf 'drei Beinen' steht. Das Niederländische ist
'een standaardtaal met drie poten'. Die drei 'Beine' des Niederländischen sind erstens
das Niederländisch in den Niederlanden, das **niederländische Niederländisch**
(*Nederlands Nederlands*). Zweitens das Standardniederländisch, so wie es in Belgien
verwendet wird, das **belgische Niederländisch** (*Belgisch Nederlands*), und drittens
das Standardniederländisch in Suriname, das **surinamische Niederländisch**
(*Surinaams Nederlands*). Diese sprachliche Situation ist in etwa vergleichbar mit der
des Deutschen in Deutschland, in Österreich und in der Schweiz oder mit der des
Englischen in Großbritannien und den Vereinigten Staaten, Australien, Südafrika
etc. In den verschiedenen Ländern wird jeweils eine eigene Norm der Sprache verwendet, British English und American English sind verschiedene Standardformen
des Englischen. Eine Sprache, die verschiedene Zentren für die Standardnorm hat,
wird auch als **plurizentrische Sprache** (*pluricentrische taal*) bezeichnet.

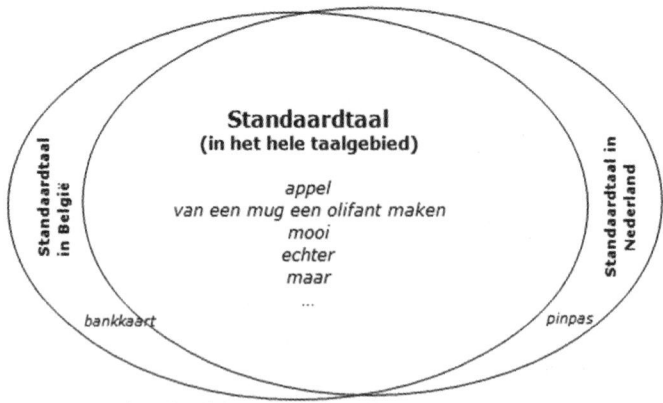

Abb. 1.3: Standardsprache im niederländischen Sprachgebiet (taaladvies.net)

Die Überschneidungen zwischen der Standardsprache in den Niederlanden und der in Belgien sind groß (vgl. Abb. 1.3): Die meisten Wörter und Formulierungen sind gleich, wie *appel* oder *van een mug een olifant maken* usw. Nur ein kleiner Teil des Wortschatzes und der Grammatik weicht ab und ist im anderen Sprachgebiet ungebräuchlich oder unbekannt. So verwendet man in den Niederlanden das Wort *pinpas* für ec-Karte, in Belgien *bankkaart*. In Belgien ist eine Formulierung wie *hoe is het zover kunnen komen* standardsprachlich, während man in den Niederlanden sagt *hoe heeft het zover kunnen komen*. Die nationalen Sprachformen werden immer häufiger als Bestandteil der niederländischen Sprache als Ganzes betrachtet.

In den letzten Jahren wurden etwa 500 Wörter aus dem surinamischen Niederländisch in die *Woordenlijst der Nederlandse taal* aufgenommen, wie z.B. *zwamp* (Morast), *kostgrond* (Gemüsegarten) und *trekkoffie* (Filterkaffee). In der nächsten Ausgabe (geplant für 2015) sollen weitere surinamisch-niederländische Wörter und auch karibisch-niederländische Wörter aufgenommen werden.

1.4 Sprache und Sprachwissenschaft

Intuitiv wissen wir viel über unsere Muttersprache. Ein Kind weiß zwar nicht, was ein Substantiv oder Kongruenz ist, dennoch kann es ohne weiteres Sätze formulieren wie *de hond eet een koekje*. Auch viele erwachsene Muttersprachler wissen nicht explizit, was ein Substantiv oder Kongruenz ist. Sie wissen aber sehr gut, dass *de hond eten een koekje* kein guter niederländischer Satz ist. Ebenso ist für einen niederländischen **Sprachbenutzer** (*taalgebruiker*) klar, dass *plek*, *plaag* und *pluis* niederländische Wörter sind und *mlek*, *mlaag* und *mluis* nicht. Sprachbenutzer verfügen somit über ein unbewusstes Wissen über ihre Muttersprache, die **linguistische Kompetenz** (*linguïstische competence*). Wenn ein Sprachbenutzer sein Wissen nun anwendet und konkret Sprache produziert, spricht man von **Performanz** (*performance*). Obwohl wir gerne glauben möchten, dass wir im Großen und Ganzen korrekt sprechen, bilden wir oft keine perfekten Sätze. In der konkreten Situation können wir ohne weiteres ein Gespräch führen wie im folgenden Beispiel aus dem Corpus Gesproken Nederlands (fv400124):

10) A: wat is het laatste jeugdboek dat u gelezen hebt of...

    B: 't is nu wel lang geleden dat ke'd nog... uh omdat 'k tamelijk veel werk heb'z heb eigenlijk. 'k zou mij niet meer kunnen herrinneren dat ik nu ... de laatste keer'... how 't laatste jaar heb ik eigenlijk weinig... 'k heb er veel besteld dat 'k nog moet lezen nu in de vakantie maar uh...

    A: ja. dus de boeken stapelen zich zo een beetje op naar de vakantie toe altijd.

Die Sätze der beiden Sprecher sind eindeutig keine vollständigen und korrekten Sätze. Dennoch verstehen die Gesprächspartner einander bestens. Offensichtlich verfügt der Zuhörer über genug sprachliches Wissen, um die Äußerung richtig zu verstehen und haben die 'Sprachfehler' keinen Einfluss auf die Verständlichkeit.

Es gibt viele Auffassungen darüber, was unsere Sprache eigentlich ist, aber allgemein wird Sprache als etwas typissch Menschliches verstanden, mit dem wir unsere Gedanken, Vorstellungen und komplexe Informationen ausdrücken und vermitteln können. Sprache ist daher ein Kommunikationsmittel, das aus vielen verschiedenen Sprachformen besteht. Deshalb ist sie auch nicht starr und festgelegt, sondern dynamisch: sie entwickelt sich immer weiter und kann sich den vielen Situationen in einer Sprachgemeinschaft anpassen.

1.4.1 Sprachwissenschaft

Zum Thema Sprache hat wohl jeder eine Meinung und etwas zu sagen. Eine viel gehörte Aussage ist z.B., dass Niederländisch 'niedlich' oder 'lustig' ist. Aus kulinarischer Sicht hören sich die Wörter *kalkoengalantine* oder *galantine de dinde* appetitlicher an als *Truthahnbrust-Bierschinken*, das Französische klingt 'leckerer' als das Deutsche.[2] Es ist nicht so schwer, ein bestimmtes Etikett auf eine Sprache zu kleben: Englisch ist cool, Französisch erotisch, Russisch melancholisch, Deutsch streng und Niederländisch lustig. Sprache erregt aber auch Ärgernis. Es gibt Leute, die sich über die angeblich vielen englischen Wörter im Deutschen oder Niederländischen aufregen: Warum sagt man *meeting*, *shoppen* oder *je fiets customizen* wenn gute deutsche und niederländische Äquivalente wie *Besprechung* (*bespreking*), *einkaufen* (*winkelen*) oder *je fiets aanpassen* (*anpassen*) vorhanden sind? Auch regt sich manch einer über Mitmenschen auf, die die Sprache nicht korrekt beherrschen und die *hun zeggen dat* statt *zij zeggen dat* sagen oder *wir gehen nach Hause weil es ist spät* statt *wir gehen nach Hause weil es spät ist*. Zugleich steht die Rechtschreibung oft in der Kritik: *Schifffahrt* mit drei *f* sieht seltsam aus und in den Niederlanden ist die Diskussion zum Teil noch immer nicht abgeschlossen, ob ein Pfannkuchen nun als *pannenkoek* oder *pannekoek* geschrieben werden soll. Ob Sprache schön oder nicht schön bzw. richtig oder falsch ist, ist subjektiv. Es sind nur ästhetische und normative Meinungen.

Wenn man eine Sprache wissenschaftlich betrachten möchte, geht es allerdings gar nicht darum, ob eine Sprache schön klingt oder nicht oder ob der Sprachgebrauch richtig oder falsch ist. Vielmehr steht die Frage im Mittelpunkt, wie Sprache eigentlich funktioniert. Sätze wie *hun zeggen dat* oder *wir gehen nach Hause weil es ist spät* sind für Sprachwissenschaftler gerade spannend, weil sie z.B. wissen wollen, ob solche Sätze eine Neuerung im Sprachgebrauch sind oder vielleicht schon länger vorkommen. Oder ob solche Sätze von der Sprachgemeinschaft als akzeptabel oder inakzeptabel empfunden werden, und warum Menschen solche Sätze benutzen, die gegen die Regeln der Sprachnormen verstoßen. Auch Anglizismen werden aus einer anderen Perspektive betrachtet; der Sprachwissenschaftler möchte erfahren, aus

---

[2]   *Frans klinkt lekkerder dan Duits* (19. August 2009), nieuwsblad.be.

welchem Grund sie benutzt werden, seit wann sie eigentlich vorkommen und ob jeder diese Wörter benutzt oder nur ein Teil der Sprachgemeinschaft. Eine sprachwissenschaftliche Betrachtungsweise versucht also, Sprache wertneutral zu beschreiben und zu erklären.

> Die **Sprachwissenschaft** oder **Linguistik** (*taalkunde* oder *linguïstiek*) beschäftigt sich auf objektive Weise mit der natürlichen Sprache der Menschen.

Untersuchungsobjekt der Sprachwissenschaft sind die natürlichen Sprachen der Menschen, d.h. Sprachen, die sich historisch in einer Gesellschaft entwickelt haben und sich weiter entwickeln, wie das Niederländische oder Deutsche. Im Gegensatz zu natürlichen Sprachen stehen z.B. die Kommunikationssysteme von Tieren und künstliche Sprachen wie Programmiersprachen, das für die internationale Kommunikation geschaffene *Esperanto* oder die von J.R.R. Tolkien kreierten Elbensprachen *Sindarin* und *Quenya* aus der Trilogie *Herr der Ringe*.

Eine objektive Betrachtungsweise will natürliche Sprache so beschreiben, wie sie *in der Wirklichkeit* funktioniert. Sprachwissenschaft ist daher generell **deskriptiv** (*descriptief*): Sie will nicht vorschreiben, was richtig oder falsch ist oder wie man Sprache zu benutzen hat, sondern wie sie tatsächlich von Sprachbenutzern verwendet wird. Nehmen wir als Beispiel die Vergleichspartikel nach einem Komparativ im Niederländischen:

11) Berlijn is groter *dan* Amsterdam.
12) Berlijn is groter *als* Amsterdam.
13) Berlijn is groter *of* Amsterdam.
14) Berlijn is groter *wie* Amsterdam

Außer der normierten Form *dan* gibt es noch drei andere Formen, nämlich *als*, *of* und *wie*. Die letzten beiden werden vor allem in südlichen Dialekten verwendet. Im Deutschen kommen die vergleichbaren Formulierungen *größer als* und *größer wie* vor. Es gibt aber keinen sprachsystematischen Grund, weshalb *groter dan* korrekter oder besser ist als *groter als* oder *of*. Historisch gesehen kommen alle Formen im niederländischen Sprachgebiet vor. Auch wenn die Norm vorschreibt, dass ein Satz wie *Berlijn is groter als Amsterdam* 'falsch' ist und diese Form in den Niederlanden sogar zu den Top 10 der Sprachärgernisse gehört, spielt eine solche Meinung und Wertung bei einer sprachwissenschaftlichen Beschreibung keine Rolle. Sprachwissenschaftler betrachten Abweichungen von der Norm *meistens* nicht als falsch, sondern sehen sie als eine Form der vielen Arten Niederländisch, die gesprochen werden.

Um Sprache wissenschaftlich beschreiben zu können, brauchen wir sprachliche Daten. Denn nur anhand von Daten ist es möglich zu beobachten und zu beschreiben, wie Sprache wirklich ist, und können Prinzipien und Strukturen aufgezeigt werden. Sprachliche Regeln werden auch nicht im Voraus festgelegt, sondern aufgrund einer objektiven Analyse ermittelt und beschrieben. Ein Beispiel für eine solche Analyse ist der *Syntactische Atlas van de Nederlandse Dialecten* (SAND 2006), in dem u.a. die Verwendung der vier Vergleichswörter *dan, als, of* und *wie* in den niederländischen Dialekten dargestellt ist. Bei dieser Studie hat sich herausgestellt, dass *als* bedeutend öfter vorkommt als *dan*.

In der Sprachwissenschaft kann Sprache aus vielen Perspektiven betrachtet werden: Jemand, der z.B. Texte oder Tonaufnahmen analysiert, um Kriminalbeamten bei der Identifikation von Personen zu unterstützen, beschäftigt sich anders mit Sprache als jemand, der die historische Entwicklung einzelner Wörter wie *moeten* oder *zullen* untersucht, oder jemand, der Unterrichtsmethoden für Deutsch als Fremdsprache entwickelt oder Wörterbücher schreibt. Allgemein gibt es zwei Herangehensweisen, um Sprache zu untersuchen: zum einem aus der Perspektive der Sprache selbst und zum anderen aus der Perspektive eines bestimmten Anwendungsgebiets.

In einer **sprachinternen** oder **systemlinguistischen** Betrachtungsweise (*taalinterne* oder *systeemlinguïstische benadering*) sind die eigenen Strukturen der Sprache Ausgangspunkt, wie bei den folgenden Beschreibungsebenen. Von klein nach groß sind das die folgenden Beschreibungsebenen:

- Die Beschreibung und Analyse der physischen Eigenschaften von **Lauten** wie *a* oder *r* sind Bestandteil der Phonetik. Einen Schritt weiter geht die Beschreibungsebene der Phonologie, die Laute als abstrakte Einheiten in einem System auffasst.
- Form und Struktur von **Wörtern** fallen in den Bereich der Morphologie. Sie untersucht z.B. auf welcher Weise Wörter wie *bewerken, gewerkt* oder *werkplek* aufgebaut sind.
- Die Art und Weise, wie man Wörter zu größeren Gruppen und **Sätzen** zusammenfügen kann und welche Einschränkungen es dabei gibt (*ik zie het huis niet* gegenüber *ik niet zie het huis*), gehört zum Gebiet der Syntax.
- In der Semantik wird der Frage nachgegangen, welche **Bedeutungen** Wörter haben (was bedeutet *rond*?) und in welcher Beziehung diese Bedeutungen zueinander stehen (wie bei *rond* in *de bal is rond* bzw. *rond* in *ze komen rond zes uur naar huis*).
- Den Sprachgebrauch im zwischenmenschlichen **Kontext** untersucht die Pragmatik. Eine Äußerung wie *mag ik misschien eventjes iets zeggen* hat im Gespräch eine ganz andere Wirkung als *en nu ik!*, auch wenn beide Sätze mehr oder weniger den gleichen Inhalt haben.

In einer **sprachexternen** (*taalextern*) Betrachtungsweise ist ein bestimmtes Anwendungsgebiet der Ausgangspunkt. Oft sind diese Gebiete interdisziplinär ausgerichtet.

- Die Soziolinguistik (*sociolinguïstiek*) beschäftigt sich mit verschiedenen Formen der Sprache in unterschiedlichen sozialen Konstellationen (wie Jugendsprachen, Dialekte) und mit der Wirkung von Sprache in der Gesellschaft.

- Die angewandte Sprachwissenschaft (*toegepaste taalwetenschap*) betrachtet Sprache unter dem Gesichtspunkt ihrer praktischen Verwendung, z.B. wie Menschen eine Fremdsprache lernen und welche Wirkung Sprachunterricht dabei hat.

- Die historische Sprachwissenschaft (*historische taalkunde*) untersucht, wie Sprache sich im Laufe der Zeit verändert und welche Prinzipien dahinter stecken.

- Die Psycholinguistik (*psycholinguïstiek*) untersucht Gehirnaktivitäten und sieht Sprache als Denken; untersucht werden u.a. der Erwerb der Muttersprache bei Kindern oder Sprachstörungen (Aphasien), die durch Gehirnschäden verursacht werden.

- Der Korpuslinguistik (*corpuslinguïstiek*) befasst sich mit dem Aufbau und der Aufbereitung von Sammlungen sprachlicher Daten (Korpora), um Sprache zu analysieren.

- Die Computerlinguistik (*computationele taalkunde*) beschäftigt sich mit der elektronischen Sprachverarbeitung, wie der Erstellung von Übersetzungsprogrammen oder Spracherkennungsprogrammen.

- In der forensischen Linguistik (*forensische taalkunde*) werden z.B. Erpresser- oder Drohbriefe ganz genau analysiert, um den Autor identifizieren zu können.

Dies ist nur eine kleine Auswahl der Disziplinen, die sich aus einer sprachwissenschaftlichen Perspektive mit der menschlichen Sprache beschäftigen.

1.4.2   Sprachen klassifizieren

Die etwa 6000 Sprachen in der Welt kann man auf unterschiedliche Weise klassifizieren und beschreiben. Die **Typologie** (*typologie*) vergleicht und klassifiziert Sprachen aus der Welt auf Grund grammatischer Merkmale. Solche Merkmale können z.B. die Wortstellung im Satz sein, die Anwesenheit von Fällen oder der Gebrauch von Tönen, um unterschiedliche Bedeutungen auszudrücken. Sprachen wie Chinesisch, einige afrikanischen Sprachen, Papiamento, aber auch das Limburgische in Belgien und den Niederlanden sind sog. Tonsprachen. Die Typologie untersucht, welche Merkmale in allen oder in den meisten Sprachen vorkommen, die **Universalien** (*universalia*). Mit dieser Methode können Gemeinsamkeiten und Unterschiede in allen Sprachen festgelegt werden, wodurch wir bessere Erkenntnisse über das Wesen von Sprache erhalten können. Denn wenn verschiedene Sprachen ein bestimmtes Merkmal teilen, muss dieses Merkmal wesentlich für das Funktionieren von Sprache sein. So haben z.B. alle Sprachen Konsonanten und Vokale und in allen Sprachen gibt es mehr Konsonanten als Vokale. Der Vokal *a* ist in allen bekannten

Sprachen der Welt vorhanden, weil er am einfachsten zu artikulieren ist, und auch der Vokal *i* kommt fast immer vor. Sprachen in einem bestimmten Gebiet können ebenfalls die gleichen Merkmale aufweisen, auch wenn sie nicht unbedingt miteinander verwandt sind. Die **Arealtypologie** (*areale typologie*) untersucht die sprachlichen Parallelen von Sprachen, die sich durch intensiven Kontakt entwickelt haben. Solche Sprachen formen zusammen einen **Sprachbund** (*sprachbund*). Ein typisches Beispiel ist der Balkansprachbund, der sich u.a. aus Albanisch, Bulgarisch, Rumänisch, Griechisch und Türkisch zusammensetzt.

Außer typologisch kann man Sprache **historisch-genetisch** (*historisch-genetisch*) oder **genealogisch** (*genealogisch*) beschreiben, d.h. aufgrund ihrer Verwandtschaft. Die Klassifizierung der Sprachen basiert auf einer systematischen Beschreibung sprachlicher Übereinstimmungen, meist sind das phonologische, morphologische und lexikalische Merkmale. Die Sprachen bilden **Sprachfamilien** (*taalfamilies*), die von einem gemeinsamen Vorfahren abstammen. Beispiele für solche Sprachfamilien sind die indoeuropäische Sprachfamilie, zu der auch das Niederländische und Deutsche gehören, die semitische Sprachfamilie mit u.a. Arabisch und Hebräisch und die Niger-Kongo Sprachfamilie mit u.a. Swahili, Rwanda und Zulu. Mit der Suche nach dem gemeinsamen Vorfahren ist auch die Frage verbunden, ob alle Sprachen der Welt aus einer gemeinsamen Ursprache entstanden sind oder ob Sprachen sich unabhängig voneinander entwickelt haben und keine gemeinsame Ursprache aufweisen. Die Theorie von der Entstehung aus einer Urform wird **Monogenese** (*monogenese*) genannt, die von der Entstehung aus verschiedenen Formen **Polygenese** (*polygenese*). Da aber die ältesten Beweismaterialien nicht weiter als 9.000 bis 10.000 Jahre zurückgehen, ist es nicht möglich, die genannten Thesen zur Sprachentstehung nachzuprüfen und zu beweisen.

1.5   Aufbau und Ziele dieses Buchs

In diesem ersten Kapitel haben wir schon viele Informationen zum Niederländischen gegeben und die niederländische Standardsprache vorgestellt. In Kapitel 2 gehen wir in der Zeit zurück und geben eine Übersicht über die Geschichte des Niederländischen. Im dritten Kapitel geht es um die Semantik, in den Kapiteln 4, 5 und 6 werden Morphologie, Syntax und Phonetik/Phonologie behandelt, in Kapitel 7 die Pragmatik. Diese Kapitel zu den sprachinternen Beschreibungsebenen erfordern keine Vorkenntnisse und können unabhängig voneinander gelesen und bearbeitet werden. Anschließend werden zwei sprachexterne Bereiche (Soziolinguistik und historische Sprachwissenschaft) vorgestellt, die auf die Inhalte der vorangegangenen Kapitel aufbauen: In Kapitel 8 geht es um Sprache und Variation, in Kapitel 9 um Sprache in Bewegung. Das letzte Kapitel zu den Methoden der Sprachwissenschaft beschreibt konkret, wie man auf wissenschaftliche Art und Weise Sprache nachvollziehbar, objektiv und nachprüfbar untersuchen kann.

Jedes Kapitel besteht aus einem Textteil, einer Zusammenfassung sowie einem Teil mit Aufgaben und schließt mit einigen Literaturhinweisen ab. Lösungsvorschläge zu den Aufgaben werden unter der URL http://www.narr-studienbuecher.de bereitgestellt, damit der Leser die Übungen auch selbständig bearbeiten kann. Außerdem werden im Register alle Fachbegriffe auf Deutsch und Niederländisch aufgeführt.

In diesem Buch steht die niederländische Sprache im Mittelpunkt. Sie ist die Zielsprache dieser Einführung, weshalb wir möglichst viele Beispiele auf Niederländisch anführen. Die Beispiele werden nach Möglichkeit so präsentiert, dass sie auf Grund der Verwandtschaft mit der deutschen Sprache leicht zu verstehen sind. Im laufenden Text werden Beispiele kursiviert wiedergegeben, Übersetzungen oder Erklärungen stehen in einfachen Anführungszeichen oder in runden Klammern.

Diese Einführung richtet sich insbesondere an deutschsprachige Studienanfänger (auch ohne Niederländischkenntnisse), aber auch an alle diejenigen, die sich für die niederländische Sprache und die Sprachwissenschaft des Niederländischen interessieren. In einer allgemeinverständlichen Form sollen Grundkenntnisse der niederländischen Sprachwissenschaft vermittelt und in die Fachterminiologie aus den wichtigsten Teilgebieten der Sprachwissenschaft eingeführt werden. Anhand der Aufgaben kann das erworbene theoretische Wissen in der Praxis angewandt werden. Durch den deutsch-niederländischen Vergleich sollen zum einen die nahe Verwandtschaft der beiden Sprachen, zum anderen aber auch Kontraste zwischen Deutsch und Niederländisch aufgezeigt werden. Übereinstimmungen, aber auch Unterschiede, werden anhand vieler Beispiele verdeutlicht. Auch Unterschiede zwischen dem Niederländischen in den Niederlanden und in Belgien werden thematisiert, um das Interesse und Bewusstsein für die Verschiedenheit des Niederländischen zu wecken und das Verständnis für Variation zu mehren.

📖 Literatur zum Weiterlesen

Eine gut lesbare niederländische Einführung in die allgemeine Sprachwissenschaft ist Appel et al. (2002) *Taal en taalwetenschap*. Weitere Einführungen in die allgemeine Sprachwissenschaft sind Fromkin & Rodman (1995) *Universele taalkunde. Een inleiding in de algemene taalkunde* und Nieuwenhuijsen (1995) *Het verschijnsel taal. Een kennismaking*. Eine gute Übersicht über die niederländische Sprache geben Van der Sijs et al. (2007) in *Wat iedereen van het Nederlands moet weten en waarom*. Besonders zugänglich sind die Werke *Alles wat je altijd al had willen weten over taal. De Taalcanon* von Boogaard & Jansen (2012) und *Waarom een buitenboordmotor eenzaam is* von Van Leeuwen (2004). Etwas älter, aber sehr anschaulich ist der Aufsatz von Goossens (1971) *Was ist Deutsch – und wie verhält es sich zum Niederländischen?* Das Standardwerk für die sprachwissenschaftliche Terminologie auf Deutsch ist das *Lexikon der Sprachwissenschaft* von Bußmann (2008). *Nederlandse woorden wereldwijd* (Van der Sijs 2010) bietet einen Überblick zu den niederländischen Wörtern, die andere Sprachen übernommen haben. In *Een kleine taal met een grote stem. Hedendaags Nederlands* (2009) schreibt Van Sterkenburg auf unterhaltsame Weise über die Dynamik der niederländischen Sprache. Zum *Verkavelingsvlaams* ist das Buch *De manke usurpator. Over Verkavelingsvlaams* (Absislis, Van Hoof & Jaspers 2012) erschienen, das dieses Phänomen aus verschiedenen Perspektiven beschreibt.

Internettipps

Auf den folgenden Websites finden sich zuverlässige und relevante Informationen zur niederländischen Sprache:

- http://taalunieversum.org ist ein das Internetportal der Nederlandse Taalunie mit Informationen zur niederländischen Sprache. Die Seite der Taalunie selbst ist http://taalunie.org

- Auf http://neon.niederlandistik.fu-berlin.de findet man ausführliche Informationen zur niederländischen Sprachwissenschaft, auch auf Deutsch.

- http://www.taalcanon.nl beantwortet allerlei Fragen zum breiten Themengebiet der Sprachwissenschaft.

- http://www.dbnl.org ist die "digitale bibliotheek der Nederlandse letterkunde", die eine Vielzahl an Informationen zu Autoren und Werken der niederländischen, friesischen, surinamischen und limburgischen Literatur bietet. Außerdem sind viele originale Texte (auch zur Sprachwissenschaft) digital zugänglich.

- http://www.taalportaal.org ist eine englischsprachige Website im Aufbau, auf der die Grammatik des modernen Niederländisch wissenschaftlich beschrieben wird.

- http://dutch-beta.ned.univie.ac.at/ ist die Website des Projekts *Dutch++*, einer Lernplattform in Aufbau mit praktischen Sprachübungen und vielen Informationen zum niederländischen, belgischen und surinamischen Niederländisch.

Die Daten zu Sprecher- und Bevölkerungszahlen (Kap. 1.1) stammen aus den folgenden (z.T. digitalen) Quellen:
Taalpeil (Ausgabe Sept. 2005), http://www.taalunie.org, http://www.ethnologue.com, http://www.cbs.nl (Zentrale für Statistik, CBS), http://www.statistics-suriname.org/index.php/statistieken/downloads/category/3-bevolkingsstatistieken (Algemeen Bureau voor de Statistiek in Suriname), http://www.rnw.nl/nederlands/article/23-miljoen-mensen-spreken-nederlands (digitale Quellen abgerufen im Mai 2013).

2. Die Geschichte des Niederländischen

Ute K. Boonen

Nederlandse taal komt uit Turkije

LEUVEN – De Indo-Europese talen waartoe het Nederlands behoort, hebben hun oorsprong hoogstwaarschijnlijk in het Turkse Anatolië. Zo'n 8000 tot 9000 jaar geleden begon zich van daaruit een taal te verspreiden, waarvan de ruim 400 varianten nu worden gesproken van IJsland tot Sri Lanka.

Dat stellen wetenschappers van de universiteit van het Belgische Leuven. Zij vergeleken de verspreiding van de taal met die van een virus.

Het onderzoek bevestigt eerdere veronderstellingen. Maar de uitkomst weerlegt de populairste opvatting dat de Indo-Europese taalfamilie zich zo'n 6000 jaar geleden ontwikkelde vanaf de Pontische Steppe, een uitgestrekt gebied ten noorden van de Zwarte Zee.

De Telegraaf, 24.08.2012

Die niederländische Sprache ist natürlich keine Form des Türkischen, aber was für eine Sprache ist es denn dann? Wo kommt das Niederländische her, wie ist es entstanden? Wieso ähneln sich die niederländische und die deutsche Sprache? Wieso ähnelt das Niederländische so sehr dem Plattdeutschen? Wieso meinen so viele Menschen, dass das Niederländische ein deutscher Dialekt ist, und wundern sich, dass man es als Fach studieren kann?

Der Ursprung von Sprache allgemein fasziniert die Menschen seit jeher. Auf der Suche nach der Ursprache ging man lange davon aus, dass eine der drei heiligen Sprachen, Hebräisch, Griechisch und Latein, die Basis für alle Sprachen sein muss. Die große Sprachenvielfalt ist auch in der Bibel ein Thema: So können die Jünger am Pfingstfest plötzlich 'mit allen Zungen sprechen', d.h. sie können sich allen Menschen in deren Muttersprache verständlich machen und die Frohe Botschaft verkünden. Beim Turmbau zu Babel wurden die Menschen wegen ihrer Überheblichkeit mit vielen Sprachen bestraft: Weil man sich nicht mehr verständigen konnte, entstand große Verwirrung. In Europa bleiben die heiligen Sprachen lange Zeit die einzigen 'richtigen' Sprachen, die man lernen kann, zu denen es Grammatiken und Lehrbücher gibt. Erst im Mittelalter beginnt man, auch in der **Volkssprache** (*volkstaal*; Engl. *vernacular*) zu schreiben. Forschungsgegenstand für Sprachwissenschaftler werden diese Sprachen erst sehr viel später.

2.1   Die indoeuropäische Sprachfamilie

Im 19. Jahrhundert versuchen Sprachwissenschaftler wie der Deutsche Jacob
Grimm (1785–1863) und der Däne Karl Verner (1846–1896) in Anlehnung an die
biologisch-genetischen Erkenntnisse, Verwandtschaftsbeziehungen zwischen Sprachen festzustellen. Sie analysieren verschiedene Sprachen in ihren unterschiedlichen
Stadien, man unterscheidet beispielsweise Neuhochdeutsch und Mittelhochdeutsch, aber auch Neuniederländisch und Mittelniederländisch. Anhand dieser
Untersuchungen lassen sich systematische Veränderungen innerhalb einer Sprache
aufzuzeigen und auch Parallelen in der Entwicklung zu anderen Sprachen.

Vergleichen wir die Begriffe *Mutter*, *Vater*, *Milch* und *Brot* auf Deutsch, Niederländisch, Englisch, Friesisch, Schwedisch, Gotisch, Französisch, Italienisch, Spanisch, Latein, Altgriechisch und Sanskrit (Alt-Indisch):

Deutsch	Mutter	Vater	Milch	Brot
Niederländisch	moeder	vader	melk	brood
Englisch	mother	father	milk	bread
Friesisch	mem	heit	molke	brea
Schwedisch	mor (Pl. mödrar)	far (Pl. fädar)	mjölk	bröd
Gotisch	áiþei	atta	milukes	hláifs
Französisch	mère	père	lait	pain
Italienisch	madre	padre	latte	pane
Spanisch	madre	padre	leche	pan
Latein	mater	pater	lac	panis
Altgriechisch	μα τήρ (matèr)	πατήρ (patèr)	γάλακ (gálak)	-
Sanskrit	matar	pitar	-	-

Tab. 2.1: Vergleich der Begriffe *Mutter*, *Vater*, *Milch* und *Brot*

Der Vergleich zeigt, dass sich die Bezeichnungen für *Vater* und *Mutter* in allen angeführten Sprachen stark ähneln. Bei den Bezeichnungen für Milch und Brot gleichen
sich zum einen die ersten sechs Formen und die zweiten sechs. Aufgrund solcher
Sprachvergleiche und der festgestellten systematischen Ähnlichkeiten geht man
davon aus, dass diese Sprachen einen gemeinsamen Vorläufer haben, das **Indoeu-
ropäisch** (*Indo-Europees*).[1] Da es kein überliefertes Material dieser Sprache gibt,
spricht man auch von Proto-Indoeuropäisch, abgekürzt PIE. Sprachwissenschaftler
versuchen, diese Sprache anhand von Regelmäßigkeiten und Lautgesetzen zu rekonstruieren. Diese rekonstruierten Formen werden meist mit einem * gekennzeichnet.

---

[1]   Hierfür wird auch die Bezeichnung *Indogermanisch* verwendet.

Neben Latein und Altgriechisch gehören auch uns weniger geläufige Sprachen wie Hethitisch und Tocharisch[2] zur **indoeuropäischen Sprachfamilie** (*Indo-Europese taalfamilie*). Innerhalb dieser großen Sprachgruppe werden verschiedene Zweige unterschieden, wie die **germanischen Sprachen** (*Germaanse talen*), zu denen u.a. Deutsch, Niederländisch und Englisch gehören. Ein weiterer wichtiger Zweig sind die **romanischen Sprachen** (*Romaanse talen*), deren Vorläufer das Latein ist. Neben Italienisch, Französisch und Spanisch gehören auch Portugiesisch, Rumänisch und Rätoromanisch zum romanischen Sprachzweig. Auch die **slawischen Sprachen** (*Slavische talen*) wie Polnisch, Russisch, Tschechisch, Serbisch, Kroatisch gehören zu den indoeuropäischen Sprachen. Wie in einer echten Familie sind manche Mitglieder näher miteinander verwandt und ähneln sich stärker. So kann man das Deutsche und Niederländische als Geschwister auffassen. Andere Sprachen, wie die slawischen Sprachen sind Vettern, Sanskrit und andere indische Sprachen noch viel weiter entfernte Verwandte.

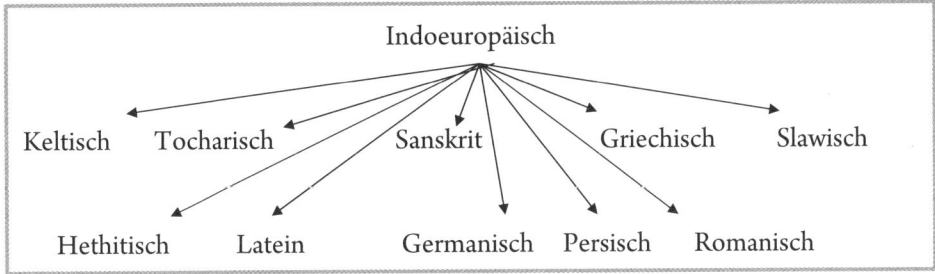

Abb. 2.1: Die indoeuropäische Sprachfamilie

In neuesten Untersuchungen, bei denen Linguisten mit einem Virologen zusammengearbeitet haben, wird die Hypothese bestärkt, dass das Indoeuropäische vor etwa 8000 bis 9500 Jahren in Anatolien gesprochen wurde (vgl. Zitat am Anfang).[3]

Das Türkische gehört nicht zu den indoeuropäischen Sprachen, sondern zu den sog. oghusischen Turksprachen. Auch Finnisch und Ungarisch sowie Baskisch und Estnisch gehören nicht zur indoeuropäischen Sprachfamilie, obwohl sie in Europa gesprochen werden.

2.1.1 Germanische Sprachen

Der germanische Sprachzweig wird in drei Untergruppen verteilt. Die Einteilung bezieht sich auf geographische Aspekte: Wo lebten die Sprecher dieser germanischen Sprache, im Norden, Osten oder Westen des germanischen Sprachraumes?

---

[2] Hethitisch wurde in Kleinasien gesprochen, Tocharisch im Nordwesten Chinas; beide Sprachen sind ausgestorben.

[3] Die Forschungsergebnisse wurden unter folgendem Link publiziert: http://www.sciencemag.org /lookup/doi/10.1126/science.1219669; August 2012.

Nordgermanisch (*Noord-Germaans*): Schwedisch (*Zweeds*), Norwegisch (*Noors*), Dänisch (*Deens*), Färöisch (*Faeröers*), Isländisch (*IJslands*)

Westgermanisch (*West-Germaans*): Niederländisch (*Nederlands*), Englisch (*Engels*), Friesisch (*Fries*), Afrikaans (*Afrikaans*)[4], Deutsch (*Duits*), Luxemburgisch (*Luxemburgs*), Jiddisch

Ostgermanisch (*Oost-Germaans*): Gotisch (*Gotisch*), Burgundisch (*Burgondisch*), Wandalisch (*Wandaals*) (alle ausgestorben)

Der älteste überlieferte Text in einer germanischen Sprache ist die Wulfila-Bibel auf Gotisch. Bischof Wulfila (311–381 n.Chr.) hat zu seinen Lebzeiten eine Übersetzung der Bibel in Auftrag gegeben, die in einer mittelalterlichen Handschrift bewahrt geblieben ist. Das Textbeispiel ist das *Vater unser* (Van Bree 1996), in dem man Worte wiedererkennen kann, die dem heutigen Deutsch und Niederländisch stark ähneln: das Pronomen *uns/unser*, *namo* für *Name/naam*, *wilja* für *Wille/wil*, *daga* für *Tage/dagen* etc.[5]

Atta unsar þu in himinam,	Vader onze gij in (de) hemelen,
weihnai namo þein.	geheiligd worde naam uw.
qimai þiudinassus þeins.	kome koninkrijk uw.
wairþai wilja þeins,	worde wil uw,
swe in himina jah ana airþai.	zoals in (de) hemel ook op (de) aarde.
hlaif unsarana þana sinteinan	brood ons het dagelijkse
gif uns himma daga.	geef ons deze dag.
jah aflet uns þatei skulans sijaima,	en vergeef ons dat schuldenaars wij zijn,
swaswe jah weis afletam	zoals ook wij vergeven
þaim skulam unsaraim.	de schuldenaars onze.
jah ni briggais uns	en niet moge gij brengen ons
in fraistubnjai,	in verzoeking,
ak lausei uns af þamma ubilin.	maar verlos ons van het boze.

2.1.2 Sprachwandel: Lautverschiebungen

Aus dem Indoeuropäischen haben sich verschiedene Sprachen entwickelt. Wohl um 1000 v.Chr. setzt in einigen Sprachen eine lautliche Veränderung ein: Wörter, die im Lateinischen, Griechischen und auch im Sanskrit mit einem *p* beginnen, weisen in den entsprechenden verwandten Wörtern in den germanischen Sprachen ein *f* auf, wie bei Lateinisch *pellis*, im Deutschen *Fell*, im Niederländischen *vel*. Grimm konnte

---

[4] Das Afrikaans, eine Tochtersprache des Niederländischen (vgl. Kap. 1), wird allerdings nicht in Europa, sondern in Südafrika gesprochen. Da es aber vom Niederländischen abstammt, gehört es zum westgermanischen Sprachzweig.

[5] Der Buchstabe þ entspricht etwa dem englischen *th*, *ei* ist langes *i*, *ai* vor *r* klingt wie *ä*, *gg* wie *ng* (vgl. Schmidt 2007: 53).

aufzeigen, dass diese (und andere Verschiebungen) regelmäßig stattfinden; Verner ergänzt Grimms Ausführungen, wodurch scheinbare Ausnahmen ebenfalls systematisch erklärt werden können. Dieser Prozess wird als **1. Lautverschiebung** (*Germaanse klankverschuiving*) bezeichnet. Im Niederländischen spricht man auch von *de wet van Grimm* und *de wet van Verner*, vergleichbar mit der englischen Bezeichnung *Grimm's law* und *Verner's law*.

Durch die **1. Lautverschiebung** grenzt sich die Gruppe der germanischen Sprachen von den anderen indoeuropäischen Sprachen ab.

Nicht nur das *p* ist betroffen, sondern auch andere Laute. In Tabelle 2.2 ist das Lateinische als Vertreter der ursprünglichen indoeuropäischen Formen angeführt und deutsche, niederländische und englische Entsprechungen als Beispiele für die 'verschobenen' Formen in den germanischen Sprachen:

	Latijn	**Germaans**		**Latijn**	**Germaans**
p > f	pellis	Fell	**b > p**	labium	Lippe
t > th	tres	three	**d > t**	duo	twee, two
k > ch/h	cor	hart	**g > k**	genu	knie

Tab. 2.2: Die 1. Lautverschiebung: Latein vs. germanische Sprachen

Neben diesen Verschiebungen tritt außerdem in den germanischen Sprachen eine Akzentverlagerung auf. Die Betonung verlagert sich nach vorne, auf die Stammsilbe. Im PIE, wie auch im Lateinischen, kann der Akzent wechseln. Während das Volk *pópulus* heißt und auf der ersten Silbe betont wird, verschiebt sich die Betonung in der Phrase *senatus populúsque Romanus* (Senat und Volk von Rom) auf die vorletzte Silbe. In den germanischen Sprachen springt der Akzent nicht mehr.

Innerhalb des Germanischen finden weitere Veränderungen statt, wodurch sich eine Unterscheidung zwischen Nord-, Ost- und Westgermanisch feststellen lässt. Das Westgermanische wiederum gliedert sich in verschiedene Zweige, wobei man zunächst zwischen **Nordseegermanisch** oder **Ingwäonisch** (*Kustgermaans/Ingweoons*) und **Kontinentalgermanisch** (*Continentaalgermaans*; auch Weser-Rheingermanisch oder Istwäonisch) unterscheidet. Aus dem Nordseegermanisch entwickeln sich die altenglischen, altfriesischen und altsächsischen Sprachen, aus dem Kontinentalgermanischen die altniederfränkischen und althochdeutschen Sprachen (vgl. hierzu Bußmann 2008: 231).

Die Unterscheidung innerhalb des westgermanischen Sprachzweigs lässt sich anhand der 2. Lautverschiebung analysieren. Diese Verschiebung findet wohl im Zeitraum vom 6.–8. Jahrhundert n.Chr. allmählich und geografisch gestaffelt statt.

> Durch die **2. Lautverschiebung** (auch hochdeutsche Lautverschiebung; *Hoogduitse klankverschuiving*) grenzt sich das Althochdeutsche von den anderen westgermanischen Sprachen ab.

Die Lautverschiebungen gelten bis heute fast uneingeschränkt für die deutsche Standardsprache. Die sog. **Benrather Linie** (*Benrather linie*), die auf der Höhe Benrath – Düsseldorf – Magdeburg – Berlin verläuft, teilt das deutsche Sprachgebiet in Nord und Süd: Die niederdeutschen Dialekte nördlich dieser Linie sind von der Lautverschiebung nicht betroffen. In den hochdeutschen Dialekten südlich dieser Linie hat die Lautverschiebung wohl stattgefunden, ihre Auswirkungen sind im Süden stärker (vgl. Kap. 9 zum Rheinischen Fächer). Das Niederdeutsche und das Niederländische ähneln sich so sehr, weil in beiden Sprachen die 2. Lautverschiebung nicht stattgefunden hat; dies gilt allerdings auch für das Englische. Das Niederländische ist also genauso wenig wie das Englische eine Form des Deutschen oder eine Art deutscher Dialekt. In Tabelle 2.3 sind nicht-verschobene Formen im Englischen, Niederländischen und Niederdeutschen den jeweiligen verschobenen Formen des Hochdeutschen gegenübergestellt.

	Engels	**Nederlands**	**Nederduits**	**Hoogduits**
p > pf	pepper	peper	Peper	Pfeffer
p > f	Help	helpen	helpen	helfen
t > s	that	dat	dat	das
t > ts	Salt	zout	Solt	Salz
d > t	Day	dag	Dag	Tag
k > ch	make	maken	maken	machen

Tab. 2.3: Vergleich nicht-verschobene und verschobene Formen

2.2   Sprachstadien des Niederländischen

Die Entwicklung der niederländischen Sprache wird grob in vier Stadien unterteilt, wobei die Übergänge zwischen den einzelnen Stadien nicht plötzlich, sondern allmählich verlaufen, so dass auch die Grenzen nicht scharf gezogen werden können:[6]

> **Altniederländisch**   *Oudnederlands*   8. Jh.–1150
> **Mittelniederländisch**   *Middelnederlands*   1150–1500
> **Neuniederländisch**   *Nieuwnederlands*   16. Jh.–19. Jh.
> **Modernes Niederländisch**   *Hedendaags Nederlands*   20. Jh.–heute

---

[6]   Diese Einteilung entspricht nicht der Einteilung der Sprachstufen des Deutschen, das allgemein so eingeteilt wird: Althochdeutsch bis 1050; Mittelhochdeutsch 1050–1350, Frühneuhochdeutsch 1350–1650; Neuhochdeutsch 1650 bis heute (vgl. Schmidt 2007).

2.2.1 Altniederländisch

Ab dem 8. Jahrhundert können Unterschiede zwischen Althochdeutsch, Altniederländisch und Altenglisch angenommen werden. Die 2. Lautverschiebung ist in dieser
Periode weitestgehend abgeschlossen. Überliefert sind aus der frühesten Zeit jedoch
keinerlei Texte in altniederländischer Sprache. In lateinischen Texten finden sich
manchmal vereinzelte Begriffe in der Volkssprache, für die es kein eigenes lateini-
sches Wort gibt.

> *agger terrae, qui vulgo dik dicitur*
> ein Erdwall, der vom Volk (in der Volkssprache) Deich genannt wird

Der älteste Beleg für das altniederländische Wort *dik* stammt aus dem Jahr 893.[7]
Beim ältesten längeren überlieferten Text, den *Wachtendonckse Psalmen* aus dem 10.
Jahrhundert (Textbeispiel zitiert aus De Grauwe 1979–82, Übers. UKB), handelt es
sich um eine Übersetzung aus dem Lateinischen ins Altniederländische. Um 1100
entstand der *Leidse Willeram* oder *Egmontse Willeram*, bei dem es sich um eine Bear-
beitung eines althochdeutschen Textes handelt.

An âuont in an morgan in an mitdon dage tellon sal ic in kundon, in he gehôron sal.	's Avonds en 's morgens en 's middags zal ik vertellen en verkonden, en hij zal (me) horen.
Irlôsin sal an frithe sêla mîna fan then thia genâkont mî ...	Verlossen zal hij in vrede mijn ziel van degene die mij benaderen ...
	Psalm 54, 18–19

In diesem kleinen Beispiel kann man schon vieles erkennen, was für das Altniederländische typisch ist. Vokale, die in späteren Stadien abgeschwächt sind, werden hier
noch als volle Vokale gesprochen – oder zumindest geschrieben. Das *a* oder *o* in
unbetonten Silben wie in *morgan*, *sêla*, *tellon* oder *kundon* wird im Laufe der Zeit zu
einem *e*, d.h. zu einem sog. **Schwa**-Laut (*sjwa*) (vgl. Kap. 6): *morgen*, *siele*, *tellen*,
verkonden.

Im Altniederländischen finden sich außerdem bereits Veränderungen gegenüber
anderen westgermanischen Sprachen, die bis heute erhalten geblieben sind.

Nederlands	oud	mout	goud	houden
Engels	old	malt	gold	(to) hold
Fries	âld	mout	goud	hâlde
Duits	alt	Malz	Gold	halten

Tab. 2.4: Lautliche Veränderungen im (Alt-)Niederländischen

---

[7] Beleg laut ONW, vgl. Kap. 3.

Eine der markantesten Entwicklungen ist der Übergang von a/o + l + d/t zu ou + d/t (vgl. Tab. 2.4).[8] In einigen Ortsnamen ist das a/o + l auch im Niederländischen unverändert geblieben, wie in Terwolde, Westerwolde etc.

Als ältester Text, der vielleicht keine Übersetzung darstellt, sondern ursprünglich auf Altniederländisch verfasst wurde, gilt eine sog. Federprobe (*Probatio pennae*). Der Schreiber, wahrscheinlich ein Mönch, testet seine Schreibfeder auf der Rückseite eines Pergamentbogens, um dann mit seiner Schreibarbeit zu beginnen. Als Probe-Satz schreibt er die lyrische Frage: Alle Vögel haben damit begonnen, Nester zu bauen, außer mir und dir, worauf warten wir nun?

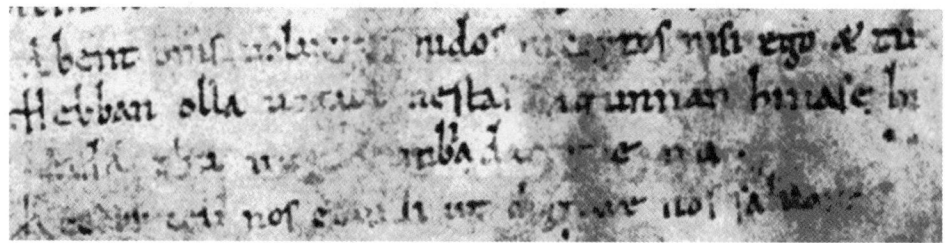

Abb. 2.2: Probatio pennae – Federprobe (Bodleian Library Oxford)

Hebban olla uogala nestas hagunnan hinase hic enda thu uuat unbidan uue nu
Hebben alle vogels nesten begonnen behalve ik en jij wat wachten we nu

Dieses kleine Liebesgedicht ist das Flaggschiff des Altniederländischen – es ist aber gar nicht sicher, ob es sich bei diesem Satz tatsächlich um Altniederländisch oder nicht vielleicht doch um Altenglisch handelt (De Grauwe 2004).

2.2.2 Mittelniederländisch

Ab Mitte des 12. Jahrhundert spricht man nicht mehr von Alt-, sondern von Mittelniederländisch. Während es für das Altniederländische relativ schwierig ist, Textmaterial zu finden, gibt es eine ganze Reihe von gut überlieferten Texten aus dem Mittelalter, die einen guten Eindruck von dieser Sprache in ihrer geschriebenen Form geben.

Im Mittelalter entstehen in Europa volkssprachliche Literaturen. Vor dieser Zeit konnten nur sehr wenige Menschen lesen und schreiben und wurden hauptsächlich lateinische (oder auch griechische und hebräische) Texte schriftlich fixiert. Im Mittelalter ändert sich dies mit dem Aufkommen der Städte und dem Erstarken des Bürgertums. Die folgenden Textausschnitte, die aus der Heiligengeschichte *De reis*

---

[8]   Das Friesische nimmt eine Mittelstellung ein: In einigen Fällen ist die Kombination wie im Deutschen und Englischen erhalten geblieben, in anderen wie im Niederländischen nicht.

van Sint Brandaan stammen (zitiert nach Wilmink & Gerritsen 2003; Vers 52–64, 137–140, Übers. UKB), weisen eine Reihe sprachlicher Elemente auf, die für das Mittelniederländische typisch sind.

In der ersten Zeile taucht eine zweiteilige Verneinung auf, vergleichbar mit der französischen Konstruktion *ne ... pas*. Eine Aussage wie *Er wollte das nicht glauben* wird durch *hi **en** wilde dies **niet** geloven* ausgedrückt. Diese Art der Verneinung ist im Mittelniederländischen üblich, wird aber auch noch heute in gesprochener Sprache verwendet, vor allem in flämischen Dialekten. Im Afrikaans ist diese Art der Verneinung sogar standardsprachlich.

Hi en wilde no hi en mochte	Hij wilde en hij kon
Dies emmer niet geloven,	dit nooit geloven,
Hi en saecht met zinen oghen.	als hij het niet met eigen ogen zou zien.
Van toerne verberrendi den bouc	Uit woede verbrandde hij het boek
Ende gaf den scrivere eenen vlouc.	En vervloekte de schrijver.
Dat becochti zint wel diere!	Dat kwam hem duur te staan.
Daer hi stont bi den viere	Terwijl hij bij het vuur stond
Daer die bouc in bernende lach,	Waar het boek te branden lag,
Die inghel Gods hem toe sprac:	Sprak de engel van God hem toe:
"O lieve vrient Brandaen,	"O lieve vriend Brandaan,
Du heves evele mesdaen,	Je hebt ernstig gezondigd
Dat over mids dinen toren	dat door jouw toorn
Die waerheit dus es verloren."	de waarheid nu is verloren."
[...]	[...]
Doe hi te scepe gaen began	Toen hij wilde gaan varen
Vant hi thoeft van eenen doden man	Vond hij het hoofd van een dode man
Voer hem ligghende up tsant;	Voor hem liggend op het zand;
Die vloet dreeft an tlant.	De vloed dreef het aan land.

Im Gegensatz zum Altniederländischen sind im Mittelniederländischen die vollen Vokale in unbetonten Silben zu *e* abgeschwächt. Am Wortende finden sich noch viele Schwa-Laute, wie in *toerne* (Zorn), *viere* (Feuer) die in späterer Zeit weggefallen sind (*toorn*, *vuur* etc.).

	Mittelndl.	Modernes Ndl.	Deutsch
Genitiv	die inghel God**s**	de engel van God	der Engel Gottes
Dativ	de**n** scrive**re**	(aan) de schrijver	dem Schreiber
Akkusativ	een**en** vlouc	een vloek	einen Fluch

Tab. 2.5: Flexionsformen

Typisch sind die Flexionsendungen als Markierung für die verschiedenen Fälle, die im modernen Niederländisch außer in feststehenden Ausdrücken (*de tand des tijds*, *van harte, op den duur* etc.) nicht mehr vorkommen. Dieses Phänomen wird als **Flexionsverlust** (*flexieverlies*) bezeichnet.

Das Mittelniederländische ist noch keine einheitliche Sprache und hat auch keine schriftlich festgelegte Grammatik oder Rechtschreibung. Der Schreiber, der einen Text aufzeichnen will, muss versuchen, mit dem Buchstabenmaterial, das ihm aus dem lateinischen Alphabet zur Verfügung steht, das Mittelniederländische klanglich wiederzugeben. Die Längung eines Vokals wird mittels Verdopplung oder mit einem *e* wiedergegeben (*hoeft* für *hoofd*, *waerheit* für *waarheid*). Die Formen *becochti* und *verberrendi* sind zusammengezogene Formen aus jeweils zwei Wörtern, wobei das *-i* für das nachgestellte Pronomen *hi* (hij 'er') steht: *becochti* für *becocht hi* (bezahlte er) *verberrendi* für *verberrende hi* (verbrannte er). Diese **klitischen** Formen (*clitische vormen*) kommen auch bei *het* vor, sowohl vor als auch hinter dem Bezugswort: *thoeft* für *het hoofd*, *tlant* für *het land*, *saecht* für *saech het* (zag het) *dreeft* für *dreef het*. Im modernen Sprachgebrauch finden sich ähnliche Formen: *hoe heet hij* wird meist ausgesprochen als *hoe heet-ie*. Die Rechtschreibung richtet sich damals stark nach dem Klang in der Aussprache. Daher werden die verschmolzenen Formen in einem Wort dargestellt. Außerdem wird ein *t*-Laut am Wortende meist auch als *t*-Laut geschrieben, obwohl der Stamm des Wortes eigentlich auf *d* endet, wie in *hi stont* für *hij stond* (er stand) oder *het lant* für *het land*.

Das Mittelniederländische weist eine große Variation auf und der Name muss als eine Sammelbezeichnung für verschiedene regionale (Schreib-)Sprachen verstanden werden.[9] Die *Lage Landen*, die sich in etwa über die heutigen Niederlande und Belgien (und Luxemburg) erstreckten, können sprachlich in verschiedene Regionen eingeteilt werden: **Flandern** (*Vlaanderen*), zu dem auch **Seeland** (*Zeeland*) gerechnet wird, **Brabant** (*Brabant*), das sich über das heutige Niederländisch und Belgisch Brabant sowie Antwerpen erstreckt, **Limburg** (*Limburg*), **Holland** (*Holland*), zu dem sprachlich auch **Utrecht** (*Utrecht*) gehört, und die **IJsselregion** im **Nordosten** der Niederlande (*IJsselregio, Noordoosten*) (vgl. Abb. 2.3). Es ist nicht ganz einfach, eine Grenze zwischen Mittelniederländisch und Mittelniederdeutsch zu ziehen, man spricht von einem Schreibsprachenkontinuum (Peters 2006; vgl. Kap. 8). Im Mittelalter gab es keine Nationalstaaten, keine deutsche oder niederländische oder belgische Staatsangehörigkeit. Die Schreibsprachen, die im Nordosten der Niederlande verwendet wurden und nicht zu den fränkischen, sondern den sächsischen Schreibsprachen gehören, werden historisch gesehen häufig dem Niederdeutschen zugerechnet. Das Limburgische und Niederrheinische wiederum werden häufig unter

---

[9]   Die Bezeichnung 'Schreibsprache' zielt auf die regional variierenden schriftlichen Sprachformen ab; die Bezeichnung 'Dialekt' verweist auf Mundarten, d.h. gesprochene Sprache, und wird aus diesem Grund hier nicht verwendet.

der Bezeichnung **Rhein-Maasländisch** (*Rijn-Maaslands*) zusammengefasst und historisch oft dem Niederländischen zugerechnet.

Abb. 2.3: Der mittelniederländische Sprachraum

Bis heute ähneln sich die Dialekte beiderseits der deutsch-niederländischen Staatsgrenze sehr. Das Friesische hat im Norden der Niederlande seinen eigenen Sprachraum. Friesisch ist eine eigene westgermanische Sprache und keine Form des Niederländischen.

Die Heiligenlegende *Sente Servaes*, die Heinric van Veldeke um 1170 über Bischof Servatius verfasste, markiert den Beginn der mittelniederländischen Literatur. Heinric van Veldeke gilt als erster niederländischer Dichter – in vielen deutschen Werken wird er als erster deutscher Dichter angeführt. Wahrscheinlich kam Veldeke aus der Nähe von Hasselt (heute Belgisch-Limburg) und gehörte zur "Niederrheinischen Kulturtradition" (Van der Wal 2002). Die Sprache, die Veldeke in der Sint-Servaes-Legende verwendet (s. Textbeispiel, zitiert nach Corpus Gysseling;

Z. 1002–1009, Übers. UKB), wird auch als **Niederfränkisch** (*Nederfrankisch*) bezeichnet. Andere Werke von Veldeke (wie die Minnelieder) sind in mittelhochdeutscher Sprache überliefert. Er beherrschte offenbar beide Sprachen und wird deswegen mit unterschiedlichen Werken zu beiden Literaturen gerechnet (vgl. Berteloot 2006).

[...] willig ug sagen gerne.	[Von Sankt Maternus] will ich euch gerne
cortlike eine warheit.	kurz eine wahre Begebenheit erzählen.
want her te erst di cristenheit.	Denn er begründete als erster die Christenheit
In gallia stichte.	in Gallien
ende dri biscdume berichte.	und leitete drei Bistümer:
Colne ende triere.	Köln und Trier
in sente peters ere.	zu Ehren des heiligen Petrus,
Ende tungren in sente Marien name.	und Tongeren im Namen der heiligen Maria.

Ein Großteil der ältesten uns überlieferten mittelniederländischen Texte stammt aus Flandern, genauer gesagt aus der Grafschaft Vlaanderen, einer Region von der Nordseeküste bis zur Schelde. Eines der berühmtesten Werke ist das Tierepos *Van den vos Reynaerde* (zitiert nach Janssens & Marynissen 2008, Übers. UKB)*:*

Het was in eenen tsinxen daghe	Het was op een Pinksterdag
Dat beede bosch ende haghe	dat beide, bos en struik
Met gronen loveren waren bevaen.	met groene bladeren waren bedekt.
Nobel, die coninc, hadde ghedaen	Nobel, de koning, had zijn hofdag
Sijn hof crayeren over al	overal afgekondigd
Dat hi waende, hadde hijs gheval,	die hij dacht, als het meezat,
Houden ten wel groeten love.	tot zijn grote roem te houden.
Doe quamen tes sconinx hove	Toen kwamen naar het hof van de koning
Alle die diere, groet ende cleene	alle dieren, groot en klein
Sonder vos Reynaert alleene.	alleen behalve vos Reynaert.

Der flämische Text, dessen Autor nicht bekannt ist, entstand in der Mitte des 13. Jahrhunderts. Bei vielen Texten aus dem Mittelalter ist der Verfasser nicht bekannt. Zum einen wurden viele Geschichten schon Jahrhunderte lang mündlich überliefert und schließlich von einem Autor schriftlich fixiert, zum anderen gab es englische, deutsche oder auch französische und lateinische Vorlagen anderer Schriftsteller, die man mal freier, mal originalgetreuer in die eigene Sprache bzw. den eigenen Dialekt übertrug. Außerdem verzichteten Verfasser häufig auch aus Bescheidenheit ('humilitas') auf die Nennung des eigenen Namens, insbesondere wenn es sich um religiöse Texte handelte.

Nicht in allen Fällen bleibt der Verfasser anonym. Jacob van Maerlant (ca. 1235–1291?) können verschiedene Werke eindeutig zugeschrieben werden. Eines davon ist *Der Naturen bloem*e, an dessen Beginn Maerlant sich selbst als Autor nennt (Textbeispiel zitiert nach Janssens & Marynissen 2008, Übers. UKB.).

Jacob van Maerlant, die dichte	Jacob van Maerlant, die dit dichtte,
Om te sendene teere ghichte,	om als een geschenk te zenden
wille dat men dit boec noeme	wil dat men dit boek zal noemen
In dietsch: 'Der naturen bloeme', ...	in het Diets: 'Der naturen bloeme'...

Mit dem Begriff *dietsch/Diets* will Maerlant angeben, dass sein Text nicht auf Lateinisch, sondern in der *Volkssprache* verfasst ist. *Diets* (auch *duutsch*) bedeutet dabei nicht 'Deutsch'. Bis heute ist die englische Bezeichnung für das Niederländische das verwandte Wort *Dutch*. Lange Zeit wird das Niederländische als *Nederduits* bezeichnet; die Bezeichnung *de Nederlandtsche tale* taucht zum ersten Mal Ende des 15. Jahrhunderts auf, *Nederlands* setzt sich aber erst im Laufe des 19. Jahrhundert durch.

Im 14. Jahrhundert entwickelt sich das Herzogtum Brabant zur wichtigsten Region in den *Lage Landen* und so entstehen in dieser Zeit auch vermehrt literarische Texte rund um Antwerpen und Brüssel. Berühmt sind insbesondere religiöse und mystische Texte, z.B. von Jan van Ruusbroec (1293–1381), die *Beatrijs*-Legende oder die Bibelübersetzungen von Petrus Naghel (†1395).

Einer der ältesten auf Holländisch (*Hollands*) verfassten Texte ist die *Rijmkroniek van Holland* aus dem 13. Jahrhundert. Im Gegensatz zu den bisher angeführten Texten handelt es sich hierbei nicht um einen fiktiven Text, sondern um Geschichtsschreibung in Versform. Der Verfasser, Melis Stoke (ca. 1235–ca. 1305), arbeitete als Skribent in der Kanzlei der Grafen von Holland.

Aus dem Nordosten der Niederlande sind erst relativ spät Texte in der Volkssprache überliefert. Bekannt wurde Geert Groote (1340–1384), der die treibende Kraft der sog. *Devotio Moderna* (die neue Frömmigkeit) war, eine mystisch-religiöse Bewegung, in der die persönliche Beziehung zu Gott im Mittelpunkt steht.

Mine siele heuet di begheert inder nacht ende mijn gheist in den innersten mijns herten. soe heb ic vro ghewaket toe di. O alre claerste ewighe wijsheit. Ic bidde dat dine begheerde teghenwoerdicheit moet verdriuen alle vreemde dinghe wt mijnre herten […]
Meine Seele hat nach dir verlangt in der Nacht und mein Geist im Innersten meines Herzens. So habe ich froh auf dich gewartet. O allerhellste ewige Weisheit. Ich bitte, dass deine ersehnte Gegenwart alle fremden Dinge aus meinem Herzen vertreiben muss […]

Das Textfragment (zitiert nach Van Wijk 1940, dbnl, Übers. UKB) stammt aus dem *Getijdenboek* ('Stundenbuch'), einer Art Gebetbuch für Laien. Auch in diesem Wortmaterial aus der 2. Hälfte des 14. Jahrhunderts finden sich noch viele mittelniederländische Varianten: *mine siele* für *mijn ziel, ic bidde* für *ik bid*. Auch die Kasus sind noch deutlich markiert: *in den innersten mijns herten* für *in het binnenste van mijn hart* (im Innersten meines Herzens).

2.2.3 Neuniederländisch

Das 16. und 17. Jahrhundert sind eine Epoche, in der die historisch-politischen Umstände in Europa unberechenbar sind. Kaiser Karl V. schlägt die *Lage Landen* 1555 Spanien zu. Die Niederlande wollen sich vom katholischen Spanien lossagen, weil die spanische Krone den neuen protestantischen Glauben mit der Inquisition bekämpft. Die Spanier wollen die Ablösung jedoch nicht hinnehmen. Während des 80jährigen Krieges (1568–1648) wird im Jahr 1585 Antwerpen von den spanischen Truppen eingenommen (*de val van Antwerpen*). Viele religiös unabhängige Zeitgenossen, Intellektuelle und Kaufleute fliehen in den Norden der *Lage Landen*, der nicht unter die spanische Herrschaft fällt. Mit dem Frieden von Münster (*Vrede van Munster*) wird im Frühjahr 1648 die Unabhängigkeit der *Republiek der Zeven Verenigde Nederlanden* (d.h. der Zusammenschluss von sieben niederländischen Provinzen zur Republik) besiegelt. Diese Republik ist der Vorläufer der heutigen Niederlande. Die südlichen Gebiete der *Lage Landen*, in etwa das heutige Belgien, bleiben noch lange unter spanischer bzw. österreichischer, französischer und holländischer Herrschaft.

Durch den Buchdruck (ab etwa 1450) ändern sich die Voraussetzungen für das geschriebene Wort grundlegend. Es wird zum ersten Mal möglich, Texte schnell zu vervielfältigen, statt sie mühsam von Hand zu kopieren, d.h. mit Feder und Tinte abzuschreiben. Durch Reformation und Gegenreformation sind viele Schriften im Umlauf, die sich an alle Schichten der Bevölkerung richten. Eine der wichtigsten Figuren in den *Lage Landen* ist dabei der Buchdrucker Christoffel Plantijn (ca. 1520–1589), der in seiner Druckerei in Antwerpen (und auch in Leiden) viele Schriften druckt. Latein beherrschen auch in dieser Zeit nur die wenigsten, außerdem ist es die Sprache der katholischen Kirche, die Sprache der Reformation wird die Volkssprache. Um möglichst viele Menschen zu erreichen, wird ein überregional verständliches Niederländisch gebraucht, da sich eine zu stark regional gefärbte Sprache nicht für diese Zwecke eignet. So beginnt die **Standardisierung** (*standaardisering*) des Niederländischen.

> Vier Kriterien sind ausschlaggebend für die Standardisierung von Sprache: **Selektion** (*selectie*), **Akzeptanz** (*acceptatie*), **Kodifikation** (*codificatie*) und **Verbreitung** (*elaboratie*).

Diese Kriterien (nach Haugen 1972) bauen nicht aufeinander auf, sondern greifen ineinander. Für das Niederländische kann man sich den Standardisierungsprozess in etwa wie folgt vorstellen: Aus verschiedenen Dialekten wird eine **Varietät** (*variëteit*) gewählt, die die Basis für die neue Standardform bildet; als Basis für die niederländische Standardsprache wird das Holländische ausgewählt, genauer gesagt das Holländisch der höheren Schichten, das bei vielen Schriftstellern und den höheren Schichten der Gesellschaft einen guten Ruf hat. Außerdem lassen sich starke Einflüsse aus dem Brabantischen (Van der Wal 1995; Van der Sijs 2004), nach neuerer Forschung auch aus den östlichen Dialekten erkennen. Die Auswahl eines Dialektes als Basis für die Standardnorm wird als **Selektion auf Makroniveau** (*selectie op macroniveau*) bezeichnet.

Die Volkssprache bekommt im Laufe der Zeit immer mehr Prestige gegenüber dem Lateinischen. So schreibt Joost van den Vondel in seiner *Aenleidinge ter Nederduitsche Dichtkunste* aus dem Jahr 1650 über die Vorzüge des *Nederduitsch*, so wie es in den höheren Kreisen in Den Haag und Amsterdam gesprochen wird; den platten Dialekt aus Amsterdam und Antwerpen charakterisiert er hingegen als albern bzw. abscheulich (Übers. GDV):

> Deze spraeck wort tegenwoordigh in 's Gravenhage, de Raetkamer der Heeren Staten, en het hof van hunnen Stedehouder, en t'Amsterdam, de maghtighste koopstadt der weerelt, allervolmaecktst gesproken, by lieden van goede opvoedinge, indien men der hovelingen en pleiteren en kooplieden onduitsche termen uitsluite: want out Amsterdamsch is te mal, en plat Antwerpsch te walgelijck, en niet onderscheidelijck genoegh.
>
> Deze uitspraak wordt tegenwoordig in den Haag, in de raadkamer van de heren Staten en het hof van hun stadshouder, en in Amsterdam, de machtigste handelsstad ter wereld, op de meest volmaakte manier gesproken door mensen met een goede opvoeding, als men tenminste de door de hovelingen, pleiters en kooplieden gebruikte vreemde termen uitsluit. Want oud Amsterdams is te mal, en plat Antwerps te walgelijk en niet duidelijk genoeg.

Der Selektionsvorgang ist kein demokratischer Prozess, es geht vielmehr um eine Varietät, die von einer relativ kleinen elitären Gruppe, einer einflussreichen Bevölkerungsschicht bevorzugt und dadurch als Grundlage verwendet wird. Die gewählte Varietät muss von einem Großteil der Sprachgemeinschaft als Grundlage akzeptiert werden.

In Nachschlagewerken wie Grammatiken und Wörterbüchern wird festgelegt, welche Sprachformen die Norm bilden und 'richtig' sind. Normen und Regeln werden festgehalten, die Standardsprache systematisch erfasst und kodifiziert. In der Regel wird die bereits akzeptierte Standardform kodifiziert, gleichzeitig erhält eine Varietät, die kodifiziert ist, auch mehr Anerkennung; so greifen diese Aspekte ineinander. Das erste niederländische Wörterbuch mit Übersetzungen ins Lateinische wurde 1574 von Cornelis Kiliaen veröffentlicht, das *Dictionarium Teutonico Latinum*. Kilian wollte darin alle wissenswerten Informationen zusammenstellen, die dazu beitragen konnten, die Kenntnisse über das Niederländische auszuweiten, hinsichtlich seiner Verwandtschaft mit dem Deutschen und Französischen und hinsichtlich der Übersetzung des Niederländischen ins Lateinische. Grammatiken für das Lateinische und Griechische gab es schon in der Antike, die erste niederländische Grammatik, d.h. eine Grammatik der niederländischen Sprache auf Niederländisch, erscheint im Jahr 1584: Hendrik Laurenszoon Spieghel veröffentlicht seine *Twe-Spraack vande Nederduitsche letterkunst* (*tweespraak* = Zwiegespräch, Dialog), die allerdings stark auf die lateinische Sprache ausgerichtet ist. Latein gilt immer noch als vorbildlich und an seiner Grammatik wird alles gemessen. Die Kodifizierung bezieht sich nur auf die geschriebene Sprache. Dativ und Akkusativ werden mehr oder weniger künstlich als eigenständige Kasus propagiert. Die Differenzierung zwischen den Formen *hun* (Dativ: 'ihnen') und *hen* (Akkusativ: 'sie') hat vermutlich im 17. Jahrhundert der Grammatiker Christiaan van Heule eingeführt, weil sie dem Niederländischen einen lateinischen Touch gaben. In keinem niederländischen Dialekt und keiner Form von gesprochenem Niederländisch wird diese Trennung tatsächlich realisiert. Die konkrete 'Wahl' einzelner Varianten wird als **Selektion auf Mikroniveau** (*selectie op microniveau*) bezeichnet; ein weiteres Beispiel für diese Art der Selektion ist das Reflexivpronomen *sich*, das zum einen mit *hem/haar* (also ohne Unterschied zum normalen Personalpronomen), zum anderen mit *zich* ausgedrückt wurde; als Variante der Standardsprache wird im Rahmen der Übersetzung der *Staatenbijbel* (s.u.) bewusst *zich* ausgewählt. Diese Form, die ursprünglich im Südosten des Sprachraumes vorkam, hat sich schließlich durchgesetzt (vgl. Van der Wal 1995).

Die Verbreitung der ausgewählten Sprachform in sowohl formellen als auch in informellen, eher privaten Situationen, zeigt sich an der Verwendung des Niederländischen in Wissenschaft und Kirche. Die Vorherrschaft der lateinischen Sprache wird nun auch in diesen Bereichen beendet. So schreibt beispielsweise der flämische Naturwissenschaftler, Mathematiker und Ingenieur Simon Stevin (1548–1620) auf Niederländisch und überträgt lateinische Fachtermini ins Niederländische. Er hält nämlich die "Duytsche taele" für die beste. Im Jahre 1637 wird die *Statenbijbel* veröffentlicht, eine Bibelübersetzung direkt aus dem Hebräischen bzw. Griechischen ins Niederländische. Die offiziell mit dieser Übersetzung beauftragten Herausgeber wägen bei der Übersetzung ganz bewusst bestimmte Ausdrücke und Sprachformen gegeneinander ab; ein Beispiel ist, wie bereits erwähnt, die Form des Reflexivpronomens. Bewusst wird statt *hem/haar* das Pronomen *zich* verwendet. Auch auf dem Gebiet der Literatur entwickelt sich das Niederländische zur Kultursprache: Dichter und Literaten sind äußerst produktiv und verfassen etliche Theaterstücke, Gedichte und andere Texte. Die Werke von Vondel, Hooft und Bredero sind außerordentlich populär und wirken auch über die Niederlande hinaus. Durch die literarische Produktivität und Qualität erhält die Standardvarietät ein hohes Prestige und wird vom Großteil der Sprachgemeinschaft als Norm anerkannt und akzeptiert.

Das 17. Jahrhundert, das auch als das **Goldene Jahrhundert** (*de Gouden Eeuw*) bezeichnet wird, wird die Blütezeit für die niederländische Republik, nicht jedoch für den Süden. Die niederländische Republik entwickelt sich in ökonomischer wie kultureller Hinsicht, treibt Handel, gründet Kolonien und steigt zur größten See- und Handelsmacht der Welt auf. Es werden die Vereinigte Ostindische Kompanie (*Vereenigde Oostindische Compagnie*, VOC) und die Westindische Kompanie (*Geoctroyeerde West-Indische Compagnie*, WIC) gegründet, Handelsimperien in Form einer Art Aktiengesellschaft. Die VOC und die WIC treiben im Fernen Osten Handel und errichten ein Wirtschaftsimperium mit staatlichen Privilegien. Zeitgleich kann sich das Niederländische in den Niederlanden als Amts- und Kultursprache etablieren. Im Süden jedoch ist das Französische, das auch vom flämischen Adel und der flämischen Bourgeoisie gesprochen wird, Amts- und Kultursprache. Da viele niederländischsprachige Intellektuelle und Künstler aus den südlichen Provinzen in die nördlichen ausgewandert sind, gibt es kaum eine niederländischsprachige Elite in Flandern; nur in den Dialekten überlebt die niederländische Tradition.

Die Entwicklung des Niederländischen zur Kultursprache findet durch diese Umstände im Norden der *Lage Landen* statt. Dabei bezieht die Standardisierung sich auf die geschriebene, nicht die gesprochene Sprache. In der Regel entscheiden einflussreiche Literaten und Grammatiker, was ihrer Meinung nach die 'richtige Form' ist, und legen dies in Nachschlagewerken fest; die Standardisierung erfolgt dabei relativ stark gesteuert 'von oben' und nicht als Sprachwandel 'von unten' (vgl. Kap. 8). Bezogen auf die gesprochene Sprache steht jedoch fest, dass die Diphthongierung des *uu* und des *ij* im Neuniederländischen umgesetzt und standardsprachlich wurde. Der Laut *uu*, der ursprünglich wie ein deutsches *u*, dann wie ein deutsches *ü* ausgesprochen wurde, wird ab jetzt als *ui*, als Diphthong, gesprochen. Das *ij*, auch als *y* geschrieben, das ursprünglich mit langem *i* ausgesprochen wurde, wird nun als *ei* ausgesprochen.[10]

18. und 19. Jahrhundert

Der Standardisierungsprozess ist im 17. Jahrhundert noch lange nicht abgeschlossen. Die Akzeptanz gegenüber der niederländischen Standardsprache nimmt in der geschriebenen Sprache im Laufe des 18. Jahrhunderts weiter zu. Im Jahr 1804 veröffentlicht Matthijs Siegenbeek seine Rechtschreibregeln (die sog. *Spelling Siegenbeek*), die bis heute Einfluss auf die Prinzipien der Rechtschreibung des Niederländischen haben.

---

[10] Nur vor *r* bleibt der ursprüngliche Laut erhalten (z.B. *vuur* und nicht *vuir*, *mier* nicht *mijr*).

Im 18. Jahrhundert gehören die südlichen Niederlande zum Herrschaftshaus Habsburg. Ab 1713 fallen sie unter französische Herrschaft. Auf dem Wiener Kongress (1815) wird entschieden, dass die nördlichen und südlichen Niederlande im *Verenigd Koninkrijk der Nederlanden* vereint werden. Der neue Herrscher, König Willem I., versucht mit einer stringenten Sprachpolitik das Niederländische in seinem Reich als Amts- und Kultursprache zu etablieren unter dem Motto: "één land één taal" (Van der Sijs 2004: 52). Im Jahr 1830 löst Belgien sich von den Niederlanden und wird ein unabhängiger Staat, dessen Elite hauptsächlich Französisch spricht. Niederländisch ist zwar nicht verboten, aber in Schule, Wissenschaft und Politik spielt es keine Rolle mehr, hier wird ausschließlich Französisch verwendet. Die meisten Flamen beherrschen auch kein Standardniederländisch, sondern nur Dialekte, die jedoch keine echte Alternative zum Französischen darstellen. Diese Situation empfinden manche Flamen als unerträglich. Schriftsteller, Philologen, Ärzte, Juristen, Beamte und Priester, meist aus der unteren Mittelschicht, die unter Willem I. in der Zeit des *Verenigd Koninkrijk* Niederländisch als Kultursprache erlebt haben, setzen sich für die Verwendung und Förderung der 'Volkssprache', in diesem Fall des Niederländischen, ein: die **Flämische Bewegung** (*Vlaamse Beweging*) entsteht (vgl. Janssens & Marynissen 2008: 143). Ziel dieser Bewegung ist die gesetzliche Anerkennung der Sprache der Flamen in Belgien, aber auch die wirtschaftliche Entwicklung Flanderns und die Anerkennung der Flamen als eigenständiges Volk (Janssens & Marynissen 2008: 143f.).

Wichtige Etappen der Gleichstellung des Niederländischen in Belgien:

1873: Gebrauch des Niederländischen vor Gericht bei Verdächtigen, die kein Französisch beherrschen

1883–85: Niederländisch als Unterrichtsprache auf weiterführenden Schulen (in einzelnen Fächern)

1898: Gelijkheidswet: Alle Gesetze und königlichen Beschlüsse werden auch auf Niederländisch verfasst.

1932: territoriale Einsprachigkeit der Gebiete Flandern und Wallonien

1962/63: Festlegung der Sprachgrenze

1970: Belgien wird in vier Sprachgemeinschaften (*taalgemeenschappen*) eingeteilt: das niederländischsprachige Flandern, das französischsprachige Wallonien, das zweisprachige (französisch-niederländische) Brüssel und eine deutschsprachige Gemeinschaft.

1973: Die Sprache Flanderns wird offiziell als 'Niederländisch' bezeichnet.

1993: Belgien ist offiziell ein Föderalstaat. Es gibt drei Gemeinschaften (*gemeenschappen*): Flandern, Wallonien und die deutschsprachige Gemeinschaft; drei Regionen (*gewesten*): Flandern, Wallonien und Brüssel; und vier Sprachgemeinschaften.

(vgl. Janssens & Marynissen 2008: 145–147; Van der Sijs 2004: 624)

Es dauert jedoch noch bis in die 60er Jahre des 20. Jahrhunderts, bis durch verschiedene *taalwetten* (Sprachgesetze) eine Gleichstellung des Niederländischen als Amtssprache für Flandern erreicht wird.

Ab 1849 finden alle zwei Jahre regelmäßig Kongresse zur niederländischen Sprache statt, die sog. **Nederlandsche Taal- en Letterkundige Congressen** (Niederländische Sprach- und Literaturwissenschaftskongresse), bei denen Teilnehmer aus den Niederlanden und Flandern über Sprachfragen diskutieren. Konkrete Ergebnisse dieser Kongresse sind zum einen eine einheitliche Rechtschreibregelung (*Spelling De Vries en Te Winkel*) und zum anderen die Erstellung eines niederländischen Wörterbuchs, das unter der Leitung von Matthias de Vries in Angriff genommen wurde; das *Woordenboek der Nederlandsche Taal* (WNT; vgl. Kap. 3) ist vergleichbar mit dem *Deutschen Wörterbuch* oder dem *Oxford English Dictionary*. Auf diesen Kongressen tauschen sich niederländische und flämische Literaten und Wissenschaftler aus. Noch viel intensiver sind aber die Diskussionen unter den Flamen selbst: Sollen die Flamen in sprachlicher Hinsicht den Anschluss an das Niederländische in den Niederlanden suchen oder soll man lieber eine eigene Form als Standardvariante entwickeln? Die sog. **Integrationisten** (*integrationisten*) vertreten die Auffassung, dass sich die Flamen mit ihrem Niederländisch an das im Norden anpassen sollten; nur so ist es möglich dem Französischen eine starke Alternative gegenüber zu stellen, schließlich hat das Niederländische im Norden eine reiche Tradition und wird als Kultursprache verwendet; darauf will man sich auch in Flandern berufen. Zu den Integrationisten gehören Jan-Frans Willems, der auch als Vater der flämischen Bewegung bezeichnet wird, und Autoren wie F.A. Snellaert und Ph. Blommaert. Die **Partikularisten** (*particularisten*) hingegen lehnen das 'Holländische' als Sprache der Protestanten ab (Flandern ist überwiegend katholisch); die nordniederländische Norm ist ihnen fast genauso fremd wie das Französische, sie wollen eine Sprache als Norm, die ihnen näher liegt. Zu den Partikularisten gehören u.a. der Grammatiker Pieter Behaegel, der Autor Hendrik Conscience und der Dichter-Priester Guido Gezelle, die eine eigene, vom Holländischen losgelöste belgische, d.h. westflämische Standardvariante etablieren wollen. Die Diskussionen über diese Sprachfrage dauern an, erst in der zweiten Hälfte des 19. Jahrhunderts setzen sich die Integrationisten durch.

Geschriebene Sprache vs. gesprochene Sprache

Im 19. Jahrhundert nimmt das Interesse an der eigenen Sprache stetig zu, aber alle Standardisierungprozesse sind noch immer stark auf die geschriebene Sprache gerichtet. Dadurch kommt es zu enormen Unterschieden zwischen der geschriebenen und der gesprochenen Sprache. In der zweiten Hälfte des 19. Jahrhunderts werden Stimmen laut, die dies ändern wollen. So wird der Slogan berühmt *schrijf zoals je spreekt* (schreib so, wie du sprichst) (vgl. Van den Toorn et al. 1997: 455). Der Sprachwissenschaftler Taco Roorda liefert 1855 bei einem der Sprachkongresse mit seiner *Verhandeling over het onderscheid en de behoorlijke overeenstemming tusschen schrijftaal en spreektaal* einen so unkonventionellen, in Anlehnung an die gesprochene Sprache verfassten Beitrag, dass sich die Redaktion weigert, seinen Artikel zu veröffentlichen. Doch auch Autoren wollen die Kluft zwischen geschriebener und gesprochener Sprache überbrücken. Dies war ein wichtiges Anliegen von Multatuli (Pseudonym von Edouard Douwes Dekker, 1820–1887), der 1860 sein Buch *Max Havelaar* publiziert. Besonders berühmt ist der Anfang des Buches (Textbeispiel zitiert nach Edition M. Douwes Dekker (1900), dbnl):

> Ik ben makelaar in koffi, en woon op de Lauriergracht N° 37. Het is myn gewoonte niet, romans te schryven, of zulke dingen, en het heeft dan ook lang geduurd, voor ik er toe overging een paar riem papier extra te bestellen, en het werk aantevangen, dat gy, lieve lezer, zoo-even in de hand hebt genomen, en dat ge lezen moet als ge makelaar in koffi zyt, of als ge wat anders zyt.
>
> *Max Havelaar*

Neben einer moralisch-politischen Anklage wegen menschenverachtender Umstände in Indonesien will Multatuli so schreiben, wie man auch tatsächlich spricht, was aber gar nicht so einfach ist, wenn man etwas anderes in der Schule gelernt hat: "Ik leg me toe op 't schryven van levend hollandsch. Maar ik heb schoolgegaan." (aus *Ideën I*, 41, zitiert aus Edition Funke (1879), dbnl). Für den modernen Leser ist diese Form des Niederländischen noch immer recht steif und ungewohnt. Im 19. Jahrhundert jedoch war dies fast revolutionär, u.a., weil Multatuli auf Flexionsendungen für Dativ und Akkusativ verzichtet, die in der gesprochenen Sprache seit Jahrzehnten verschwunden waren und nur künstlich in Grammatiken heraufbeschworen wurden.

Gegen Ende des 19. Jahrhunderts kommt es zur ersten Standardisierung des *gesprochenen* Niederländisch. Statt eines 'platten Dialekts' kann man besser *Algemeen Beschaafd Nederlands* (abgekürzt ABN) sprechen, also 'allgemeines kultiviertes Niederländisch'. Allgemein ist diese Variante, weil sie überregional verständlich ist und keine allzu gefärbten Elemente enthält. Aufgrund der wachsenden Mobilität und der vermehrten überregionalen Kontakte ist ein solches Kommunikationsmittel schlichtweg notwendig (Van der Sijs 2004). Als kultiviert wird das ABN bezeichnet, weil es zunächst die Sprache der Elite, einer Bevölkerungsschicht mit ökonomischem und kulturellem Prestige, ist. Wer diese Varietät beherrscht, 'gehört dazu' und kann mitreden.

2.2.4 Modernes Niederländisch

Mit dem 20. Jahrhundert beginnt das Zeitalter des modernen Niederländisch (*Hedendaags Nederlands*). Wiederum sind es externe, historisch-kulturelle Faktoren,

die die Entwicklung der Standardsprache stark beeinflussen. Durch die Einführung
der Schulpflicht und die Verbesserung des Unterrichts lernen viel mehr Menschen
die Standardsprache. Durch Migrationsbewegungen sowohl innerhalb des Sprachraumes als auch durch Migration von außen (Gastarbeiter etc.) und durch die ge-
stiegene Mobilität der Sprecher verbreitet sich die Standardsprache immer mehr
und ist im überregionalen Austausch immer wichtiger. Großen Einfluss haben auch
Radio, Fernsehen und die Printmedien, die ein überregionales Publikum erreichen
wollen. Durch Demokratisierungs- und Emanzipationsbewegungen erhalten weit
mehr Gruppen (wie Frauen, Arbeiter) Zugang zu Bildung und kommen dadurch
auch in Kontakt mit der Standardsprache bzw. benötigen die Kenntnis der Standardsprache (vgl. Van der Horst & Van der Horst 1999).

Auch in Flandern ändern sich die gesellschaftlich-politischen Strukturen grundlegend. Ab 1932 ist Belgien offiziell in einen nördlichen, niederländischsprachigen
und einen südlichen, französischsprachigen Teil geteilt, die Sprachgrenze wird
1962/63 definitiv festgelegt. Nach der langen französischen Periode wird nun auch
in Flandern das Niederländische als Amts- und Kultursprache in wichtigen Bereichen wie Schule, Wissenschaft und Politik wieder eingeführt. Ab den 30er Jahren
des 20. Jahrhunderts kann man in Belgien an der Universität in Gent auf Niederländisch studieren. Insbesondere in der zweiten Hälfte des 20. Jahrhunderts kann Flandern sich stark entfalten und erlebt eine Periode ökonomischer Blüte (Van der
Horst & Van der Horst 1999). Diese Veränderungen schlagen sich auch im sprachlichen Selbstbewusstsein der Flamen nieder.

Im 20. Jahrhundert richtet sich die Standardisierung des Niederländischen nicht mehr
nur auf die geschriebene Sprache, sondern auch auch die gesprochene Sprache; hierzu
tragen sicherlich auch die Medien stark bei. Diese Entwicklung verläuft in drei Phasen:
In der ersten Phase von etwa 1895–1920 gilt es als schick, *Algemeen Beschaafd
Nederlands* zu sprechen, so wie es von der Fachzeitschrift *Taal en letteren* propagiert
wird. In der zweiten Phase, etwa von 1920–1970, entwickelt sich das ABN zur Sprache
des Bürgertums, in der dritten Phase ab 1970 ist das ABN Allgemeingut, die überregi-
onale Sprache, mit der man in Funk und Fernsehen mit allen Niederländischsprachigen kommunizieren kann. Der Einfluss normierender Instanzen (Schulunterricht, Grammatiken etc.) wird immer geringer, so dass der Abstand zwischen Standardsprache und allgemeiner Umgangssprache immer kleiner wird. Varianten wie *hun
hebben* (statt *zij hebben*), *groter als* (statt *groter dan*) oder *het boek wat ik lees* (statt *het
boek dat ik lees*) könnten sich in nächster Zeit als standard-sprachlich durchsetzen.

Der Begriff 'Standardsprache' ist in diesem Kontext nicht unproblematisch. In
früheren Jahrhunderten zielte der Begriff in der Regel auf eine schriftlich fixierte
Form ab. Seit Beginn des 20. Jahrhunderts unterliegt aber auch die gesprochene
Sprache einer Standardisierung. Definitionen, was eine Standardsprache im modernen Sinne nun eigentlich ist, bleiben meist vage und sind eher Umschreibungen
denn Definitionen (vgl. Kap. 1). Hinzu kommt, dass in den unterschiedlichen Epo-

chen andere Sprachformen unter den Begriff Standardsprache fallen, wie wir gerade
gesehen haben. In den letzten Jahren scheint die Akzeptanz verschiedener Formen
und die Dehnung der Normen zuzunehmen, wodurch es zu einer Destandardisierung kommen kann (Van der Horst 2008a; vgl. Kap. 8).

Die niederländische Sprache unterscheidet sich in den Niederlanden und in Belgien
bis heute und auch die Haltung zum Niederländischen unterscheidet sich stark. Die
meisten Niederländer halten es für selbstverständlich, dass sie ihre Muttersprache
als Kultur- und Amtssprache in Verwaltung, bei Gericht und in der Literatur verwenden können. Die Achtung vor ihrer eigenen Sprache ist nicht besonders hoch
und man ist sich der Geschichte und der Bedeutung des Niederländischen als Kultursprache nicht unbedingt bewusst. Entsprechend ist die Bereitschaft zur Sprach-
pflege bei vielen nicht so stark ausgeprägt und man ist bei internationalen Kontakten
gerne bereit, auf andere Sprachen umzuschalten.

    Bei den Flamen ist das Bewusstsein noch immer vorhanden, dass ihre Mutter-
sprache vom Französischen verdrängt und lange unterdrückt wurde. Sie sind stolz
auf ihre Sprache – auch wenn sie häufig das Niederländische der Niederlande, das
sie als *Hollands* bezeichnen, verabscheuen. In den letzten Jahren wächst das Selbstbewusstsein der Flamen stetig. Flandern ist ökonomisch stark und unabhängig und
der Wunsch, sich vom 'holländischen Norden' sprachlich weiter abzugrenzen,
wächst mit der ökonomischen Stärke (vgl. Kap. 8). Statt der Standardsprache wird
in vielen Kreisen allerdings eine andere Varietät verwendet, das sog. *Verkavelingsvlaams* (vgl. Kap. 1 und 8). Diese Varietät liegt zwischen Standard und Dialekt und
wird meist umgangssprachlich verwendet.

    Es ist völlig offen, wie sich das Niederländische weiter entwickeln wird. Welchen
Einfluss hat die allgemeine Tendenz zu mehr Variation und Destandardisierung?
Welche Rolle kommt dem Englischen als moderne *Lingua franca* zu? Wird gerade im
Gegenzug zur Globalisierung die Individualität durch Sprache einen neuen Stellenwert erhalten? Wie wird sich das Niederländische in Flandern entwickeln? Wird
man stärker seine eigene Form des Niederländischen entwickeln, ohne Rücksicht
auf Einheit in der Sprache? Wird man in einigen Jahrzehnten in Flandern
Verkavelingsvlaams sprechen statt Niederländisch? Spannende Fragen, mit denen
sich die Sprachwissenschaft auseinandersetzt.

2.3   Zusammenfassung

Die niederländische Sprache gehört genau wie das Deutsche und Englische zum
westgermanischen Sprachzweig innerhalb der indoeuropäischen Sprachfamilie.
Nach der **2. Lautverschiebung** sieht man deutliche Unterschiede zwischen dem **Altniederländischen** und dem Althochdeutschen. Im Mittelalter entstehen in den verschiedenen Regionen der Niederlande viele literarische Texte in der Volkssprache; es

entwickelt sich eine volkssprachliche Literatur ausgehend von Flandern und Brabant und auch als Amtssprache kann das **Mittelniederländische** das Lateinische im Laufe der Zeit verdrängen. In der Zeit des *Gouden Eeuw* macht das **Neuniederländische** in den Niederlanden und in Belgien aufgrund externer, historisch-politischer Faktoren eine sehr unterschiedliche Entwicklung durch. Bei der **Standardisierung** der geschriebenen Sprache im 16. und 17. Jahrhundert ist der Norden der *Lage Landen* tonangebend. Bei der Standardisierung der gesprochenen Sprache im 19. Jahrhundert ebenfalls. Insbesondere in dieser zweiten Phase ist der Einfluss aus Flandern auf die niederländische Standardsprache minimal. Für das **moderne Niederländische** lässt sich im 20. Jahrhundert eine Annäherung des Niederländischen in Belgien und des Niederländischen in den Niederlanden konstatieren. Im 21. Jahrhundert scheint sich diese Annäherung jedoch weiter nicht durchzusetzen. Die weitere Entwicklung der niederländischen Sprache in Belgien und den Niederlanden ist offen.

Aufgaben

1. Warum ähneln sich das Deutsche und Niederländische so sehr? Warum kann man aber ab etwa dem 8. Jahrhundert von zwei unterschiedlichen Sprachen ausgehen?

2. Vergleichen Sie die folgenden Begriffe in der Tabelle. Ist das Türkische doch eine germanische Sprache? Wie lassen sich diese Übereinstimmungen erklären?

dt.	*Schal*	*Pyjama*	*Gameboy*	*Blockflöte*	*Telefon*	*Radio*
ndl.	*sjaal*	*pyjama*	*gameboy*	*blokfluit*	*telefoon*	*radio*
tü.	*şal*	*pijama*	*gameboy*	*blokflüt*	*telefon*	*radyo*

3. Das folgende Textfragment stammt aus der Rittergeschichte *Karel ende Elegast* (*Cd-rom Middelnederlands* 1998). Der Ritter Elegast spricht mit König Karl über einen anderen Ritter, Eggeric, der den König verraten haben soll.

1171 Doe Elegast, die ridder goet	1204 Ic ben seker wel te voren
1172 Quam in des conincs sale	1205 Dat Eggeric heeft u doot gesworen
1173 – Nu moochdie horen sine tale! –	1206 Ic hoordet hem seggen daer hi lach.
1174 Hi seide: God hoede dit gesinde,	1207 Hi gaf sinen wive enen slach,
1175 Den coninc ende dat ik hier vinde.	1208 Dat sijt dorste anden,
	1209 Dat haer dbloet ten tanden
	1210 Ter nase ende ter mont uut brac.

a. Benennen Sie Beispiele im Text für flektierte Formen (Genitiv, Akkusativ, Konjunktiv etc.), die im modernen Niederländisch nicht mehr üblich, hier aber noch anzutreffen sind.

b. Im Text kommen mehrere klitische Formen vor. Benennen Sie diese und geben Sie jeweils die volle Form an.

c. In Zeile 1207 steht das Wort *wive* (*wijf*). Was bedeutet es offensichtlich im Text, wie würde man es übersetzen? Was bedeutet *wijf* heutzutage im Niederländischen (und Deutschen)? Was ist offensichtlich geschehen? (vgl. hierzu Kap. 3 und 9)

d. Inwieweit haben sich die Wörter *wive* und *uut* (Z. 1210) im modernen Niederländisch lautlich verändert? Wie wird dieser Vorgang bezeichnet?

e. In Zeile 1210 steht das Wort *mont*. Warum schrieb man in Mittelalter *mont* und warum schreibt man heutzutage *mond* (vgl. hierzu Kap. 6).

4. Warum sind die Geschichtsdaten 1585 und 1648 so wichtig für die Entwicklung des modernen Niederländischen?

5. Vergleichen Sie (z.B. über Google Books) eine Grammatik aus dem 18. Jahrhundert mit der ANS (*Algemene Nederlandse Spraakkunst*); was fällt auf?

📖 Literatur zum Weiterlesen

Ein deutschsprachiges Werk zur Geschichte der niederländischen Sprache ist Vekeman & Ecke (1992) *Die Geschichte der niederländischen Sprache*. Auf Niederländisch gibt das Büchlein *De geschiedenis van het Nederlands in een notendop* (Van der Sijs 2005a) eine knappe Übersicht. Ausführlicher und mit sehr viel Bildmaterial versehen ist *Het verhaal van het Nederands. Een geschiedenis van twaalf eeuwen* (Van der Sijs & Willemyns 2009). Für Studierende der Niederlandistik verfasst ist das Grundlagenwerk *Het Nederlands vroeger en nu* (Janssens & Marynissen 2008), das insbesondere auch auf das Niederländische in Belgien eingeht. Ebenfalls zu den Grundlagenwerken gehört *De geschiedenis van het Nederlands* (Van der Wal 1993). Wissenschaftliche Standardwerke sind *De geschiedenis van de Nederlandse taal* (Van den Toorn et al. 1997) und *De geschiedenis van het Nederlands in de twintigste eeuw* (Van der Horst & Van der Horst 1999). Eine Beschreibung zur historischen Standardisierung des Niederländischen ist *De moedertaal centraal* (Van der Wal 1995); eine umfassende Darstellung zur Entstehung des ABN bietet *Taal als mensenwerk* (Van der Sijs 2004). Das mögliche Ende der Standardsprachen in Europa thematisiert Van der Horst (2008a) in *Het einde van de standaardtaal*. Übersichtlich und ansprechend dargestellte Informationen und Materialien zur niederländischen Literatur vom Mittelalter bis zur Neuzeit (mit einem Kursus Mittelniederländisch) gibt es auf der Internetseite www.literatuurgeschiedenis.nl. Zur Geschichte der Niederlande kann auf das Grundlagenwerk von Lademacher *Geschichte der Niederlande. Politik – Verfassung – Wirtschaft* (1983) sowie das Buch *Geschiedenis van Nederland. Van Opstand tot heden* von Wielenga (2012) verwiesen werden.

3.   Wörter und ihre Bedeutung

Truus Kruyt

> haaaj Mish!!! ben je r? kmoet je wat vertelle :-) w8ff kwor gebeld brb

aus Bennis 2012: 47

Ist das Niederländisch? Ja, das ist SMS-Sprache und viele Menschen benutzen diese Art der Sprache, wenn sie über das Internet oder das Handy kommunizieren. In konventionellem Niederländisch heißt der Satz:

> Ha Misha, ben je er? Ik moet je wat vertellen. Wacht even, ik word gebeld. Be right back.

Weil wir in solchen kurzen Nachrichten so viele Informationen wie möglich vermitteln möchten, benutzen wir Sprache auf kreative Art: Wir verkürzen Wörter (*r* für *er*, *vertelle* für *vertellen*), ziehen Wörter zusammen (*kmoet* für *ik moet*, *kwor* für *ik word*) und verwenden Abkürzungen (*ff* für *effe* (*even*), *brb* für *be right back*). Außerdem kommen nicht-sprachliche Mittel wie Zahlen (*w8* für *wacht*) und Emoticons (:-)) zum Einsatz.

Dieses Beispiel zeigt, dass Kommunikation nicht nur über Wörter, über Sprache stattfinden kann, sondern auch über nicht-sprachliche Mittel oder aus einer Kombination von beidem. Wenn ein Passant fragt, wo der nächste Parkplatz ist, können wir auf unterschiedliche Art und Weise antworten. Entweder wir erklären den Weg zum Parkplatz mit Wörtern oder wir zeigen auf ein Verkehrsschild mit einem P und sagen *Daar!* oder aber wir sagen gar nichts und zeigen nur auf das Schild. Verwunderung können wir mit einer bestimmten Äußerung wie *Oh?!*, durch Mimik oder mit Wort und Mimik zugleich ausdrücken. Wer eine Toilette sucht, weiß, dass er diese hinter der Tür mit der bekannten Abbildung eines stilisierten Mannes oder einer stilisierten Frau, dem Piktogramm für Toilette, finden kann. Kurzum, es gibt verschiedene Arten, etwas auszudrücken, zu kommunizieren – Sprache ist eine davon. Bei all diesen Kommunikationsformen gibt es eine Beziehung zwischen einer bestimmten Form (Wort, Gebärde, Abbildung u.a.) und der Bedeutung oder Assoziation, die diese Form hervorruft. Die Formen sind 'Zeichen' für etwas anderes und wer diese Zeichen benutzt, weiß, wofür sie stehen und was sie bedeuten. Die Wissenschaft der Zeichen und Zeichensysteme heißt **Semiotik** (*semiotiek*). Wörter (und Sprache insgesamt) gehören also in einen viel größeren Zusammenhang von Zeichensystemen, mit denen Kommunikation entsteht.

3.1   Wissenschaftliche Erforschung des Wortschatzes

Alle Wörter einer Sprache bilden zusammen den Wortschatz oder das **Lexikon** (*lexicon*) dieser Sprache. Die wissenschaftliche Erforschung des Wortschatzes heißt **Lexikologie** (*lexicologie*). Bevor wir auf die wissenschaftlichen Methoden der Lexikologie näher eingehen, soll zunächst die Beziehung zwischen einem Wort als Zeichen und den Assoziationen, die das Wort hervorruft, verdeutlicht werden.

In den Niederlanden wird viel *gefietst*. Die meisten Sprecher des Niederländischen wissen aus eigener Erfahrung, dass ein *fiets* ein Gegenstand mit zwei Rädern und zwei Pedalen ist, mit dem man sich fortbewegen kann. Auch ohne den konkreten Gegenstand zu sehen, haben sie eine mentale Vorstellung davon: Die **Bedeutung** (*betekenis*) von *fiets* könnte man als 'Gegenstand mit zwei Rädern und zwei Pedalen zur Fortbewegung' umschreiben. Das Wort *fiets* ist im Niederländischen die Bezeichnung für alle Exemplare eines solchen Gegenstandes, auch wenn nicht alle Exemplare genau gleich aussehen. Wenn man etwas über diesen Gegenstand sagen möchte, benutzt man im Niederländischen das Wort *fiets* und im Deutschen das Wort 'Fahrrad'. Zwischen dem Gegenstand und den Wörtern, mit denen der Gegenstand beschrieben wird, gibt es einen Unterschied. Die Wörter *fiets* und *Fahrrad* gehören mit ihrer Bedeutung zur Sprache; der Gegenstand ist eine Sache in der Wirklichkeit. Das Wort ist nicht der Gegenstand selbst, es ist ein Name für diesen Gegenstand, oder mit Begriffen der Semiotik ausgedrückt: Das Wort *fiets* ist ein **Zeichen** (*teken*) für den Gegenstand, den wir damit assoziieren. Dass der Gegenstand mit dem Wort *fiets* bezeichnet wird, ist aber willkürlich oder **arbiträr** (*arbitrair*): Sprecher des Niederländischen haben diesen Gegenstand im 19. Jahrhundert *fiets* genannt. Es hätte aber auch genauso gut ein anderes Wort sein können. Diese arbiträre Beziehung gilt für die meisten Wörter.

Mit dem niederländischen Wort *brug* können mindestens drei Sachen gemeint sein: das Bauwerk, die Zahnprothese und die Turnübung. Das hängt von der Situation oder dem Kontext ab. Das Wort *brug* hat also drei verschiedene Bedeutungen. Es kann als Bezeichnung für drei verschiedene Dinge benutzt werden und zwar für alle Exemplare dieser Art. Auch hier gibt es einen Unterschied zwischen der Wortform *brug*, den Bedeutungen des Wortes (Bauwerk, Zahnprothese, Turnübung) und den Dingen in unserer Erfahrungswelt, die mit den Bedeutungen des Wortes korrespondieren.

Das gilt nicht nur für Wörter, die sich auf konkrete Gegenstände beziehen, sondern auch für abstrakte Wörter wie *verstand* oder *enthousiasme*, für Eigenschaften wie *aardig* und *vriendelijk* oder für Tätigkeiten wie *denken* und *luisteren*. Durch Erfahrung haben Sprachbenutzer eine Vorstellung davon, was mit den abstrakten Wörtern gemeint ist und deshalb funktionieren die Wörter auch in der Kommunikation. *Gegenstand* oder *Ding* muss also viel weiter gefasst werden. Wörter verweisen auf Gegenstände in der Erfahrungswelt: auf Sachen, Eigenschaften, Personen, Ereignisse,

Handlungen usw., aber auch auf Entitäten in der Fantasiewelt wie *elfen*, *kabouters*, *spoken* oder *marsmannetjes*.

Zusammenfassend können wir von drei Einheiten sprechen: 'Wortform', 'Bedeutung' und 'Entität in der Erfahrungswelt'. Jede Wortform hat eine oder mehrere Bedeutungen und jede Bedeutung verweist auf eine Entität in der Erfahrungswelt, den **Referenten** (*referent*). Das Verhältnis dieser drei Einheiten kann in einem **semiotischen Dreieck** (*semiotische driehoek*) wiedergegeben werden (Abb. 3.1). Die Linien in der Abbildung geben eine direkte Beziehung an: Eine Wortform hat eine Bedeutung; eine Bedeutung bezieht sich auf einen Referenten. Die gestrichelte Linie gibt die indirekte Beziehung zwischen Wortform und Referent an.

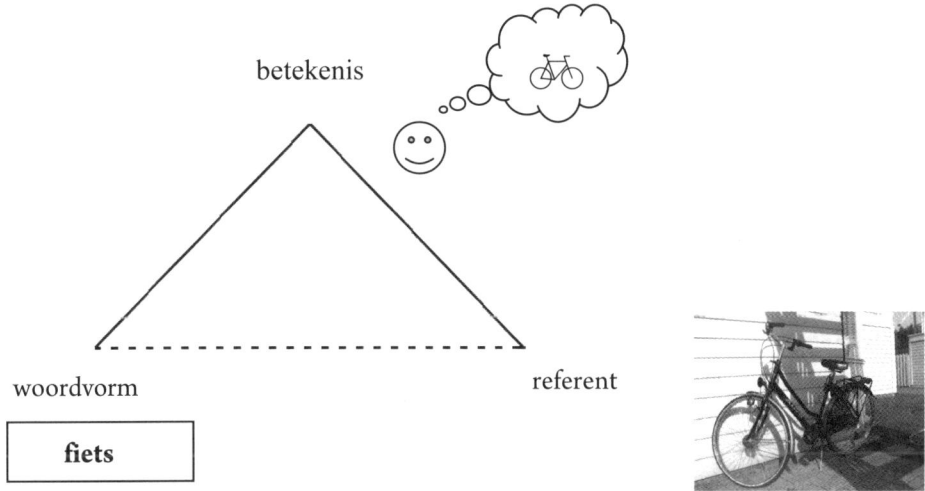

Abb. 3.1: Semiotisches Dreieck

Die sprachwissenschaftliche Disziplin, die sich mit der Beziehung zwischen der Sprache (wobei mehr als bloß Wörter gemeint sind) und der Erfahrungswelt befasst, nennt man **Semantik** (*semantiek*). Innerhalb der Semantik gibt es verschiedene theoretische Strömungen, die jeweils eigene semantische Modelle und eigene Fachbegriffe benutzen. So wird 'Entität in der Erfahrungswelt', auch mit dem Fachbegriff 'Begriff', 'Konzept', 'Referent' oder 'Entität' bezeichnet. Im Folgenden wird hier für 'Entität in der Erfahrungswelt' der Begriff 'Referent' verwendet.

3.1.1   Vom Wort zur Bedeutung; Beziehungen zwischen Wortbedeutungen

In der Lexikologie kann der Wortschatz mit zwei Methoden untersucht werden. Bei der **semasiologischen Methode** bildet das Wort (eigentlich die Wortform) den Ausgangspunkt. Diese Methode beschäftigt sich mit der Bedeutung und den Bedeutungsbeziehungen. Bei der **onomasiologischen Methode** ist der Ausgangspunkt der Referent und es werden Wörter untersucht, mit denen der Referent benannt werden kann, und Wörter, die in einem semantischen Zusammenhang stehen. Dieses Unterkapitel beschäftigt sich mit der semasiologischen Methode.

Das Wort *fiets* hat nur eine Bedeutung, die auf einen einzigen Referenten verweist, auch wenn es noch so viele Exemplare davon gibt: nämlich der Gegenstand mit zwei Rädern und zwei Pedalen, mit dem man sich fortbewegen kann. Dasselbe gilt für *notebook, surfplank, hoogleraar, januari* und andere Wörter. Wenn ein Wort nur eine einzige Bedeutung hat, spricht man von **Monosemie** (*monosemie*). Das Wort *brug* hat mehr als eine Bedeutung, es hat mindestens drei: Bauwerk, Zahnprothese und Turnübung. Beispiele für andere Wörter mit mehr als einer Bedeutung sind *man* (Mann, Mensch, Ehemann), *uitspraak* (Aussprache, Äußerung oder Urteil), *surfen* (auf Wasser oder im Internet) und *bekend* (bekannt, bekanntlich, vertraut). Hat ein Wort mehr als eine Bedeutung, spricht man von **Polysemie** (*polysemie*).

Bei polysemen Wörtern sind die Zusammenhänge zwischen den verschiedenen Bedeutungen oft eindeutig, weil sich eine neue Bedeutung aus einer bereits vorhandenen Bedeutung entwickelt. Das *surfen* im Internet geht auf das *surfen* mit einem Surfbrett auf dem Wasser zurück. Jedoch ist es nicht immer offensichtlich, ob es eine ursprüngliche Bedeutung gibt, aus der sich die weiteren Bedeutungen entwickelt haben. Es gibt allerdings bestimmte Denkprozesse, die eine Rolle bei der Bildung einer neuen Bedeutung spielen, durch die sich systematische Beziehungen zwischen den Bedeutungen entwickeln. Die wichtigsten Prozesse sind **Metonymie** (*metonymie*), **Metapher** (*metafoor*), **Bedeutungserweiterung** oder Generalisierung (*betekenisgeneralisatie*) und **Bedeutungsverengung** (*betekenisspecialisatie*). Diese Begriffe werden im Folgenden anhand eines in der sprachwissenschaftlichen Literatur bekannten Beispiels genauer erklärt. Lesen Sie die folgenden Sätze und bestimmen Sie jeweils die Bedeutung des Wortes *school*:

1) De ouders zoeken voor hun kind een goede middelbare *school*.
2) Scholen en ouders hebben plannen voor verbetering van het onderwijs.
3) Voor en na school past de buurvouw op onze kinderen.
4) In de nieuwe wijk komt een supermarkt, een buurthuis en een grote *school*.
5) De vissen vormen *scholen* om op zandbanken bij de kust kuit te schieten.
6) Om te gaan staken moeten de leerlingen toestemming hebben van *school*.
7) Het eerste deel van de memoires van Casanova heet 'De *school* van het leven'.
8) De *school* heeft vandaag een sportdag.
9) De *school* gaat uit.
10) Die schilders behoren tot de Haagse *School*.
11) Die hoogleraar heeft school gemaakt.
12) Zij heeft dwarsfluit leren spelen volgens de Franse *school*.

Die Bedeutungen von *school* können folgendermaßen umschrieben werden:

1) Einrichtung, in der Unterricht erteilt wird, Bildungseinrichtung
2) Leitung und Lehrkräfte der Bildungseinrichtung
3) Dauer des Unterrichts, Schulstunden
4) Gebäude, in dem sich die Bildungseinrichtung befindet
5) zusammengehörige Menge, Gruppe (Fische)
6) Direktion oder Verwaltung einer Bildungseinrichtung
7) das Leben als Lehre: Im Leben lernt man viel
8) die Schüler der Bildungseinrichtung
9) drei mögliche Interpretationen: die Schüler und Lehrer (gehen nach draußen), der Unterricht (ist zu Ende) oder Schüler und Lehrer (machen einen Ausflug; vergleichbar mit (8))
10) eine Gruppe von Personen in der Kunst oder Wissenschaft, die gleiche Arbeitsweisen oder Auffassungen haben
11) Schule machen: Schüler/Promovenden haben, die das Werk von jemandem in seinem Sinne fortsetzen
12) Französische Schule: eine bestimmte Unterrichtsmethode

Die erste Bedeutung des Wortes *school* nehmen wir hier als Ausgangspunkt für die Bezeichnung der Bedeutungszusammenhänge, so wie das in der sprachwissenschaftlichen Literatur häufig gemacht wird. Auch wenn die systematischen Beziehungen in der Fachliteratur unterschiedlich behandelt werden, geht es im Grunde um dieselben Prozesse (Metonymie, Metapher, Bedeutungserweiterung und Bedeutungsverengung). Es wird davon ausgegangen, dass *school* in unserem **mentalen Lexikon** (*mentaal lexicon*) ein Komplex aus verschiedenen Bedeutungsmerkmalen ist, die je nach Kontext in den Vordergrund treten können. Vereinfacht ausgedrückt ist das mentale Lexikon der Wortschatz, der in unserem Gedächtnis gespeichert ist.

Man spricht von Metonymie, wenn man ein anderes Wort verwendet als das eigentlich gemeinte, wobei dieses Wort einen engen Bezug zum eigentlichen Wort hat und mit dem gemeinten Referenten assoziiert wird. Ein Beispiel ist *de schaatser won goud*, wobei *goud* in diesem Fall für 'Goldmedaille' steht. Eine häufig vorkommende Form der Metonymie ist das *Pars pro toto* (ein Teil für das Ganze): Anstatt ein Wort für das Ganze zu benutzen, wird nur ein Teil des Ganzen benannt, wie beispielsweise *even de neuzen tellen* (mal schauen, wie viele Leute da sind), in dem der Teil *neus* für die gesamte Person steht. Es gibt viele andere metonymische Beziehungen, wie in *Wij hebben een Corneille gekocht*, d.h. ein Kunstwerk von Corneille (Name des Herstellers für das Produkt) oder *Wil je nog een glas?*, d.h. ein Glas mit einem bestimmten Inhalt (das Behältnis für den Inhalt).

Metonymie (wörtl. Umbenennung) ist der Ersatz einer Benennung durch eine andere, die in einem engen Zusammenhang mit der ersten steht.

Kehren wir nun zum Wort *school* zurück. In den Sätzen 2 und 8 steht das Wort *school* für eine Personengruppe, die zu der Bildungseinrichtung gehört; in 6 für die Direktion oder Verwaltung; in Satz 3 für den Unterricht in der Bildungseinrichtung; in 4 für das Gebäude der Bildungseinrichtung. In 9 gibt es zwei Möglichkeiten: der Unterricht oder die Personen. In allen Fällen handelt es sich um Metonymie: Das Wort *school* wird also nicht nur für die ursprüngliche Bedeutung 'Bildungseinrichtung' benutzt (1), sondern auch für Dinge und Personen, die in einer klaren Relation dazu stehen.

Aber was hat es mit der 'Schule des Lebens' in 7 auf sich? Das Leben wird hier als Erwerb von Wissen und Erfahrungen im Leben verstanden, so wie man Wissen und Erfahrungen auch in der Schule erwirbt – das Leben als Lehre. Hier kann man von einer Metapher sprechen.

> Bei einer **Metapher** (wörtl. Übertragung) liegt ein Zusammenhang zwischen der ursprünglichen und der gemeinten Bedeutung aufgrund von Ähnlichkeit vor.

Ein anderes Beispiel ist das Wort *hoofd* mit der Bedeutung 'oberster Teil des Körpers'. Metaphorisch wird *hoofd* verwendet, wenn es in der Bedeutung von 'der oberste oder vorderste Teil von etwas' benutzt wird, wie in *het hoofd van het gezin* (Familienoberhaupt), *het hoofd van de afdeling* (Abteilungsleiter) oder *het hoofd van de tafel* (der Kopf des Tisches). Ebenso funktioniert das Beispiel *de voet van de berg* (der Fuß des Berges). Im täglichen Sprachgebrauch wimmelt es von Metaphern: *een gezonde economie* (in gutem Zustand, so wie ein gesunder Mensch), Computer haben *virussen* (wie der menschliche Körper), *een tsunami van protesten* (wie bei einer Flut) und *Het is hier een zwijnenstal!* als Ausruf bei einer Konfrontation mit einem völlig verdreckten Raum. Für den Sprachbenutzer ist es heutzutage möglich, die Gruppe Fische in 5 als Metapher für die Personengruppe in 2 und 8 zu sehen; historisch betrachtet hat *school* in diesem Fall jedoch eine andere Herkunft oder **Etymologie** (*etymologie*) als *school* in den anderen Bedeutungen (vgl. 3.3.2).

In den Sätzen 10 und 11 liegt eine Bedeutungserweiterung (Generalisierung) vor. Bei diesem Prozess verliert das Wort seine ursprünglichen Bedeutungsbeschränkungen, wodurch sich der Bedeutungsumfang vergrößert. So verweist *school* nicht mehr ausschließlich auf die Schüler einer Schule, sondern die Bedeutung wird weiter gefasst und auf die Anhänger einer Person (11) oder auf eine Personengruppe mit gleichen Arbeitsweisen oder Auffassungen (10) ausgeweitet. Auch wenn ein Wort aus einer Fachsprache mit einer spezialisierten Bedeutung eine weitere Bedeutung in der allgemeinen Sprache bekommt, liegt eine Generalisierung vor. So hat das Wort *output*, ein Begriff aus der Informatik, weiter gefasst Eingang in den allgemeinen Sprachgebrauch gefunden.

In Satz 12 verweist *school* nicht auf die Unterrichtsstunden, den Unterricht an sich, sondern auf eine bestimmte Unterrichtsmethode. Der Bedeutungsumfang verkleinert sich: Es liegt eine **Bedeutungsverengung** vor. Ein anderes Beispiel ist *zetten*, das als Druckerbegriff eine speziellere, engere Bedeutung hat, nämlich das Setzen von Bleibuchstaben in den Setzkasten. Oder *zitten*, das neben der allgemeinen Bedeutung 'auf dem Hintern sitzen' die verengte Bedeutung *in de gevangenis zitten* 'eine Strafe absitzen' hat.

Die verschiedenen Bedeutungen von *school* und ihr semantischer Zusammenhang werden in Abbildung 3.2 zusammengefasst.

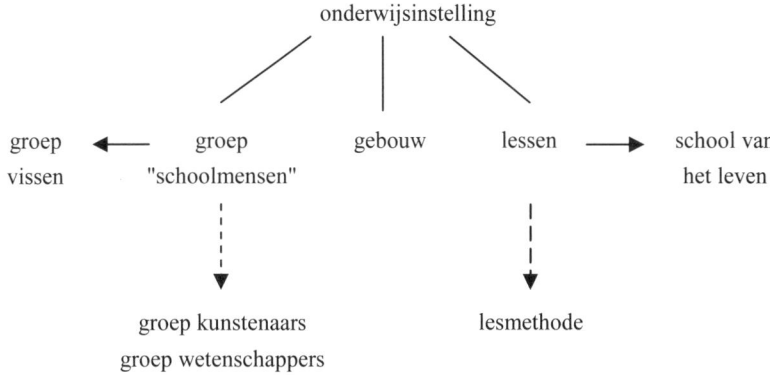

Abb. 3.2 : Schematische Übersicht der Bedeutungsbeziehungen von *school*. Linien ohne Pfeil: Metonymie; Pfeile rechts/links: Metapher; klein gestrichelter Pfeil: Bedeutungserweiterung; grob gestrichelter Pfeil: Bedeutungsverengung

Die Bedeutungsbeziehungen wie bei *school* kommen auch bei Wörtern wie *kantoor, universiteit, instituut, ministerie, ziekenhuis, kerk, fabriek* und *museum* vor. Es gibt hier eine gewisse Systematik. Allerdings sind nicht bei allen polysemen Wörtern die Beziehungen zwischen den Bedeutungen so eindeutig nachvollziehbar wie im Beispiel *school*.

3.1.2 Vom Referenten zum Wort; semantische Beziehungen zwischen Wörtern

Bei der onomasiologischen Methode bilden die Beziehungen zwischen Bedeutungen von Wörtern, die auf denselben Referenten verweisen, den Ausgangspunkt der Untersuchung. Auch die Beziehungen zwischen Wörtern, deren Referenten eine andere semantische Beziehung untereinander haben, können untersucht werden.

Der gleiche Referent kann mit verschiedenen Wörtern bezeichnet werden, oder bei polysemen Wörtern mit einer der Wortbedeutungen. Die Wörter *fiets* oder *rijwiel* (im Niederländischen beide monosem) verweisen auf denselben Referenten.

Die monosemen Wörter *vriendelijk* und *sympathiek* sowie das polyseme Wort *aardig*[1] haben eine Bedeutung, die nicht genau, aber fast gleich ist und so auf den mehr oder weniger gleichen Referenten verweist. Wörter, die innerhalb einer Sprache dieselbe oder so gut wie dieselbe Bedeutung haben, werden **Synonyme** (*synoniemen*) genannt. *Rijwiel* und *fiets* sind Synonyme; *aardig, vriendelijk* und *sympathiek* auch.

Dennoch gibt es kleine Unterschiede zwischen der Bedeutung von Synonymen. Der Unterschied zwischen *aardig, vriendelijk* und *sympathiek* lässt sich nicht so einfach erklären. Sicher ist, dass *rijwiel* formeller ist als *fiets*, genauso wie *Zweirad* im Deutschen formeller ist als *Fahrrad*. Bei *rijwiel* denkt man eher an ein altmodisches, schwarzes Fahrrad eines vornehmen älteren Herren oder einer vornehmen Dame als an ein normales Fahrrad. Der formelle Charakter gibt *rijwiel* eine andere **Konnotation** (*connotatie*), d.h. eine andere **emotionale Bedeutungskomponente** oder einen anderen **Gefühlswert** (*gevoelswaarde*) als das Wort *fiets*. Die beiden Wörter haben jedoch die gleiche **Denotation** (*denotatie*): Sie verweisen auf den gleichen Referenten. Auch *beurs* und *portemonnee* sind Synonyme. *Beurs* hat jedoch eine altmodische oder regional gefärbte Konnotation, wenn es sich nicht gerade um feststehende Ausdrücke handelt, wie *zijn beurs trekken* (die Börse zücken) und *diep in de beurs tasten* (tief in die Tasche greifen). Bei dem Synonymenpaar *griep* und *influenza* gehört *griep* zum allgemeinen Wortschatz, während *influenza* vor allem im medizinischen Kontext verwendet wird. Synonyme sind somit nicht in jedem Kontext austauschbar, weil sie häufig nicht genau dieselbe Bedeutung haben.

Der Synonymie steht die **Antonymie** (*antonymie*) gegenüber: Zwei Wörter haben eine gegenteilige Bedeutung. Beispiele für Antonyme sind *aardig/onaardig*, *efficiënt/inefficiënt, hard/zacht, hoogtepunt/dieptepunt* und *rijkdom/armoede*. Bei diesen Wortpaaren handelt es sich um **binäre Antonyme** (*binaire antoniemen*), weil sich zwei Bedeutungen gegenüberstehen. Innerhalb dieser Gruppe gibt es die Unterkategorie der **logischen Antonyme** (*logische antoniemen*). Wenn das eine gilt, gilt das andere automatisch nicht, sie schließen sich gegenseitig aus, wie z.B. *dood/levend* und *aanwezig/afwezig*. Von **mehrfacher Antonymie** (*meervoudige antonymie*) sprechen wir, wenn es zwischen den beiden Extremen Abstufungen mit einer eigenen Bezeichnung gibt, wie:

mager/dun/slank/volslank/dik   vol/halfvol/halfleeg/leeg
altijd/vaak/soms/nooit   ijskoud/koud/lauw/warm/heet

Eine andere semantische Verbindung liegt bei **Hyponymie** (*hyponymie*) und **Hyperonymie** (*hyperonymie*) vor, die auch untrennbar miteinander verbunden sind,

---

[1]   *Aardig* kann außer 'nett' auch 'gut' und 'ordentlich' (im Sinne von 'viel') bedeuten wie z.B. in den Sätzen *het is nog een aardig eindje lopen* (wir haben noch ein ordentliches Stück zu laufen) oder *hij verdient een aardig centje met zijn bijbaan* (in seinem Nebenjob verdient er gutes Geld). In dieser Bedeutung ist *aardig* kein Synonym für *vriendelijk* und *sympathiek*. Synonymie betrifft also nur die semantische Relation bei Wörtern in *einer bestimmten Bedeutung*. Das gilt auch für Antonyme, Hyponyme und Hyperonyme.

denn sie verweisen auf eine hierarchische Beziehung zwischen Referenten. So sind *parkiet, mus, merel* und *mees* (alle monoseme Wörter) Bezeichnungen für verschiedene Arten von Vögeln, aber es handelt sich dennoch immer um einen Vogel: Sowohl der Wellensittich ist ein Vogel als auch der Spatz, die Amsel und die Meise. Es gibt eine 'ist ein'-Relation zwischen den verschiedenen Vögeln und *vogel*. Der Referent von *vogel* ist der **übergeordnete** (*overkoepelende*) Referent. *Vogel* ist daher das Hyperonym von *parkiet, mus, merel, mees* und allen anderen Vogelarten. Umgekehrt haben *parkiet, mus, merel* und *mees* Referenten, die dem Referenten von *vogel* **untergeordnet** (*ondergeschikt*) sind: Sie sind Hyponyme von *vogel*. Hier gilt die 'ist ein'-Relation nicht, denn man kann nicht sagen, dass ein *vogel* ein *parkiet* ist. Der Referent von *vogel* umfasst nämlich mehr als nur *parkieten*. Ein Hyperonym umfasst also die Referenten seiner Hyponyme (und nicht andersherum). *Vogel* an sich ist ein Hyponym des übergeordneten *dier* (ein Vogel ist ein Tier). Gleichzeitig ist das übergeordnete *dier* ein Hyperonym von *vogel* und von allen anderen Tieren. *Dier* ist ein Hyponym der übergeordneten Kategorie *levend wezen*, welche wiederum ein Hyperonym von *dier* ist. Es gibt also eine hierarchische Ordnung, eine **Taxonomie** (*taxonomie*), zwischen *parkiet* (ist ein) *vogel* (ist ein) *dier* (ist ein) *levend wezen* (Abb. 3.3).

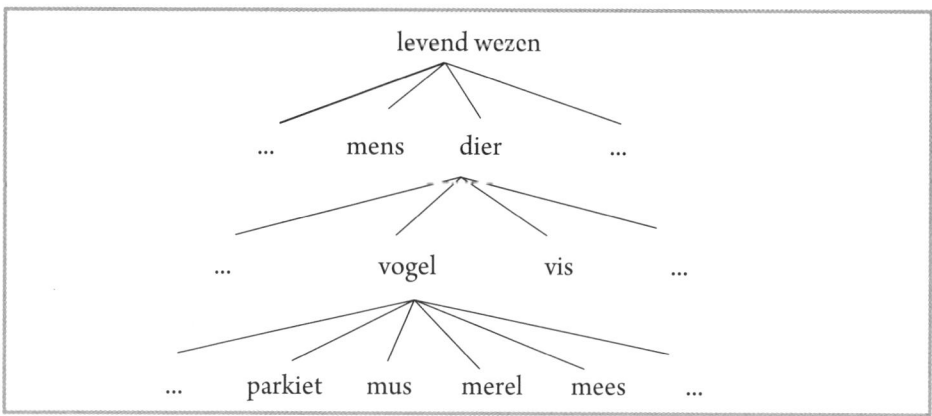

Abb. 3.3: Hierarchische Beziehung zwischen Hyperonym und Hyponymen

Es gibt übrigens nicht in allen Fällen ein übergeordnetes Wort. So kennt das Niederländische kein Hyperonym speziell für Kleidungsstücke, die man über einer Hose oder einem Rock trägt, wie *trui, T-shirt, overhemd, vest* usw. Als Oberbegriff ist *kledingstuk* zu allgemein, da darunter auch *broek, rok, jas, das* usw. fallen. Eine derartige Lücke im Wortschatz nennt man **lexikalische Lücke** (*lexicaal gat/lexicale leemte*).[2]

---

[2]   Dieser Begriff wird auch für das komplette Fehlen eines Wortes in einer Sprache benutzt. So gibt es im Niederländischen kein Wort für *Armbeuge* (ndl.: *binnenkant van de elleboog*) und auch kein passendes niederländisches Äquivalent für das deutsche *Aha-Erlebnis*.

Wörter können auch Referenten benennen, zwischen denen es andere Beziehungen gibt. Ein **semantisches Feld** (*semantisch veld*) umfasst Wörter, die (in einer bestimmten Bedeutung) in einem inhaltlichen Zusammenhang stehen, wie z.B. die Wörter in Tabelle 3.1:

Keukentermen	lepel, mes, vork, pan, oven, fornuis, magnetron, weegschaal usw.
Kleuren	geel, groen, rood, oranje, blauw, paars, bruin, beige, grijs usw.
Familierelaties	vader, moeder, dochter, zoon, opa, oma, oom, tante, nicht, neef usw.
Gevoelens	vrolijk, opgewekt, optimistisch, boos, bedroefd, teleurgesteld, moedeloos usw.

Tab. 3.1: Wörter in einem semantischen Feld

Das letzte Beispiel (*gevoelens*) zeigt, dass ein semantisches Feld auch Synonyme und Antonyme enthalten kann.

Wörter können (in einer bestimmten Bedeutung) auch auf Referenten verweisen, zwischen denen es weitere semantische Relationen gibt. Eine davon ist die 'hat ein'-Relation, die **Holonymie** (*holonymie*), wie z.B. *schoolgebouw* hat ein *raam*. Die umgekehrte Relation ist die 'ist Teil von'-Relation, die **Meronymie** (*meronymie*), wie z.B. *raam* ist Teil vom *schoolgebouw*. Dieselben Relationen bestehen zwischen *schoolgebouw* und *deur, gang, klaslokaal, docentenkamer, aula* usw. Andere Relationen sind zum Beispiel die 'ist gemacht aus'-Relation (*schoolgebouw* ist gemacht aus *beton*), die 'entsteht durch'-Relation (*schoolgebouw* entsteht durch *bouwen*) und die 'wird benutzt für/zu'-Relation (*schoolgebouw* wird benutzt für *onderwijs geven* und *onderwijs krijgen*). Derartige Relationen gelten auch für andere Gebäude und sogar für gänzlich andere Referenten: *lemmet* (Klinge) ist Teil von einem *mes*, ist gemacht aus *staal*, wird benutzt zum *snijden*, entsteht durch *metaalbewerking*. In diesen Relationen werden also auch Referenten von Wörtern verschiedener Wortarten miteinander in Beziehung gesetzt. Auf diese Art und Weise können die Referenten eines ganzen Themengebietes zu einem **semantischen Netz** (*semantisch netwerk*) miteinander verknüpft werden. Es wird angenommen, dass unser mentales Lexikon in Form eines sehr großen und sehr komplexen Netzes organisiert ist. Die semantischen Relationen zwischen Wortbedeutungen werden auch in Such- und anderen Computerprogrammen verarbeitet, um diese 'klüger' und 'intelligenter' zu machen, sodass sie so besser funktionieren können.

3.2   Dynamik im Wortschatz

Denken Sie einmal über die folgenden Fragen nach: Welche Wörter benutzt ein Richter? Verwenden Personen mit einem anderen Beruf diese auch? Benutzen alte Menschen die gleichen Wörter wie junge? Haben Niederländer und Flamen den gleichen Wortschatz? In allen Fällen lautet die Antwort: teilweise ja, teilweise nein. Ein Richter benutzt während der Arbeit Fachbegriffe, die Personen mit einem anderen Beruf nicht kennen, aber er benutzt auch Wörter, die jeder kennt, wie *zijn, gaan, dag, huis, vandaag, koud* usw. sowie Funktionswörter (wie Artikel, Präpositionen, Konjunktionen, Pronomen usw.). Alte Menschen kennen Wörter, die jungen Menschen unbekannt sind, und umgekehrt. Niederländer und Flamen haben einen großen gemeinsamen Wortschatz, aber es gibt auch typisch niederländische und typisch flämische Wörter (das gilt übrigens auch für die Bedeutung einzelner Wörter): Durch eine Prüfung fallen heißt in Belgien *buizen*, in den Niederlanden *zakken*, in Belgien bestellt man *een tas koffie*, in den Niederlanden *een kop koffie*; Kehrblech und Handfeger werden in Belgien als *blik en veger*, in den Niederlanden als *stoffer en blik* bezeichnet.

Im Allgemeinen ist Schriftsprache formeller als gesprochene Sprache. Beispiele für formelle niederländische Wörter aus der Schriftsprache, die von jungen Menschen nicht mehr verstanden werden, sind *boreling*[3] (Neugeborenes), *struweel* (Strauchgewächs), *bestieren* (leiten, lenken) und *lafenis* (Erfrischung). Informelle niederländische Wörter, die in der gesprochenen Sprache zwar möglich, in der Schriftsprache jedoch nicht passend sind, sind beispielsweise *oprotten* (sich verpissen), *maffen* (pennen), *driftkikker* (Hitzkopf) und *smeris* ('Bulle' für Polizist). Ursprünglich informelle Wörter, die von vielen inzwischen als neutral, also als Teil der geschriebenen und gesprochenen Sprache verstanden werden, sind z.B. *floppen* (missglücken), *inseinen* (informieren), *geld ophoesten* (bezahlen) und *vastpinnen op iets* (jemanden auf etwas festnageln). Deutlich vulgärer und mitunter schockierend sind Schimpfwörter wie *gratenkut* (für eine magere Frau), *gleufdier* (für eine Frau) und *kankerlijer* (für einen Mann, 'Scheißkerl'). Die Einschätzung, wie formell, informell oder vulgär ein Wort ist, ist nicht bei allen Sprachbenutzern gleich, sondern hängt unter anderem vom Alter und dem sozialen Hintergrund ab.

Innerhalb bestimmter Sprechergruppen gibt es Wörter oder Wortbedeutungen, die nur in dieser Gruppe üblich sind und nicht allgemein von allen Sprachbenutzern verstanden werden. Wörter wie *chappie* (Junge), *niffa* (Messer), *doekoe* (Geld) und *kaas* (Niederländer) sind Wörter aus einer Jugendsprache in den Niederlanden, der sog. *straattaal*. Nerds verwenden Wörter wie *egosurfen* (den eigenen Namen im Internet suchen, um herauszufinden, was andere von einem halten) und *dlen* (herunterladen). Pferdeliebhaber wissen was *achterhand* ist, nämlich der Teil des Pferdekörpers hinter dem Sattel, und Ärzte untereinander sprechen von *hemorragie* (Blu-

---

[3]   Wird von jungen Menschen in Flandern noch verstanden.

tung), *cranium* (Schädel) und *perspiratie* (Schwitzen). Wörter oder Wortbedeutungen, die für eine bestimmte Gruppe typisch sind, können in die (informelle) allgemeine Sprache durchdringen, wie das jiddische *jatten* (stehlen) und *mazzel hebben* (Glück haben). Nicht jeder kennt oder verwendet also dieselben Wörter und Bedeutungen.

Der Wortschatz ist keine statische Wortsammlung: Es kommen neue Wörter und Bedeutungen dazu und Wörter und Bedeutungen verschwinden. Neue Wörter heißen **Neologismen** (*neologismen*) (vgl. Kap. 9). Neue Gegenstände, Phänomene, Erkenntnisse usw., d.h. neue Referenten, erfordern neue Wörter oder Wortbedeutungen, mit denen man über diese neuen Erscheinungen kommunizieren kann. In Tabelle 3.2 werden Beispiele für neue Wörter aus dem 20. Jahrhundert angeführt, die in die niederländische Sprache aufgenommen wurden (vgl. Van der Sijs 2001); die Jahreszahlen beziehen sich auf den ältesten bekannten Beleg.

vliegtuig (1911)	computer (1957)	wildplassen (1995)
televisie (1914)	tekstverwerker (1986)	poldermodel (1995)
ritssluiting (1937)	dotteren (1989)	voicemail (1996)
kernenergie (1950)	blijf-van-mijn-lijfhuis (1989)	sluiproute (1998)
spijkerbroek (1954)	internet (1992)	webcam (1998)

Tab. 3.2: Neue Wörter im 20. Jahrhundert

Ein Beispiel für die Bildung neuer Bedeutungen ist *kraken* mit den ältesten Bedeutungen *een knerpend geluid maken* (wie *in de trap kraakt* 'die Treppe knarrt') und solches *breken*, bei dem das Geräusch erklingt (wie in *noten kraken* 'Nüsse knacken'). Im 20. Jahrhundert kamen neue Bedeutungen für die Bezeichnung neuer Phänomene hinzu: für den chemischen Prozess beim Teilen komplexer Kohlenwasserstoffverbindungen zu einfachen Verbindungen durch Erhitzung (wie in *petroleum kraken* 'Petroleum cracken') und das Aufbrechen und Eindringen in ein leer stehendes Gebäude, um selbst darin zu wohnen (wie in *een leegstaand kantoorgebouw kraken* 'ein leerstehendes Bürogebäude knacken'), mit dazugehörigen neuen Wörtern wie *kraakpand* (besetztes Haus) und *kraakbeweging* (Hausbesetzerbewegung).

Wörter und Bedeutungen verschwinden, wenn Dinge oder Phänomene außer Gebrauch kommen oder einfach nicht mehr vorhanden sind. Die Berufe *marskramer* (Hausierer, ein Händler, der mit seinem eigenen Warensortiment von Haustür zu Haustür geht) und *lantaarnopsteker* (Laternenanzünder, jemand, der Laternen ansteckt, die mit Öl und Gas funktionieren) sind verschwunden und mit ihnen auch die Wörter aus dem heutigen Sprachgebrauch. Gegenstände wie das *kwartje* (25 Cent-Münzstück aus der Zeit des Guldens; es gibt kein *eurokwartje*) und die *gloeilamp* (Glühbirne, die durch die *spaarlamp* ersetzt wird) sind zwar noch bekannt, doch die Wörter werden aussterben, weil es diese Dinge nicht mehr gibt oder weil sie nicht mehr hergestellt werden. Im 19. Jahrhundert hatte *iemand afbellen* (wortwörtlich 'jemanden abklingeln') die Bedeutung 'jemanden, der sich in einem höheren Stockwerk befindet, durch das Klingeln eines Glöckchens auffordern, nach unten zu kommen'. Dieser Brauch ist nicht mehr üblich oder wird zumindest nicht mehr *afbellen* genannt. Jetzt bedeutet *afbellen* 'telefonisch absagen' wie in *een afspraak afbellen*. Das Verschwinden von Wörtern und Wortbedeutungen geschieht nahezu unbemerkt. Veraltete oder verschwundene Wörter können aber noch in feststehenden Ausdrücken vorkommen: z.B. *ergens de **brui** aan geven* (etwas aufgeben, mit etwas aufhören), *iemand in de **luren** leggen* (jemanden aufs Glatteis führen) und *iets op zijn **kerfstok** hebben* (etwas auf dem Kerbholz haben).

Die Eigenschaften des Wortschatzes, so wie sie hier vorgestellt sind, werden in Wörterbüchern dokumentiert. Die Erstellung von Wörterbüchern wird als **Lexikografie** (*lexicografie*) bezeichnet.

3.3   Wörterbücher

3.3.1   Wörterbucharten

Sind Wörter wie *mennisko*, *mānoth*, *ōga* und *sunu* niederländische Wörter? Ja, aber nicht mehr in dieser Form. Es sind Wörter aus der ältesten Phase des Niederländischen und sie stehen im *Oudnederlands Woordenboek*, zusammen mit ihren modernen niederländischen Formen *mens*, *maand*, *oog* und *zoon*. Ein solcher Eintrag im Wörterbuch wird als **Lemma** oder **Stichwort** (*lemma* oder *trefwoord*) bezeichnet. Der gesamte niederländische Wortschatz ab dem frühesten Stadium der niederländischen Sprache ist in einigen historischen Wörterbüchern auf wissenschaftlichem Niveau beschrieben worden:

Oudnederlands Woordenboek (ONW):	Wortschatz von 500–1200
Vroegmiddelnederlands Woordenboek (VMNW):	Wortschatz von 1200–1300
Middelnederlandsch Woordenboek (MNW):	Wortschatz von 1250–1550
Woordenboek der Nederlandsche Taal (WNT):	Wortschatz von 1500–1976

Diese Wörterbücher sind auch online verfügbar.[4] Wörterbuchnutzer können in allen vier Wörterbüchern gleichzeitig suchen oder bestimmte Wörterbücher auswählen. Alle diese Wörterbücher haben historische Lemmata, das bedeutet, dass die Schreibweise nicht aktuell ist. Der Nutzer braucht aber nicht zu wissen, wie ein Wort in einer bestimmten Periode geschrieben wurde, denn nach dem Eintippen der modernen Schreibweise wird das richtige historische Lemma angezeigt. Das noch im Aufbau befindliche *Algemeen Nederlands Woordenboek* (ANW) wird die niederländische Sprache in den Niederlanden und Flandern in dem Zeitraum 1970–2019 beschreiben. Seit 2009 kann der Nutzer Wörter in einer Demoversion, die alle zwei Monate aktualisiert wird, auf http://anw.inl.nl nachschlagen. Die hier aufgeführten

---

[4]   Über die Seite http://gtb.inl.nl können die Wörterbücher zu Rate gezogen werden.

Wörterbücher geben für jedes Lemma sehr ausführliche, gründlich recherchierte und somit zuverlässige Informationen. Dadurch sind sie nicht nur für Sprach- und Literaturwissenschaftler nützlich, sondern auch für eine sehr viel breitere Zielgruppe von Wissenschaftlern geeignet und für jeden, der sich mit der niederländischen Sprache und Kultur beschäftigt.

Die Wörterbücher, die am häufigsten verwendet werden, sind die viel kompakteren Handwörterbücher, von denen die meisten viele Informationen aus dem *Woordenboek der Nederlandsche Taal* übernommen haben. Bekannte Handwörterbücher sind *Van Dale Groot woordenboek der Nederlandse taal* (auch bekannt unter dem Namen *Dikke Van Dale*), *Van Dale Groot Woordenboek hedendaags Nederlands* (auch bekannt unter der Abkürzung NN für *Nederlands-Nederlands*), *Prisma Handwoordenboek Nederlands* und für das Belgisch-Niederländische das *Nijhoffs Zuidnederlands Woordenboek*. Vor allem der *Dikke Van Dale* dient bei Spielen wie Scrabble und seiner Variante im Internet, dem Spiel *Wordfeud*, oft als Norm für die Existenz eines Wortes im Niederländischen. Sie werden aber auch für seriösere Zwecke in der Schule, bei der Arbeit und für den Privatgebrauch genutzt, meistens um die Bedeutung oder die Schreibweise eines Wortes nachzuschlagen.

Neben einsprachigen Wörterbüchern gibt es auch zweisprachige, die von Übersetzern und der Allgemeinheit zum Nachschlagen eines Wortes in einer anderen Sprache genutzt werden. Van Dale hat eine Reihe Übersetzungswörterbücher für verschiedene Sprachen herausgegeben, darunter auch Niederländisch-Deutsch und Deutsch-Niederländisch. Speziell für diejenigen, die Niederländisch lernen möchten, gibt es *Van Dale Pocketwoordenboek Nederlands als tweede taal (NT2)*. Derartige zweisprachige Produkte gibt es auch von anderen Verlagen.

Zudem gibt es Spezialwörterbücher. Ein **etymologisches Wörterbuch** (*etymologisch woordenboek*) beantwortet die Frage, woher ein Wort kommt und wie es sich im Laufe der Zeit entwickelt hat. Eine wichtige Informationsquelle ist http://www.etymologiebank.nl mit einer großen Sammlung etymologischer Wörterbücher und anderer lexikografischer Publikationen. Diese Art von Wörterbuch ist vor allem für Etymologen und andere Sprachwissenschaftler wichtig, obwohl auch viele Laien an der Herkunft von Wörtern interessiert sind. Ein **Dialektwörterbuch** (*dialectwoordenboek*) beschreibt die Sprache eines Ortes oder einer Region, die von der allgemeinen Sprache abweicht, oder einen bestimmten Aspekt dieser Sprache, wie die Aussprache. So ein Wörterbuch ist für Dialektologen, Sprachhistoriker und für Sprecher eines betreffenden Dialekts interessant. Es gibt sehr umfangreiche Dialektwörterbuchprojekte (http://www.wvd.ugent.be/rewo), aber auch viele wesentlich kleinere Dialektwörterbücher. Ein **terminologisches Wörterbuch** (*terminologisch woordenboek*) erklärt den spezifischen Wortschatz eines bestimmten Fachgebiets. Jedes Fachgebiet hat seine eigene spezifische Fachsprache, weshalb es eine große Variation an Terminologien gibt, wie die finanzielle, juristische, medizinische, technische, sprachwissenschaftliche und touristische Terminologie. Benutzer terminologischer Wörterbücher und Datenbanken sind Spezialisten und Übersetzer, die u.a. für die Europäische Kommission arbeiten.

Weiterhin gibt es zahlreiche, wissenschaftlich zuverlässige und unzuverlässige Wörterbücher. Diese betreffen Teilgebiete der allgemeinen Sprache (Wörterbücher über Sprichwörter, Synonyme, Neologismen, Schimpfwörter) oder formale Merkmale niederländischer Wörter (Wörterbücher zu Rechtschreibung, Aussprache, Abkürzungen). Außerdem gibt es Wörterbücher zum Wortschatz einer bestimmten Gruppensprache (Wörterbücher über SMS-Sprache, Jugendsprachen) oder für eine bestimmte Zielgruppe (Wörterbücher für Kinder, für die Liebhaber von Kreuzworträtseln). Auch erscheinen immer wieder Wörterbücher, die bestimmte Ereignisse zum Anlass haben (z.B. http://www.inl.nl: EK-voetbalwoordenboekje). Im Internet findet man noch viel mehr Wörterbücher, wenn man 'woordenboek' googelt. All diese Wörterbücher spiegeln die Vielfalt des niederländischen Wortschatzes wider.

3.3.2 Aufbau von Wörterbüchern

Für Wörterbücher ist der Unterschied zwischen Makrostruktur und Mikrostruktur relevant. Die **Makrostruktur** (*macrostructuur*) ist die Gesamtheit der Lemmata, die für ein Wörterbuch ausgewählt wurden, also alle Lemmata eines Wörterbuches zusammen. Die **Mikrostruktur** (*microstructuur*) umfasst die Informationen, die zu jedem einzelnen Lemma gegeben werden, und ihre Strukturierung. Ein Lemma bildet zusammen mit dem Inhalt der Mikrostruktur einen **Wörterbuchartikel** (*woordenboekartikel*).

In keinem einzigen Wörterbuch stehen alle Wörter des Niederländischen. Das geht auch gar nicht, weil stets neue Wörter entstehen und andere verschwinden. Sogar für ein digitales Wörterbuch, das schneller angepasst werden kann als ein gedrucktes Wörterbuch, ist es unmöglich, immer auf dem allerneuesten Stand zu sein. Außerdem ist zu Beginn nicht klar, ob ein neues Wort schon zum Wortschatz gehört: Das Wort muss ja schließlich Eingang bei der Allgemeinheit finden und das über einen ausreichend langen Zeitraum.[5] Modewörter oder Wörter in den Nachrichten werden von vielen Menschen benutzt, verschwinden jedoch nach kurzer Zeit oft wieder. Das zeigt sich schon, wenn man in ein etwas älteres Neologismenwörterbuch oder in 'Wörterbücher aus dem Jahr X' schaut und sieht, welche Wörter jetzt tatsächlich noch aktuell sind. Außerdem entscheidet ein Lexikograf anhand diverser Kriterien, ob ein Wort ins Wörterbuch aufgenommen wird oder nicht, was u.a. abhängig ist von der Art des Wörterbuchs, der Zielgruppe, dem Umfang. Die Feststellung der Makrostruktur ist somit eine Frage der Auswahl.

---

[5] Die ANW-Datenbank umfasst mehr als 19.000 Neologismen, von denen gesagt wird, dass der Großteil von ihnen nicht ins Wörterbuch kommen wird. Die Neologismen sind aber interessant für sprachwissenschaftliche Untersuchungen und für Laien, die auf der Suche nach neuen Wörtern sind.

Ein anderer Aspekt der Makrostruktur betrifft Wörter, die sich gleich schreiben, semantisch jedoch nicht oder nicht mehr miteinander verwandt sind. Diese Wörter heißen **Homonyme** (*homoniemen*). Ein Beispiel hierfür ist *school* (3.1.1). Das Wort *school* in der Bedeutung 'geschlossene Gruppe' (Fische) hat ursprünglich eine andere Herkunft, eine andere Etymologie, als *school* in den anderen Bedeutungen. Das erklärt, warum im diachronen historischen Wörterbuch WNT diese Bedeutung wie ein eigenes Lemma behandelt wird. Es gibt also zwei Wörterbuchartikel: *school* (I), die Bildungseinrichtung mit den davon abgeleiteten Bedeutungen, und *school* (II), die geschlossene Gruppe Tiere. Im synchronen Handwörterbuch *NN* wird dieser Unterschied nicht gemacht und beide Bedeutungen stehen unter dem gleichen Lemma, weil ein Sprecher aus der heutigen Zeit die Etymologie wahrscheinlich nicht kennt und die Bedeutung 'geschlossene Gruppe' als Metapher auffassen kann (vgl. 3.1.1). Wörterbücher gehen also unterschiedlich mit Homonymen um. Kriterien zum Unterscheiden von Homonymen sind a) unterschiedliche Wortarten (*leven* als Nomen/Verb), b) unterschiedliches Genus (*de bal* zum Spielen, *het bal* zum Tanzen), c) unterschiedliche Aussprache (**ondergaan** *van de zon* / *een operatie* onder**gaan**), d) völlig unterschiedliche Bedeutungen oder unterschiedliche Etymologie. Vor allem das letzte Kriterium führt zu Unterschieden zwischen Wörterbüchern. Es gibt einen Zusammenhang zwischen Homonymie und Polysemie: Wenn Homonyme nicht unterschieden werden, bekommt das Lemma eine oder mehrere zusätzliche Bedeutungen, die sonst unter dem Homonym angegeben wären.

Ein letzter Aspekt der Makrostruktur ist die Behandlung von Wortgruppen, die auf einen Referenten verweisen, wie *dunne darm* und *groene golf*. In den meisten Wörterbüchern werden derartige Wortgruppen nicht als Lemma behandelt, sondern als feste Verbindung in der Mikrostruktur.

Die Mikrostruktur umfasst ein Stichwort und die dazugehörigen, strukturierten Informationen, die sich in den verschiedenen Wörterbüchern unterscheiden. Die Bedeutung eines Wortes wird mit einer **Bedeutungsumschreibung** (*betekenis-omschrijving*) oder **Definition** (*definitie*) ausgedrückt:

---

fiets im NN:
voertuig met twee in elkaars verlengde geplaatste wielen, dat men voortbeweegt door op de pedalen te trappen

fiets auf https://www.vandale.nl:
tweewielig voertuig dat wordt voortbewogen door op pedalen te trappen

---

Diese Formulierungen sind genauer als die in 3.1 genannten. Wörterbuchdefinitionen werden anhand bestimmter Methoden erstellt. In beiden Definitionen von *fiets* wird ein Hyperonym genannt (*voertuig*) und zudem Merkmale, durch die sich *fiets* von anderen Fahrzeugen unterscheidet (die Hyponyme von *voertuig*). Eine Definition mit Hyperonym und sog. distinktiven Merkmalen wird **analytische Definition** (*analytische definitie*) genannt. Eine andere bekannte Methode ist das Angeben eines Synonyms, eine **Synonymdefinition** (*synoniemendefinitie*). So hat *rijwiel* sowohl im NN als auch auf http://www.vandale.nl *fiets* als Definition (im NN mit dem Label 'formal'). Da Synonyme oft einen geringen Bedeutungsunterschied haben, wird die analytische Definition meistens bevorzugt. Häufig folgt nach einer analytischen Definition noch ein Synonym. In der CD-ROM-Version des NN (2002) werden nach der Definition systematisch Synonyme, Antonyme, Hyperonyme und Hyponyme angegeben. Im WNT und anderen diachronen Wörterbüchern, wie dem *Deutschen Wörterbuch*, wird die Reihenfolge, in der die Bedeutungen angegeben werden, chronologisch angeordnet, von der ältesten bis zur aktuellsten Bedeutung. So kann die Entwicklung der Bedeutungen eines Wortes aufgezeigt werden. Das ANW hat neben der Definition auch ein sog. **Semagramm** (*semagram*), um die Bedeutung eines Wortes zu umschreiben. Ein solches Semagramm in Databaseform ermöglicht das onomasiologische Suchen vom Referenten zum Wort.

Semagramm im ANW für das Lemma *mus*:[6]
Een mus...
- is een vogel; is een dier
- is tot ongeveer 16 centimeter lang
- tjilpt
- heeft vaak bruine vleugels en een bruine staart en een grijze of witachtige buik
- heeft een vrij dikke snavel, aangepast aan het eten van zaden
- behoort, afhankelijk van de soort, tot de standvogels dan wel tot de trekvogels, en
- maakt deel uit van het geslacht der vinken
- komt wereldwijd voor
- is een holennestbouwer
- beweegt zich op de grond vliegend en hippend voort
- eet vooral zaden en insecten
- vormt met soortgenoten vaak een zwerm

Häufig wird die Bedeutung durch Beispielsätze oder Zitate aus Texten verdeutlicht. Im WNT und anderen wissenschaftlichen Wörterbüchern dienen Zitate auch als Beleg dafür, dass es eine bestimmte Bedeutung gibt oder gegeben hat. Auch die Zitate im WNT und anderen diachronen Wörterbüchern werden chronologisch geordnet. Mithilfe der Etymologie oder des ältesten Zitats wird die Reihenfolge der Bedeutungen bestimmt.

---

[6] Dieses Semagramm kann man unter der Option *Toon: (...) Semagrammen* finden, beim Resultat für die semasiologische Suche nach *mus* via *Woord → Betekenis* ('vom Wort zur Bedeutung'). Die onomasiologische Suche ist möglich via *Betekenis → Woord* ('von der Bedeutung zum Wort').

Labels, d.h. Abkürzungen in Klammern, geben verschiedene Arten von Merkmalen an: Unterschiede zwischen wörtlich und bildlich (im Zusammenhang mit Metapher und Metonymie), die Konnotation (formell, informell, grob, scherzhaft usw.),
die Fachsprache, die Region, manchmal die Gruppensprache, in der eine Bedeutung
oder ein Wort verwendet wird, oder dass es um ein Wort oder eine Bedeutung geht,
die im belgischen Niederländisch bzw. im niederländischen Niederländisch vorkommt. Während früher nur das belgische Niederländisch ein Label bekam, ist dies
seit 2009 im *Prisma Handwoordenboek Nederlands* auch für das niederländische Niederländisch der Fall. Die Informationen in der Mikrostruktur von Wörterbüchern
sind noch vielfältiger, worauf wir aber hier nicht weiter eingehen.

Sowohl die Makrostruktur als auch bestimmte Informationen in der Mikrostruktur stützen sich heutzutage auf die Analyse von Sprachmaterial. Früher waren das
Zitate aus gedruckten Texten, heute sind es sorgfältig zusammengestellte digitale
Textsammlungen (Textkorpora) oder das Internet (vgl. Kap. 10). Ein Wörterbuch,
das eine Textsammlung als Grundlage hat, nennt man ein **korpusbasiertes** (*corpus-
gebaseerd*) Wörterbuch. Alle hier erwähnten wissenschaftlichen Wörterbücher und
inzwischen auch viele kommerzielle Wörterbücher sind korpusbasiert.

3.3.3 Qualität und Zuverlässigkeit

Durch die Digitalisierung und das Internet sind Wörterbücher leichter zugänglich
geworden: kein Schleppen mehr von Büchern, um ein Wort nachzuschlagen, sondern einfach ein Wort eintippen und der Wörterbuchartikel erscheint auf dem Bild-
schirm. Außerdem gibt es Suchsysteme, mit denen in einer Sammlung von Wörterbüchern gesucht werden kann, wie http://gtb.inl.nl und für das Deutsche
http://woerterbuchnetz.de/DWB/, das das Deutsche Wörterbuch und noch weitere Wörterbücher enthält, sowie http://www.mediaevum.de/wb1.htm. Auf diesen
Seiten gibt es wiederum Links zu anderen Wörterbuchseiten. Hierbei handelt es sich
um wissenschaftliche Wörterbücher, die von zuverlässigen Institutionen erstellt
worden sind. Herkunft, Qualität und Zuverlässigkeit dieser Webseiten sind also
garantiert. Das gilt auch für kommerzielle Wörterbücherseiten bekannter Verlage.
Im Internet sind allerdings auch viele Wörterbuchsysteme zu finden, deren Qualität
und Zuverlässigkeit weniger offensichtlich ist, man findet sie wenn man
'woordenboek' oder 'Wörterbuch' googelt. Es handelt sich dabei oft um Webseiten,
auf denen viele verschiedene Wörterbücher, Übersetzungsoptionen und diverse
Informationsquellen zu Sprache angeboten werden. Wer diese zusammengetragen
hat und auf welche Quellen er sich bezieht, ist für den Nutzer nur in wenigen Fällen
zu sehen. Die Quellen können veraltet sein, wenn aktuelle Publikationen und Datenbanken wegen des Autorenrechts geschützt sind. Bei einer multilingualen inter-
aktiven Internetseite wie http://nl.wiktionary.org/wiki/ kann jeder Nutzer Wörterbuchartikel hinzufügen. Ob eine Redaktion diese kontrolliert, ist weniger ersichtlich.
Dies alles ist vielen Menschen nicht wichtig – sie finden schnell die Informationen,

die sie suchen. Für seriöse Zwecke, wie das Studium, Forschung oder das Übersetzen, sollte man diese Internetseiten auf jeden Fall kritisch beurteilen.

3.4 Zusammenfassung

Wörter haben eine oder mehrere Bedeutungen, mit denen Sprachbenutzer über konkrete und abstrakte Entitäten in unserer Erfahrungswelt kommunizieren können: Wir sprechen über Dinge, Personen, Eigenschaften, Geschehnisse, kurzum über alles, was mit Wörtern bezeichnet werden kann. Eine Entität in der Erfahrungswelt haben wir hier als **Referent** bezeichnet. Die **Lexikologie** beschäftigt sich mit der wissenschaftlichen Untersuchung von Wörtern, wobei es zwei Methoden gibt, die semasiologische und die onomasiologische. Bei der **semasiologischen Methode** ist das Wort der Ausgangspunkt und werden die Bedeutung und die Beziehungen zwischen Bedeutungen untersucht. Es gibt monoseme Wörter mit nur einer Bedeutung und polyseme Wörter mit mehr als einer Bedeutung. **Monoseme** beziehen sich auf nur einen Referenten, bei **Polysemen** bezieht sich jede Bedeutung auf einen anderen Referenten. Die Beziehungen zwischen den Bedeutungen von Polysemen können eindeutig sein, wenn eine vorhandene Bedeutung durch einen systematischen Denkprozess um eine neue erweitert ist. Die wichtigsten Prozesse dabei sind **Metonymie**, **Metapher**, **Bedeutungserweiterung** und **Bedeutungsverengung**.

Bei der **onomasiologischen Methode** ist der Referent der Ausgangspunkt. Hier geht es um Bedeutungen von Wörtern, mit denen ein und derselbe Referent angedeutet wird. Diese Wörter heißen **Synonyme**. Synonyme sind nicht immer austauschbar, da sie in unterschiedlichen Kontexten einen anderen Gefühlswert, eine andere Konnotation, haben können. Auch andere semantische Beziehungen werden innerhalb dieser Methode untersucht, wie Wörter mit gegenteiliger Bedeutung (**Antonyme**), Wörter mit einer hierarchischen Beziehung zwischen Referenten (**Hyperonyme** und **Hyponyme**), Wörter mit inhaltlichem Zusammenhang (**semantisches Feld**) und Wörter mit breiteren semantischen Beziehungen (**semantisches Netz**).

Der Wortschatz ist in sich dynamisch. Es gibt Unterschiede im Wortschatz zwischen alten und jungen Menschen, es gibt Gruppensprachen, wie SMS-Sprache, Jugendsprachen und Fachsprachen, und es gibt regionale Varianten, darunter auch das belgische Niederländisch und das niederländische Niederländisch. Gleichzeitig entwickelt sich der Wortschatz als Ganzes: Neue Wörter kommen hinzu, andere verschwinden. Neue Referenten können durch eine neue Bedeutung oder durch ein neues Wort benannt werden. Wörter und Bedeutungen verschwinden, wenn sie – aus welchem Grund auch immer – außer Gebrauch kommen.

Wörter werden in Wörterbüchern dokumentiert. Es gibt viele verschiedene Arten von Wörterbüchern, die sich hinsichtlich des Inhalts und der Zielgruppe unter-

scheiden: ein- und mehrsprachige Wörterbücher der allgemeinen Sprache, Spezialwörterbücher, Wörterbücher, die ein Teilgebiet der Sprache behandeln, Wörterbücher für spezielle Zielgruppen und viele andere mehr. Wörterbücher haben eine
Makrostruktur, die Liste der **Lemmata,** und eine **Mikrostruktur,** das einzelne
Lemma mit strukturierten Informationen, u.a. der Bedeutung. Beiden liegt Sprachmaterial zugrunde, wenn das Wörterbuch korpusbasiert ist. Die wissenschaftlichen
Wörterbücher der niederländischen Sprache können online zu Rate gezogen werden, ebenso wie etliche der deutschen Sprache. Diese sind gut und zuverlässig, was
man von kommerziellen Wörterbüchern im Internet nicht immer behaupten kann.

Aufgaben

1. Erstellen Sie eine SMS in niederländischer Sprache und benutzen Sie dabei die
    verschiedenen Mittel, die in der Einleitung genannt werden. Diese Internetsei-
    ten können dabei hilfreich sein:
    http://www.wimdaniels.nl/sms/pages/smileys.html
    http://www.sms-taal.nl/
    Siehe auch: http://nl.wikipedia.org/wiki/MSN-taal; unter den Links ist fol-
    gender Artikel zu finden: Hans Bennis. *Het Korterlands. Anarchie in de
    schrijftaal,* in: *Onze taal,* 2012, 2/3, 46–48.

2. Suchen Sie die Bedeutungen der Wörter *pimpelen, kerel, zetel, babyface,
    ouwehoeren, bestieren, lafenis* en *ouverture* in einem Handwörterbuch auf.
    a. Welche sind monosem, welche polysem?
    b. Schlagen Sie auch nach, mit welchen Labels (Abkürzung in den Klammern)
        die Wörter markiert sind. Die kostenlose website http://www.vandale.nl ist
        für diese Aufgabe nicht geeignet.

3. Hier geht es um die Beziehung zwischen Bedeutung und Kontext. Lesen Sie die
    Sätze im Kasten und achten Sie dabei besonders auf das Wort *bank.*
    a. Bestimmen Sie für jeden der Sätze die Bedeutung des Wortes *bank* und ver-
        sehen Sie gleiche Bedeutungen mit der gleichen Zahl.
    b. Notieren Sie für jede Bedeutung (für die Sätze mit gleicher Zahl), welche
        anderen Wörter oder inhaltlich verwandte Wörter in dem Kontext mehr als
        einmal vorkommen. Gibt es einen Zusammenhang zwischen diesen Wör-
        tern und der Bedeutung?
    c. Stehen die Wörter, die Sie bei Aufgabe b herausgesucht haben, vielleicht
        auch unter *bank* in einer anderen Bedeutung? Was schließen Sie daraus?

> 1. Speciale aanbiedingen op onze banken in diverse stoffen & kleuren. Ruime
>   keuze en scherpe prijzen!

2. Wij geven u een verzameling van online meubelwinkels waar u onder andere banken kunt kopen!

3. Bestel uw bank of hoekbank online via online meubelshops.

4. U kunt bij de ASN Bank betalen, sparen en beleggen.

5. Vergelijk prijzen van banken en zitcombinaties!

6. De Rabobank is een bank zonder aandeelhouders (…) U kunt bij ons terecht voor al uw dagelijkse bankzaken.

7. Deze week 1000 banken afgeprijsd. Kom snel naar de Meubelmegastore!

8. Hoekbanken, leren en eiken banken kopen of verkopen doet u via Marktplaats.nl!

9. De bank is half zo groot als de provincie Utrecht en ligt zo'n 30–40 meter onder de zeespiegel.

10. Ambitieuze bank met circa 300 medewerkers, gelegen tussen prachtige bollenvelden nabij zee, strand en duinen.

11. Gelderland meubelen levert o.a. Jan des Bouvrie banken en design banken, stoelen, fauteuils, tafels en bedden.

12. Regel uw bankzaken snel en eenvoudig met OHRA Bank Online.

13. Voor een lederen bank of lederen bankstel van topkwaliteit bent u van harte welkom in de showroom van Mokana Meubelen.

14. Duurzaam beleggen, duurzaam sparen of een betaalrekening met iDEAL bij een onafhankelijke bank.

15. AEGON Bank helpt u grip te krijgen en te houden op uw financien. Of het nu gaat om sparen, verzekeren, beleggen, hypotheken of pensioen.

16. Op de Thornton Bank in zee worden windmolens geinstalleerd.

17. Een ondernemende bank voor ondernemende mensen, gespecialiseerd in sparen en beleggen.

18. Kiest u voor een design bank, hoekbank, trendy lounge bank of bankstel?

19. Banken, zwinnen, muien en zwinkuilen vormen de bodem van de zee voor de kust.

Die Verbindung zwischen Bedeutung und Kontext wird dazu verwendet, automatisch die Bedeutung von Wörtern bestimmen zu können.

4. Was wird mit den kursiv gedruckten Wörtern tatsächlich gemeint? Wie bezeichnet man dieses Phänomen?

1. *Nederland* won van IJsland met 1–2. De trainer is blij met de overwinning.

2. Onze winkel zit hier al jaren en we verdienen er *een goede boterham* mee.

3. De aandelenmarkten zijn te sterk gestegen en zijn *rijp voor* een correctie.

4. De volgepakte *eretribune* van het stadion barst uit in een luid applaus.

5. De politicus kreeg een *storm* van kritiek over zich heen.

6. Bij een wegversmalling op de snelweg moet je *ritsen*.

5.   Ein Synonymwörterbuch im Internet ist http://synoniemen.net.

   a.   Sehen Sie sich die Internetseite an. Was fällt Ihnen auf?

   b.   Geben Sie als Suchwort "interessant" ein. Sie finden dann Phrasen wie:
        in het woordenboek is voor **interessant** [aantal] omschrijving(en) gevon-
        den
        interessant is [aantal] maal gevonden als trefwoord
        interessant is [aantal] maal gevonden als synoniem van een ander tref-
        woord
        In der ersten Phrase steht 'in het woordenboek'. Wird deutlich, welches
        Wörterbuch gemeint ist? In der zweiten und dritten Phrase steht 'gevonden
        als trefwoord' und 'gevonden als synoniem van een ander trefwoord'. Was
        bedeutet das?

   c.   Handelt es sich dabei um wirkliche Synonyme? Welche sind als Synonym
        geeignet, welche passen weniger und welche gar nicht?

   d.   Auf der Internetseite gibt es auch Antonyme. Welche von ihnen treffen zu,
        welche passen weniger und welche gar nicht?

   e.   Es gibt ebenfalls Links zu anderen Internetseiten. Klicken Sie auf
        MijnWoordenboek. Sind alle genannten Synonyme geeignet? Welche davon
        sind zutreffend, welche passen weniger und welche gar nicht? Sehen Sie sich
        auch diese Internetseite genau an: Was können Sie alles entdecken und was
        fällt Ihnen auf?

   f.   Nehmen Sie das Wörterbuch eines bekannten Verlages zur Hand: Welche
        Synonyme für 'interessant' stehen darin? Sind diese Synonyme besser?

6.   Welche semantische Verbindung besteht zwischen Hyperonymen und Hypo-
     nymen?

   a.   Nennen Sie mindestens fünf Hyponyme für jedes der folgenden Wörter:
        huisdier, vervoermiddel, vrucht, sport, boom.

   b.   Wie heißt das Hyperonym der Wörter in den folgenden Wortgruppen?
        huis, school, kerk, fabriek   *hamer, boor, schroevendraaier*
        lopen, rennen, hollen, hardlopen   *mug, vlieg, vlinder, bij*
        ham, salami, rookworst, rosbief   *kaas, jam, pindakaas, ham*

7.   Öffnen Sie die Seite http://gtb.inl.nl, klicken Sie *Start de applicatie* an und ge-
     ben Sie '*vorst*' in der Zeile '*Mod. Ned. trefwoord*' ein. Sorgen Sie dafür, dass bei al-
     len Wörterbüchern – außer beim WFT – ein Häkchen steht. Klicken Sie auf
     '*Start zoeken*'. Es erscheint eine Liste mit Stichwörtern aus dem ONW, VMNW,
     MNW und WNT (siehe 3.3.1 für die Erläuterungen zu den Abkürzungen).

   a.   Wie viele Homonyme werden in jedem dieser Wörterbücher unterschieden?

   b.   Welche Veränderungen fallen am Lemma auf? Gibt es einen Zusammen-
        hang zwischen Homonym und der Form des Lemmas? Und wenn ja, in wel-
        chen Wörterbüchern (also in welcher Periode)?

c. Klicken Sie *origineel trefwoord* im ONW an. Sehen Sie sich die Etymologie jedes Stichwortes an und schauen Sie nach, wann sie im altniederländischen Sprachmaterial zum ersten Mal auftauchten (*oudste attestatie*) und welche Bedeutung sie haben (klicken Sie dazu auf den Pfeil vor der Bedeutungsnummer, um die dazugehörigen Zitaten sehen zu können). Welche Unterschiede gibt es? Welche Kriterien sind für die Unterschiede zwischen den Homonymen verantwortlich?

d. Suchen Sie die Homonyme im WNT auf, indem Sie sie anklicken. Welches homonyme Stichwort steht zwar im WNT, aber nicht im ONW?

e. Schauen Sie bei diesem Lemma unter den Bedeutungen nach und achten Sie dabei auf die Reihenfolge der Zitate (wenn Wörterbücher angegeben sind, stehen diese vor den anderen Zitaten). Stimmt es, dass die Zitate chronologisch geordnet sind?

f. Suchen Sie über den Button 'Help&Info' im Suchfenster (dort der letzter Reiter) weitere Informationen über das WNT.

g. Suchen Sie weitere Informationen über das ANW über den Button 'Help. Over het ANW' auf der Webseite http://anw.inl.nl.

📖 Literatur zum Weiterlesen

Eine anschauliche Übersicht über semantische Begriffe bietet Smessaert *Basisbegrippen semantiek* (2009). Die Bücher zur Semantik von Geeraerts *Woordbetekenis* (1986) und Verkuyl *Semantiek* (2000) sind eher für fortgeschrittene Leser geeignet. Das gilt auch für das zweite Kapitel aus Dirven & Verspoor (1999) *Wat er in een woord zit? Lexicologie.* Einen guten Eindruck vom aktuellen Forschungsstand bezüglich der Lexikologie und Lexikografie liefert der zugängliche Aufsatz von Martin *Lexicologie en lexicografie: een stand van zaken* (2011). Van Sterkenburg gibt in seinem Buch *Van woordenlijst tot woordenboek* (2011) ein lebendiges Bild von der Geschichte der Wörterbücher des Niederländischen, einschließlich der historischen Wörterbücher und anderer Arten von Wörterbüchern. Das sehr gut lesbare *Chronologisch Woordenboek* von Van der Sijs (2001) gibt ausführliche Informationen zu Alter und Herkunft niederländischer Wörter, darunter auch von solchen Wörtern, die einen deutschen Ursprung haben.

4. Wörter und ihre Struktur

Ute K. Boonen

Ein Wort, das nicht im Wörterbuch steht, existiert nicht – oder doch? Beim Wortsuchspiel Scrabble entstehen häufig Reibereien darüber, ob es ein bestimmtes Wort nun gibt oder nicht – und wenn man die Frage nicht beantworten kann, wird der Duden (oder ein anderes Wörterbuch) zu Rate gezogen. Nur wenn das besagte Wort darin enthalten ist, erhält der Spieler Punkte, denn nur dann existiert es. Zumindest wenn man dem Scrabble-Mythos glaubt (Sanders 2005). Sind jedoch tatsächlich alle Wörter, die existieren, auch in den Wörterbüchern aufgelistet?

Das Wort *fiets* dürfte in einem niederländischen Wörterbuch (z.B. Van Dale) zu finden sein, auch *fietsbel* (Fahrradklingel), aber wie steht es mit *fietsbelverkoper*? Handelt es sich um ein korrektes niederländisches Wort? Die Bedeutung des Begriffs ist jedem klar: Ein *fietsbelverkoper* ist ein Verkäufer von Fahrradklingeln. Aber ist das Wort auch hinsichtlich seiner Form, seiner Struktur ein echtes, korrektes niederländisches Wort? Um die Frage nach der Richtigkeit auch ohne Wörterbuch beantworten zu können, muss man wissen, wie man die Struktur eines Wortes analysieren kann.

4.1 Wortbildungseinheiten

Warum bilden wir Wörter? Wir wollen Gegenstände und Konzepte benennen und uns mit anderen austauschen können. Dabei will der Mensch nicht nur für andere verständlich, sondern auch innovativ und originell sein. In der Literatur, aber auch in journalistischen Texten werden häufig neue Wörter gebildet: *ochtendherfstlucht* (Morgenherbstluft), *wapeninleverdag* (Waffenabgabetag). Für neue Konzepte, für Bedeutungen in neuen Situationen benötigen wir neue Begriffe. Es gibt verschiedene Möglichkeiten in der deutschen bzw. niederländischen Sprache, neue Begriffe zu bilden, wie Wortschöpfung (*brood*), Phrase (*rode kaart*), Bedeutungswandel (*gek*) und Entlehnung (*computer*) (vgl. Kap. 3 bzw. 9). Dabei handelt es sich nicht um morphologische Prozesse im eigentlichen Sinne. Als morphologischer Prozess wird nur die **Wortbildung** (*woordvorming*) bewertet.

Der internationale Fachterm **Morphologie** (*morfologie*) kommt aus dem Griechischen: μορφή (morphè) bedeutet 'Gestalt, Form', λόγος (lógos) bedeutet 'Wort, Lehre'; Morphologie ist demnach die Lehre von der Form, d.h. die Lehre von der internen Struktur, dem Aufbau von Wörtern und der Bildung von Wörtern. Morphologische Prozesse haben in der Sprache zwei wichtige Funktionen: Zum einen wird der Wortschatz durch neue Begriffe für Gegenstände, Ideen und jede Art von

Konzepten, die man in Sprache fassen möchte, ausgebaut. Diese Art der Morphologie wird als **Wortbildung** (*woordvorming*) bezeichnet (siehe 4.2). Zum anderen werden Wörter durch morphologische Prozesse an die Bedingungen im Satz angepasst, so dass sie grammatische Funktionen im Satz übernehmen können. So kann durch sprachliche Prozesse aus den Begriffen *das, klein, Haus, stehen, in, Amsterdam* bzw. *het, klein, huis, staan, in, Amsterdam* jeweils ein Satz gebildet werden:

1)   Das kleine Haus steht in Amsterdam.
        Het kleine huis staat in Amsterdam.

Durch die morphologischen Anpassungen, d.h. durch die abgeänderte Form des Adjektivs und des Verbs (*klein – kleine*; *staan – staat*) wird ein Zusammenhang zwischen den einzelnen Wörtern angezeigt. Diese Art von Morphologie wird als **Flexion** (*flexie*) bezeichnet (siehe 4.3).

4.1.1 Morpheme

Wörter können häufig in kleinere Bestandteile zerlegt werden. Ein Wort wie *fietsbel* kann man in zwei Teile zerlegen, die jeweils ein eigenes Wort darstellen: *fiets* und *bel*. Während der Zusammenhang zwischen dem Lautbild *fiets* und der Bedeutung 'Fahrrad' **arbiträr** (arbitrair), d.h. willkürlich ist, ebenso wie der zwischen dem Lautbild *bel* und dem Konzept 'Klingel', ist die Bedeutung des Wortes *fietsbel* **transparent** (*transparant*) und **motiviert** (*gemotiveerd*): Wer weiß, was *fiets* bedeutet und was *bel* bedeutet, kann folgern, vielleicht sogar wissen, was mit *fietsbel* gemeint ist. Aus zwei Wörtern ist hier ein neuer Begriff entstanden.

Unterteilt man *telbaar* (zählbar), so erhält man die Teile *tel* und *-baar*, wobei *tel* ein eigenständiges Wort ist (vgl. *ik tel* – ich zähle), *-baar* aber nur in Kombination mit einem anderen, eigenständigen Wort verwendet werden kann. Dennoch liefert *-baar* einen Beitrag zur Bedeutung des Ausgangswortes: Was gezählt werden kann, ist *telbaar*; was getrennt werden kann, ist *scheidbaar*; was gewaschen werden kann, ist *wasbaar* etc. Das Element *-baar* fügt dem Ausgangswort eine Bedeutung hinzu und ist so eine bedeutungstragende Einheit.

> Die kleinsten Wortbausteine heißen **Morpheme** (*morfemen*). Ein Morphem bildet die kleinste bedeutungstragende Einheit.

Ein Morphem entspricht nicht automatisch einer Silbe. Vergleichen wir die folgenden Begriffe unter 2a):

2a)   kers   2b) kersen
       banaan   bananen
       appel   appels

Das erste Wort besteht aus einem Morphem und auch nur aus einer Silbe: *kers* (Kirsche). Morphem und Silbe entsprechen einander in diesem Fall. Das Wort *banaan* besteht aus zwei Silben (*ba-naan*), aber nur aus einem Morphem /banaan/; das gleiche gilt für das Wort *appel*, das aus einem Morphem /appel/ und aus zwei Silben (*ap-pel*) besteht.

Wenn wir die niederländischen Pluralformen zu den Beispielwörtern bilden, ergeben sich die unter 2b genannten Formen. Im ersten Fall trennen wir zwei Silben (*ker-sen*), es handelt sich auch um zwei Morpheme (*kers+en*). Im zweiten Fall haben wir im Plural drei Silben (*ba-na-nen*), aber nur zwei Morpheme (*banaan+en*). Im dritten Beispiel bleibt das Wort zweisilbig (*ap-pels*), aber es besteht nun aus zwei Morphemen (*appel+s*). Morpheme sind also nicht mit Silben gleichzusetzen und Morphemgrenzen entsprechen nicht automatisch Silbengrenzen.

Ein freies Morphem besteht in der Regel aus dem Wortstamm. Das Wort *tanzen* besteht aus den Morphemen *tanz* und *-en* (vgl. hierzu 4.3). Der Stamm ist *tanz*. Im Niederländischen lässt sich der Stamm eines Verbs sehr leicht ermitteln, da er in der Regel der 1. Person Singular entspricht: Der Stamm von *dansen* ist *dans*, wie in *ik dans* oder *de dans*.[1] Dass auch im Deutschen *tanz* ein selbstständiges Wort sein kann, zeigt die Form *der Tanz*. In der Regel entspricht auch die Befehlsform dem Stamm des Wortes.[2]

Wie kann man die folgenden Wörter unterteilen bzw. untergliedern?

3)   huisdeur   broek   verhuur   bloempot
     schoon   schoonheid   bakker   geblaf

Das Substantiv *huisdeur* besteht aus zwei Gliedern, *huis* + *deur*, die beide auch alleine verwendet werden können. Auch *bloempot* lässt sich in zwei selbstständige Segmente gliedern: *bloem* (Blume) und *pot* (Topf). Die Substantive *schoonheid* (Schönheit) und *bakker* (Bäcker) sowie *verhuur* (Vermietung) und *geblaf* (Gebell (eines Hundes)) bestehen aus jeweils zwei Gliedern: *schoon* + *heid*, *bak* + *er*, *ver* + *huur*, *ge* + *blaf*.[3] Wörter, die aus zwei oder mehr Morphemen bestehen, sind **komplex** (*complex/geleed*). Das Wort *schoonheid* ist komplex (*schoon* + *-heid*) und von einem anderen Morphem (nämlich *schoon*) abgeleitet. Ein solcher Begriff wird auch als **polymorphem(at)isch** bezeichnet. Das Adjektiv *schoon* (sauber, schön) kann nicht weiter unterteilt werden. Es ist nicht weiter zerlegbar und auch nicht von einer anderen Form abgeleitet (vgl. ANS 1997: 38). Ein solches Wort wird als **simplex** (*simplex/ongeleed*) oder als **monomorphem(at)isch** bezeichnet.

---

[1]   Bei Verben mit f/v- oder s/z-Wechsel sieht die 1. Person durch die angepasste Rechtschreibung anders aus: der Stamm des Verbs *leven* ist *leev*, der von *reizen* ist *reiz*, die erste Person ist *ik leef* bzw. *ik reis*.

[2]   Zum Beispiel *gehen – geh!, schreiben – schreib!* Dies ist jedoch nicht immer der Fall: Der Verbstamm von *lesen* ist *les-*, während der Imperativ *lies* lautet; in diesen Fällen kann der Stamm dennoch als freies Morphem bewertet werden (vgl. Römer 2006; Donalies 2007).

[3]   Aufgrund der niederländischen Rechtschreibregeln müssen Konsonanten und Vokale regelmäßig verdoppelt bzw. eingespart werden: aus *bak* und *-er* wird daher *bakker*, aus *speel* und *-er speler*.

Wie wir gesehen haben, können einige Morpheme alleine als Wort verwendet werden, wie *huis, deur, broek, huur, bloem, pot, schoon, bak, blaf* etc. Andere Morpheme können nicht alleine stehen und kommen nur in Verbindung mit einem freien Morphem vor, wie beispielsweise *ver-, -heid, -er, ge-* etc.

> Morpheme, die alleine stehen können, werden als **freie Morpheme** (*vrije morfemen*) bezeichnet, Morpheme, die nicht alleine stehen können, als **gebundene Morpheme** (*gebonden morfemen*).

Morpheme mit einer inhaltlichen Bedeutung (*fiets, tel, -baar* etc.) werden als **lexikalische Morpheme** (*lexicale morfemen*) bezeichnet. **Grammatische Morpheme** (*grammaticale morfemen*) haben keine eigene inhaltliche Bedeutung, sondern übernehmen vielmehr eine Funktion im Satz; sie passen ein Wort nach grammatischen Aspekten an oder stellen ein Verbindung zwischen Wörtern im Satz her. Grammatische Morpheme sind dabei jedoch nicht bedeutungslos im Sinne von unwichtig, ihre Bedeutung kann man jedoch nicht im Wörterbuch nachschlagen. Typische grammatische Morpheme sind Deklinations- und Konjugationsendungen, wie z.B.:

4)	*-en* (Pl.):	bij – bij**en**	Biene – Bien**en**
	-t (3. Sgl.):	zingen – (zij) zing**t**	singen – sie sing**t**
	-er (Komparativ):	klein – klein**er**	klein – klein**er**

Manchmal werden auch selbstständige Wörter für rein grammatische Informationen verwendet wie *dat, aan, van, zij, mijn, de* etc. Diese Konjunktionen, Präpositionen, Pronomen und Artikel werden als **Funktionswörter** (*functiewoorden*) bezeichnet. Wörter mit inhaltlicher Bedeutung wie Nomen, Adjektive, Verben und Adverbien werden als **Inhaltswörter** (*inhoudswoorden*) bezeichnet.

4.1.2 Affixe

Die oben genannten Beispiele zeigen, dass es unter den komplexen Wörtern unterschiedliche Fälle gibt. Zum einen gibt es Wörter, die aus selbstständigen Wörtern bestehen (*huisdeur, bloempot*), zum anderen gibt es Wörter mit Bestandteilen, die alleine keine (auf Anhieb erkennbare und einfach beschreibbare) Bedeutung haben und nicht alleine stehen können (*-er* in *bakker, -heid* in *schoonheid, ver-* in *verhuur, ge-* in *geblaf*). Diese gebundenen Morpheme werden als **Affixe** (*affixen*) bezeichnet. Das Wort Affix kommt von lat. *affingere* 'anheften'. Diese Morpheme werden also an anderes Wortmaterial angeheftet.

Während in den Wörtern *verhuur* und *geblaf* die gebundenen Morpheme *ver-* und *ge-* jeweils vor dem freien Morphem, dem Stamm (*huur* bzw. *blaf*), stehen, sind die gebundenen Morpheme *-heid* und *-er* in *schoonheid* und *bakker* hinter den Stamm (*schoon* bzw. *bak*) geheftet. Aufgrund der Position, an der das Affix an den Stamm geheftet wird, werden die gebundenen Morpheme in unterschiedliche Kategorien verteilt:

Präfix – prefix / **voorvoegsel**	steht vorne (lat. *prae* = vorne/vor)
	bewerken < be-werken
	bearbeiten < be-arbeiten
Suffix – suffix / **achtervoegsel**	steht hinten (lat. *sub* = hinten, unten)
	vriendschap < vriend -schap
	Freundschaft < Freund -schaft
Zirkumfix – **circumfix**	steht um den Stamm herum (lat. *circum* = 'drumherum')
	gelehrig < ge- lehr -ig
	gevogelte < ge- vogel -te (Geflügel)
Infix – infix	steht im Wort (lat. *in* = innen, hinein)
	vi**n**cere – vi**n**co – vici – victum -*n*- in der Mitte
	(siegen – ich siege – ich habe gesiegt – gesiegt)

Im Niederländischen wird das Zirkumfix auch als *discontinu affix* ('unterbrochenes Affix') bezeichnet. In Wörtern wie *gelehrig* oder *gevogelte* arbeiten das *ge-* und *-ig* bzw. *ge-* und *-te* zusammen und können nicht getrennt voneinander verwendet werden; **gelehr* und **lehrig* sowie **gevogel* und **vogelte* sind keine möglichen Formen; das Affix muss um das Wort herum gefügt werden.[4] Auch das Partizip Perfekt wird mit einem Zirkumfix gebildet (*woon*: *ge-woon-d*). Während Präfixe, Suffixe und Zirkumfixe sowohl im Deutschen als auch im Niederländischen vorkommen, gibt es in beiden Sprachen keine Infixe. Im Lateinischen beispielsweise kommen Infixe häufiger vor.

Die Bedeutung mancher Affixe ist bis heute erkennbar, aber eher abstrakt oder 'entkonkretisiert'. Diese sog. Wortbildungsmorpheme sind gebunden, waren aber in früheren Sprachstadien freie lexikalische Morpheme (vgl. Römer 2006: 31). Ein Beispiel für ein solches Wortbildungsmorphem ist das Suffix *-baar*:

5)   -baar: etwas kann ge-X-t werden, es ist möglich zu X-en

Übertragen auf ein konkretes Beispiel heißt das, *schapen zijn telbaar*: Schafe können gezählt werden; es ist möglich, Schafe zu zählen. Ursprünglich bedeutet *beran* 'tragen', **bāri* 'tragend, fähig zu tragen'. Historisch gesehen handelt es sich um ein freies, lexikalisches Morphem, das sich im Laufe der Zeit zu einem Affix entwickelt hat (vgl. Nübling 2006: 73–76).

---

[4]   Das Sternchen vor dem Wort verweist in diesem Falle nicht auf eine grammatisch falsche Form, sondern auf eine rekonstruierte Form. Das Adjektiv ist in den Quellen freistehend nicht belegt.

4.2   Wortbildung

Im Niederländischen gibt es wie im Deutschen verschiedene Möglichkeiten, neue Worte zu bilden.

> Die drei wichtigsten, regelmäßigen und produktiven Wortbildungsprozesse sind **Derivation** (*derivatie, afleiding*), **Komposition** (*compositie, samenstelling*) und **Konversion** (*conversie*).

Der Begriff **Produktivität** (*productiviteit*) gibt dabei an, dass der Wortschatz anhand einer Form-Bedeutungssystematik ausgeweitet werden kann (vgl. Booij & Van Santen 1998: 46): Aus bereits bestehenden komplexen Wörtern wird ein regelmäßiges Muster abgeleitet, sodass unendlich viele neue Wörter gebildet werden können. Dies ist möglich, weil die Bildung einem regelhaften System unterliegt. Ein Beispiel ist das Suffix -*baar*, das an bestimmte Verbstämme gefügt werden kann und dann ein Adjektiv bildet:

6)   *eten*   eet-baar   *bespreken*   bespreek-baar
       lezen   lees-baar   *tellen*   tel-baar
       reizen   *reis-baar   *lachen*   *lach-baar

Diese Bildung ist allerdings nur möglich, wenn das Verb transitiv ist (also mit einem direkten Objekt verwendet werden kann) und die Umschreibung 'kann ge-X-t werden, es ist möglich zu X-en' zulässt. Bei einem intransitiven Verb wie *reizen* oder *lachen* ist eine derartige Ableitung nicht möglich.

Anhand produktiver Regeln können wir neue Wörter bilden, sog. Neologismen (vgl. Kap. 3 und 8), die korrekt sind, obwohl sie nicht im Wörterbuch stehen.

Die drei wichtigsten Arten der Wortbildung werden in den folgenden Paragraphen ausführlicher besprochen. Neben diesen Prozessen gibt es im Niederländischen und Deutschen die Möglichkeit, den Wortschatz durch Kurzwortbildung oder Reduplikation auszubauen.[5] Diese speziellen Fälle werden in Kapitel 4.2.4 besprochen.

4.2.1   Derivation

Die Verbindung von freiem und gebundenem Morphem bezeichnet man als **Derivation** (*afleiding, derivatie*). In der Regel wird ein freies Morphem mit einem Affix verbunden: *schoon* mit -*heid*. Auch eine Kombination mit mehreren Affixen ist möglich: *natuur* kann mit -*lijk* zu *natuurlijk* verbunden werden und im nächsten Schritt mit -*heid* zu *natuurlijkheid* oder mit *on*- zu *onnatuurlijk*:[6]

---

[5]   Wortschatzausbau durch Bedeutungswandel etc. wird in den Kapiteln 3 und 9 ausführlicher behandelt.

[6]   Die eckigen Klammern deuten wie in der Mathematik an, wie die einzelnen Elemente miteinander in Verbindung stehen.

7)   [[schoon] + -heid]   schoonheid   Schönheit
      [[[natuur] + -lijk] + -heid]   natuurlijkheid   Natürlichkeit
      [on- + [[natuur] + -lijk]]   onnatuurlijk   unnatürlich

Abhängig davon, welcher Wortklasse das Ausgangswort angehört, spricht man von denominalen (*natuur*$_N$ – *natuurlijk*), deadjektivischen (*schoon*$_A$ – *schoonheid*) und deverbalen Ableitungen (*mix*$_V$– *mixer*).[7]

Affixe haben zwar keine konkrete lexikalische Wortbedeutung, geben dem neuen Wort aber dennoch eine bestimmte zusätzliche Bedeutung, einen anderen **kategorialen Wert** (*categoriale waarde*). So können mit dem Suffix *-er* handelnde Personen bezeichnet werden, die eine Tätigkeit ausführen, sog. nomina agentis (von lat. *agere* 'handeln, tun'). Das abgeleitete Verb (z.B. *spelen, bakken*) gibt dabei an, um welche Tätigkeit es sich handelt:

8)   speel + -er   speler   Spieler
      bak + -er   bakker   Bäcker
      mix + -er   mixer   Mixer

Als Basis für die Ableitung wird stets der Stamm des Verbs verwendet, also *speel, bak* etc. und nicht die Infinitivform (*spelen, bakken*). Neben Personen können mit *-er* Ableitungen gebildet werden, die ein Instrument oder Werkzeug bezeichnen, mit dem man die Tätigkeit ausführt (mit einem Mixer mixt man). Allgemein können wir formulieren:

nomina agentis: handelnde Person; Beruf; Funktion; Gerät
                   $[X]_V \rightarrow [X + \text{-}er]_N$

Auch für andere Derivate können derartige Regeln aufgestellt werden. Bei einem *nomen actionis* handelt es sich um eine Bezeichnung einer Handlung, als Basis dient hier ebenfalls ein Verb. Von Adjektiven lassen sich Nomen ableiten, die eine Eigenschaft ('qualitas') ausdrücken.

nomina actionis: $[X]_V \rightarrow [X + \text{-}ing]_{N\,actionis}$ *roep-ing*

nomina qualitatis: $[X]_A \rightarrow [X + \text{-}heid]_{N\,qualitatis}$ *schoon-heid*

In diesen Derivationen bestimmt das Affix die grammatischen Eigenschaften des neuen Begriffs. So wird aus dem Verb *speel* durch die **Suffigierung** (*suffigering*) mit dem Suffix *-er* und aus dem Adjektiv *schoon* mit dem Suffix *-heid* jeweils ein Nomen (vgl. Booij & Van Santen 1998: 121):

9)   V → N   Suffigierung: *speler*
      A → N   Suffigierung: *schoonheid*
      N → A   Suffigierung: *natuurlijk*

---

[7]   N steht für Nomen/Substantiv, A für Adjektiv, V für Verb (vgl. Kap. 5).

Mit dem Zirkumfix *ge-...-te* können Kollektiva, Sammelbegriffe gebildet werden: aus einem Berg wird ein Gebirge, aus einem Vogel Geflügel:

Kollektiva: $[X]_N \rightarrow [ge- + X + -te]_{N\ collectivum}$

ge-berg-te   (Gebirge)

ge-vogel-te   (Geflügel)

Diese Art der Derivation ist allerdings nicht produktiv; die Zirkumfixe *ge-...-d* und *ge-...-t* kommen allerdings regelmäßig bei der Bildung des **Partizips Perfekt** (*voltooid deelwoord*) vor:

10) bellen   bel   **ge**bel**d**   (telefonieren, telefoniert)

blaffen   blaf   **ge**blaf**t**   (bellen, gebellt)

Nicht nur Nomen können als Basis für eine Derivation dienen, sondern auch Verben wie in Beispiel 11):

11) werken   bewerken   wonen   bewonen

Anders als bei den Komposita und den oben besprochenen Derivaten bestimmt bei den abgeleiteten Verben nicht der rechte Teil die grammatischen Eigenschaften des neuen Wortes, sondern das Präfix, obwohl es den linken Teil des Wortes bildet (vgl. 12c).[8] So macht das Präfix *be-* aus einem intransitiven Verb (ohne direktes Objekt) ein transitives Verb (mit direktem Objekt). Bei *werken* und *wonen* kann man nicht fragen *wen oder was?*, bei *bewerken* und *bewonen* ist diese Frage jedoch möglich.

12a) Ik werk.   *Ik werk een opstel.   Ik **be**werk een opstel.

Ich arbeite.   *Ich arbeite einen Aufsatz.   Ich **be**arbeite einen Aufsatz.

12b) Ik woon.   *Ik woon een kamer.   Ik **be**woon een kamer.

Ich wohne.   *Ich wohne ein Zimmer.   Ich **be**wohne ein Zimmer.

12c) be- + $[werk]_{V\ intrans.}$ – $[bewerk]_{V\ trans.}$

be- + $[woon]_{V\ intrans.}$ – $[bewoon]_{V\ trans.}$

Exkurs: Diminutive

Eine für die niederländische Sprache sehr typische morphologische Form ist das **Diminutiv** (*verkleinwoord*). Mit dem Diminutiv kann man nicht nur ausdrücken, dass etwas klein ist, sondern man kann Zuneigung, Wertschätzung oder auch eine Abwertung zum Ausdruck bringen. Außerdem ermöglicht die Diminuierung, aus Stoffen Entitäten zu formen, das heißt eine abgegrenzte, kleine Menge des besagten Stoffes anzugeben (Bsp.: *Lust jij een ijsje?* Hast du Lust auf ein Eis?). Die letzte Bildung ist im Deutschen nicht üblich. Diminutive werden gebildet, indem an den Stamm eine Diminutivendung gefügt wird:

$[[X]\ +\ -tje] \rightarrow$ Diminutiv

---

8   Die sog. Righthand-Head-Rule (mehr dazu in 4.2.2) gilt hier also nicht.

Es gibt fünf verschiedene standardsprachliche Endungen, *-tje, -kje, -pje, -etje* und *-je*, die abhängig von der lautlichen Form des Stammes verwendet werden.[9]

> Die unterschiedlichen lautlichen Varianten von Morphemen, die die gleiche Funktion und Bedeutung haben, werden als **Allomorphe** (*allomorfen*) bezeichnet.

Endet der Stamm des Basiswortes z.B. auf einen langen Vokal gefolgt von *-m* oder auf *-lm, -rm* oder auf unbetontes *-em* oder *-um*, dann lautet die Diminutivendung nicht *-tje*, sondern *-pje*: *raam – raampje, film – filmpje, arm – armpje, bezem – bezempje, museum – museumpje*. Derartige Regeln lassen sich für alle Endungen aufstellen.

Im Allgemeinen gilt, dass bei jedem Basiswort nur genau eine Endung möglich ist. So wird das Diminutiv von *raam* mit dem Suffix *-pje* gebildet: *raampje*. Die anderen Formen (**raamje, *raamtje, *rametje, *raamkje*) sind durch die Existenz der Form *raampje* blokkiert. Die eindeutige Verteilung der verschiedenen Allomorphe auf verschiedene Wortstämme wird als **komplementäre Distribution** (*complementaire distributie*) bezeichnet (vgl. Kap. 6).[10]

Im Niederländischen ist die Diminutivbildung bei Substantiven äußerst produktiv und auch bei Adjektiven häufig; diese müssen allerdings *ongeleed* sein: *groen – groentje, groenig – *groenigje*. Im Gegensatz zum Deutschen können im Niederländischen auch andere Wortarten wie Verben, Präpositionen (P), Zahlwörter (Num), Adverbien (Adv) und Pronomen (Pron) als Basis für ein Diminutiv dienen, was allerdings nicht sehr produktiv ist (Bsp. 13). Auch Phrasen können diminuiert werden. Die gebildeten Derivate sind jeweils Nomen.

13) [klein]$_A$ [kleintje]$_N$ kleines, junges Kind
     [dut]$_V$ [dutje]$_N$ Nickerchen
     [uit]$_P$ [uitje]$_N$ Ausflug
     [tien]$_{Num}$ [tientje]$_N$ Zehn-Euro-Schein
     [tussendoor]$_{Adv}$ [tussendoortje]$_N$ Zwischenmahlzeit
     [dit]$_{Pron}$ en [dat]$_{Pron}$ [ditjes en datjes]$_N$ Allerlei
     [onder ons]$_{Phrase}$ [onderonsje]$_N$ Gespräch unter vier Augen

Im Deutschen können zwar auch Begriffe wie *Blondchen* oder *Dummchen* gebildet werden, das Verfahren ist im Deutschen aber längst nicht so produktiv.

---

[9] Regional kommen in nicht standardsprachlichen Varietäten noch weitere Endungen vor: *-ke, -eke* und *-ske* (*vrouwke, manneke, bakske*) sind im Süden der Niederlande und Flandern, aber auch in Groningen gebräuchlich. Im Westen des Sprachraumes wird auch *-ie* verwendet (*harinkie, jochie*).

[10] Es gibt einige Ausnahmen von dieser Regel: Zu *bloem* gibt es die Formen *bloempje* und *bloemetje*, zu *brug brugje* und *bruggetje*, zu *kip kipje* und *kippetje* etc. (vgl ANS 1997).

4.2.2 Komposition

Begriffe wie *huisdeur* und *bloempot* bestehen aus zwei jeweils selbstständigen Teilen (Bsp. 14). Bei einer solchen Verbindung zweier freier Morpheme spricht man von einer **Komposition** (*samenstelling,* auch *compositie*).

14)   huisdeur   [huis] + [deur]   bloempot   [bloem] + [pot]

Die Komposition ist im Niederländischen und Deutschen außerordentlich produktiv. Aufgrund der Struktur oder Form von *appeltaart* 'weiß' der Sprachbenutzer, wie er aus *kers* und *taart* das neue Wort *kersentaart* bilden kann.

15)   taart: appeltaart   taartvorm
                 kersentaart   taartmes
                 pruimentaart   taartrecept
                 slagroomtaart   taartbodem

Mit *taart* können beliebig viele neue Wörter gebildet werden (Bsp. 15). Dabei kann *taart* sowohl als erster als auch als zweiter Bestandteil fungieren. Auch ist es möglich, die Komposition weiter auszubauen, indem man einen weiteren Bestandteil ergänzt. So ist ein Rezept für Apfeltorte ein *appeltaartrecept*, ein Buch mit Rezepten für Apfeltorten ist ein *appeltaartreceptboek* (vgl. Donalies 2007: 11). Im Prinzip lässt sich dies beliebig oft erweitern. Die deutsche Sprache ist für dieses Phänomen berühmt-berüchtigt (*Donaudampfschifffahrtsgesellschaft*).

Abb. 4.1: Rekursives Kompositum im Straßenbild (*De Leertent*)

Im Niederländischen sind *samenstellingen* ebenfalls **rekursiv** (*recursief*) wie in *hottentottententententoonstellingstent* oder *autotransponderchipsleutel* (Cornelisse 2012: 189); in Amsterdam heißt ein Geschäft für Motorradbekleidung mit Beratung *Motorkledingadvieswinkel De Leertent* (s. Abb. 4.1). Eine feste Regel für die Länge von Komposita gibt es nicht.

Komposita können mittels unterschiedlicher Wortarten erstellt werden. Ist der rechte Teil ein Nomen, spricht man von einer **nominalen Komposition** (*nominale samenstelling*), z.B. *fietsbel, sneltrein, slaapzak*. Diese Art der Komposition ist außerordentlich produktiv. Ist der rechte Teil ein Adjektiv, spricht man von einer **adjektivischen Komposition** (*adjectievische samenstelling*), die ebenfalls produktiv ist, z.B.: *boterzacht* (butterweich), *kotsmisselijk* (speiübel), *lichtblauw* (hellblau). Nicht produktiv sind im Deutschen und Niederländischen **verbale Kompositionen** (*werkwoordelijke samenstelling*) wie *slaapwandelen*. Verbindungen mit Verbalpartikeln wie *opbellen, doorzetten* etc. oder mit einem Nomen als linkem Teil wie *bierbrouwen* oder *ademhalen* sind hingegen produktiv. Bei diesen Verbindungen handelt es sich um eine **Zusammenrückung** (*samenkoppeling*), die in den flektierten Formen wieder auseinandergezogen wird: *opbellen – ik bel op, bierbrouwen – hij brouwt bier.*

Verbindungen mit Wortarten wie Adverbien, Präpositionen etc. als rechtem Teil sind ebenfalls möglich, aber selten.

Neben dieser formalen Unterscheidung können Komposita aufgrund ihrer semantischen Eigenschaften in drei Arten unterteilt werden: Determinativkomposita, Bahuvrihi-Komposita und Kopulativkomposita.

Wie wir bereits gesehen haben, können mit dem Wort *taart* viele verschiedene Begriffe gebildet werden: *appeltaart, kersentaart, pruimentaart, slagroomtaart* etc. Diese Begriffe verweisen alle auf eine Art Torte: Apfel-, Kirsch-, Pflaumen- und Sahnetorte. In den Beispielen bildet der zweite, der rechte Teil der Komposition die Basis des neuen Wortes (Torte), der erste, der linke Teil bestimmt dieses Grundwort näher: 'eine Torte, und zwar mit Äpfeln'. Der linke Teil determiniert den rechten; daher wird diese Arte der Komposition als **Determinativkomposition** (*determinatieve samenstelling*) bezeichnet. Die Bedeutung des neuen Begriffs ergibt sich aus der Kombination von *Determinans* (lat. 'bestimmendes'; linker Teil) und *Determinatum* (lat. 'bestimmtes'; rechter Teil). Die Bedeutung des neu zusammengestellten Begriffs liegt innerhalb des Wortes und ist transparent: *appeltaart* ist eine bestimmte Art von *taart*, nämlich mit *appel, kersentaart* ist eine bestimmte Art von *taart*, nämlich mit *kersen* usw. Da sich der Kern der Bedeutung *im* Wort befindet, wird diese Art der Komposition auch als **endozentrische Komposition** (*endocentrische samenstelling*) bezeichnet.

16) appeltaart   *Determinans*: appel   –   *Determinatum*: taart

Die rechte Seite bildet die Basis, den Kopf (engl. *head*) des Kompositums und bestimmt die grammatischen Eigenschaften des neuen Wortes. So kann man am Artikel des Wortes *archieffoto* (Bsp. 17) erkennen, dass das *de*-Wort *de foto* ausschlaggebend ist und nicht das *het*-Wort *het archief* (zu *de*- und *het*-Wörtern vgl. 4.3.1). Die Markierung des Plurals wird ebenfalls nur am rechten Teil vorgenommen: *de archieffoto's* (Pluralmorphem -*s*) und *de fotoarchieven* (Pluralmorphem -*en*). Dieses Phänomen wird als **Righthand-Head-Rule** (*right-hand head rule*, oft abgekürzt als RHR) bezeichnet. Diese Regel gilt sowohl im Niederländischen als auch im Deutschen für Kompositionen.

17)   [archief]het-woord + [foto]de-woord → de archieffoto = bepaald soort foto

      [foto]de-woord + [archief]het-woord → het fotoarchief = bepaald soort archief

Darüber hinaus sind Kompositionen stets **binär** (*binair*) aufgebaut, d.h. dass sich der Kopf und die Bestimmung in zwei Teile gliedern lassen, unabhängig von der Anzahl der verwendeten Morpheme. Es gibt **linksverzweigende** (*linksvertakkend*) Komposita (Bsp. 18) und **rechtsverzweigende** (*rechtsvertakkend*) Komposita (Bsp. 19) sowie Kombinationen (Bsp. 20) daraus:

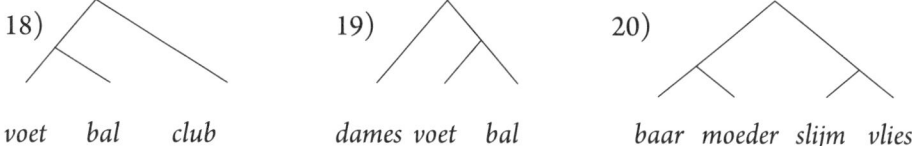

18)   *voet*   *bal*   *club*   19)   *dames voet bal*   20)   *baar moeder slijm vlies*

In der Notation mit eckigen Klammern ergibt sich das Folgende:

    18) [[[voet] + [bal]] + [club]]   (Fussballverein)
    19) [[dames] + [[voet] + [bal]]]   (Frauenfussball)
    20) [[[baar] + [moeder]] + [[slijm]+vlies]]]   (Gebärmutterschleimhaut)

Der semantische Zusammenhang zwischen Determinans und Determinatum kann außerordentlich vielseitig sein. Vergleichen wir die folgenden Ölarten:

    21)   olijfolie   visolie   babyolie   smeerolie
                aardolie   Heizöl   slaolie   knoflookolie

Olivenöl ist Öl, das aus Oliven gepresst wurde; Fischöl kommt vom Fisch. Babyöl hingegen ist Öl, das geeignet ist für Babys bzw. speziell für Babys entwickelt wurde. Schmieröl ist Öl, das zum Einschmieren von metallischen Gegenständen geeignet ist. Erdöl ist Öl, das aus der Erde kommt und gewonnen wird. Heizöl ist Öl, das zum Heizen verwendet werden kann. Salatöl ist essbar, nicht zum Frittieren oder Braten geeignet, passt aber zu Salat. Knoblauchöl wiederum ist ein Öl, das mit Knoblaucharoma versehen ist.

Eine speziellere Art der Komposition ist die **Bahuvrihi-Komposition** (*bahuvrihi-samenstelling*), die auch als **exozentrische Komposition** (*exocentrische samenstelling*) bezeichnet wird. Der Begriff *bahuvrihi* stammt aus dem Sanskrit und ist selbst auch eine exozentrische Komposition aus *bahu* (= viel) und *vrīhi* (= Reis). Jemand, der viel Reis besitzt, ist reich; *bahuvrihi* bedeutet 'reicher Mann'. Im Gegensatz zur endozentrischen Komposition lässt sich die Bedeutung bei solchen Neubildungen nicht unmittelbar aus dem Kopf des Kompositums ableiten. Ein Begriff wie *neushoorn* lässt sich in zwei freie Morpheme untergliedern: *neus* + *hoorn*. Formal ist *hoorn* der Kopf des Kompositums. Es handelt sich bei einem *neushoorn* aber nicht um eine näher bestimmte Art von Horn, sondern um ein Tier, das sich dadurch auszeichnet, dass es auf seiner Nase ein Horn trägt. Der Begriff *roodborstje* verweist ebenfalls auf ein Tier, und zwar auf eines, das eine rote Brust (oder Kehle) hat. Aus der Kombination *rood + borstje* lässt sich nicht ableiten, dass es sich um einen Vogel handelt. *Neushoorn* und *roodborstje* werden metonymisch zur Bezeichnung des jeweiligen Tieres verwendet (vgl. Kap. 3).

Abb. 4.2: Nashorn meets Nasenhorn

Der rechte Teil eines Bahuvrihi-Kompositums besteht immer aus einem Nomen und auch das neugebildete Wort ist immer ein Nomen. Semantisch handelt es sich anders als beim Determinativkompositum nicht um eine näher bestimmte Art des Basiswortes, sondern um eine übertragene Bedeutung, meist eine Metonymie (vgl. Kap. 3).

Verbindungen wie *zwart-wit* oder *prins-gemaal* werden als **Kopulativkomposita** (*copulatieve samenstelling*) bezeichnet. Hier sind die beiden Teile der Komposition gleichwertig, d.h. es bestimmt nicht ein Teil den anderen näher. Bei *zwart-wit* handelt es sich nicht um eine bestimmte Art von weiß. Ein Schwarzweißfilm ist ein Film, der nicht in Farbe gedreht wurde, sondern in schwarz *und* weiß (und in Graustufen). Als *prins-gemaal* war der Ehemann der niederländischen Königin ihr Gatte und zugleich Prinz. **Kopulativkomposita** kommen wesentlich seltener vor als Determinativ- und Bahuvrihi-Kompositionen.

Bei der Kombination von Wörtern wird häufig ein sogenanntes **Fugenelement** (*bindfoneem, tussenklank*) eingefügt, ein *-s-*, *-en-* oder *-e-*:

22)   schaapskooi   schaap+s+ kooi   (Schafstall)
      schapenvlees   schaap+en+vlees   (Schafsfleisch)
      koninginnedag   koningin+e+dag   (Königinnentag)

Auch im Deutschen gibt es derartige Fugenelemente wie bei *Schafsfleisch, Königinnentag*. In einigen Fällen kann das Fugenelement als Genitivendung erklärt werden:

aus der Formulierung *des Teufels Sohn* wird *der Teufelssohn*; die urspüngliche Flexionsendung -s für den Genitiv wird dann zum Fugenelement *-s-* (vgl. Nübling 2006: 85). In anderen Fällen jedoch lässt sich das Fugenelement nicht auf diese Weise erklären; so kommen bei *schaap* Komposita ohne Fugenelement vor, z.B. *schaapherder* (Schafshirte), aber auch Komposita mit *-s-* und mit *-en-* als Fugenelement (Bsp. 22). Auch andere semantische Erklärungen greifen nicht in allen Fällen. Ein *boekenrek* ist ein Regal für mehr als ein Buch, daher ist der Plural *boeken* logisch, in einem *boekwinkel* werden aber auch viele Bücher verkauft, weshalb der Buchladen *boekenwinkel* heißen müsste.

Fugenelemente können Grenzen zwischen Erst- und Zweitglied signalisieren und so dem Hörer helfen, das Gesagte besser zu verstehen: *uitdrukking-s-vermogen* (Ausdruck-s-fähigkeit), *verwarming-s-element* (Heizkörper). Ob das Fugenelement eine morphologische oder eine phonologische Funktion hat, wird in der Literatur diskutiert (vgl. hierzu Nübling et al. 2006: 85–87).

4.2.3 Konversion

Bei der **Konversion** (*conversie*) handelt es sich um einen Wortklassenwechsel (*klassenverhuizing*). Die Veränderung des Wortes ist nicht aufgrund einer Formveränderung sichtbar, da kein Morphem an das Grundwort hinzugefügt wird, sondern lässt sich nur an den neuen grammatischen Eigenschaften des Begriffs erkennen (vgl. Bsp. 23). Das Nomen *fiets* ist als Nomen erkennbar, weil es einen Artikel bei sich haben kann: *een fiets, de fiets*. Im Deutschen zeigen sich am Nomen zudem noch Kasusendungen wie *des Fahrrads, den Fahrrädern*. Als Verb hat *fiets* andere Eigenschaften: Es kann konjugiert werden und dementsprechende Endungen aufweisen (*ik fiets, hij fietst*), es kann in einem Tempus der Vergangenheit stehen (*ik fietste, ik ben gefietst*). Von der Form her besteht aber zwischen dem Nomen *fiets* und dem Verb *fiets* kein sichtbarer Unterschied. Das Nomen, das in diesem Fall die Basis bildet, wird durch den Wechsel der Wortart zu einem neuen Wort. Das Verb entsteht bei dieser Konversion, ohne dass ein Morphem hinzugefügt wird.

23) (de) fiets$_N$ – (ik) fiets$_V$ kort$_A$ – (ik) kort$_V$

(ik) dans$_V$ – (de) dans$_N$ rood$_A$ – (het) rood$_N$

Auch ein Adjektiv wie *kort* kann durch eine Konversion zu einem Verb werden: *korten* (kurz – kürzen). Um eine Konversion von Adjektiv zu Nomen handelt es sich bei *rood* (rot) zu (*het*) *rood* (Röte). Das Verb *dans* (Infinitiv *dansen*) wiederum wird durch eine Konversion zum Nomen (*de*) *dans*. Auch im Deutschen gibt es das Verb *tanz(en)* und das Konvertat (*der*) *Tanz*. Neben den Verbstammkonvertaten wie *dans, vloek, slaap, start* etc. gibt es auch sogenannte Infinitivkonvertate: *eten – het eten; lopen – het lopen*.

Bei der Konversion ändert sich die Form des Wortes nicht, es ändern sich aber seine grammatischen Eigenschaften. Die Veränderung ist implizit im Wort verborgen, nicht explizit sichtbar.

Nur aufgrund der Funktionen, die das jeweilige Wort erfüllen kann, lässt sich entscheiden, um welche Wortart es sich handelt.

4.2.4   Weitere Wortbildungsprozesse

Die unter 4.2.1–4.2.3 besprochenen Wortbildungsprozesse sind die produktiven, regelmäßigen morphologischen Prozesse, mithilfe derer neue Wörter gebildet werden können. Die Wortbildungsarten, die im Folgenden besprochen werden, sind im strengeren Sinne nicht 'morphologisch', da sie nicht aus Morphemen kombiniert werden: Blending, Akronyme und Clipping. Außerdem wird die Reduplikation kurz vorgestellt.

Beim **Blending** werden zwei Wörter miteinander verschmolzen, d.h. der Anfang eines Wortes A und das Ende eines Wortes B werden miteinander kombiniert; der Vorgang wird daher auch als **Wortverschmelzung** (*woordversmelting*) bezeichnet. Sogenannte **Blends** sind vor allem im Englischen sehr beliebt, kommen aber auch im Niederländischen und Deutschen vor:

24) smog   < *smoke* und *fog*
     brunch   < *breakfast* und *lunch*

Neben diesen Internationalismen gibt es weitere Blends:

25) botel   < *boot* und *hotel*
     infotainment   < *information* und *entertainment*
     burkini   < *burka* und *bikini*

Derartige Bildungen werden auch als **Koffer-** oder **Portmanteauwort** (*kofferwoord/portmanteauwoord*) bezeichnet. Insbesondere im kreativen Sprachgebrauch werden Blends gerne verwendet. So haben die Kabarettisten und Sprachvirtuosen Kees van Kooten und Wim de Bie mit ihren Blends nachhaltig die niederländische Sprache bereichert:

26) krommunicatie   < *krom* (krumm) und *communicatie*
     kneukfilm   < *knokken* (sich prügeln) und *neuken* (vögeln)
     schrijpend   < *schrijnend* (bitter, herb) und *nijpend* (grimmig)

Die Bildung von Blends ist nicht vorhersagbar. Es gibt keine festen Regeln, wie viele Bestandteile aus dem ersten Wort und wie viele aus dem zweiten verwendet werden müssen. Jeder *Blend* wird auf seine eigene Art und Weise gebildet und so gibt es auch keine morphologische Begründung, warum *brunch* nicht *breanch* geworden ist.

Bei **Akronymen** (*acroniemen*) handelt es sich um Kurzwörter, die landläufig unter 'Abkürzungen' gefasst werden.[11] Bei Akronymen entstehen im Allgemeinen keine neuen Begriffe, sondern Dubletten: Das Langwort und Kurzwort existieren als Doppelformen nebeneinander mit der gleichen Bedeutung.

27) ARD = Allgemeine Rundfunkanstalten Deutschlands
     KRO = Katholieke Radio Omroep
     UvA = Universiteit van Amsterdam
     HEMA = Hollandsche Eenheidsprijzen Maatschappij Amsterdam

Bei Akronymen können die einzelnen Buchstaben getrennt ausgesprochen werden wie bei A-R-D und K-R-O; dann handelt es sich um sog. *letterwoorden*. Akronyme können aber auch als Wort ausgesprochen werden, wie bei 'üfa' und 'hema'. Bei diesen Beispielen ist jeweils der erste Buchstabe zur Bildung des neuen Wortes verwendet. Es können aber auch mehrere Buchstaben verwendet werden:

28) Azubi   < Auszubildender
     horeca   < hotel, restaurant, café
     holebi   < homoseksueel, lesbisch, biseksueel

Während *Azubi* als Kurzform eine Dublette zu *Auszubildender* darstellt, ist *horeca* nicht einfach die kurze Variante des langen Wortes mit der gleichen Bedeutung. Der Begriff *horeca* steht für *Gastronomie*, bildet damit einen neuen Begriff und stellt keine Aneinanderreihung von Hotel, Restaurant und Café dar. Dass der neue Begriff über die Summe der drei Einzelbegriffe hinausgeht, zeigt sich auch am Genus des Wortes: Obwohl alle drei ursprünglichen Begriffe *het*-Wörter sind, ist das Akronym ein *de*-Wort: *de horeca*. Langform und Kurzform sind hier nicht austauschbar, sondern sie bezeichnen unterschiedliche Dinge. Das Akronym *holebi* ist eine Art Sammelbegriff; in einem *holebi-café* sind Schwule, Lesben und Bisexuelle willkommen.

Die Bildung von Akronymen unterliegt keinen festen Regeln, weder was die Aussprache als Wort oder in Buchstaben noch was die Anzahl der verwendeten Buchstaben betrifft. Untersuchungen haben gezeigt, dass in den Niederlanden häufiger die *woorduitspraak* vorkommt als die *letteruitspraak*, in Belgien wiederum wird die *letteruitspraak* häufiger verwendet als die *woorduitspraak* (vgl. Joosten 2002). Dies wird deutlich an den Kurzformen für die niederländischen und belgischen Universitäten:

29) Rijksuniversiteit Groningen: RUG   'rüch'
     Katholieke Universiteit Brabant: KUB   'küb'
     Rijksuniversiteit Gent: RUG   'er-ü-che'
     Katholieke Universiteit Brussel: KUB   'ka-ü-be'

---

[11] Um 'echte' Abkürzungen handelt es sich bei Formen wie *z.B.* oder *ipv*, die zwar in der Kurzform geschrieben werden, aber immer in der Langform, also als *zum Beispiel* bzw. *in plaats van* ausgesprochen werden. Niemand sagt *zett Be* oder *i-pe-ve*.

Beim **Clipping** (*afkapping*) werden ebenfalls Kurzwörter gebildet, die als Dubletten neben der Langform existieren. Die Verkürzung erfolgt nicht über Buchstaben, sondern über die Streichung eines Teils des Wortes; meistens wird das Ende weggelassen.

30)	Uni	für	*Universität*	unief	für	*universiteit*
	bieb	für	*bibliotheek*	mayo	für	*mayonaise*
	homo	für	*homofiel*	foto	für	*fotografie*

Im Gegensatz zu den Langformen handelt es sich bei den kurzen Varianten häufig um umgangssprachliche Wörter, die in der Schriftsprache eher nicht verwendet werden. Von der Bedeutung her unterscheiden sich die Wörter in der unterschiedlichen Länge aber nicht. Wie beim Blending und bei der Akronymbildung gibt es auch beim Clipping keine festen, systematischen Regeln, welcher Teil des Wortes gestrichen wird oder wie viel vom ursprünglichen Wort wegfällt.

Bei der **Reduplikation** (*reduplicatie*) werden neue Worte durch Verdopplung des Ausgangswortes oder eines Teils der Basis (*gedeeltelijke reduplicatie*) gebildet. Häufig haben diese Begriffe einen spielerischen Charakter, wie bei *kielekiele* (etwa: *das war knapp, um ein Haar*), *toi-toi-toi*, *balletje-balletje* (Hütchenspiel), *koppie-koppie* (Köpfchen!). Nur teilweise redupliziert sind Begriffe wie *wipwap* (Wippe) und *haaibaai* (Beißzange), bei denen der lautmalerische Charakter deutlich wird.

In manchen Sprachen ist die Reduplikation ein sehr produktives, regelgesteuertes Verfahren, um z.B. Mehrzahl, Intensivierung oder große Mengen anzugeben. Dies gilt z.B. für das Indonesische (31) oder das Afrikaans (32, 33):

31) *pohon* (Baum) vs. *pohon-pohon* (Bäume)

32) *dik* (dick) vs. *dik-dik* (sehr dick)

33) *Die tak tik teen die ruit.* (Der Zweig tickt gegen die Fensterscheibe) vs. *Die tak tik-tik teen die ruit.* (Der Zweig tickt unablässig gegen die Fensterscheibe.) (vgl. Ponelis 1993)

Neologismen, d.h. kreative Neubildungen, werden mit diesem Verfahren allerdings auch im Niederländischen gerne gebildet:[12]

> Meisje 1: 'Hij studeert Nederlands. En hij roeit. Hij is wel leuk.'
> Meisje 2: 'Oké... Maar is ie leuk? Of is ie leuk-leuk?'
> 'Leuk' betekent dat iemand aardig is, maar dat is je broertje ook. Leuk-leuk betekent dat je je kunt voorstellen dat er uiteindelijk dingen gaan gebeuren zonder onderbroek.
>
> Paulien Cornelisse, *En dan nog iets*

---

12   Die Form *is ie* ist eine umgangsprachliche Variante von *is hij*.

Als weiteres Beispiel führt Cornelisse die Verdopplung von *baan* zu *baan-baan* an: Einen kleinen Job hat man zum Beispiel als Aushilfskraft bei einer Kita, einen richtigen im Ministerium, wo man sich dementsprechend seriös und erwachsen benehmen muss: "Ik ben gestopt als invalhulp op het kinderdagverblijf, ik werk nu bij het ministerie. Leuk, maar wel echt een baan-baan." (Cornelisse 2012: 11–12).

Wie wir in diesem Abschnitt gesehen haben, gibt es im Deutschen und Niederländischen neben den regelgesteuerten und systematischen Wortbildungsverfahren (Derivation, Komposition und Konversion) weitere Verfahren, neue Wörter zu bilden. Obwohl die hier besprochenen Verfahren sehr häufig verwendet werden und einen immer größeren Raum in unserem Lexikon einnehmen, werden sie traditionell nicht zum Kernbereich der Morphologie gerechnet. Dies liegt zum einen daran, dass die Bausteine, aus denen die Wörter gebildet werden, keine Morpheme sind, sondern einzelne Buchstaben oder Wortstücke etc. Zum anderen sind die Bildungen nicht systematisch und regelgesteuert und dadurch auch nicht vorhersagbar.

4.3   Flexionsmorphologie

Um miteinander kommunizieren zu können, verwenden wir in der Regel nicht einzelne, unabhängige Wörter, sondern wir kombinieren Wörter miteinander, stellen sie in einen Zusammenhang und bilden Sätze. Um in Sätzen den Zusammenhang zwischen den einzelnen Wörtern deutlich machen zu können, werden die einzelnen Wörter häufig durch Endungen angepasst, so dass sie grammatische Funktionen im Satz übernehmen können. Die einzelnen Wörter *het, klein, huis, staan, in, Amsterdam* können zu einem Satz zusammengefügt werden:

34)   Het kleine huis staat in Amsterdam.

Das Adjektiv *klein* erhält die Endung *-e*, das Verb *staan* erhält die Personalendung *-t*. Durch die Hinzufügung der Suffixe ändert sich die Bedeutung der Wörter nicht: das Adjektiv behält die Bedeutung 'klein', das Verb die Bedeutung 'stehen'. Die Endung übermittelt eine grammatische Information: Das Adjektiv gehört zu einem Substantiv in der Einzahl, das Prädikat gehört zu einem Subjekt in der Einzahl etc. Derartige Endungen, sog. **Flexive** oder **Flexionsmorpheme** (*flexiemorfemen*), sorgen dafür, dass Wörter an die grammatischen und syntaktischen Bedingungen angepasst werden können, sodass ein grammatisch korrekter Satz entsteht. Mit Flexiven werden also keine neuen Wörter, keine neuen Begriffe kreiert, sondern es werden die verschiedenen Formen eines Wortes gebildet, die gemeinsam das **Paradigma** (*paradigma*) bilden. Auf die verschiedenen Flexionskategorien beim Nomen, Adjektiv und Verb gehen wir im Folgenden näher ein.

4.3.1 Flexion bei Nomen

Das Nomen oder Substantiv kennt im Deutschen und Niederländischen drei Flexionskategorien: Kasus, Numerus und Genus. Die lateinischen Begriffe verweisen auf den Fall, die Zahl und das Geschlecht.

Im Deutschen sind die vier **Kasus** (*naamvallen*) Nominativ, Genitiv, Dativ und Akkusativ gebräuchlich, auch wenn der Dativ 'dem Genitiv sein Tod' ist und die Formen hauptsächlich am Artikel oder zugehörigen Adjektiv erkennbar sind:

35) der Mann   de man   die Frau   de vrouw
     des Mannes   de man   der Frau   de vrouw
     dem Mann(e)   de man   der Frau   de vrouw
     den Mann   de man   die Frau   de vrouw

Im Niederländischen findet eigentlich keine Unterscheidung mehr statt. Ausnahmen bilden die Pronomen (Bsp. 36), der besitzanziegende Genitiv bei Eigennamen (*Jans huis, Brams geheim*) und erstarrte Ausdrücke wie *de tand des tijds* (*der Zahn der Zeit*), *heden ten dage* (*heutzutage*) oder *de plek des onheils* (*der Ort des Unheils*). Die syntaktische Funktion des Substantivs wird im Niederländischen in der Regel durch die Positionierung in Satz und mit Hilfe von Präpositionen wie *van* oder *aan* ausgedrückt. Nur bei den Pronomina wird eine klare Unterscheidung von Subjekt und Nicht-Subjekt deutlich:

36) ik – mij   jij – jou   hij – hem   zij – haar   zij – hun/hen

In der Regel werden bei den Pronomina Dativ und Akkusativ nicht unterschieden, nur in der 3. Person Plural gibt es formal den Unterschied zwischen *hun* (ihnen) und *hen* (sie) (vgl. Kap. 2 und 8). Die meisten Niederländischsprachigen verwechseln diese Formen jedoch und verwenden sie häufig nicht korrekt.

37) *Ik zie hun. – Ik zie hen.
     *Hij geeft hen een cadeau. – Hij geeft hun een cadeau.
     *Zij overnacht bij hun. – Zij overnacht bij hen.

Beim **Numerus** (*getal*) wird im Niederländischen wie im Deutschen eine Unterscheidung von **Singular** (*enkelvoud*) und **Plural** (*meervoud*) vorgenommen. Während im Deutschen fünf Pluralklassen unterschieden werden (in manchen Lehrwerken wird von neun Pluralbildungen ausgegangen),[13] gibt es im Niederländischen nur zwei Pluralklassen, mit den Endungen *-en* und *-s* (vgl. Tab. 4.1). Die Verwendung der Pluralendung ist im Niederländischen stark abhängig von prosodisch-rhythmischen Faktoren (vgl. Kürschner 2002, Booij & Van Santen: 85–90): Nach unbetonten Silben wird *-s* angehängt (*appels, bezems, dekens, akkers*), nach betonten Silben *-en* (*mandarijnen, bananen, honden, fietsen*).

---

[13]   Die Pluralbildung ohne explizite Zufügung eines Pluralmorphems (*das Messer – die Messer*) wird in der Literatur häufig mit Ø markiert; dieses Phänomen wird als **Nullmorphem** (*nulmorfeem*) bezeichnet, ist aber umstritten (vgl. Römer 2006: 29).

Deutsche Beispiele		Pluralform	ndl. Entsprechung
Löwe-n	Frau-en	-(e)n	vrouw-en
Berg-e	Zähn-e	(Umlaut) + -e	
Messer-Ø	Mütter-Ø	(Umlaut) + - Ø	
Kind-er	Münd-er	(Umlaut) + -er	kind-eren
Känguruh-s		-s	appel-s

Tab. 4.1: Pluralklassen im Deutschen und Niederländischen

Die niederländischen Pluralformen auf -en und -eren sind historisch mit den Plural-klassen auf -en und -er im Deutschen verwandt. Das Morphem -eren ist eigentlich 'doppelt gemoppelt': Der Plural auf -er wurde durch die zusätzliche Verwendung des Suffixes -en verstärkt. Man spricht dabei von einem **Stapelsuffix** (*stapelsuffix*). Nur eine kleine Gruppe von Wörtern bildet den Plural mit diesem Stapelsuffix. Während die Endung -s im Deutschen meist bei Lehn- und Fremdwörtern verwendet wird, kommt diese Pluralendung im Niederländischen regelmäßig bei einheimischem Wortmaterial (wie *appel*) vor.

In einigen Fällen kennt auch das Niederländische eine Art Umlaut bzw. Vokal-dehnung, die im Plural auftritt: *stad – steden, schip – schepen, dag – dagen, dak – daken* etc. Diese Art der Pluralbildung ist nicht produktiv. Eine kleine Gruppe von Wörtern bildet zwei Pluralformen mit unterschiedlicher Bedeutung: *been – benen* (Beine), aber *beenderen* (Gebeine), *blad – bladen* (Blätter aus Papier), aber *bladeren* (Blätter am Baum, Laub) etc. In einigen Fällen wird im belgischen Niederländisch als Pluralmorphem -s verwendet, während im niederländischen Niederländisch -en gebräuchlich ist (vgl. De Caluwe & Devos 1998: 23f.):

Plural im niederländischen Ndl.		Plural im belgischen Ndl.
leraar	leraren	leraars
handelaar	handelaren	handelaars
type	typen	types

Tab. 4.2: Unterschiedliche Pluralformen

Das Deutsche unterscheidet drei **Genera** (*geslacht*): maskulinum, femininum und neutrum bzw. männlich, weiblich, sächlich. Historisch kennt auch die niederländi-sche Sprache diese Dreiteilung in *mannelijk, vrouwelijk* und *onzijdig*. Während man im Südniederländischen, insbesondere in den Dialekten, ebenfalls diese Dreiteilung kennt, schwindet im Norden die Unterscheidung von *mannelijk* und *vrouwelijk*, zu-mindest bei Substantiven, die keine Person bezeichnen. Hier wird nur noch zwi-schen **de**-Wort (*de-woord*) und **het**-Wort (*het-woord*) unterschieden, wobei die *de*-Wörter ein **genus commune** (gemeinsames Genus) haben: *de koe* (die Kuh), *de os* (der Ochse), *het rund* (das Rind). So kann man im Nordniederländischen sagen: *Daar staat een koe. Hij geeft melk.* – 'Dort steht eine Kuh. Er gibt Milch.'

4.3.2 Flexion bei Adjektiven

Auch Adjektive kennen verschiedene Flexionskategorien. Bei attributivem Gebrauch (*het blauwe huis*) wird das Adjektiv im Niederländischen (wie im Deutschen) flektiert, während in beiden Sprachen Adjektive bei prädikativem und adverbialen Gebrauch unflektiert bleiben: *het huis is blauw; de zanger zingt mooi*. Die
Steigerungsformen gehören ebenfalls zur Flexion.

Das Deutsche kennt drei Flexionsklassen (schwache, starke und gemischte Flexion) und mehrere Adjektivendungen (*-e, -er, -es, -em, -en*); das attributiv verwendete
Adjektiv wird in Kasus, Numerus und Genus an das Bezugswort angepasst (*ein schö-
ner Mann, schöne Frauen, dem schönen Kind* etc.). Im Niederländischen gibt es nur
zwei Endungen: *-e* oder *-Ø*: *het kleine huis*, aber *een klein huis*. Bei allen *de*-Wörtern ist
die Endung *-e* und auch bei *het*-Wörtern, die näher bestimmt sind oder im Plural
stehen. Nur bei unbestimmten *het*-Wörtern in der Einzahl bleibt das Adjektiv unflektiert (Endung *-Ø*):[14]

38) $[X]_A \rightarrow [X + -Ø]_A$ / [+neutrum, –Plural, –definit]
    $[X]_A \rightarrow [X + -e]_A$

In neueren Untersuchungen werden aber Tendenzen deutlich, dass sich dies ändern
könnte und Adjektive in attributiver Funktion unabhängig vom Genus des Bezugs-
wortes möglicherweise zukünftig immer flektiert werden: "een mooie verhaal" statt
"een mooi verhaal" (vgl. Weerman 2003).

Die **Steigerungsformen** (*trappen van vergelijking*) ähneln sich im Niederländischen und Deutschen sehr. An die Grundform (Positiv, *positief/stellende trap*) wird
im Komparativ (*comparatief/vergrotende trap*) die Endung *-er* gefügt, im Superlativ
(*superlatief/overtreffende trap*) die Endung *-st*. Bei Adjektiven, deren Stamm auf *-r*
endet, wird vor der Komparativendung noch ein *-d-* eingefügt; ein solcher Lautein-
schub wird als **Epenthese** (*epenthesis*) bezeichnet:

39) groot – grot**er** – groot**st**
    klein – klein**er** – klein**st**
    duur – duur**der** – duur**st**

Die Endungen *-er* und *-der* für den Komparativ sind Allomorphe; man spricht hier
wiederum von komplementärer Distribution (vgl. 4.2.1).

4.3.3 Flexion bei Verben

Das Verb (*werkwoord*) kennt eine ganze Reihe von Flexionskategorien: Person
(*persoon*), Numerus (*getal*), Modus (*wijze*), Tempus (*tijd*), Genus verbi (*genus verbi*,
d.h. Aktiv (*actief*) und Passiv (*passief*)), Aktionsart und Aspekt (im Niederländischen werden diese zwei Kategorien meist beide mit *aspect* bezeichnet). Die Akti-

---

[14]   Zur Notation derartiger Regeln vgl. Kap. 6.

onsart ist im Niederländischen und Deutschen keine Kategorie, die über eindeutige Flexionsendungen oder -merkmale verfügt. Während im Englischen ein grammatisch wichtiger Unterschied zwischen *simple* und *progressive* vorliegt, kann die progressive Form im Deutschen nur in der 'rheinischen Verlaufsform' ausgedrückt werden, die aber nicht deutschlandweit gebräuchlich ist (und daher in 40 mit einem ? markiert ist). Im Niederländischen ist die Verlaufsform grammatisch völlig korrekt, wird aber nicht so streng wie im Englischen von der normalen Form unterschieden:

40)	engl.:	I am reading	I read
	dt.:	?ich bin am lesen	ich lese
	ndl.:	ik ben aan het lezen	ik lees

Weitere Verbformen sind die infiniten Formen: Partizip Präsens (*onvoltooid deelwoord: dansend – tanzend*), Partizip Perfekt (*voltooid deelwoord: gedanst – getanzt*) und der Infinitiv (*infinitief/onbepaalde wijs: dansen – tanzen*). Alle Konjugationsformen bilden gemeinsam das Paradigma eines Verbs.

Das Präteritum kann im Niederländischen mithilfe dreier unterschiedlicher morphologischer Prozesse ausgedrückt werden: Die produktive Variante ist die **Affigierung** (*affigering*) mit -*de*/-*te*. Diese Formen sind regelmäßig, meist spricht man in diesem Fall von *zwakke werkwoorden*. Nicht mehr produktiv ist die Bildung der Vergangenheit durch einen Vokalwechsel, den sog. **Ablaut** (*ablaut*). Verben mit Ablaut werden als *sterke werkwoorden* bezeichnet; ihre Bildung erfolgt nach einer gewissen Systematik. Eine dritte Kategorie von Verben folgt keinem regelmäßigen Muster, sie sind *onregelmatige werkwoorden* (vgl. Salverda 2006, Klooster 2001):

41)	*zwak*	ik woon	ik woonde	ik heb gewoond
	sterk	ik neem	ik nam	ik heb genomen
	onregelmatig	ik denk	ik dacht	ik heb gedacht

Die Basisendung des Präteritums ist die stimmhafte Form -*de* (im Plural -*den*). Endet der Stamm des Verbes jedoch auf einen stimmlosen Konsonanten, so wird die stimmlose Variante -*te* (im Plural -*ten*) angehängt (vgl. auch Kap. 6):

| 42) | Stamm stimmhaft: | ik woo**n** | ik woon**de** | ik heb gewoon**d** |
| | Stamm stimmlos: | ik dan**s** | ik dans**te** | ik heb gedans**t** |

Diese Angleichung erfolgt auch beim Partizip: Das Zirkumfix, das zur Bildung verwendet wird, hat die Form *ge-* + Stamm + -*d*/-*t*, abhängig davon, ob der Stamm auf einen stimmhaften oder stimmlosen Konsonanten endet (vgl. Bsp. 42). Im Deutschen hingegen ist die regelmäßige Endung stets die stimmlose Form -*te(n)*:

| 43) | Stamm stimmhaft: | ich woh**ne** | ich wohn**te** | ich habe gewohn**t** |
| | Stamm stimmlos: | ich tan**ze** | ich tanz**te** | ich habe getan**zt** |

Aufgrund der regelmäßigen Präteritumsbildung gehen wir davon aus, dass es sich bei der Gegenwartsform um die *ongelede* Form, bei der Vergangenheit um die *gelede*

Form handelt. Bei den regelmäßigen Verben ist dies an der expliziten Zufügung des Suffixes eindeutig zu konstatieren. Dies wird auf die Ablautformungen und die unregelmäßigen Verben übertragen, auch wenn hier keine Affigierung sichtbar wird (vgl. Booij & Van Santen 1998: 26):

44) *ongeleed*   blijf   grijp   denk   ben
     geleed   bleef   greep   dacht   was

Die Flexionskategorien beim Verb sind wesentlich komplexer als die Flexionskategorien von Substantiv und Adjektiv und reichen bereits weit in den syntaktischen Bereich.

Bei den folgenden Paradigmen passiert etwas Seltsames:

45) zijn – ben – is – wees – was – geweest
     goed – beter – best
     weinig – minder – minst

Eigentlich müsste es doch heißen: *goed – goeder – goedst* und *weinig – weiniger – weinigst*? Im Deutschen ist diese regelmäßige Flexion beim entsprechenden Adjektiv *wenig* grammatisch völlig korrekt. Im Niederländischen werden statt dieser Formen zur Bildung des Komparativs und Superlativs jedoch andere Wortstämme herangezogen Auch das Verb *zijn* bildet seine Formen anhand unterschiedlicher Wortstämme. Die Verwendung verschiedener Stämme zur Bildung der Wortformen, die **Suppletion** (*suppletie*), ist kein produktives Verfahren und kommt nicht sehr häufig vor.

4.4   Zusammenfassung

Mithilfe morphologischer Prozesse, bei denen wir **Morpheme**, d.h. kleinste bedeutungtragende Elemente, auf vielfältigste Weise mitenander kombinieren, können wir unseren Wortschatz unendlich ausdehnen. Produktive Verfahren sind die **Derivation**, **Komposition** und **Konversion**. Bei der Derivation werden durch die Zufügung von **Affixen** neue Wörter gebildet; abhängig von der Position des Affixes unterscheidet man **Präfixe**, **Zirkumfixe** und **Suffixe**. Die Zusammenstellung von freien Morphemen wird als Komposition bezeichnet. Aufgrund ihrer semantischen Struktur können drei Arten unterschieden werden **Determinativkomposita**, **Bahuvrihi-Komposita** und **Kopulativkomposita**. Bei der Konversion liegt ein Wortklassenwechsel ohne Zufügung eines Morphems vor.

Weniger systematisch und regelgesteuert, aber dennoch häufig vorkommend sind die verschiedenen Arten der Kurzwortbildung: **Blending**, **Clipping** und **Akronyme** und die **Reduplikation**.

Bei der **Flexion** von Wörtern werden Affixe zugefügt, ohne dass neue Wörter entstehen. Vielmehr wird ein **Paradigma** des jeweiligen Wortes mit seinen verschiedenen grammatischen Informationen gebildet. So wird ein Zusammenhang zwischen einzelnen Wörtern erstellt und können Wörter eine bestimmte Funktion im Satz einnehmen. Die Flexion bildet eine Verbindung zwischen der Morphologie auf der einen und der Syntax auf der anderen Seite.

Aufgaben

1. Ermitteln Sie in den folgenden Begriffen die einzelnen Morpheme und geben Sie mit Hilfe von eckigen Klammern die Struktur (inklusive der jeweiligen Wortart) der folgenden Begriffe an: *windkracht, leefbaar, warmte, lezer, water, bootverhuur, begroening, slagroomtaart, afstandsbediening, versterker, onnatuurlijk-heid*

   Bsp.: *versmelting* $[[[ver- + [smelt]_V]_V + -ing]_N$

   Welches Problem ergibt sich beim letzten Begriff? Wie lässt es sich lösen (vgl. Booij & Van Santen: 131f.)?

2. Vergleichen Sie die nachstehenden Begriffe:

bestuurder	*hoorder*	*taalleerder*
loper	*lezer*	*ondernemer*

   a. Mit welchen Suffixen kann man ein Nomen agentis bilden? Wie bezeichnet man solche Formvarianten? Die Formvarianten stehen in komplementärer Distribution zueinander. Erläutern Sie dieses Phänomen.

   b. Sind diese Suffixe produktiv? Erläutern Sie Ihre Antwort mit Beispielen.

   c. Inwiefern sind die Bildungen *doender, tuinder, diender* Ausnahmen zur bestehenden Regel?

3. Lesen Sie den Text im Kasten. Es kommen drei Komposita vor: *commissie-stiekem, Oranje-kwestie* und *buitenwereld*. Wie sind diese Komposita aufgebaut? Welches Element bildet jeweils den Kopf der Komposition? Was fällt dabei auf?

Werd de commissie-stiekem misbruikt voor de Oranje-kwestie?
Spannende gesprekken over geheime zaken die voor de buitenwereld verborgen moeten blijven. Dat is het beeld dat de commissie-stiekem oproept. Wat doet die commissie en hoe geheim zijn de zaken die daar worden besproken?

http://www.volkskrant.nl, 08.06.2011

---

4. Analysieren Sie die folgenden Begriffe morphologisch: *vis, winkel, douche, hamer, loop, gek, wit.* Handelt es sich um *gelede* oder *ongelede* Wörter? Wenn es sich um eine Konversion handelt, wie verläuft dann der Wortklassenwechsel?

   Bsp.:   *fiets*   de fiets   ik fiets $[fiets]_N > [fiets]_V$

Wie kann man argumentieren, dass der Wortklassenwechsel derartig verläuft? Vergleichen Sie dazu die Ausführungen in Booij & Van Santen 2002 (S. 30ff.).

5.   Welche grammatischen Mopheme kommen in den folgenden Beispielen vor, welche Morpheme liefern inhaltlich-lexikalische Information? Wie lässt sich die unterschiedliche Schreibweise von *grote* und *grootte* in 2. erklären? Worin besteht in 3. der Unterschied zwischen den angegebenen Varianten?

1.   een jonge kat   de jonge honden
2.   grote landen   de grootte van het land
3.   De baby lacht.   De baby is aan het lachen.

6.   Die Zeitschrift Onze taal greift am 06.06.2013 einen Artikel aus dem Siegel auf:

Duitse universiteit wil enkel nog vrouwelijke functieaanduidingen
'Professorin, Wissenschaftlerin, Doktorandin' – in de reglementen van de universiteit van Leipzig wordt voortaan bij alle universitaire functiebenamingen voor de vrouwelijke vorm daarvan gekozen. Het besluit wordt niet door iedereen gewaardeerd, maar de universiteit 'kent een traditie van grenzen overschrijden en op een provocerende manier problemen aankaarten', aldus rectrix magnifica Beate Schücking.

http://onzetaal.nl/nieuws/

Wie werden im Niederländischen weibliche Berufsbezeichnungen gebildet? Im Deutschen ist die Endung *-in* überaus produktiv (*Lehrer – Lehrerin*); im Niederländischen gibt es diese Endung zwar auch (*boer – boerin*), sie ist aber wesentlich weniger produktiv. Welche Endungen werden im Niederländischen überhaupt verwendet? Welche Endungen sind produktiv? Gibt es weitere Verfahren? Ziehen Sie Booij 2002, Seite 102, zu Rate. Führen Sie im Internet oder in einer niederländischsprachigen Zeitung eine empirische Analyse (vgl. Kap. 10) durch.

📖 Literatur zum Weiterlesen

Das Standardwerk zur Morphologie des Niederländischen mit umfassenden Informationen und Übungsaufgaben ist Booij & Van Santen 1998 *Morfologie van het Nederlands*. Auf Englisch und ebenfalls sehr informativ ist Booij 2002 *The Morphology of Dutch*. Eine niederländischsprachige Einführung ist Smessaert (2010) *Morfologie van het Nederlands. Een inleiding*. Ein sehr übersichtliches, gut lesbares Werk zur deutschen Morphologie ist von Donalies (2011) *Basiswissen Deutsche Wortbildung*.

5. Sätze und ihre Struktur

Michaela Poß

De oude man slaapt lekker ist zweifelsohne ein korrekter niederländischer Satz. *Man de slaapt oude lekker* ist ebenso klar ungrammatisch. Doch wie sieht es bei dem folgenden Satz aus? *De wakkere stoel slaapt blauw.* Strukturell unterscheidet er sich nicht von *de oude man slaapt lekker*, dennoch ergibt die Aussage keinen Sinn. *Stoel de slaapt wakkere blauw* können wir wiederum sofort als ungrammatisch verwerfen. Doch was ist nun eigentlich der Unterschied zwischen den beiden Stuhlsätzen, wenn beide nicht gedeutet werden können?

Noam Chomsky verwendete 1957 den englischen Satz *colourless green ideas sleep furiously*, seitdem wohl der populärste Satz der Sprachwissenschaft. Ebenso wie *de wakkere stoel slaapt blauw* illustriert er den Unterschied zwischen Syntax und Semantik, zwischen der Struktur und der Bedeutung einer Aussage. Beide Sätze sind, gemessen an den syntaktischen Regeln des Niederländischen bzw. Englischen, korrekt. Da sie aber semantische Prinzipien verletzen, sind sie nicht interpretierbar. *Stoel de slaapt wakkere blauw* verstößt gegen kombinatorische Regeln und ist somit auch strukturell ungrammatisch.

Das Niederländische hat, wie beinahe alle Sprachen, ein deutliches System, nach dem einzelne Wörter zu größeren Gruppen, den Konstituenten, zusammengefügt werden können. Einzelne Konstituenten können wiederum zu Sätzen verbunden werden, und auch dieser Prozess unterliegt Regeln. So ist z.B. die Reihenfolge Artikel > Adjektiv > Substantiv eine mögliche Reihenfolge in einer niederländischen Nominalphrase wie *de dikke hond*, Substantiv > Adjektiv > Artikel ist hingegen ungrammatisch (*hond dikke de*). Mit der Struktur von Konstituenten und Sätzen beschäftigt sich dieses Kapitel.

5.1 Konstituenten

5.1.1 Arten von Konstituenten

Ein komplexer Satz wie zum Beispiel *De dikke man zette de stoel aan het einde van de tafel neer* kann auch in komprimierter Form ausgedrückt werden, wenn der Adressat, also derjenige, an den die Aussage gerichtet ist, mit dem Kontext der Situation vertraut ist (vgl. Kap. 7). *Hij zette hem daar neer* transportiert dann die gleiche Information. Dabei ersetzt *hij* den Komplex *de dikke man*, *hem* ersetzt *de stoel* und *daar* ersetzt *aan het einde van de tafel*. Wenn man ein Wort oder eine Wortgruppe durch ein anderes Element ausdrücken kann, ohne dass sich die Struktur des Satzes ändert, handelt es sich um eine **Phrase** (*woordgroep*) oder **Konstituente** (*constituent*).

> Eine **Konstituente** ist eine Einheit aus einem oder mehreren Wörtern, die eine gemeinsame syntaktische Funktion innerhalb einer größeren, hierarchischen Struktur haben.

Wir unterscheiden hier fünf verschiedene Arten von Konstituenten, abhängig von ihrem zentralen Wort und ihrer semantischen Funktion. Eine Reihe von Wortarten steht immer zentral innerhalb einer Konstituente (sie projizieren die Konstituente). Mit anderen Worten: Wann immer wir ein Wort der folgenden Wortarten sehen, sehen wir auch eine dazugehörige Phrase: Substantive (oder Nomen) und Pronomen projizieren grundsätzlich eine **Nominalphrase** (NP, *nominale constituent* oder *naamwoordgroep*), Verben projizieren **Verbalphrasen** (VP, *verbale constituent* oder *werkwoordelijke groep*), Präpositionen **Präpositionalphrasen** (PP, *voorzetsel-constituent*), Adjektive **Adjektivphrasen** (AP, *adjectivische constituent* oder *bijvoeglijk naamwoordgroep*) und Adverbien projizieren **Adverbphrasen** (AdvP, *bijwoorde-lijke constituent*).

Um über Konstituenten reden zu können, benötigen wir ein Basisinventar an Abkürzungen für die Wortarten und Konstituenten. Diese Liste ist nicht vollständig, doch für die einfachen Sätze, mit denen wir uns hier beschäftigen werden, sind die folgenden Kategorien ausreichend:

Abkürzung	Deutsch	Niederländisch
S	Satz (Startpunkt)	zin
NP	Nominalphrase	nominale constituent
VP	Verbalphrase	verbale constituent
PP	Präpositionalphrase	voorzetselconstituent
AdjP	Adjektivphrase	adjectivische constituent
AdvP	Adverbphrasen	adverbiale constituent
Det[1]	Artikel	lidwoord
N	Substantiv, Nomen	zelfstandig naamwoord
Pron	Pronomen	voornaamwoord
Num	Numerale, Zahlwort	telwoord
V	Verb	werkwoord
P	Präposition	voorzetsel
Adj	Adjektiv	bijvoeglijk naamwoord
Adv	Adverb	bijwoord

Tab. 5.1: Abkürzungen für Konstituenten und Wortarten

---

[1] Det steht für *Determinator*, Synonym für *Artikel* und als Abkürzung gebräuchlicher.

NPs haben in der Regel eine referentielle Bedeutung, sie referieren auf einen Gegenstand, eine Person oder eine abstrakte Einheit in der Wirklichkeit. Die NP *oma Nella* referiert auf die Person Oma Nella. VPs haben meistens Prozessbedeutung. Sie drücken die Handlung oder den Prozess aus, in die das Subjekt eingebunden ist (*oma Nella slaapt*). In PPs, die in der Regel aus einer Präposition und einer NP bestehen, wird eine Relation zwischen der eingebetteten NP und Satzgliedern außerhalb der Konstituente gelegt. In dem Satz *het boek ligt op tafel* drückt *op* die Relation zwischen *het boek* und der eingebetteten NP *tafel* aus. AdjPs haben eine attributive Bedeutung, sie weisen einer NP eine Eigenschaft zu (*het boek is zwaar*). Auch AdvPs weisen Eigenschaften zu, hier ist das Ziel jedoch in der Regel eine VP (so wie in *Jonathan moest **erg** huilen*) oder eine AdjP (so wie in ***erg** slecht*). Die inhärenten Bedeutungen der verschiedenen Konstituenten sind sehr abstrakt, und das ist auch beabsichtigt. Letztendlich erhalten sie ihre Bedeutung im Satz, abhängig davon, als welches Satzglied sie fungieren. Doch darauf kommen wir in Kapitel 5.3 zurück.

5.1.2 Köpfe

Jede Konstituente besteht wenigstens aus einem **Kopf** (*hoofd/kern*). Der Kopf ist das zentrale Element, das sowohl die kategoriale Information (z.B. Substantiv, Verb etc.) als auch die grammatische Information trägt (z.B. Plural, Vergangenheit etc.). In den folgenden Nominalphrasen ist der Kopf jeweils hervorgehoben:

1) **oma**
2) de **grootmoeder**
3) de oudere **dame**
4) de oudere **dame** met de hond
5) de oudere **dames** in het café

Der Kopf ist das Element in einer Konstituente, das in der Regel nicht weggelassen werden kann und einfach erfragbar ist, da es der Bedeutungsträger des gesamten Ausdrucks ist (vgl. Kap. 3). In Beispiel 5 ist die Antwort auf die Frage "Worum geht es?" eindeutig *dames* und nicht z.B. *café*. Andererseits ist *café* selbst auch wieder ein Substantiv und somit Kopf einer NP, nämlich *het café*. Diese NP ist allerdings eingebettet in die größere, übergeordnete NP *de oudere dames in het café*.

> Der **Kopf** ist derjenige Teil einer Konstituente, der deren grammatischen Eigenschaften bestimmt. Köpfe sind obligatorisch und vererben ihre Merkmale auf die gesamte Konstituente. Als Köpfe fungieren in der Regel Wörter der lexikalischen Klassen N, V, P, Adj und Adv.

Koordinatoren und Komplementierer (vgl. 5.1.7 und 5.1.8) können ebenso eigene Phrasen projizieren. Da es sich allerdings um Funktions- und nicht um Inhaltswörter handelt, sind sie nicht Teil der zentralen Gruppe von projizierenden Wortarten.

5.1.3 Wortstellung

Jede Art von Phrase unterliegt ihren eigenen kombinatorischen Möglichkeiten. So besteht eine NP mindestens aus einem Substantiv, eine VP mindestens aus einem Verb usw. Doch sobald die Konstituenten komplexer werden, werden die Elemente innerhalb der Phrase in einer Reihenfolge angeordnet, die je nach Typ unterschiedlich strikt ist. So ist *de man* eine korrekte NP des Niederländischen, *man de* hingegen nicht. Auch in *de oude man* ist die Reihenfolge von Artikel, Adjektivphrase und Substantiv korrekt, in *de man oude* hingegen nicht. Die Wortstellung innerhalb von Konstituenten und Sätzen ist immer sprachspezifisch, wie man an diesem Beispiel gut sehen kann. *De oude man* im Niederländischen und *der alte Mann* im Deutschen sind korrekt und jeweils die einzig mögliche Anordnung innerhalb dieser NP. Im Spanischen heißt es allerdings normalerweise *el hombre viejo*, das Adjektiv steht also nach dem Substantiv, und im Dänischen ist es sogar so, dass in der NP *manden* der Artikel (*den*) an das Substantiv (*man*) angehängt wird.

> Eine sprachwissenschaftliche Grundannahme, die Grundlage vieler Untersuchungen ist, ist das Prinzip der **Ikonizität** (*iconiciteit*), der Entsprechung von Form und Funktion. Einfach gesagt wird davon ausgegangen, dass zwei Strukturen, die gleich sind, auch die gleiche Funktion haben, während zwei Strukturen, die unterschiedlich sind, auch unterschiedliche Funktionen haben.

Nicht immer ist die Wortstellung innerhalb der Konstituente strikt vorgegeben, hin und wieder haben Sprecher die Möglichkeit, zwischen verschiedenen Stellungsvarianten zu wählen. Häufig sind in dem Fall jedoch unterschiedliche Bedeutungsaspekte an die Varianten geknüpft, wie zum Beispiel in den beiden PPs *in de wei* und *de wei in*. Im Niederländischen können bestimmte Präpositionen alternativ vor oder hinter der eingebetteten NP stehen. Stehen sie vor der NP, ist ihre Bedeutung **lokativ** (*locatief*), also ortsanweisend (Bsp. 6), als **Postposition** (*postpositie*) hinter der NP ist ihre Bedeutung **direktional** (*directioneel*), also richtungsanweisend (Bsp. 7).

6) Het paard loopt in de wei.   Das Pferd läuft auf der Weide.
7) Het paard loopt de wei in.   Das Pferd läuft auf die Weide.

5.1.4 Konstituententests

Doch wie wissen wir überhaupt, wann es sich bei einer Wortkette um eine Konstituente handelt? Schauen wir uns folgenden Satz an:

8) Ik heb soep met balletjes gegeten.

Zwar fällt schon intuitiv auf, dass *soep met balletjes* konzeptuell enger zusammengehört als *balletjes gegeten*, doch wir müssen uns nicht auf Intuition verlassen, um zu beschreiben, warum zum Beispiel in dem Satz *Ik heb de soep met de lepel gegeten* der

Teil *de soep met de lepel* aus zwei Konstituenten besteht, nämlich NP und PP, während *soep met balletjes* nur eine NP darstellt.

Ob ein Komplex zusammen eine Konstituente bildet oder nicht, kann mit Hilfe sogenannter **Konstituententests** (*constituententests*) bestimmt werden. Als Beispiel dient der Satz *de oudere meneer met de baard zag ik gisteren al*. Wir wollen herausfinden, ob *de oudere meneer met de baard* eine Konstituente darstellt:

- **Substitutionstest** (*substitutietest*)
  Die Konstituente kann durch ein anderes Element aus dem gleichen Paradigma, der gleichen Reihe, ersetzt werden:

  9)   Oma zag ik gisteren al.

- **Pronominalisierungstest** (*pronominalisatietest*)
  Die Konstituente kann durch ein einziges Element, in der Regel ein Pronomen, ersetzt werden:

  10)   Hem zag ik gisteren al.

- **Verschiebeprobe** (*verplaatsing*)
  Die Konstituente kann nur als Ganzes zusammenhängend im Satz verschoben werden:

  11)   Ik zag de oudere meneer met de baard gisteren al.

- **Fragetest** (*vraagtest*)
  Die Konstituente ist die Antwort auf eine einzige Frage:

  12)   Wie zag je gisteren al? – De oudere meneer met de baard.

Die vier Konstituententests führen jeweils zu dem gleichen sinnvollen, grammatischen Ergebnis, also ist *de oudere meneer met de baard* eine komplexe Konstituente. Im Falle von *de soep met de lepel* sieht es anders aus:[2]

13)   Ik heb **brood** gegeten.
14)   Ik heb **het** gegeten.
15)   (*)**De soep met de lepel** heb ik gegeten.
16)   Wat heb je gegeten? – (*)**De soep met de lepel**. / Wat heb je met de lepel gegeten? – **De soep**. / Waarmee heb je de soep gegeten? – **Met de lepel**.

Der Substitutionstest führt zwar zu einem grammatischen Ergebnis, allerdings fehlt die Information, mit welchem Instrument gegessen wurde. Und damit ist der Test gescheitert: Es geht nicht ausschließlich darum, einen grammatischen Satz zu formulieren, er muss auch die gleichen inhaltlichen Bestandteile abdecken, um zu einem

---

[2]   Das Sternchen vor einem Beispielsatz zeigt an, dass es sich um einen ungrammatischen Satz handelt. Steht das Sternchen in Klammern (wie in 15), bedeutet dies, dass nur eine der möglichen Lesarten ungrammatisch ist.

positiven Resultat zu führen. Das gleiche Problem sehen wir beim Pronominalisierungstest. Interessanterweise führt die Verschiebeprobe entweder zu einem grammatischen oder einem ungrammatischen Ergebnis. Soll ausgedrückt werden, dass man einen Löffel benutzt hat, um die Suppe zu essen, ist der Satz ungrammatisch. In Kapitel 5.4 werden wir auch sehen, warum: Im Niederländischen kann in einfachen Aussagesätzen nur eine einzige Konstituente vor dem **finiten Verb** (*persoonsvorm*) stehen, in der Instrument-Lesart handelt es sich aber bei *de soep* und *met de lepel* um zwei unabhängige Konstituenten. In dem unwahrscheinlichen Fall, dass die Suppe einen Löffel als Einlage beherbergt (also Löffelsuppe so wie Nudelsuppe), führt Satz 15 doch zu einem grammatischen Satz. Und auch der Fragetest kann zu zwei verschiedenen Ergebnissen führen: Handelt es sich um eine Löffelsuppe, ist *de soep met de lepel* die korrekte Antwort auf die Frage *wat heb je gegeten*? Ist der Löffel allerdings das Instrument, dann müssen wir *de soep* und *met de lepel* mit zwei unterschiedlichen Sätzen erfragen: *wat heb je met de lepel gegeten*? und *waarmee heb je de soep gegeten?*, ein klares Zeichen, dass wir es mit zwei Konstituenten zu tun haben.

5.1.5 Rekursion

Die Konstituente *soep met balletjes* ist komplex, denn sie beinhaltet wiederum eine andere Konstituente. So ist *met balletjes* eine PP, bestehend aus dem Kopf *met* und der NP *balletjes*. Wir haben es hier also mit einem Fall zu tun, in dem eine NP (*soep met balletjes*) wiederum eine NP (*balletjes*) enthält. Doch ist es eigentlich möglich, dass die eingebettete NP wieder eine NP enthält? Und diese auch wieder eine? Und diese dann auch wieder eine? Grundsätzlich ist das durchaus möglich, ab einer gewissen Länge des Gesamtkomplexes wäre es für den Adressaten (vgl. Kap. 7) allerdings äußerst schwierig, noch zu behalten, worum es eigentlich ging.

> Das Phänomen der Einbettung einer Kategorie X in eben diese Kategorie X nennt man **Rekursion** (*recursie*).

Rekursion spielt neben der Sprache noch in der Informatik und der Mathematik eine wichtige Rolle, doch auch außerhalb der Wissenschaft kennen wir Beispiele für rekursive Strukturen. Denken Sie beispielsweise an ein Fernsehbild, welches einen Fernseher zeigt, der dasselbe Fernsehbild ausstrahlt. Logischerweise ist dann in diesem Bild auch wieder derselbe Fernseher, und in dessen Bild ist auch wieder derselbe Fernseher usw. Es gibt einen ersten Fernseher, nämlich der, der in Ihrem Wohnzimmer steht, doch es gibt keinen letzten Fernseher, da es automatisch immer wieder einen eingebetteten Fernseher gibt. Das Bild ist somit unendlich oder infinit, ebenso wie die Mona Lisa in Abbildung 5.1. Sprache hingegen ist nur potenziell infinit, da sowohl unsere Merkfähigkeit als auch unsere begrenzte Lebensdauer dafür sorgen, dass wir zu gegebener Zeit mit unseren Sätzen zum Ende kommen. Die komplexe NP *de man met de bril met de streepjes* können wir noch ohne Probleme verstehen, wenn wir allerdings noch zwei Einbettungstiefen weitergehen, wird es schon schwieriger, sich am Ende noch an den Anfang zu erinnern, so wie in *de vrouw met de muts met de bloemetjes met de bladeren met de zwarte stippen.*

Abb. 5.1: Rekursive Mona Lisa (www.megamonalisa.com)

5.1.6 Ambiguität

Nicht immer sind Sätze eindeutig analysierbar, abhängig vom Kontext können sie mehrdeutig oder **ambig** (*ambigu*) sein. Sprache kennt verschiedene Arten der Ambiguität, z.B. kann die Bedeutung eines Wortes ambig sein, wie etwa in dem Homonymenpaar *bank* (Sitzmöbel) und *bank* (Geldinstitut). Möglicherweise ist auch die morphologische Struktur eines Wortes ambig, so wie in *nieuwe autoverzekering* (eine neue Autoversicherung oder eine Versicherung für neue Autos). Doch nicht nur Wörter, sondern auch ganze Konstituenten oder gar Sätze können ambig sein.

Nehmen wir z.B. den Satz *Oma slaat de dief met de tas.* Hierbei können wir uns zwei verschiedene Situationen vorstellen: In Situation 1 hält der Dieb eine Tasche, und auf die Frage, womit Oma ihn schlägt, wird nicht genauer eingegangen; in Situation 2 holt Oma aus und schlägt den Dieb mit der Handtasche. Dieser Satz hat zwei verschiedene mögliche Interpretationen, er ist also ambig. Die Ambiguität kann nur im Kontext aufgelöst werden, z.B. wenn der Adressat die Szene vor Augen hat und daher weiß, wer in diesem Moment im Besitz einer Tasche ist.

Syntaktische Ambiguität zeigt sich in der Regel in der Analyse der Konstituentenstruktur. In unserem Beispiel liegt die Mehrdeutigkeit darin begründet, dass die PP *met de tas* sich entweder auf den Kopf der VP, nämlich *slaat*, bezieht (vgl. Abb. 5.3) oder auf den Kopf der NP, nämlich *man* (vgl. Abb. 5.4).

Abb. 5.2: Der Dieb hat die Tasche

In einem **Phrasenstrukturbaum** (*boomdiagram*), der die hierarchische Anordnung der Konstituenten eines Satzes wiedergibt, wird dieser Unterschied deutlich.

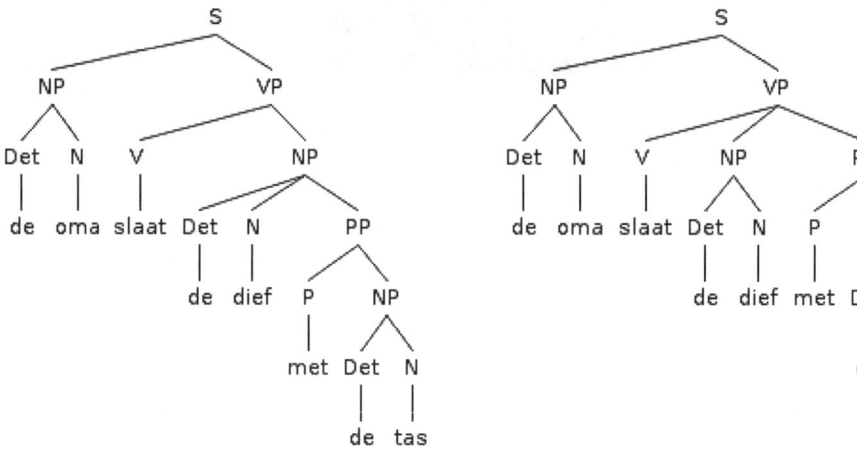

Abb. 5.3: Der Dieb hat die Tasche   Abb. 5.4: Oma hat die Tasche

Die PP ist im ersten Fall ein Teil der NP, und diese ist wiederum Teil der VP.[3] Wir können die komplexe NP erfragen mit einem Test: Wen schlägt Oma? – Den Dieb

---

[3]   Dieser Baum ist eine Visualisierung der folgenden Information: *de tas* ist eine NP, die Teil der PP *met de tas* ist. Diese PP wiederum ist, zusammen mit *de* und *dief*, Teil der komplexen NP *de dief met de tas*. Zusammen mit dem Verb *slaat* bildet die übergeordnete NP eine VP, und der Satz besteht aus der NP *de oma* und der VP.
        In vielen syntaktischen Modellen steht der syntaktische Baum zentral. Wir wollen uns hier allerdings nicht im Detail in einzelne Theorien vertiefen und benutzen die Phrasenstrukturbäume in ihrer einfachsten Form, als graphische Darstellung einfacher Abhängigkeiten. Bei der Darstellung einzelner Konstituenten gerade in Sprachen wie Deutsch und Niederländisch, wo wir mit relativ freier Wortstellung zu tun haben, gerät die einfache Baumanalyse schnell an ihre Grenzen.

mit der Tasche. Bei der zweiten möglichen Interpretation sieht es anders aus: NP und PP sind beide Töchter der VP, also nehmen beide Bezug auf den Kopf *slaat*. Der Fragetest für diese Struktur lautet: Womit schlägt Oma den Dieb? – Mit der Tasche. Es handelt sich also bei *de dief* und *met de tas* um zwei verschiedene Konstituenten.

Abb. 5.5: Oma hat die Tasche

5.1.7 Koordination

In natürlicher Sprache gibt es eine ganze Reihe verschiedener Formen der syntaktischen Ambiguität, doch wir beschränken uns auf eine weitere, nämlich auf ambige koordinierte Konstituenten. **Koordination** (*coördinatie*) ist der Prozess, in dem zwei Elemente der gleichen Kategorie einander ebenbürtig nebeneinandergestellt werden. Koordination ist eine Form der **Nebenordnung** (*nevenschikking*):

17) **oma** en **opa**
18) (wil je iets) **eten** of **drinken**?
19) **Jan slaapt** en **Els leest**.
20) **goed** of **kwaad**

In den Beispielen sind die koordinierten Konstituenten fett gedruckt. In Beispiel 17 handelt es sich um zwei koordinierte NPs, in 18 um zwei VPs, in 19 um zwei koordinierte Sätze und in 20 um zwei AdjPs. Die Konjunktionen *en* und *of* treten als **Koordinatoren** (*coördinatoren/nevenschikkende voegwoorden*) auf. Zwar ist es so, dass nur Elemente der gleichen Kategorie miteinander koordiniert werden können, qua Form können sie allerdings unterschiedlich sein. **Jan slaapt en opa* ist folglich ungrammatisch, *Jan slaapt en Els leest nog verder in het boek dat ze gisteren cadeau gekregen heeft* ist korrekt.

Koordinierte Konstituenten sind häufig die Stelle im Satz, an der syntaktische Ambiguität auftritt. Nehmen wir zum Beispiel den Satz *dikke mannen en vrouwen kwamen naar het toneel*. Auch hier gibt es wieder zwei verschiedene mögliche Interpretationen: Entweder kommen dicke Männer und dicke Frauen ins Theater, oder es kommen dicke Männer und nicht weiter spezifizierte Frauen. In der ersten Lesart bezieht sich *dikke* ausschließlich auf *mannen*, in der zweiten Lesart sind *mannen* und *vrouwen* koordiniert, und *dikke* modifiziert den gesamten Komplex. Auch diesen Unterschied können wir wieder in zwei verschiedenen Bäumen sichtbar machen:

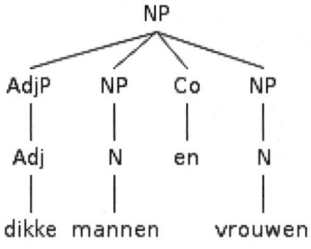
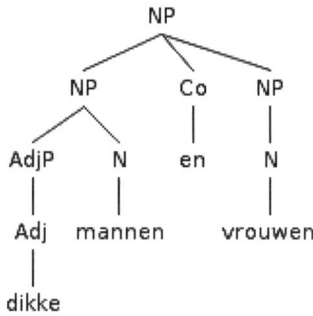

Abb. 5.6: Männer und Frauen sind dick   Abb. 5.7: Nur die Männer sind dick

Die Maßgabe, dass nur gleiche Elemente koordiniert werden können, ist nicht immer so strikt einzuhalten. So ist z.B. der Satz *Wil je iets drinken of een ijsje* durchaus grammatisch, obwohl *iets drinken* und *een ijsje* nicht der gleichen Kategorie angehören. Doch was aussieht wie eine Koordination von ungleichen Elementen, kann durchaus als **Ellipse** (*ellips*) analysiert werden. In elliptischen Konstruktionen fehlt ein Element, häufig werden redundante Teile weggelassen. Der Satz *Wil je iets drinken of een ijsje* kann auch als elliptische Version des Satzes *Wil je iets drinken of wil je een ijsje* interpretiert werden. In diesem Fall ist das Kriterium der Koordination gleicher Elemente wieder erfüllt, da zwei komplette Sätze koordiniert werden.

5.1.8 Subordination

Die Koordination verbindet zwei gleichrangige Kategorien miteinander, wenn jedoch ein Element untergeordnet in ein anderes eingebettet wird, sprechen wir von **Subordination** oder **Unterordnung** (*subordinatie/onderschikking*). Eine Form der Subordination ist die Einbettung eines **Nebensatzes** (*bijzin/ingebedde zin*) in einen übergeordneten **Hauptsatz** (*hoofddzin/matrix-zin*). Im Gegensatz zur Koordination ist dieser Prozess rekursiv. So kann man den Satz *hij slaapt* einbetten in den Satz *ze denkt X* (*ze denkt dat hij slaapt*), und das Ergebnis kann wiederum eingebettet werden in den Satz *ik geloof X* (*ik geloof dat ze denkt dat hij slaapt*). Die Einbettung geschieht mithilfe einer **Konjunktion** (*conjunctie/onderschikkend voegwoord*) oder eines **Komplementierers** (*complementeerder/onderschikkend voegwoord*).

5.2   Sätze

Bislang haben wir uns in diesem Kapitel hauptsächlich mit der inneren Form von Konstituenten beschäftigt. Diese sind jedoch nur die Bausteine, aus denen man größere Einheiten zusammensetzt: die **Sätze** (*zinnen*). Doch um sagen zu können, ob ein Satz wohlgeformt ist oder nicht, gehört noch eine Menge mehr als seine rein kategorialen Eigenschaften. Der Satz *de man leest de krant* ist grammatisch, *de krant leest de man* ist nur dann eine sinnvolle Aussage, wenn *de krant* einem anderen Medium gegenübergestellt wird, z.B. *het boek*, oder wenn es die Antwort auf die Frage ist, was der Mann liest. Auch die Aussage *de man gaf de deur een nieuw laagje verf* ist durchaus sinnvoll, *de deur gaf de verf een nieuwe man* hingegen nicht. Zwar kann der Satz ohne weiteres mit dem Inventar an niederländischen Konstituenten gebildet werden, ein sinnvoller Satz des Niederländischen ist er dennoch noch lange nicht. Was sind also die weiteren Kriterien, die bei der Bildung von Sätzen eine Rolle spielen? Und was genau ist ein Satz?

Eigentlich weiß jeder intuitiv, was ein Satz ist. Es beginnt mit einem Großbuchstaben, dann kommt eine Aussage, und am Ende steht ein Punkt. Sprachwissenschaftlich ist es allerdings schwieriger, eine treffende Definition für die Einheit Satz zu finden. In der gesprochenen Sprache haben wir keine Satzzeichen oder Großbuchstaben zur Orientierung, und die Grenzen zwischen zwei komplexen Sätzen können höchstens durch die Intonation markiert werden. Außerdem sprechen Menschen bei weitem nicht so grammatikalisch, wie man denkt. Nur die wenigsten Sprachbenutzer bringen regelmäßig ihre Sätze zu Ende, man unterbricht den Redefluss und beginnt einen neuen Satz, man verspricht sich, benutzt zu viele oder zu wenige Satzteile etc.

Grammatikalität (*grammaticaliteit*) kann auf zwei verschiedene Arten bewertet werden: entweder **normativ** (*normatief*) oder **deduktiv** (*deductief*). Während die normativen Grammatiken, z.B. Schulgrammatiken und Lehrbücher, Standardregeln zur Bildung von wohlgeformten Sätzen vorschreiben, untersuchen und beschreiben deduktive Grammatiken, z.B. wissenschaftliche Grammatiken wie die *Algemene Nederlandse Spraakkunst* (ANS), tatsächlich vorkommende Konstruktionen der jeweiligen Sprache. Deduktive Beobachtungen und normative Regeln überlappen, sind aber nicht immer kohärent: Niederländisch wie Deutsch weisen pro einfachem Satz nur ein finites Verb und ein Subjekt auf, dennoch verfügen beide Sprachen über eine Spiegelkonstruktion im informellen Sprachgebrauch. Ähnlich ist es mit den Verben *brauchen* und *hoeven*. In beiden Sprachen ist es zwar deutlich gebräuchlicher, dass die Verben ein *zu-/te*-Komplement nehmen ("Wer 'brauchen' nicht mit 'zu' gebraucht, braucht 'brauchen' gar nicht zu gebrauchen"), dennoch wird in der gesprochenen Sprache häufig das *zu* bzw. *te* weggelassen (vgl. Van der Wouden 1996). Zwar lernen Schüler in der Schule, dass ein Satz ohne *zu* normativ ungrammatisch ist, deduktiv ist er jedoch grammatisch.

Die sogenannte **Spiegelkonstruktion** (*overloopconstructie*) z.B., die in der informellen Rede sowohl im Deutschen als auch im Niederländischen vorkommt, beinhaltet zwei Subjekte und zwei finite Verben innerhalb eines einfachen Satzes: *Je kunt van elke sinaasappelkist kun je wel een nachtkastje maken.*[4]

Wenngleich es schwierig ist, eine umfassende Definition der Einheit 'Satz' zu formulieren, können wir sagen, dass ein Satz wie folgt beschrieben werden kann:

> Ein Satz ist eine konzeptuell in sich geschlossene Einheit, die alleine stehen kann und mindestens aus einem Subjekt und einem Prädikat besteht.

Wie fast immer in derartigen Definitionen finden wir eine Reihe von Ausnahmen, die von der Definition nicht erfasst werden. So kommen auch Satzarten vor, die nicht mindestens aus Subjekt und Prädikat bestehen, wie z.B. **infinite Nebensätze** (*beknopte bijzinnen*), z.B. **hard lachend** *kwam hij binnen* oder **Imperative** (*bevelende zinnen*), z.B. **kom nou!** Die Mehrheit der Sätze jedoch kann unter unserer Definition zusammengefasst werden.

21) **Jan** slaapt.
22) **Jonathans moeder** is moe.
23) **De hond van de buren** blaft.
24) **Dat je gisteren niet lief bent geweest**, klopt.

Das fett gedruckte Satzglied ist jeweils das **Subjekt** (*onderwerp*), nicht fett ist das **Prädikat** (*gezegde*). Diese grundlegende Einteilung haben wir schon vorher kennengelernt: Das Subjekt ist dasjenige, worüber etwas ausgesagt wird, das Prädikat ist dasjenige, was über das Subjekt ausgesagt wird.[5]

Im Niederländischen wie im Deutschen ist die Anordnung der einzelnen Satzglieder im Satz relativ frei. In beiden Sprachen werden Sätze traditionell mithilfe des **topologischen Modells** (*topologisch model*) beschrieben, einem abstrakten Schema, worin Sätze in verschiedene Positionen aufgeteilt werden. Die unterschiedlichen Satztypen und Satzmuster können anhand der Besetzung dieser Positionen beschrieben werden. Welches Satzglied dabei auf welcher Position steht, ist abhängig von dem jeweiligen Satzmuster, der **Konstruktion** (*constructie*). Konstruktionen sind vergleichbar mit abstrakten Schablonen, die ausgefüllt werden müssen, um einen grammatischen Satz formulieren zu können.

Ausgehend von einer einfachen deklarativen Hauptsatzkonstruktion wird der Satz im topologischen Modell in die folgenden Felder unterteilt: Vorfeld, Mittelfeld

---

[4]   Beispielsatz aus der E-ANS, „Overloopconstructies".
[5]   Der Begriff Prädikat wird auf zweierlei Arten benutzt: im weiteren Sinne und im engeren. Die ältere Verwendung, in der das Prädikat alles beinhaltet, was nicht Subjekt ist, wird in der traditionellen Satzgliedanalyse abgelöst von der Verwendung, in der sich der Begriff Prädikat lediglich auf den verbalen oder prädikatsnominalen Kern bezieht.

und Nachfeld. Die einzelnen Felder werden voneinander getrennt durch die linke und die rechte Satzklammer, bestehend aus dem finiten Verb (links) und allen dazugehörenden verbalen Elementen wie Partizipien und Verbpartikeln. Da die Verben die Elemente im Mittelfeld umschließen, sprechen wir auch von einer **Satzklammer**. In der niederländischen Terminologie wird eine andere Metapher benutzt, nämlich die *tangconstructie* (Zangenkonstruktion). Im Gegensatz zu den anderen Satzteilen stehen die Voll- und Hilfsverben beinahe immer an einer festen Position, daher eignen sie sich besonders gut, um Sätze zu strukturieren.

Vorfeld	**linke Satzklammer**	**Mittelfeld**	**rechte Satzklammer**	**Nachfeld**
eerste zinsplaats	*eerste pool*	*middenstuk*	*tweede pool*	*laatste zinsplaats*
ik	heb	gisteren nog	gevraagd	of je komt

Tab. 5.2: Topologisches Satzmodell

In unmarkierten Aussagesätzen steht das Subjekt im **Vorfeld** (*op de eerste zinsplaats*), also an der Stelle vor dem finiten Verb. Genauso wie im Deutschen können allerdings auch andere Satzglieder das Vorfeld besetzen, z.B. Objekte (*aan oma heb ik gisteren nog moeten denken*) und Adverbiale (*gisteren heb ik nog aan oma moeten denken*). Solange nicht mehr als eine Konstituente im Vorfeld steht, ist der Satz grammatisch. Steht in einer Konstruktion ein Satzglied satzinitial, welches nicht das Subjekt ist, sprechen wir von **Topikalisierung** (*topicalisatie*). Topikalisierten Konstituenten wird ein besonderer Nachdruck verliehen, sie werden besonders hervorgehoben. Häufig stehen sie im direkten Kontrast mit anderen Elementen (*oma heb ik gisteren gezien, niet opa*), oder sie bilden die Antwort auf eine Frage (*Wie heb je gisteren gezien? – Oma heb ik gisteren gezien.*). Während das Deutsche beinahe jede Konstituente vor dem finiten Verb zulässt, solange das Vorfeld nur besetzt ist, zeigt sich das Niederländische etwas restriktiver. So sind etwa unbestimmte (*onbepaalde*) NPs, also die, die nicht mit einem bestimmten Artikel oder Zahlwort spezifiziert werden, im Vorfeld nur dann vertreten, wenn sie eine generische Lesart haben (also auf eine ganze Klasse bezogen sind, z.B. *der Mensch*):

25)   *Een boterham is kwijtgeraakt.
26)   *Iemand heeft een paraplu laten liggen.
27)   *Enkele kinderen zijn in de tuin.

All diese Beispiele sind nicht wohlgeformt (zumindest standardsprachlich, in einigen Genres und Varietäten sind sie nämlich sehr wohl akzeptiert). Unbestimmte NPs sind also im Vorfeld unerwünscht. Was aber, wenn der Sprecher doch etwas über einen unbestimmten Referenten aussagen möchte? Dann wird die NP ins Mittelfeld geschoben. Da im Niederländischen wie im Deutschen aber das Vorfeld in deklarativen Hauptsätzen (Aussagesätzen) immer besetzt sein muss, übernimmt das semantisch leere präsentative (*presentatief*) *er* die Rolle des Vorfeldbesetzers und schon ist der Satz wieder grammatisch:

28)   Er is een boterham kwijtgeraakt.

29)   Er heeft iemand een paraplu laten liggen.

30)   Er zijn enkele kinderen in de tuin.

Im **Mittelfeld** (*middenstuk*) finden wir die Argumente und Adjunkte, die zwar durchaus bevorzugte Stellungen haben (z.B. indirekte vor direkten Objekten), grundsätzlich aber relativ frei angeordnet werden können. So sind zum Beispiel sowohl *Ik heb aan oma een ei gegeven* als auch *Ik heb een ei aan oma gegeven* grammatisch, wenngleich die zweite Anordnung häufiger auftritt als die erste. Im **Nachfeld** (*laatste zinsplaats*) stehen bevorzugt abhängige Nebensätze (*ik had toch gezegd **dat ik niet kom***) sowie Präpositionalobjekte (*moeder Theresa heeft zich altijd ontfermd **over de armen***) und Adverbiale (*wij hebben veel gezwommen **in Spanje***) (vgl. 5.3.5 und 5.3.6).

5.3   Satzglieder

Die grammatische Zerlegung von Sätzen in ihre Einzelteile, die **Satzgliedanalyse** (*zinsontleding/redekundig ontleden*) kennt jeder aus der Schule. Man bekommt einen Satz und soll diesen in seine Satzglieder zerlegen und diese benennen. Genau das wollen wir nun auch für niederländische Sätze machen. Zu diesem Zwecke reichen allerdings die Konstituenten nicht aus, wir müssen ihre Funktion im Satz kennen. Deshalb führen wir zunächst die relevanten **Satzglieder** (*zinsdelen*) ein.

5.3.1 Subjekt

Subjekte können verschiedene äußere Formen annehmen, z.B. einfache oder komplexe NPs, und manchmal ist das Subjekt sogar ein ganzer Satz. Wie auch im Deutschen kann das Subjekt erfragt werden mit den Fragewörtern Wer? oder Was? (*wie* oder *wat*): *Wie is moe? – **Jonathans moeder**. Wat klopt uiteraard? – **Dat je gisteren niet lief bent geweest.*** Die fett gedruckten Satzteile sind jeweils die Subjekte der Sätze *Jonathans moeder is moe* und *Dat je niet lief bent geweest, klopt uiteraard*.

Im Gegensatz zum Deutschen kann das niederländische Subjekt allerdings nicht am **Kasus** (*naamval*) erkannt werden. Subjekte stehen grundsätzlich im Nominativ. Das Niederländische hat allerdings seine Kasusmarkierung weitestgehend verloren, wodurch nur noch bei den Personalpronomen eine Unterscheidung zwischen Nominativ und Dativ/Akkusativ gemacht wird (*ik* versus *mij*, *jij* versus *jou* etc.; vgl. Kap. 4). Subjekte stehen immer in **Kongruenz** (*congruentie*) mit dem **finiten Verb** (*persoonsvorm*): Steht das Verb im Singular, steht auch das Subjekt im Singular. Steht das Verb im Plural, gilt das auch für das Subjekt. *De man aait de honden* ist somit grammatisch, *de man aaien de honden* nicht, es sei denn, die Hunde sind diejenigen, die streicheln, und nicht der Mann.

5.3.2 Prädikat

Das Prädikat ist der zentrale Kern des Satzes und umfasst alle seine verbalen Teile, die in der linken und rechten Satzklammer vorkommen. Das lexikalische Verb steuert den Satzbauplan bei, in dem bestimmt wird, welche weiteren Elemente noch fehlen, um einen grammatischen Satz zu erhalten. Diese Fähigkeit nennt man (nach dem Vorbild der Chemie) **Valenz** (*valentie*). Satzglieder werden entweder vom Verb verlangt, dann nennen wir sie **Argumente** (*argumenten*), oder sie werden frei hinzugefügt, dann nennen wir sie **Adjunkte** (*adjuncten*). Das Verb *slapen* z.B. verlangt lediglich noch ein Subjekt, dann ist der Satz schon vollständig. Verben, deren Valenz nur ein einziges Argument, nämlich das Subjekt, erfordert, sind **intransitiv** oder **einstellig** (*onovergankelijk/intransitief* oder *eenplaatsig*). Das Verb *maken* verlangt nach einem Subjekt und einem Objekt, so wie in *Jan maakt zijn huiswerk*. Verben, die Subjekt und Objekt erfordern, nennt man **transitiv** oder **zweistellig** (*overgankelijk/transitief* oder *tweeplaatsig*). Eine Reihe von Verben verlangt drei Argumente, ein Subjekt und zwei Objekte, wie z.B. das Verb *geven* in *ik geef oma een cadeau*. Diese Verben sind **ditransitiv** (*ditransitief*). Nicht alle Argumente eines Verbs müssen grundsätzlich realisiert sein. So kann das transitive Verb *drinken* (*Jan drinkt koffie*) auch intransitiv auftreten (*Jan drinkt*). In der Regel ist eine solche **Valenzreduktion** (*valentiereductie*) allerdings mit einer Bedeutungsverschiebung verbunden.

Von den **verbalen Prädikaten** (*werkwoordelijk gezegde*) unterscheiden wir die **nominalen Prädikate** (*naamwoordelijk gezegde*). Letztere bestehen aus zwei Teilen: einer **Kopula** (*koppelwerkwoord*) und einem **Prädikatsnomen** (*naamwoordelijk deel van het gezegde*). Kopulas sind Hilfsverben, die das Subjekt an eine Zustandsbeschreibung im Prädikatsnomen koppeln, wie z.B. *zijn*, *worden* und *lijken* Im Gegensatz zu einer Handlung, die in der Regel vom verbalen Prädikat ausgedrückt wird (*Jan* slaat *de leraar*), schreibt die Kopula dem Subjekt eine Eigenschaft zu (*Jan is de leraar*). Nominale Prädikate können unterschiedliche Formen annehmen:

31)   Jan *is* **timmerman**.
32)   Els *wordt* **moe**.
33)   Hij *lijkt* **vrolijk**.
34)   Het feest *is* **gaande**.
35)   De snoepjes *zijn* **op**.
36)   De service *is* **over de top**.
37)   Films *zijn* niet meer **wat ze geweest zijn**.

An diesen Beispielen sehen wir, dass die Form des Prädikatsnomens unterschiedlich ausfällt, vor allem ist sie nicht ausschließlich substantivischer Natur, wie man dem

Namen nach schließen könnte. In Beispiel 31 ist das Prädikatsnomen eine NP, in 32 und 33 eine AdjP, in 34 besteht es aus einem **Partizip Präsens** (*tegenwoordig deelwoord*), in 35 aus einer AdvP, in 36 aus einer PP, und in 37 ist das Prädikatsnomen ein abhängiger Nebensatz. Wenngleich verbale und nominale Prädikate auf den ersten Blick sehr unterschiedlich wirken, haben sie doch die Eigenschaft gemeinsam, dass sie beide das ausdrücken, was über das Subjekt ausgesagt wird.

5.3.3   Direktes Objekt

Das Satzglied, welches am häufigsten neben Subjekt und Prädikat vorkommt, ist das **direkte Objekt** (*direct object/lijdend voorwerp*). Im Deutschen bezeichnet man diese Kategorie auch mit dem Begriff **Akkusativobjekt**, doch da das Niederländische mit wenigen Ausnahmen im Pronominalsystem keine Kasus mehr markiert, ist diese Benennung dort obsolet.

Ob im Satz ein direktes Objekt vorkommt oder nicht, hängt von der Valenz des Verbs ab. Transitive Verben drücken eine Relation zwischen dem Subjekt und dem direkten Objekt aus:

38)   Opa bouwt **een huis**.
39)   Oma bakt **een taart**.
40)   Papa kookt **een eitje**.
41)   De man aait **de hond**.
42)   De politieagent helpt **de vrouw**.

So kann das direkte Objekt das Resultat der Handlung des Subjekts sein (Bsp. 38 und 39), oder es kann betroffen sein von der Handlung, die im lexikalischen Verb ausgedrückt wird (Bsp. 40 bis 42).

Während das Deutsche durch seine Kasusmarkierung noch zwischen Akkusativ-, Dativ- und Genitivobjekten als Argument von zweistelligen Verben unterscheiden kann (z.B. *jemandem helfen, jemandes gedenken*), wird in der niederländischen Tradition syntaktisch nicht weiter zwischen verschiedenen direkten Objekten unterschieden. Wann immer ein einzelnes Objekt im Satz auftritt, ist es das direkte Objekt.

5.3.4   Indirektes Objekt

Dreistellige Verben selegieren drei Argumente: das Subjekt, das direkte Objekt und das **indirekte Objekt** (*indirect object/meewerkend voorwerp*). Gewöhnlich nimmt der Rezipient eines ditransitiven Verbs im aktiven Satz die Form des indirekten Objekts an:

43)   Opa koopt **oma** een auto.
44)   Hans geeft **Inge** een tas.

Indirekte Objekte können im Niederländischen grundsätzlich auch mit einer Präposition, nämlich *aan* oder *voor*, realisiert werden. Wann immer wir eine dieser Präpositionen hinzufügen können, handelt es sich um ein indirektes Objekt.

45)   Opa koopt een auto **voor oma**.

46)   Hans geeft een tas **aan Inge**.

Erfragt werden indirekte Objekte mit *aan wie* oder *voor wie*.

47)   Voor wie koopt opa een auto? – Voor oma.

48)   Aan wie geeft Hans een tas? – Aan Inge.

Exkurs: Thematische Rollen

Im Prinzip ist die Differenzierung verschiedener Objekte in Sprachen, die keinen Kasus markieren, sehr schwierig. Mögliche Parameter der Analyse sind einerseits die Stellung im Satz und andererseits die semantische Funktion des Arguments innerhalb einer bestimmten Konstruktion. Während man zum Beispiel im Deutschen die beiden Sätze *Der Mann gibt der Frau ein Plätzchen* und *Der Frau gibt der Mann ein Plätzchen* beide zweifelsfrei so versteht, dass die Frau am Ende im Besitz eines Plätzchens ist, ist das im Niederländischen anders: Bei dem Satz *de man geeft de vrouw een ei* ist die Frau am Ende im Besitz des Eis, bei dem Satz *de vrouw geeft de man een ei* ist es der Mann. Aufgrund der fehlenden Kasusmarkierung ist es nicht ersichtlich, wer der Handelnde ist und wer der Empfänger, daher spielt die Position im Satz eine wichtigere Rolle als im Deutschen. Wenn nicht aus dem Kontext oder einer starken Satzintonation deutlich hervorgeht, wer wem ein Ei gibt, steht in niederländischen ditransitiven Sätzen satzinitial (vor dem finiten Verb, an erster Stelle) das **Agens** (*agens*), also dasjenige Argument im Satz, welches die Handlung ausführt. An zweiter Stelle steht der **Rezipient** (*recipiënt*), der Empfänger, und als letztes Argument kommt das **Thema** (*thema*). In dem Satz *de oma slaat de dief met de tas* ist *de oma* wieder das Agens, *de dief* ist Thema (belebte Themen werden manchmal auch **Patiens** (*patiens*) genannt), und *met de tas* ist das **Instrument** (*instrument*), aber nur in der Lesart, in der die Oma mit der Tasche zuhaut. Trägt hingegen der Dieb die Tasche, ist *de dief met de tas* als Ganzes das Thema.

Diese Kategorien nennt man auch **thematische Rollen** (*thematische rollen*). Thematische Rollen sind keine syntaktischen Kategorien, vielmehr beschreiben sie die semantische Funktion eines Arguments im Satz. Anders als syntaktische Kategorien bleiben sie über verschiedene Satzkonstruktionen hinweg stabil. So ändert sich zum Beispiel in Passivsätzen die Zuordnung der Kategorien Subjekt und Objekt. In *oma wordt een koekje gegeven* ist *oma* nicht mehr das indirekte Objekt, sondern das Subjekt, im Gegensatz zum Deutschen übrigens, wo das direkte Objekt des Aktivsatzes das Subjekt des Passivsatzes ist, also *ein Plätzchen wird Oma gegeben*. Die thematischen Rollen bleiben allerdings immer gleich: *Opa* ist immer das Agens, *Oma* ist immer der Rezipient, und *Plätzchen* ist immer das Thema. Wie die Argumente im

Satz semantisch beschaffen sein müssen, bestimmt das lexikalische Verb. Dass der Satz *de wakkere stoel slaapt blauw* nicht interpretiert werden kann, liegt zum Beispiel daran, dass das Verb *slapen* als Subjekt ein Lebewesen verlangt, da nur Lebewesen auch schlafen können.

5.3.5 Präpositionalobjekt

Eine Reihe von Verben selegiert immer ein Argument, das von einer speziellen Präposition eingeleitet wird. Diese Argumente nennen wir **Präpositionalobjekt** (*voorzetselvoorwerp*). Die Präpositionen haben eine enge Verbindung mit dem Verb, sind nicht durch andere austauschbar und in der Regel semantisch verblichen.

49)   Jan *denkt **aan** opa*.
50)   Kees *wacht **op** de trein*.
51)   Veel ouders *staan **op** goede manieren*.

An Beispiel 51 können wir gut den Unterschied zwischen Präpositionalobjekten und adverbialen Bestimmungen (siehe 5.3.6) sehen. Eltern (be)stehen natürlich nicht *auf* guten Manieren, die Präposition kann also nicht wörtlich (nämlich ortsanweisend) interpretiert werden. Anders ist es bei einer adverbialen Bestimmung:

52)   Het boek ligt **op de trap**.

Hier ist die Präposition *op* semantisch nicht verblichen, sondern deutet den Ort an, an dem sich das Buch befindet.

5.3.6 Adjunkte

Adjunkte (*adjuncten/bepalingen*) sind in der Regel, anders als die Argumente, im Satz weglassbar. Sie drücken eine spezifischere Eigenschaft ihres Referenten aus. **Adverbiale** (*bijwoordelijke bepalingen*) spezifizieren die Handlung, die mit dem Verb ausgedrückt wird, näher. In dem Satz *oma bakte gisteren een taart* nimmt das Adverbial *gisteren* Bezug auf *bakte*, in dem Satz *Jonathan ruimt graag zijn kamer op* bezieht sich *graag* auf die Handlung des Aufräumens. Adverbiale können erfragt werden mit den Fragewörtern wie *waar, wanneer, waarmee, hoe* und *hoeveel*.

    Attribute (*bijvoegelijke bepalingen*) beziehen sich nicht auf das Verb, sondern auf einen meist nominalen **Antezedenten** (*antecedent*). So sind sie auch kein eigenständiges Satzglied, sondern Teil eines Satzgliedes. In der Regel sind Attribute AdjPs, die Töchter innerhalb einer NP sind. In dem Satz *De rare man met de dikke bril kijkt televisie* sind die AdjPs *rare* und *dikke* Attribute der Substantive *man* und *bril*. Weglassbare Adjunkte, die nach dem Kopf einer NP stehen, nennen wir **Komplemente** (*complementen*). Ein Beispiel für ein Komplement ist *met de dikke bril*.

    Eine besondere Form der Adjunkte steht semantisch genau zwischen Adverbial und Attribut, da sowohl die im Prädikat ausgedrückte Handlung als auch ein nominaler Referent gleichzeitig spezifiziert werden. Diese Satzglieder nennt man **prädikative Attribute** (*bepalingen van gesteldheid*). Sehen wir uns die folgenden Sätze an:

53) **Hongerig** kwam Thies langs.
54) Gisteren kwam Thies langs.
55) **Lachend** keek hij me aan.
56) Soms keek hij me aan.
57) **Slapend** hebben ze de kat vervoerd.
58) Stiekem hebben ze de kat vervoerd.

Die unterstrichenen Satzglieder sind prädikative Attribute, *gisteren, soms* und *stiekem* sind gewöhnliche Adverbiale. *Hongerig, lachend* und *slapend* charakterisieren nicht allein die Handlung, die im Prädikat ausgedrückt wird, sondern sie beschreiben zusätzlich noch die Eigenschaft eines nominalen Antezedenten: In den Beispielen 53 und 55 ist das jeweils das Subjekt des Satzes, nämlich *Thies* und *hij*, in 57 ist es das direkte Objekt, nämlich *de kat*.

5.4 Satzarten

Mit der Hilfe des topologischen Modells können wir abschließend noch die verschiedenen niederländischen **Satztypen** (*zinstypes*) syntaktisch klassifizieren. Die ANS bedient sich dabei der Position des **finiten Verbs** (*persoonsvorm/pv*) als Kriterium und klassifiziert Sätze in solche mit *voor-pv* (finites Verb vorne im Satz) und solche mit *achter-pv* (finites Verb hinten im Satz). Die Klasse der Sätze mit *voor-pv* kann wiederum unterteilt werden in Sätze mit finitem Verb an erster Stelle und Sätze mit finitem Verb an zweiter Satzgliedstelle. In der ersten Gruppe finden wir die **unabhängigen Hauptsätze** (*zelfstandige hoofdzinnen*). Dazu gehören die **Fragesätze** (*vraagzinnen*) (Bsp. 59) und die **Imperative** (*gebiedende wijs*) (Bsp. 60). Das finite Verb steht an zweiter Stelle in **deklarativen Sätzen** (*mededelende zinnen*) (Bsp. 61). Sätze mit *achter-pv* sind in der Regel **abhängige Nebensätze** (*afhankelijke bijzinnen*), die nicht allein stehen können. Dabei unterscheiden wir wieder zwei verschiedene Typen, nämlich Nebensätze, die innerhalb des Satzes als Satzteil fungieren (Bsp. 62), und Nebensätze, die als Teil eines Satzteiles oder einer Konstituente auftreten (Bsp. 63). In der linken Satzklammer steht bei Sätzen mit *achter-pv* nicht das finite Verb, sondern das Bindewort (*bindterm*), das Haupt- und Nebensatz miteinander verbindet:

59) **Loop** jij even mee?
60) **Denk** niet de hele tijd aan auto's!
61) Dat **zei** ik toch gisteren al.
62) (Ik zei toch gisteren al) dat je eerst nog even **moet opruimen**.
63) (De man) die ik gisteren **belde** (was niet bijzonder vriendelijk).

Wir unterscheiden Satzarten also auf zwei verschiedenen Ebenen: *voor-pv* versus *achter-pv* sowie Hauptsätze versus Nebensätze. Im topologischen Schema sehen die verschiedenen Satztypen des Niederländischen wie folgt aus:

	Vorfeld	linke Satz-klammer	Mittelfeld	rechte Satz-klammer	Nachfeld
1a	Ik	heb	gisteren nog	gevraagd	of je komt.
1b		Heb	je dit	gelezen	eigenlijk?
2		dat	ik nog even	ga stofzuigen	als ik thuiskom.

Tab. 5.3: Topologisches Satzmodell 2

In Anlehnung an die ANS nennen wir die drei möglichen Satzmuster 1a (*voor-pv* mit besetztem Vorfeld), 1b (*voor-pv* ohne besetztes Vorfeld) und 2 (*achter-pv*). Doch wofür benötigen wir eigentlich zwei verschiedene Beschreibungsebenen? In Schulgrammatiken kommt man doch auch mit der Unterscheidung von Haupt- und Nebensätzen aus. Der Grund liegt darin, dass die Kategorien Haupt- und Nebensatz eben nicht 1:1 auf bestimmte Satzmuster übertragen werden können. Die große Mehrheit der Hauptsätze fällt zwar unter das Satzmuster 1a, doch wie ist es mit solchen exklamativen Sätzen wie z.B. *Dat je dat allemaal voor me doet!* Dieser Satz kann zwar alleine stehen, fällt aber unter das Satzmuster 2. In der direkten Rede treffen wir hingegen Fälle an, in denen ein Satz des Typs 1 ein abhängiger Nebensatz ist, wie in dem Satz *Hij riep: "**Stel je niet zo aan!**"*, wo der Imperativ das direkte Objekt des übergeordneten Satzes ist.

In der **Typologie** (*typologie*) werden die Sprachen der Welt (unter anderem) hinsichtlich ihres Satzbaus klassifiziert. Dabei wird die relative Reihenfolge von Subjekt, Verb und Objekt (S, V und O) im deklarativen Hauptsatz der einzelnen Sprachen miteinander verglichen. Englisch und Französisch zum Beispiel sind SVO-Sprachen. Japanisch ist eine SOV-Sprache, das finite Verb steht immer am Satzende. Deutsch und Niederländisch sind nicht so einfach zu klassifizieren: Beide Sprachen haben SVO im Hauptsatz, und SOV in Nebensätzen. Darüber, wie das zu analysieren sei, kann diskutiert werden. So argumentiert z.B. Koster (1981), dass Niederländisch und Deutsch SOV als Basisreihenfolge haben, von der die Hauptsatzfolge SVO abgeleitet ist. Daher spricht man auch von 'unterliegend SOV' (*onderliggend SOV*). In moderneren Arbeiten wird das Problem häufig so gelöst, dass man den Zwang, sich auf eine Variante beschränken zu müssen, einfach fallenlässt. Im *World Atlas of Language Structures* (WALS) z.B., werden Niederländisch und Deutsch geführt als Sprachen ohne dominante Reihenfolge, die SVO im Hauptsatz und SOV im Nebensatz aufweisen.

Die Struktur von natürlichen Sätzen ist häufig komplex, und entsprechend vielschichtig ist auch deren Beschreibung. Wir haben in diesem Kapitel Konstituenten, Satzglieder und Satzmodelle kennengelernt, drei Beschreibungsniveaus, die nahtlos ineinandergreifen und deren Zusammenspiel es uns ermöglicht, die verschiedenen Formen und Funktionen von Sätzen zu analysieren.

5.5   Zusammenfassung

In diesem Kapitel haben wir uns mit der internen Struktur von Sätzen beschäftigt. Sätze setzen sich zusammen aus **Konstituenten**, die jeweils benannt sind nach ihrem zentralen Element, dem **Kopf.** Dieser vererbt der Konstituente seine syntaktischen und semantischen Merkmale. Konstituenten haben eine interne Ordnung, die je nach Typ unterschiedlich strikt ist. Ob es sich bei einem Komplex um eine Konstituente handelt oder nicht, können wir anhand verschiedener Tests herausfinden. Dazu gehören die **Ersetzungsprobe**, der **Pronominalisierungstest**, die **Verschiebeprobe** und der **Fragetest**. Konstituenten können **rekursiv** sein, eine Kategorie X kann also wiederum Kategorie X beinhalten. Rekursion ist verantwortlich für die **potentielle Infinitheit** menschlicher Sprache.

In einigen Fällen kann eine einzelne Konstituente verschiedene syntaktische Abhängigkeiten aufweisen. In solchen Fällen ist die Struktur **ambig**. In den Fällen, die wir gesehen haben, besteht die Ambiguität darin, dass einzelne Konstituenten entweder als eingebetteter Teil einer anderen Konstituente verstanden werden können, oder als dieser nebengeordnet. Ein möglicher Ort für syntaktische Ambiguität sind **koordinierte Strukturen**, in denen zwei Elemente der gleichen Kategorie einander mit Hilfe einer Konjunktion nebengeordnet werden. Wird ein Element einem anderen mit einer Konjunktion untergeordnet, sprechen wir von **Subordination**.

Neben der phrasalen Struktur ist die funktionale Struktur von entscheidender Bedeutung für die Interpretation eines Satzes. Wir haben die traditionellen Satzglieder **Subjekt**, **Prädikat**, **direktes Objekt**, **indirektes Objekt**, **Präpositionalobjekt** und **Adjunkt** kennengelernt.

Zum Schluss haben wir die verschiedenen niederländischen **Satztypen** mithilfe des **topologischen Modells** klassifiziert. Dabei haben wir zwei verschiedene Analyseniveaus unterschieden: erstens die Einteilung nach dem Ort des finiten Verbs und zweitens die Einteilung in Haupt- und Nebensatz. Nur in Kombination können diese beiden Beschreibungsebenen die verschiedenen niederländischen Satztypen vollständig klassifizieren.

Aufgaben

1. Lesen Sie die folgenden Sätze. Handelt es sich bei den fett gedruckten Komplexen um eine Konstituente? Beweisen bzw. widerlegen Sie mithilfe von jeweils 2 Konstituententests.

   1. **Dat je gisteren niet gekomen bent** vond ik helemaal niet leuk.
   2. De politieagent kwam **de trap op**.
   3. Ik heb **gisteren vis** gegeten.

2. Sind die folgenden Sätze ambig? Wenn ja, warum?

   1. De man legt het boek op tafel.
   2. Oude kaas en ijsjes zijn mijn lievelingseten.

3. AdjPs können als eigenständige Satzglieder entweder adverbial (*mijn zus zingt heel mooi*) oder prädikativ (*mijn zus is heel mooi*) verwendet werden. Worin besteht der Unterschied zwischen den beiden Gebrauchsweisen?

4. Im Text ist die Rede von unabhängigen Hauptsätzen und abhängigen Nebensätzen. Es gibt aber auch abhängige Sätze mit *voor-pv* und unabhängige Sätze mit *achter-pv*. Welche sind das?

📖 Literatur zum Weiterlesen

Eine tiefergehende Einführung in die niederländische Syntax mit einer zusätzlichen Übungs-CD bietet Bennis (2000) *Syntaxis van het Nederlands*. Eine deskriptive Grammatik des Niederländischen, die neben den generellen Strukturen auch einzelne Phänomene beschreibt, ist die *Algemene Nederlandse Spraakkunst* (ANS) (1997). Nicht minder interessant, allerdings aufgrund eines ausgeprägten Abkürzungssystems anfangs recht schwer zugänglich, ist die etwas ältere Grammatik *Beknopte ABN syntaksis* von Paardekooper (1963).

6. Laute und ihre Systeme

Ingeborg Harmes

Wenn wir eine unbekannte Sprache hören, nehmen wir eine Klangreihe wahr, die sich wie Kauderwelsch anhört. Mit dem niederländischen Satz *kooputook* kann z.B. ein Spanischsprechender wenig anfangen, denn die einzelnen Wörter und Laute kann man erst unterscheiden, wenn man die Sprache einigermaßen kennt. Dann ist es möglich, die vier Wörter *ik hoop het ook* zu erkennen und den Sinn der Mitteilung zu verstehen.

Abb. 6.1: *kooputook?*

Die Artikulation des spontan gesprochenen Niederländischen ist generell etwas lässig, wie beispielsweise *kweenie* (*ik weet het niet*) und *tuulik* (*natuurlijk*) zeigen. Niederländisch hört sich ohnehin für viele Sprecher des Deutschen etwas 'merkwürdig' an. Denn im Vergleich zum Deutschen werden nicht nur die Wörter 'lässiger' ausgesprochen, bestimmte niederländische Laute sind auch deutlich häufiger vertreten, weshalb das Niederländische auch gelegentlich als 'Halskrankheit' oder 'kratzig' beschrieben wird. So auch in *Der Koch* (2010) von Martin Suter: "Und während Van Genderen in seinem gurgelnden Holländerdeutsch auf ihn einsprach… ". Jeder kann sich vorstellen, was mit der Beschreibung 'gurgelnd' gemeint ist, aber die Beschreibung ist natürlich nicht sehr genau. Von einer wissenschaftlichen Beschreibung werden allerdings Genauigkeit und Eindeutigkeit erwartet.

> Die **Phonetik** (*fonetiek*) ist die Wissenschaft, die sich mit der präzisen Beschreibung der menschlichen Sprachlaute befasst. Ein **Sprachlaut** oder **Phon** (*spraakklank* oder *foon*) ist eine konkrete und messbare Einheit.

Das Gebiet der Phonetik ist breit und lässt sich in drei Bereiche unterteilen:

- Die **artikulatorische Phonetik** (*articulatorische fonetiek*) beschäftigt sich mit den physiologischen Eigenschaften bei der Lautproduktion.

- Die **akustische Phonetik** (*akoestische fonetiek*) beschäftigt sich mit Lauten als physikalischem Phänomen und untersucht die Eigenschaften der Schallwellen.

- Die **auditive Phonetik** (*auditorische* oder *perceptieve fonetiek*) beschäftigt sich mit der Perzeption der Laute beim Hören und untersucht, wie der Hörer Laute wahrnimmt.

Dieses Kapitel befasst sich mit der artikulatorischen Phonetik der niederländischen Laute und der systematischen Beschreibung des niederländischen Lautinventars.

6.1   Das phonetische Alphabet

Obwohl Sprache oft mit lesen und schreiben, also mit ihrer schriftlichen Form, in Verbindung gebracht wird, ist die Schreibung kein wesentlicher Bestandteil der Sprache. Kinder sprechen und beherrschen Sprache, lange bevor sie die Sprache schreiben oder lesen können, und viele Sprachen haben gar keine schriftliche Tradition. Man kann es mit Musik vergleichen: Es ist gar nicht notwendig, Noten lesen zu können, um Musik zu machen oder ein Lied zu singen. Hinzu kommt, dass die schriftliche Form in der Regel nicht eins zu eins mit den Sprachlauten korrespondiert. Wenn wir die Wörter *hemelbed* oder *verleden* lesen, sehen wir jeweils dreimal den Buchstaben *e*, wenn aber die niederländischen Wörter für Himmelbett und Vergangenheit ausgesprochen werden, hören wir sofort, dass die drei *e* jeweils unterschiedlich klingen. Ähnliches die passiert bei den Wörtern *ijs*, *bijzonder* und *heerlijk*: dreimal sehen wir Buchstabenkombination *ij*, die sich jedoch in allen drei Wörtern anders anhört. Auch auf Satzebene sprechen wir normalerweise nicht so, wie wir schreiben, wie das Beispiel in Abbildung 6.1 zeigt. Die konventionelle **Rechtschreibung** oder **Orthografie** (*spelling/ortografie*) ist daher nicht geeignet, um sprachliche Laute naturgetreu abzubilden. Wir brauchen demzufolge eine Notation, die in der Lage ist, diese Anforderungen zu erfüllen.

Das Internationale Phonetische Alphabet (IPA) wurde speziell entwickelt, um Laute zu notieren und die Laute aller Sprachen eindeutig zu repräsentieren. Das IPA ist eine offene Liste, der theoretisch immer neue Laute hinzugefügt werden können. Die Wahrscheinlichkeit, dass das Deutsche oder Niederländische einen neuen Laut entwickelt, der nicht auf Kontakt mit einer anderen Sprache zurückgeführt werden kann, ist allerdings extrem gering. Der Großteil der Sprachen der Welt ist bis heute noch gar nicht dokumentiert. Ohne Zweifel gibt es noch Möglichkeiten der Lautproduktion, die bislang im IPA noch nicht abgedeckt sind. Daher ist es sinnvoll, die Liste für Erweiterungen offen zu lassen.

Phonetische Zeichen werden konventionell zwischen eckigen Klammern geschrieben, so wird der erste Laut im Wort *been* als [b] notiert. Dem gegenüber werden orthografische Zeichen oder **Grapheme** (*grafemen*) zwischen spitzen Klammern notiert, z.B. der zweite Laut im Wort *been*, das sogenannte 'lange e', ist hier als <ee> notiert. Wie die Rechtschreibung unterliegt auch der Gebrauch phonetischer Zeichen Konventionen, weshalb Unterschiede immer wieder vorkommen können. Tabelle 6.1 zeigt die phonetischen Symbole der wichtigsten niederländischen Laute:

Konsonanten								Vokale			
p	*p*ijn	**t**	*t*as	**ʧ**	*ch*illen	**ɋ**	*g*oal	**i**	T*ie*n	**u**	p*oe*l
b	*b*een	**d**	*d*as	**ʤ**	*j*ungle	**k**	*k*ool	**ɪ**	T*i*n	**ɔ**	p*o*l
f	*f*ijn	**s**	*s*ap	**ʃ**	*sj*aal	**ɣ**	*g*eel	**e**	T*ee*n	**o**	p*oo*l
v	o*v*er	**z**	*z*ijn	**ʒ**	*g*enre	**χ**	na*ch*t	**ɛi**	P*ij*n	**ɑu**	P*au*l
ʋ	*w*ijn	**r**	*r*iet	**j**	*j*as	**ʀ**	*r*iet	**ɛ**	P*e*n	**ɑ**	p*a*l
w	ru*w*	**l**	*l*ier	**ɲ**	ora*nj*e	**h**	*h*uis	**y**	b*uu*rt	**a**	p*aa*l
m	*m*ijn	**n**	*n*ier			**ŋ**	ri*ng*	**ʏ**	p*u*t		
								ø	T*eu*n		
								œy	T*ui*n		

Tab. 6.1: Die Laute des Niederländischen in der IPA-Notation[1]

Das Notieren von Sprache in IPA nennt man **transkribieren** (*transcriberen*) (wörtl. 'umschreiben'). Ziel einer Transkription ist, die Aussprache so genau wie möglich wiederzugeben. Außer für die Wissenschaft ist die Transkription auch für den Fremdsprachenunterricht sowie für Wörterbücher von großem Nutzen. Denn man kann mit einer Transkription eindeutig angeben, dass *magisch* als [maɣis] ausgesprochen werden soll.

6.2 Laute beschreiben

> Je lippen liggen op elkaar en dan laat een bobbel adem ze openbarsten.
>
> Joke van Leeuwen, *Waarom een buitenboordmotor eenzaam is*

Um angemessen über **Laute** (*klanken*) sprechen zu können, ist es notwendig, die Laute, die man beim Sprechen produziert, eindeutig und präzise zu beschreiben. Zunächst unterscheiden wir zwei Kategorien von Lauten: **Vokale** (*vocalen/klinkers*) und **Konsonanten** (*consonanten/medeklinkers*). Die beiden Kategorien unterscheiden sich in der Art der Produktion: Vokale sind Laute, bei denen der Luftstrom sich frei durch den Mund-Rachenraum hinaus bewegen kann, bei den Konsonanten

---

[1]   Die beiden standardsprachlichen Varianten [r] und [ʀ] stehen für das Zungenspitzen-*r* bzw. das Zäpfchen-*r*. Die Laute [ʧ], [ʤ], [ʒ] und [ɋ] kommen nur in Lehnwörtern vor.

dagegen wird der Luftstrom ganz oder teilweise durch einen Verschluss oder eine Verengung im Mund-Rachenraum 'gestört'. Deutlich zeigt sich das z.B. daran, dass man alle Vokale singen kann, der Versuch, ein [p], [t] oder [k] zu singen, muss zwangsläufig scheitern. Konsonanten und Vokale werden anhand unterschiedlicher Kriterien beschrieben. Wir fangen mit der Beschreibung der Konsonanten an.

6.2.1 Konsonanten

Wenn wir einen Konsonanten eindeutig beschreiben wollen, benutzen wir drei verschiedene Parameter:

- **Artikulationsort** (*plaats van articulatie*): An welcher Stelle im Mund-Rachenraum werden Laute produziert?
- **Artikulationsart** (*wijze van articulatie*): Wie wird die Luft beim herausströmen gestört?
- **Stimmhaftigkeit** (*stemhebbendheid*): Schwingen die Stimmbänder mit oder nicht?

Versuchen Sie einmal ein [b] oder [m] auszusprechen. Bei beiden Lauten werden die Lippen aufeinander gepresst und wird so der Luftstrom unterbrochen. Bei der Aussprache von [k] und [ŋ] drücken wir den Zungenrücken gegen den weichen Gaumen. Mit unseren Sprechorganen, in Abbildung 6.2 mit den deutschen und niederländischen Bezeichnungen dargestellt, gelingt es uns, viele unterschiedliche Laute zu produzieren. Sie sind die Basis für die Beschreibung des ersten Parameters.

Fangen wir bei den Lippen (lat. *labiae*) an: Um die Laute [b], [p] und [m] zu produzieren, müssen sich beide Lippen berühren. Dementsprechend heißen diese drei Laute **Bilabiale** (*bilabialen*). Weitere Konsonanten, die wir mit den Lippen bilden, sind [v], [f] und [ʋ]:[2] Bei der Lautproduktion berührt die Unterlippe die oberen Schneidezähne (lat. *dentes*), weshalb sie **Labiodentale** (*labiodentalen*) genannt werden. Zusammen bilden diese Laute die Lautklasse der **Labialen** (*labialen*). **Dentale** (*dentalen*) sind Laute, die mit den Schneidezähnen und der Zungenspitze produziert werden, wie z.B. die englischen *th*-Laute.[3] Die nächste Stelle ist der Zahndamm (lat. *alveolus*), eine Rundung zwischen den Zähnen und dem harten Gaumen. Um [d], [t], [s], [z], [n], [l] und das Zungenspitzen-*r* [r] zu produzieren, hebt sich die Zungenspitze (lat. *apex*) zum Zahndamm (lat. *alveolen*), diese Laute sind die **Alveolaren** (*alveolairen*). Die nächste Gruppe sind die **Postalveolare** (*postalveolaren*) [ɲ], [ʃ], [ʒ], [tʃ] und [dʒ], sie werden direkt hinter dem Zahndamm artikuliert. Bei der Produktion des [j] bewegt sich der Zungenrücken (lat. *dorsum*) in Richtung des harten Gaumens (lat. *palatum*), weshalb diese Lautklasse

---

[2]   In Flandern wird das <w> eher bilabial, wie in *ruw* (in IPA mit [w] notiert), ausgesprochen. In Suriname ist das bilabiale [w] noch stärker ausgeprägt.

[3]   Streng genommen hat das Niederländische keine Dentale, oft werden allerdings Laute, die mithilfe der Schneidezähne produziert werden, wie z.B. [d] und [t], als Dentale bezeichnet.

Palatale (*palatalen*) heißt. Hinten im Mundraum werden die Laute [ɡ], [k], [ɣ] und [ŋ], gebildet, der hintere Teil der Zunge berührt den weichen Gaumen (lat. *velum*). Sie werden **Velare** (*velaren*) enannt. Die Laute [χ] und [ʀ] – das Zäpfchen-*r* – werden am Zäpfchen (lat. *uvula*) produziert, sie sind **Uvulare** (*uvularen*). Die velaren und uvularen Laute zusammen nennt man auch **Dorsale** (*dorsalen*). Die **Glottale** (*glottalen*) schließlich werden in der Stimmritze (lat. *glottis*) erzeugt. Außer dem [h] wird in der Stimmritze der sog. Knacklaut oder Glottisschlag (*glottisslag*) produziert, der mit dem IPA-Symbol [ʔ] wiedergegeben wird. Für diesen Laut besteht in unserem Alphabet kein Zeichen, aber wir können den Glottisschlag deutlich wahrnehmen bei der deutschen Aussprache von *Theater* [teʔatə]. Im Niederländischen kommt der Glottisschlag nicht so oft vor, wie die Aussprache [tejatər] zeigt. Dennoch wird der Glottisschlag manchmal produziert, wie in [χəʔamyzert] (*geamuseerd*).

A) Nasenhöhle (*neusholte*)
B) Mundhöhle (*mondholte*)
C) Rachenhöhle (*keelholte*)
D) Speiseröhre (*slokdarm*)
E) Luftröhre (*luchtpijp*)
a) Lippen (*lippen*)
b) Zähne (*tanden*)
c) Zahndamm (*tandkas*)
d) harter Gaumen (*harde gehemelte*)
e) weicher Gaumen (*zachte gehemelte*)
f) Zäpfchen (*huig*)
g) Kehldeckel/Epiglottis (*strotklep*)
h) Kehlkopf/Larynx (*strottehoofd*)
i) Stimmritze (*stemspleet*)
k) Zungenspitze (*tongpunt*)
l) Zungenrücken (*tongrug*)

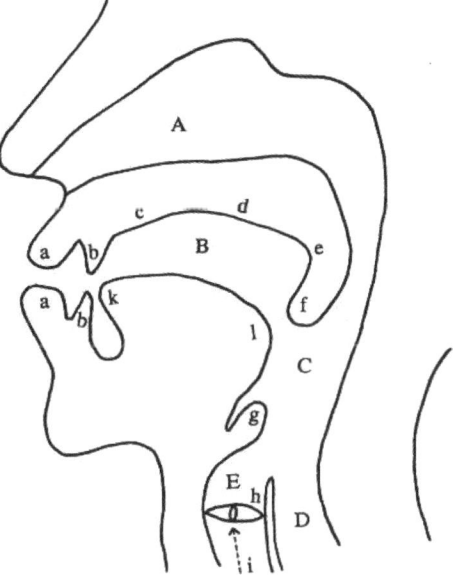

Abb. 6.2: Sprechorgane (nach Neijt 1991)

Der zweite Parameter beschreibt, auf welche Art und Weise die Luft an einer Verengung oder **Konstriktion** (*constrictie*) im Mund-Rachenraum vorbei strömt. Nach dieser Kategorisierung gibt es die folgenden Lautklassen:

• Bei der Artikulation der **Plosive** (*plosieven* oder *plofklanken*) strömt die Luft durch die Stimmritzen in den Mund-Rachenraum und wird dort zuerst komplett verschlossen, dann auf einmal ausgestoßen. Die Plosive sind: [p], [t], [k], [b], [d], [ɡ] sowie der Glottisschlag [ʔ].

- **Frikative** (*fricatieven* oder *wrijfklanken*) werden produziert, indem die Luft an einer Verengung im Mund-Rachenraum vorbeiströmen muss und dabei ein kontinuierlich hörbares Rauschen entsteht, wie z.B. ein Zischen oder Hauchen. Im Gegensatz zu Plosiven kann der Luftstrom den Mundraum ununterbrochen verlassen. Die Frikative sind: [f], [v], [s], [z], [ʃ], [ʒ], [ɣ], [χ]und [h]. Die Laute [ʧ] und [ʤ] sind **Affrikaten** (*affricaten*): eine Kombination aus einem Plosiv und einem darauf folgenden Frikativ, die an ungefähr der gleichen Artikulationsstelle gebildet werden.

- Bei der Produktion der **Liquidae** (*liquidae* oder *vloeiklanken*) fließt die Luft mit geringer Verengung den Mund-Rachenraum heraus. Bei **Lateralen** (*lateralen*) strömt die Luft auf beiden Seiten der Zunge aus dem Mund heraus, wie bei der Aussprache eines [l]. Im Gegensatz zum Deutschen wird das niederländische [l] oft weiter hinten am Gaumen gebildet. Die beiden anderen Laute dieser Lautklasse sind [r] und [ʀ]. Im ersten Fall berührt die Zunge mehrmals den Zahndamm, im zweiten Fall berührt der Zungenrücken das Zäpfchen. Das mehrmalige Berühren wird mit dem englischen Wort **Trill** bezeichnet.

- Die **Nasale** (*nasalen* oder *neusklanken*) werden produziert, indem ein Verschluss im Mundraum gebildet wird und die Luft durch die Nasenhöhlen herausströmt. Daher ist es auch nicht möglich, die Laute [m], [n], [ŋ] und [ɲ] auszusprechen, wenn wir die Nase zuhalten.

- **Gleitlaute** oder **Halbvokale** (*glijklanken* oder *halfklinkers*) sind eine besondere Klasse der Konsonanten, denn die Luft kann durch die geringe Verengung fast ungehindert herausströmen. Diese Eigenschaft haben sie mit den Vokalen gemeinsam. Dennoch sind sie nicht mit Vokalen gleichzusetzen, denn wenn wir versuchen, die Gleitlaute [j], [ʋ] und [w] zu singen, entsteht ein hörbares Rauschen, was beim Singen von Vokalen nicht geschieht. Auch ihre Rolle in der Sprache ist anders: Im Niederländischen können diese Laute nie zwischen zwei Konsonanten vorkommen: *beter* ist möglich, *bwter* jedoch nicht.

Plosive, Frikative und Affrikate zusammen bilden die Lautklasse der **Obstruenten** (*obstruenten*), sie haben als gemeinsame Eigenschaft, dass der Luftstrom nicht ungehindert den Mundraum verlassen kann. Die anderen Laute bilden die Lautklasse der **Sonoranten** (*sonoranten*), die Luft kann ungehindert herausströmen und resonieren. Zu den Sonoranten gehören die Liquidae, die Nasale, die Gleitlaute sowie die Vokale. Laterale und Halbvokale zusammen werden auch **Approximanten** (*approximanten*) genannt, weil sich hierbei zwei Sprechorgane einander annähern ('approximieren').

Der dritte Parameter bei der Beschreibung von Konsonanten ist die Stimmhaftigkeit, bei der es darum geht, ob die Stimmbänder mitschwingen oder nicht. Wenn die Luft aus den Lungen Richtung Mundraum strömt, kommt sie an den Stimmbändern vorbei. Zwei Szenarien können sich jetzt abspielen: Die Stimmbänder öffnen und schließen sich abwechselnd innerhalb kürzester Zeit und die Luft kommt zum Schwingen. In diesem Fall sind die Laute **stimmhaft** (*stemhebbend*). Oder die Luft strömt frei durch die geöffnete Stimmritze, dann werden die Laute **stimmlos** (*stemloos*) produziert. Wir können das einfach kontrollieren, indem wir die Hand an den Kehlkopf legen und die Laute [z] und [s] oder [v] und [f] abwechselnd aussprechen. Wenn wir eine Vibration spüren, ist der Laut stimmhaft, wenn wir keine spüren, ist der Laut stimmlos. Für Sonoranten ist der Parameter Stimmhaftigkeit fest auf stimmhaft gesetzt, lediglich die Obstruenten können im Niederländischen stimmhaft und stimmlos realisiert werden.

Die artikulatorischen Merkmale der Konsonanten fassen wir in Tabelle 6.2 zusammen.

Artikulationsart	Artikulationsort			
	labial/ labiodental	alveolar	postalveolar/ palatal	velar/uvular/ glottal
Plosiv				
stimmhaft	[b] *been*	[d] *das*	[ʧ] *chillen*	[g] *goal*
stimmlos	[p] *pijn*	[t] *tas*	[ʤ] *jungle*	[k] *kool*
Frikativ				
stimmhaft	[v] *over*	[z] *zijn*	[ʃ] *sjaal*	[ɣ] *geel*
stimmlos	[f] *fijn*	[s] *sap*	[ʒ] *genre*	[χ] *nacht*
				[h] *huis*
Liquida				
Trill		[r] *riet*		[ʀ] *riet*
Lateral		[l] *lier*		
Halbvokal	[ʊ] *wijn*		[j] *jas*	
	[w] *ruw*			
Nasal	[m] *mijn*	[n] *nier*	[ɲ] *oranje*	[ŋ] *ring*

Tab. 6.2: Eigenschaften von Konsonanten

Mit den drei Parametern Artikulationsort, Artikulationsweise und Stimmhaftigkeit kann man jeden Konsonanten eindeutig und präzise beschreiben, denn die Beschreibung 'alveolarer stimmloser Frikativ' entspricht nur dem Laut [s] und 'bilabialer stimmhafter Nasal' nur dem Laut [m].

6.2.2   Vokale

Für die Beschreibung der Vokale verwenden wir ebenso drei Parameter:

- **Artikulationsort**: An welcher Stelle im Mund (vorne – zentral – hinten) werden die Vokale produziert?

- **Öffnungsgrad** (*openingsgraad*): Wo befindet sich die Zunge (hoch – mittel – tief) während der Artikulation?

- **Lippenrundung** (*ronding*): Sind die Lippen gerundet oder nicht?

Bei der Produktion von Vokalen kann die Luft frei durch den Mund-Rachenraum herausströmen, daher sind alle Vokale Sonoranten. Die Unterschiede bei der Artikulation ergeben sich hauptsachlich aus der Position der Zunge, die sowohl den Artikulationsort als auch den Öffnungsgrad mitbestimmt und die den Mundraum in unterschiedliche Formen bringt. Das merken wir, wenn wir ein [i] und ein [ɑ] hintereinander sprechen: Im ersten Fall spüren wir, dass die Zunge sich nach vorne hebt, im zweiten Fall senkt sie sich nach hinten ab. In der Mitte dieser beiden Extreme wird das **Schwa** (*sjwa* oder *stomme e*) produziert, das mit dem IPA-Symbol [ə] wiedergegeben wird. Im Niederländischen und Deutschen kommt das Schwa nur in unbetonten Silben vor, wie z.B. in *lopen*, *vijftig* und *bedanken*.

Der erste Beschreibungsparameter ist der Artikulationsort:[4] die Stelle im Mund-Rachenraum, an der der Zungenrücken sich anhebt. Bei der Artikulation eines [i], [ɪ], [y], [ø], [e] oder [ɛ] hebt sich die Zunge vorne im Mundraum zum Gaumen. Diese Vokale werden **vordere Vokale** oder **Vorderzungenvokale** (*voorklinkers*) genannt. Um ein [u], [ɔ], [o] oder [ɑ] zu bilden, bewegt sich die Zunge nach hinten, diese Vokale werden **hintere Vokale** oder **Hinterzungenvokale** (*achterklinkers*) genannt. Die Vokale [ʏ], [ə] und [a], die zentral im Mundraum produziert werden, werden häufig **mittlere** bzw. **zentrale Vokale** oder **Mittelzungenvokale** (*middenklinkers*) genannt.

Der zweite Parameter, der Öffnungsgrad, ergibt sich aus der Position der Zunge und des Unterkiefers. Wenn sich der Zungenrücken in Richtung des Gaumens hebt, wie bei der Bildung von [i], [y] und [u], wird der Raum, durch den die Luft herausfließen kann, verengt. Diese **hohen Vokale** (*hoge klinkers*) werden deshalb auch **geschlossene** (*gesloten*) Vokale genannt. Die **tiefen Vokale** (*lage klinkers*) [ɑ] und [a] werden mit einer tief positionierten Zunge gebildet, der Öffnungsgrad ist dementsprechend größer. Deshalb werden diese Vokale auch **offene Vokale** (*open klinkers*) genannt. Bei der letzten Gruppe der Vokale nimmt der Zungenrücken eine Mittelposition ein. Das Schwa [ə] ist allerdings der einzige Vokal, der wirklich in der Mitte des Artikulationsraumes artikuliert wird, daher werden die Vokale [ɪ], [e], [ø]

---

[4]   Der Artikulationsort (und in geringerem Maße der Öffnungsgrad) ist bei Vokalen nicht einfach festzulegen, weshalb in der Literatur unterschiedliche Kategorisierungen vorkommen.

und [ʏ] als **halbgeschlossene Vokale** (*halfgesloten klinkers*) kategorisiert, und die Vokale [ɛ] und [ɔ] als **halboffene Vokale** (*halfopen klinkers*).

Der dritte Parameter betrifft die Form der Lippen, sie können **gerundet** (*gerond*) sein und so den Weg nach draußen verlängern oder **ungerundet** (*ongerond*). Die Vokale mit Lippenrundung sind [y], [ʏ], [ø], [u], [ɔ] und [o], die übrigen Vokale werden ohne Lippenrundung[5] artikuliert.

Die artikulatorischen Merkmale der einfachen Vokale oder **Monophthonge** (*monoftongen*) lassen sich wie folgt zusammenfassen:

Öffnungsgrad	Artikulationsort					
	ungerundet	gerundet	ungerundet	gerundet	ungerundet	gerundet
	vorne		**zentral**		**hinten**	
hoch	[i] *tien*	[y] *buurt*				[u] *poel*
halb-	[ɪ] *tin*			[ʏ] *put*		[ɔ] *bol*
geschlossen	[e] *teen*	[ø] *Teun*				[o] *pool*
mittel			[ə] *het*			
halboffen	[ɛ] *pen*					
tief			[a] *paal*		[ɑ] *pal*	

Tab. 6.3: Eigenschaften von Vokalen

Neben den einfachen Vokalen kennt das Lautinventar der niederländischen Standardsprache drei **Diphthonge** (*diftong/tweeklank*), nämlich das [ɛi] wie in *mei* und *mijn*, das [ɑu] wie in *bouw* und *klauw* und das [œy] wie in *beschuit met muisjes*. Artikulatorisch gesehen besteht ein Diphthong aus zwei unmittelbar aufeinander folgenden Vokalen. Der jeweils erste Vokal ist vom Öffnungsgrad her ein tiefer Vokal, der allmählich steigt, oder anders formuliert: Diphthonge sind offene Vokale, die sich allmählich schließen. In den Niederlanden kann man zurzeit beobachten, dass die drei Diphthonge weiter geöffnet artikuliert werden, wie *maai* statt *mij*, *baau* statt *bouw* und *beschaut* statt *beschuit*. Zugleich tendieren auch die einfachen Vokale [e], [ø] und [o] zur Diphthongierung, wie *zeej* statt *zee*, *beuj* statt *beu* und *zoow* statt *zo*. Diese Tendenz findet man allerdings nur in den Niederlanden und nicht in Flandern (vgl. Kap. 8).

Außer den drei Parametern Artikulationsort, Öffnungsgrad und Lippenrundung gibt es weitere Merkmale für die Beschreibung von Vokalen. Eines dieser sog. sekundä-

---

[5] Vokale mit Lippenrundung werden auch als 'ungespreizt', Vokale ohne Lippenrundung als 'gespreizt' beschrieben.

ren Merkmale soll hier kurz besprochen werden, nämlich die Vokallänge.[6] Das Niederländische und das Deutsche unterscheiden grundsätzlich zwischen langen und kurzen Vokalen, wie in den Wortparen *maan – man, boot – bot* und *veel – vel*. Die Diphthonge *ei/ij, ou/au* und *ui* in Wörtern wie *mei, mij, jou, blauw* und *tuin* zählt man ebenso zu den langen Vokalen. In einer Transkription können lange einfache Vokale mit dem IPA-Symbol [ː] wiedergegeben werden, wie [eː] oder [oː]. Das Merkmal Vokallänge ist im Deutschen allerdings ausgeprägter als im Niederländischen, das bemerkt man bei der Aussprache von *boot* und *Boot, baan* und *Bahn* oder *stoel* und *Stuhl*. Die deutschen langen Vokale werden deutlich länger ausgesprochen als die niederländischen. Zudem kann Vokallänge im Deutschen zu unterschiedlichen Wortbedeutungen führen, wie z.B. bei den Wörtern *muss* und *Mus* in *ich muss dieses (Apfel)Mus mal probieren*. Die niederländischen langen Vokale werden meist nur halblang ausgesprochen, was man mit dem IPA-Symbol [·], wie in [be·n] oder [bo·n] wiedergeben kann. Nur vor einem *r*-Laut, wie z.B. bei *boor, meer* oder *broer* werden Vokale tatsächlich 'länger' ausgesprochen. Weil Vokallänge im Niederländischen eine kleinere Rolle als im Deutschen spielt und zugunsten der besseren Lesbarkeit, werden die Vokale in diesem Kapitel ohne Längenzeichen dargestellt.

6.2.3 Prosodie

Wenn wir sprechen, passiert mehr als nur die Aneinanderreihung von Konsonanten und Vokalen, den sog. **segmentalen** (*segmentele*) Elementen. Wir betonen Silben in Wörtern (*Amster**dam***) oder Wörter in Sätzen (***jij** was het en niet Jan*), wir machen Sprechpausen (*wir essen jetzt, Opa*) und wir variieren die Tonhöhe (*echt waar? ja.*). Diese Merkmale sind nicht an die einzelnen Laute gebunden, sondern ihre Wirkung geht darüber hinaus, weshalb sie auch **suprasegmental** (*suprasegmenteel*) genannt werden. Mithilfe von suprasegmentalen oder prosodischen Merkmalen können wir u.a. Bedeutungen in Wörtern oder Sätzen unterscheiden und Informationen in längeren Klangreihen strukturieren.

> Die Gesamtheit an Eigenschaften, die über die Aneinderreihung einzelner Sprachlaute hinausgeht, ist die **Prosodie** (*prosodie*) (wörtl. 'Hinzugesungenes'). Dazu gehören Wort- und Satzakzent, Intonation, Rhythmus und Sprechtempo.

Das Hervorheben einer Silbe im Wort nennt man **Akzent** (*klemtoon*), der in einer IPA-Transkription mit dem Symbol ' wiedergegeben wird, wie z.B. in [ɑmstərˈdɑm]. Im Vergleich zu anderen Sprachen, wie z.B. dem Französischen, wo der Akzent immer auf der letzten Silbe liegt, sind die Regeln für den niederländischen Wortakzent ziemlich komplex. Silben mit einem Schwa sind allerdings immer unbetont, auch

---

[6]   Das Merkmal Vokallänge ist nicht nur ein quantitatives Merkmal, es steht auch in Zusammenhang mit der Vokalqualität (d.h. mit dem Artikualtionsort, dem Öffnungsgrad und der Lippenrundung).

wenn sie in einsilbigen Wörtern wie *de* oder *het* vorkommen. Der Akzent kann bei **Homographen** (*homografen*), das sind Wörter, die gleich geschrieben, aber unterschiedlich ausgesprochen werden, die Bedeutung unterscheiden. Das Wort *doorlopen* kann als 'doorlopen oder als door'lopen ausgesprochen werden. Im ersten Fall ist die Bedeutung 'weiterlaufen', wie in *je moet wel even doorlopen*, im zweiten Fall ist die Bedeutung 'durchlaufen', wie in *een procedure doorlopen*.

Phrasen oder Sätze werden normalerweise nicht monoton gesprochen, sondern als Verlauf von höheren und tieferen Tönen, der Satzmelodie. Die **Tonhöhe** (*toonhoogte*) oder **Intonation** (*intonatie*) kann u.a. verschiedene Satztypen markieren, wie Aussage-, Frage- und Ausrufesätze. Die Intonation im Aussagesatz ist am Satzende fallend, wie in *Ze gaat naar huis*. Bei einem Fragesatz wie *Ze gaat naar huis?* steigt der Tonverlauf am Satzende, wie auch bei einem Exklamativsatz, in letzterem Fall allerdings oft kombiniert mit einem stärkeren Akzent, wie in *Ze gaat naar **huis**!* Das letzte Beispiel zeigt, dass man durch Prosodie nicht nur Bedeutungen unterscheiden und Informationen strukturieren, sondern auch die Emotionen oder die Attitüde eines Sprechers ausdrücken kann.

6.3   Phonetik und Phonologie

Die exakte Beschreibung der menschlichen Sprachlaute ist die Aufgabe der Phonetik. Die **Phonologie** (*fonologie*) hingegen beschäftigt sich mit der Inventarisierung einzelsprachlicher Systeme. Jeder Sprecher hat intuitives Wissen über die Lautsystematik seiner Muttersprache. So weiß der Deutsche beispielsweise, dass der Konsonant in den Wörtern *ich* und *ach* an unterschiedlichen Orten realisiert wird. *Ich* endet auf einen palatalen Frikativ, *ach* auf einen uvularen.[7] Dass diese Verteilung einer Systematik unterliegt, ist den meisten nicht bewusst. Der Vokal [ɪ] wird vorne im Mund gebildet, genauso wie der palatale Frikativ, der Vokal [ɑ] wird hinten im Mund gebildet, genauso wie der uvulare Frikativ. Auch weiß der Sprachbenutzer, ohne es bewusst gelernt zu haben, dass nicht jeder Sprachlaut in jeder Position vorkommen kann. Es gibt z.B. keine niederländischen Wörter wie *ngaar* oder *ngoeder*, der Laut [ŋ] kann im Niederländischen nur im Inlaut (*zingen*) oder im Auslaut (*zing*) vorkommen. Wörter mit einem [ŋ] im Anlaut kommen im niederländischen Lautsystem nicht vor.

Das **Phonem** (*foneem*) ist die kleinste Einheit innerhalb eines Lautsystems. Phoneme sind bedeutungsunterscheidend. *Been* und *peen* sind offensichtlich zwei verschiedene Dinge, das erste ist ein Bein und das zweite eine Möhre. Der Unterschied liegt in den Anlauten der beiden Wörter: [b] und [p] sind zwei verschiedene Laute, die den einzigen Unterschied zwischen den beiden Wörtern ausmachen. Sie sind zwei Phoneme des Niederländischen. Doch nicht alle Laute sind bedeutungsunter-

---

[7]   Der *ach*-Laut wird in der Fachliteratur auch als velarer Frikativ, mit dem IPA-Symbol [x], kategorisiert.

scheidend: Person A spricht das Wort *roltrap* mit einem [r] aus, Person B hingegen mit einem [ʀ]. Trotzdem verweisen beide Sprecher auf eine Rolltreppe. Die Laute [r] und [ʀ] sind nicht bedeungsunterscheidend und haben keinen Phonemstatus. Realisationen von Sprachlauten werden als **Phone** (*foon*) bezeichnet und werden in eckigen Klammern notiert. Sobald es um bedeutungsunterscheidende Phoneme geht, schreiben wir sie zwischen Schrägstrichen: die Phoneme /b/ und /p/ wie bei den Beispielen *been* und *peen* oder das Phonem /r/, das als Sprachlaut [ʀ] oder [r] realisiert werden kann.

Um zu entscheiden, ob ein Laut Phonemstatus hat oder nicht, bilden wir **Minimalpaare** (*minimale paren*). Dafür suchen wir zwei unterschiedliche Wörter, die sich lediglich in einem Laut[8] unterscheiden:

been	[ben]	*peen*	[pen]
veder	[fedər]	*veter*	[fetər]
maag	[maχ]	*maar*	[mar]

Die Beispiele zeigen, dass das bedeutungsunterscheidende Element im Anlaut (*been – peen*), im Inlaut (*veder – veter*) und im Auslaut (*maag – maar*) vorkommen kann. Solange alle anderen Laute des Wortes übereinstimmen, handelt es sich um ein Minimalpaar. Da man anhand der beiden Laute [b] und [p] im Niederländischen Wortbedeutungen unterscheiden kann, haben sie eine konzeptionelle Natur und erreichen damit Phonemstatus. Jeder Laut, für den ein Minimalpaar innerhalb einer Sprache gefunden werden kann, hat also nicht nur eine phonetische Qualität, sondern bildet auch eine abstrakte Einheit innerhalb eines lautlichen Systems.

Was genau unterscheidet nun eigentlich *been* und *peen*? Beide Anlaute sind bilabiale Plosive, sie unterscheiden sich aber darin, dass /b/ stimmhaft ist und /p/ stimmlos. In der Stimmhaftigkeit liegt das **distinktive Merkmal** (*distinctief kenmerk*) der Phoneme /b/ und /p/:

been		*peen*	
	+ bilabial		+ bilabial
	+ plosiv		+ plosiv
	+ stimmhaft		**– stimmhaft**

Das gleiche Verfahren wird angewendet, wenn wir den Phonemstatus von Vokalen überprüfen wollen. Die beiden Wörter *muur* und *mier* bilden auch ein Minimalpaar. Sie unterscheiden sich nur an einer einzigen Stelle: im Inlaut /y/ und /i/. Da es sich einmal um das Wort für Mauer und einmal für Ameise handelt, sind diese Vokale bedeutungsunterscheidend und haben deshalb Phonemstatus:

muur		*mier*	
	+ vorne		+ vorne
	+ hoch		+ hoch
	+ gerundet		**– gerundet**

---

[8]   Genau genommen unterscheiden Minimalpaare sich nur in einer distinktiven Eigenschaft. Diese strikte Unterscheidung wird allerdings nicht immer durchgeführt.

Das distinktive Merkmal beim Minimalpaar *muur – mier* ist die Lippenrundung: /y/ wird mit Lippenrundung produziert, /i/ ohne Lippenrundung.

> Die kleinsten bedeutungsunterscheidenden Einheiten in einem Lautsystem heißen **Phoneme**. Ein Phonem lässt sich in kleinere Merkmale, die distinktiven Merkmale, aufteilen. Ein distinktives Merkmal ist phonologisch, wenn es innerhalb einer Sprache eine bedeutungsunterscheidende Funktion hat.

Phoneme lassen sich anhand eines Bündels distinktiver Merkmale beschreiben. Diese Merkmale sind in der Regel binär, d.h. sie haben entweder den Wert (+) oder (–), und sie werden in eckigen Klammern notiert, z.B. [+ stimmhaft] oder [– stimmhaft]. Das Phonem /t/ können wir mit den Merkmalen [+ alveolar] [+ plosiv] und [– stimmhaft] beschreiben. In einigen Fällen hat ein distinktives Merkmal mehr als zwei Werte, wie z.B. der Öffnungsgrad bei Vokalen, den wir mit den Werten hoch – mittel – tief beschreiben. Die Wiedergabe des Öffnungsgrades lässt sich mittels der beiden Merkmale [± hoch] und [± tief] darstellen: hohe Vokale als [+ hoch, – tief], mittlere Vokale als [– hoch, – tief] und tiefe Vokale als [– hoch, + tief].

> **Phonologie** ist die Wissenschaft, die sich mit der präzisen Beschreibung der Merkmale, die einen Laut von einem anderen unterscheiden, befasst. Ein Phonem ist eine abstrakte Einheit, die aus distinktiven Merkmalen besteht.

Die Unterschiede zwischen Phonetik und Phonologie lassen sich wie folgt zusammenfassen:

	Phonetik	**Phonologie**
Ziel	Beschreibung aller möglichen Sprachlaute	Beschreibung des Sprachlautsystems innerhalb einer Sprache
Konzept des Lautes	konkrete und messbare Einheit	abstrakte Einheit mit bedeutungsunterscheidenden Merkmalen
Einheit	Phon [b]	Phonem /b/
Methode	Messungen mit Geräten ohne Bedeutungsaspekte	Kategorisierung von Strukturen mit Bedeutungsaspekten

Tab. 6.4: Phonetik und Phonologie

Nicht nur Phoneme, sondern auch suprasegmentale Elemente wie Akzent oder Intonation, können bedeutungsunterscheidend sein, wie z.B. im bereits erwähnte Beispiel *'doorlopen* und *door'lopen* oder im Wortpaar *'ondergaan* und *onder'gaan*. Die

Bedeutung von *'ondergaan* ist 'untergehen', wie im Satz *de zon gaat onder*, und die von *onder'gaan* ist 'sich unterziehen', wie in *een operatie ondergaan*. Ein berühmtes Beispiel ist der Bedeutungsunterschied zwischen ['kanɔn] und [ka'nɔn]: Im ersten Fall handelt es sich um ein Lied oder einen Bildungskanon, im zweiten Fall um eine Kanone. Auch Intonation kann bedeutungsunterscheidend sein, *wirklich* mit einem steigenden Ton drückt eine Frage aus, *wirklich* mit einem fallenden Ton jedoch eine Bestätigung oder Ironie.

6.4   Variation in der Aussprache: Allophone

Die konkrete Realisierung eines Phonems nennt man **Phon**. Es ist allerdings nicht so, dass es immer genau nur eine konkrete Aussprachemöglichkeit gibt. In einigen Fällen kann die Realisierung eines Phonems in unterschiedlichen Situationen unterschiedlich ausfallen. Im Deutschen wird der palatale Frikativ – wie wir bereits gesehen haben – nach [i], [e], [y] und Konsonanten palatal als [ç] ausgesprochen, nach [a], [o] und [u] uvular als [χ]. Diese Verteilung ist zwar bindend, hat aber keine bedeutungsunterscheidende Funktion. Es gibt im Deutschen keine Minimalpaare für [ç] und [χ]. Die unterschiedlichen Realisierungen eines Phonems nennt man **Allophone** (*allofonen*). Allophonie wird durch verschiedene Faktoren ausgelöst:

- Individuelle Faktoren: Sogar der einzelne Sprecher artikuliert einen Laut immer anders, es gelingt einem Sprecher z.B. nicht, ein [e] immer identisch auszusprechen.

- Regionale Faktoren: Die geografische Region kann die Variation in der Realisierung eines Phonems beeinflussen. Ein bekannter Unterschied ist die Aussprache des 'harten g' im Norden, das uvulare [χ], und des 'weichen g' im Süden, das velare [ɣ] und die stimmlose Realisierung [x]. Ein Sprecher aus den Niederlanden artikuliert z.B. *zee* oder *zo* oft als *zeej* oder *zoow*, ein Sprecher aus Flandern wird die beiden Vokale als einfaches [e] bzw. [o] aussprechen. Auch das Phonem /r/ zeigt regionale Unterschiede, denn in der Provinz Seeland, im Nordosten der Niederlande sowie in Flandern kommt die Realisierung vorzugsweise als Zungenspitzen-[r] vor, in den anderen Teilen der Niederlande ist das Zäpfchen-[ʀ] weiter verbreitet.

- Soziale Faktoren: Faktoren wie Alter oder Bildung können die Realisierung eines Phonems beeinflussen, was sich z.B. an der offeneren Aussprache des Diphthongs [ɛi] in den Niederlanden zeigt: Personen mit einem höheren Bildungsstand tendieren dazu, das [ɛi] als [ai] auszusprechen, *wij zijn blij* hört sich dann etwa wie *waai zaain blaai* an.

- Die Lautumgebung: Die Artikulation eines Lautes wird immer von der unmittelbaren Umgebung beeinflusst. Wenn wir [kɪt] und [kɑt] einige Male hintereinander sprechen, spüren wir im Mundraum, dass der velare Plosiv /k/ unterschiedlich produziert wird. Das [k] in *kit* wird palatal ausgesprochen, das [k] in *kat* velar.

Für Allophone lassen sich grundsätzlich keine Minimalpaare finden, so kann der uvulare Frikativ im Deutschen nie auf einen vorderen Vokal folgen, der palatale Frikativ nie auf einem hinteren. Wenn zwei Laute ausschließlich in unterschiedlichen Umgebungen vorkommen können, stehen sie in **komplementärer Distribution** (*complementaire distributie*) (vgl. auch Kap. 4.2.1). Komplementäre Distribution ist zu vergleichen mit der mythologischen Gestalt des Werwolfs. Bei Vollmond verwandelt sich der Mensch in einen Werwolf, sobald die Vollmondphase vorbei ist, verwandelt der Werwolf sich zurück in einen Menschen. Die Verwandlung in einen Werwolf außerhalb der Vollmondphase ist ausgeschlossen, ebenso wie das Ausbleiben der Verwandlung bei Vollmond. Mensch und Werwolf sind in komplementärer Distribution, die Mondphase ist die bedingende Umgebung. Ebenso funktioniert komplementäre Distribution bei zwei Allophonen: Nur in einer Lautumgebung mit hinterem Vokal kann der uvulare Frikativ [χ] vorkommen, während nach allen anderen Lauten der palatale Frikativ [ç] auftritt. Die Laute [χ] und [ç] kommen somit nie in derselben Lautumgebung vor.

Auch im Niederländischen gibt es Allophone in komplementärer Distribution, allerdings sind sie nicht ganz so anschaulich wie die deutschen Frikative. In Teilen der Niederlande wird das Phonem /r/ nach einem Vokal im Silbenauslaut 'geknödelt' ausgesprochen, so ähnlich wie ein Amerikanisches /r/. Der Luftstrom wird bei dieser Variante nicht unterbrochen. Dieser alveolare Approximant, in der IPA-Notation mit dem Symbol [ɹ] wiedergegeben, ist im Volksmund bekannt unter der Bezeichnung 'Gooise r' und kommt ausschließlich nach Vokalen vor:

maar	[maɹ]	*beter*	[ˈbetəɹ]
kers	[kɛɹs]	*aardig*	[ˈaɹdəχ]

Im Anlaut kann das [ɹ] nicht vorkommen, in der Regel wird dann ein [ʀ] ausgesprochen. Allophone, die nur in einer bestimmten Lautumgebung vorkommen können, nennt man **kombinatorische Allophone** (*combinatorische allofonen*). Der alveolare Approximant [ɹ] ist abhängig von seiner Lautumgebung und kann nur postvokalisch realisiert werden. Die Allophone [r] und [ʀ] dagegen können in jeder Position vorkommen: Sie sind unabhängig von der Lautumgebung, d. h. dass ein *r*-Laut sowohl im Anlaut (*rood*) als auch im In- und Auslaut (*aardig* und *maar*) als [r] oder [ʀ] ausgesprochen werden kann. Diese Art Variation wird **freie Variation** (*vrije variatie*) genannt.

6.5 Phonologische Prozesse

Bisher haben wir uns hauptsächlich mit der Beschreibung einzelner Laute beschäftigt. Bei der Aussprache von Wörtern und Sätzen passiert es allerdings eher selten, dass Laute und prosodische Merkmale einzeln artikuliert werden. Sie werden vielmehr aneinandergereiht ausgesprochen. Um die Artikulation zu erleichtern, passen sich die einzelnen Laute einander an, sie ändern sich oder werden manchmal gar nicht ausgesprochen, wie in den bereits genannten Beispielen *kooputook*, *kweenie* und *tuulik*. Diese Veränderungen und Anpassungen der Laute werden **phonologische Prozesse** (*fonologische processen*) genannt. Obwohl der Sprachbenutzer sich dieser oft nicht bewusst ist, treten phonologische Prozesse innerhalb einer Sprache systematisch auf. Aufgabe der Phonologie ist es, diese Prozesse zu erkennen und ihre Regelmäßigkeit zu beschreiben. Die Ergebnisse werden als phonologische Regeln notiert, die sich an einem Basismuster A→B / X_Y orientieren.

A→B / X_Y

A   Eingabe: Bündel von Merkmalen und deren Werte
→   wird zu
B   Ausgabe: Bündel von Merkmalen und deren Werte
/   im Kontext
X_Y   die Position des veränderten Elementes, nach X bzw. vor Y

Wortgrenze

Für die Verteilung der deutschen *ich*- und *ach*-Laute kann die phonologische Regel so beschrieben werden: /ç/ wird zu [χ], wenn es auf einen hinteren Vokal folgt. Auf das Basismuster übertragen kann die Regel dann so aussehen:

$$/ç/→[χ] / [+ \text{ hintere Vokale}]\_$$

Die Verteilung für das sogenannte Gooise *r* kann wie folgt umschrieben werden: /r/ wird im Silbenauslaut zu [ɹ]. Als phonologische Regel kann die Verteilung so repräsentiert werden:

$$/r/→[ɹ] / [- \text{ Konsonant}]\_$$

Phonologische Regeln stellen eine abstrakte Wiedergabe phonologischer Prozesse dar, die insbesondere für Muttersprachler meistens eine Selbstverständlichkeit sind und kaum wahrgenommen werden. Diese Prozesse spielen auch eine bedeutende Rolle bei morphologischen Prozessen, weil das Zusammenfügen von Morphemen zu lautlichen Anpassungen führen kann. Ein Beispiel dafür sind die Allomorphe *-je*, *-tje*, *-pje*, *-kje* oder *-etje* des Diminutivs, die von ihrer lautlichen Umgebung bestimmt werden (vgl. Kap. 4.2.1). Die Beschreibungsebene zwischen Morphologie und Phonologie nennt man **Morpho-Phonologie** (*morfofonologie*) oder **Morphonologie** (*morfonologie*). Im Folgenden werden einige phonologische Prozesse, die im niederländischen Sprachgebrauch verbreitet sind, vorgestellt.

6.5.1 Auslautverhärtung

Schauen Sie sich die folgenden Wortpaare im Niederländischen an:

been	[ben]	*krabben*	['krɑbə(n)]	*krab*	[krɑp]
peen	[pen]	*krappe*	['krɑpə]	*krap*	[krɑp]
dak	[dɑk]	*laden*	['lɑdə(n)]	*laad*	[lat]
tak	[tɑk]	*laten*	['lɑtə(n)]	*laat*	[lat]

Die Wortpaare *been – peen, dak – tak, krabben – krappe* sowie *laden – laten* zeigen, dass die Plosive /b/ und /p/ sowie /d/ und /t/ sich im An- und Inlaut bezüglich des Merkmals Stimmhaftigkeit unterscheiden. Bei den Wortpaaren *krab – krap* und *laad – laat* sehen wir, dass das Merkmal Stimmhaftigkeit im Auslaut nicht mehr anwesend ist: Sie werden als [krɑp] und [lat] ausgesprochen (die unterschiedliche Rechtschreibung ist schließlich kein Kriterium für die Aussprache). Stimmhafte Plosive werden im Auslaut stimmlos artikuliert und dieser Prozess ist als **Auslautverhärtung** (*finale stemverscherping*) bekannt. Das Phänomen der Auslautverhärtung ist sprachspezifisch: Sie kommt z.B. im Niederländischen und Deutschen[9] vor, jedoch nicht im Englischen. Die Phoneme /b/ und /d/ in den Wörtern *crab* und *bed* werden auch im Auslaut als [b] und [d] ausgesprochen, weshalb englische Minimalpaare wie *crab – crap* und *bed – bet* existieren. Niederländische und deutsche Minimalpaare mit /b/ und /d/ im Auslaut gibt es nicht.

Nicht nur die Plosive /b/ und /d/ werden am Wortende stimmlos ausgesprochen, sondern auch die stimmhaften Frikative /v/, /z/ und /ɣ/. Die **Verstimmlosung** (*verstemlozing*) der ersten zwei Laute findet sich in der niederländischen Rechtschreibregel des f/v- und s/z-Wechsels wieder. Diese Regel besagt, dass ein Wort nie auf ein <v> oder <z> endet, stattdessen schreiben wir ein <f> oder <s>, wie z.B. in *leven – ik leef, brieven – brief, kazen – kaas* und *serieuze – serieus*.

im Inlaut		im Auslaut		Prozess
bedden	['bɛdə(n)]	Bed	[bɛt]	/d/→ [t]
krabben	['krɑbə(n)]	Krab	[krɑp]	/b/→ [p]
huizen	['hœyzə(n)]	Huis	[hœys]	/z/→ [s]
brave	['brɑvə]	Braaf	[braf]	/v/→ [f]
drogen	['droɣə(n)]	Droog	[droχ][10]	/ɣ/→ [χ]

Tab. 6.5: Konsonanten mit Verstimmlosung im Auslaut

Für die Auslautverhärtung kann die phonologische Regel so umschrieben werden: Stimmhafte Plosive und Frikative (oder zusammen: Obstruenten, Nicht-Sono-

---

9   Im Deutschen wird auch der Plosiv /g/ im Auslaut stimmlos, *Betrug* → [bətruk], in niederländischen Wörtern kommt /g/ im Auslaut nicht vor.

10 In diesem Beispiel ändert sich auch der Ort der Artikulation, velares [ɣ] → uvulares [χ].

ranten) werden zu stimmlosen Obstruenten, wenn sie am Wortende stehen. Mit der Bezeichnung nicht-sonorant kann man nicht nur die Verstimmlosung von /d/ zu [t] und /b/ zu [p] umschreiben, sondern auch die von /z/ zu [s] (huizen –huis), /v/ zu [f] (brave – braaf) und /ɣ/ zu [χ] (drogen – droog). In der Kurznotation kann man die phonologische Regel wie folgt notieren (das Symbol # markiert die Wortgrenze):

$$[- \text{son}, + \text{stem}] \rightarrow [- \text{stem}] / \_\#$$

Aufgrund der Auslautverhärtung endet das Partizip Perfekt der schwachen Verben in der Aussprache immer auf [t]. Geschrieben wird der Laut allerdings entweder mit <d> (gespeeld, gewoond etc.) oder <t> (gewerkt, gesport etc.). Um sich die korrekte Rechtschreibung besser merken zu können, wird oft die Eselsbrücke 't kofschip angewandt: Endet der Stamm auf einen der Konsonanten in 't kofschip, dann schreiben wir das Partizip Perfekt mit einem <t>, in allen anderen Fällen mit einem <d>. Die zugrundeliegende Idee der Eselsbrücke ist also, dass alle Konsonanten in 't kofschip stimmlos sind, weshalb man sie mit dem stimmlosen t kombiniert. Die übrigen Konsonanten sind stimmhaft und werden mit dem stimmhaften d kombiniert. Für die Verben mit einem f/v- und s/z-Wechsel ist diese Rechtschreibregel allerdings ein wenig irreführend, da die ich-Form, die Basis für die Bildung des Partizip Perfekts, auf <f> (ik leef) bzw. <s> (ik reis) endet. Es ist aber nicht die ich-Form, auf die 't kofschip angewandt wird, sondern der Stamm des Verbs. Der Stamm dieser Verben endet auf ein stimmhaftes v bzw. z, wie z.B. [lev] bei leven und [rɛiz] bei reizen, weshalb das Partizip Perfekt mit einem d gebildet wird, während die Rechtschreibung des Obstruenten sich weiterhin nach der ich-Form richtet: ik leef wird demnach zu ik heb geleefd und ik reis wird zu ik heb gereisd.

Die Bildung der einfachen Vergangenheit (mit dem Suffix -de oder -te) ist für niederländische Muttersprachler einfacher, weil die Aussprache hier Hilfe leistet: ['speldə] (speelde), ['wondə] (woonde),['wɛrktə] (werkte) und ['spɔrtə] (sportte) sowie ['levdə] (leefde) und [rɛizdə] (reisde). Die Laute [d] und [t] sind bei diesen Verbformen gut zu unterscheiden, weil man beim Sprechen dazu neigt, die aufeinanderfolgenden Laute hinsichtlich ihrer Merkmale anzugleichen.

6.5.2 Assimilation

Wenn wir beim Sprechen Laute produzieren, gehen sie oft fließend ineinander über. Benachbarte Laute beeinflussen sich dabei gegenseitig und passen sich aneinander an, indem die Sprechorgane sich auf den nächsten zu produzierenden Laut vorbereiten. Wenn wir die drei Wörter koek – keek – kaak aussprechen, spüren wir, dass der Anfangslaut [k] in koek und kaak eher velar produziert wird, und in keek eher palatal. Umgekehrt kann auch der vorangehende Laut auf den nächsten einwirken, wie z.B. bei der Verteilung des ich- und ach-Lautes. Der Prozess der gegenseitigen Beeinflussung heißt **Koartikulation** (coarticulatie). Koartikulation ist allophonischer Natur, denn die Veränderungen führen nicht zu bedeutungsunterscheidenden Merkmalen. Es sind übrigens besonders die Vokale, die auf ihre direkte Umgebung Einfluss ausüben.

Die Annäherung kann so stark sein, dass ein Wechsel in einem distinktiven Merkmal eintritt. Im Niederländischen wird z.B. der alveolare Nasal [n] vor einem bilabialen Laut grundsätzlich zu [m]: *renbaan* wird als [ˈrɛmban], *aanpakken* als [ˈampɑkə(n)] und *inmaakglas* als [ˈɪmakχlɑs] ausgesprochen. Das distinktive Merkmal, das sich anpasst, ist in diesen Fällen der Artikulationsort: Das alveolare /n/ wird zum bilabialen [m]. **Assimilation** (*assimilatie*) ist demnach die Angleichung hinsichtlich eines distinktiven Merkmals. Der Assimilationsprozess kann anhand von drei Kriterien eingeteilt werden:

- Die **Richtung** des Assimilationsprozesses: Die Angleichung tritt beim folgenden oder vorangehenden Laut ein.

- Der **Abstand** zwischen den sich angleichenden Lauten: Der Einfluss wirkt auf den direkt benachbarten Laut oder auf einen früheren bzw. späteren Laut ein.

- Das distinktive **Merkmal**, das sich angleicht: der Artikulationsort oder die Stimmhaftigkeit.

Die Wirkung von Assimilationsprozessen ist immer einseitig: Sie kann nach vorne bzw. **progressiv** (*progressief, perseverend* oder *links-naar-rechts*) wirken, wobei ein Laut auf den unmittelbar folgenden Laut in der Lautreihe Einfluss nimmt. Wirkt der Einfluss auf den vorangehenden Laut, ist die Assimilation **regressiv** (*regressief, anticiperend* oder *rechts-naar-links*).

progressiv				regressiv			
opvangen	p	→	f	[ˈɔpfɑŋə(n)]	onpraktisch	m ← p	[ɔmˈpraktis]
afzien	f	→	s	[ˈɑfsin]	leefbaar	v ← b	[ˈlevbar]

Tab. 6.6: Progressive und regressive Assimilation

Das zweite Kriterium ist der Abstand zwischen den sich angleichenden Lauten. Im Niederländischen tritt Assimilation generell bei direkt benachbarten Lauten auf, man spricht dabei von **Kontaktassimilation** (*contactassimilatie*), wie die Beispiele *opvangen*, *afzien*, *onpraktisch* und *leefbaar* zeigen. Eher selten kommt es zu **Fernassimilation** (*assimilatie op afstand*), bei der eine Angleichung über mehr als einen Lautabstand stattfindet. Im Niederländischen gibt es keine eindeutigen Beispiele für Fernassimilation. Ein Beispiel, das in der Standardsprache nicht konventionell ist, ist die Aussprache von *sergant* als [ʃerʒant], in dem der postalveolare Frikativ [ʒ] dafür sorgt, dass der erste Konsonant weiter hinten ausgesprochen wird, d.h. /s/ wird zu /ʃ/.

Das dritte Kriterium betrifft die Merkmale, die sich angleichen. In den meisten Assimilationsvorgängen handelt es sich um Anpassungen des Artikulationsortes oder der Stimmhaftigkeit. So assimiliert der Artikulationsort des alveolaren Phonems /n/ vor einem bilabialen Laut zu einem [m]. Diesen Assimilationsvorgang nennt man auch **Nasal-Assimilation** (*n-assimilatie/nasaalaanpassing*):

aanpassen   →   ['ampɑsə(n)]
beenbreuk   →   ['bembrøk]
onmiddellijk   →   [ɔ'mɪdələk]

Die Nasal-Assimilation ist im Niederländischen weiter verbreitet als im Deutschen, wo dieses Phänomen in der Standardsprache nicht vorkommt. Nichtstandardsprachlich kann im Deutschen die Nasal-Assimilation am Wortende auftreten, *Senf* z.B. wird dann als [semf] und *haben* als ['habm] ausgesprochen.

Bei **Stimmassimilation** (*stemassimilatie*) handelt es sich um die Angleichung des Merkmals Stimmhaftigkeit. Stimmhafte Frikative werden nach einem stimmlosen Obstruenten stimmlos artikuliert: *opvangen* → ['ɔpfɑŋən] und *afzien* → ['ɑfsin]. Hierbei ist die Wirkung immer progressiv. Umgekehrt werden stimmlose Obstruenten vor stimmhaften Plosiven stimmhaft: *leefbaar* → ['levbar] und *potdicht* → [pɔ'dɪχt]. In diesen Vorgängen ist die Wirkung immer regressiv.

Der Assimilationsprozess in den Beispielen [pɔ'dɪχt] (*potdicht*) und [ɔ'mɪdələk] (*onmiddellijk*) hat dazu geführt, dass die benachbarten Laute identisch geworden sind und als ein Laut ausgesprochen werden. Dieser Prozess ist bekannt als **Degemination** (*degeminatie*).

6.5.3   Weitere phonologische Prozesse

Außer Auslautverhärtung und Assimilation treten weitere phonologische Regularitäten im Niederländischen auf. Exemplarisch sollen hier die folgenden Prozesse vorgestellt werden:

- ***t*-Deletion** (*t-deletie*): Das /t/ kann wegfallen, wenn es zwischen Obstruenten steht, wie z.B. bei den Wörtern *kerstkrans*, *krachtpatser* und *postzak*: ['kɛrskrɑns], ['krɑχpɑtsər] und ['pɔsɑk]. Auch in Verkleinerungsformen wird das [t] nach stimmlosen Obstruenten weggelassen, wie in *nachtje* → ['nɑχjə], *bruiloftje* → ['brœylɔfjə] und *feestje* → ['feʃjə]. Das Beispiel *postzak* zeigt darüberhinaus, dass *t*-Deletion gelegentlich zu Stimmassimilation (/z/→[s]) und Degemination führen kann.

- **Schwa-Epenthese** oder 'Sprossvokal' (*sjwa-insertie* oder *svarabhaktivocaal*): Nach bestimmten Konsonantenkombinationen kann ein Schwa eingefügt werden. Diese Einfügung ist nur möglich in Silben, die auf mindestens zwei Konsonanten enden, wobei der erste ein [l] oder [r] ist. Der darauf folgende Konsonant kann ebenfalls kein willkürlicher Konsonant sein, denn nur wenn ein /m/, /p/, /v/, /f/, /n/, /χ/ oder /k/ folgt, kann ein Schwa eingefügt werden. Wörter wie *melk*, *kalf*, *herfst* und *erg* werden dann als ['mɛlək], ['kɑləf], ['hɛrəfst] und ['ɛrəχ] ausgesprochen.

- **Verstimmlosung der Frikative**: In den Niederlanden werden die stimmhaften Frikative /v/, /z/ und /ɣ/ im Anlaut oft stimmlos artikuliert, wie z.B. [fɪs] statt [vɪs], [sef] statt [zef] und [χut] statt [ɣut].

    Das Verschwimmen des Merkmals Stimmhaftigkeit bei /s/ und /z/ sowie /f/ und /v/ hat zur Folge, dass es ein Durcheinander von stimmhaften und stimmlosen Aussprachen gibt, wie in *Zwolle* → ['sʋɔlə], *centraal* → [zɛn'tral], *feest* → [ves(t)] usw. Dieses Phänomen kommt auch im Inlaut vor, wie z.B. bei *filosofie* → [viloˌzo'vi]. In Flandern ist die stimmhafte Aussprache für /v/, /z/ und /ɣ/ zwar noch der Standard, aber auch dort kommt mittlerweile eine stimmlose Aussprache der Frikative im Anlaut vor.

- *n*-**Deletion** (*n-deletie*): Am Wortende kann ein /n/ nach einem Schwa wegfallen, wie bei *opvangen* → ['ɔpfɑŋə] oder *open* → ['ɔpə]. Dieser Prozess unterliegt allerdings vielen Faktoren, wie z.B. Region, Situation und Lautumgebung. Im Deutschen kommt diese Aussprache nicht vor.

- **Vokalverlängerung** (*verlenging*): Lange Vokale, die den Wortakzent tragen, werden vor einem *r*-Laut länger artikuliert: [beːr] (*beer*) und ['viːrhuk] (*vierhoek*).

Wann phonologische Prozesse auftreten, ist von vielen Faktoren abhängig: Nicht nur individuelle, regionale oder soziale Faktoren spielen eine Rolle, sondern auch die direkte Lautumgebung sowie die Sprechsituation. Beim Diktieren eines Textes z.B. ist man eher geneigt, die Laute besonders deutlich zu artikulieren, während man sich in der Kneipe unter Freunden keine Gedanken darüber macht. Die phonologischen Prozesse vereinfachen die Artikulation der Laute, wodurch die Sprache natürlicher klingt. Für das Erlernen einer Sprache ist es also recht günstig, sich der phonologischen Prozesse bewusst zu sein. Die typisch niederländische Aussprache, so lässig wie in *kooputook*, *kweenie* und *tuulik*, zeichnet sich gerade durch die Umsetzung dieser phonologischen Prozesse aus.

6.6 Zusammenfassung

Die genaue Beschreibung der menschlichen Sprachlaute ist die Aufgabe der **Phonetik**. Sie betrachtet Laute oder Phone als konkrete und messbare Einheiten. Um Laute so exakt wie möglich wiederzugeben, wurde das International Phonetic Alphabet (IPA) entwickelt. Das Lautsystem unterscheidet zwischen **Konsonanten** und **Vokalen**. Konsonanten werden anhand von drei Kriterien beschrieben: dem **Artikulationsort** (bilabial, labiodental, alveolar, postalveolar, palatal, velar, uvular und glottal), der **Artikulationsweise** (Plosive, Frikative, Nasale, Liquidae und Halbvokale) und der **Stimmhaftigkei**t (stimmhaft oder stimmlos). Auch die Vokale können anhand von drei Kriterien beschrieben werden: dem **Artikulationsort** (vorne – zentral – hinten), dem **Öffnungsgrad** (hoch – mittel – tief bzw. geschlossen – halbgeschlossen – halboffen – offen) und der **Lippenrundung** (gerundet oder ungerundet). Neben den einzelnen Lauten spielt die **Prosodie** (Akzent, Intonation, Rhythmus und Sprechtempo) eine bedeutende Rolle bei der Sprachproduktion.

Die **Phonologie** beschäftigt sich mit der Inventarisierung einzelner Lautsysteme und untersucht, wie Laute zu unterschiedlichen Bedeutungen führen können und wie sie sich ihrem phonologischen Kontext anpassen. Untersuchungsgegenstand ist das **Phonem**, eine abstrakte Einheit, die sich in **distinktive** bzw. **bedeutungsunterscheidende Merkmale** aufteilen lässt. Um zu bestimmen, ob ein Merkmal distinktiv ist, bildet man **Minimalpaare**.

Aufgrund individueller, regionaler und sozialer Faktoren sowie der Lautumgebung tritt Variation in der Lautproduktion auf. Die unterschiedlichen Realisierungen eines Phonems werden **Allophone** genannt. Wenn zwei Laute ausschließlich in jeweils unterschiedlichen Umgebungen vorkommen können, stehen sie in **komplementärer Distribution**. Allophone können als **freie Varianten** frei austauschbar sein oder als **kombinatorische Varianten** nur in einer bestimmten Lautumgebung vorkommen.

Beim Sprechen werden Laute nicht einzeln artikuliert, sondern sie passen sich aneinander an, damit die Sprachproduktion einfacher und natürlicher verläuft. Diese **phonologischen Prozesse** vollziehen sich nicht willkürlich, sondern folgen einer bestimmten Systematik. Sie sind sprachspezifisch und lassen sich mittels **phonologischer Regeln** beschreiben. Im Niederländischen kommen die phonologischen Prozesse Auslautverhärtung, Koartikulation, Assimilation, *t*-Deletion, Schwa-Epenthese, *n*-Deletion und Vokalverlängerung vor /r/ häufig vor.

Aufgaben

1.   Lesen Sie den folgenden Ausschnitt aus dem *Stern* (Ausg. 26, 19.06.2008). Welches phonetische Merkmal bringt die Autorin dazu, die niederländische Sprache als "das kehlig zischende und würgende Idiom" zu beschreiben, das "gekeucht und gehustet" wird?

> Des Weiteren wird die Niedlichkeit des Niederländers zunichte gemacht durch das Niederländische. Insgesamt hat das kehlig zischende und würgende Idiom einen klompigen Charakter, der insbesondere beim Singen des lokalen Liedguts mit Titeln wie "Weet je nog wel, die avond in de regen" auf geradezu katastrophale Weise zum Ausdruck kommt. Es überrascht nicht, dass diese gewöhnungsbedürftige Sprache kein Exportschlager ist und außerhalb der Niederlande und ihrer ehemaligen Kolonien nur in Flandern (Flämisch) und Südafrika (Afrikaans) gekeucht und gehustet wird.

2. Kooij & Van Oostendorp (2003: 202) behaupten Folgendes: "taal is natuur, schrift is cultuur". Was meinen sie damit?

3. Welche Konsonanten werden im Folgenden beschrieben?
    1. bilabial, stimmlos, plosiv
    2. velar, stimmhaft, nasal
    3. labiodental, stimmhaft, frikativ
    4. velar, stimmhaft, frikativ
    5. alveolar, stimmlos, plosiv
    6. labiodental, stimmlos, frikativ
    7. palatal, stimmhaft, nasal
    8. alveolar, stimmhaft, lateral

4. a. Welches Merkmal haben /o/, /i/, /b/, /z/, /d/, /m/ und /n/ gemeinsam?
    b. Und welches /dʒ/, /tʃ/, /ʒ/, /ʃ/?

5. Schauen Sie sich das Wortpaar dt. *agrarisch* und nl. *agrarisch* an. Welche Unterschiede in der Aussprache gibt es? Der Unterschied wird jeweils von einem phonetischen Merkmal bewirkt. Bestimmen Sie für diese Laute das phonetische Merkmal.

6. In diesem Kapitel ist das [h] als stimmloser glottaler Frikativ klassifiziert. Schlagen Sie in verschiedenen Werken nach, wie das [h] dort beschrieben wird. Warum ist es so schwierig, das [h] zu klassifizieren?

7. Bestimmen Sie das distinktive Merkmal bei den folgenden Lautpaaren:
    1. /d/ und /t/   6. /f/ und /s/
    2. /m/ und /ŋ/   7. /ɛi/ und /œy/
    3. /a/ und /ɑ/   8. /j/ und /w/
    4. /v/ und /z/   9. /i/ und /e/
    5. /k/ und /p/   10. /d/ und /b/

8. In der niederländischen Aussprache der Wörter *staan* en *stoom* ist ein beachtlicher Unterschied in der Realisierung des [s] vorhanden. Sie können das überprüfen, indem Sie die beiden Wörter hintereinander aussprechen und dabei auf die Bewegungen im Mund achten.

    a. Warum haben wir es hier, trotz dieses Unterschieds in der Aussprache, *nicht* mit einem distinktiven Merkmal zu tun?

    b. Die beiden Realisierungen des [s] in *staan* und *stoom* bezeichnen wir als 'breites s' (*staan*) und 'rundes s' (*stoom*). Ein Sprachwissenschaftler nimmt nun an, dass in Sprache X der Unterschied zwischen einem 'breiten' und 'runden s' ein phonologischer ist. Wie kann der Sprachwissenschaftler das nachweisen?

9. Welche phonologischen Prozesse liegen hier vor?
    1. [pɪkˈswɑrt]   3. [ˈvɑsbɪndə]
    2. [ɔmbəˈwɔlkt]   4. [ˈɑfχərɔnt]

10. Vergleichen Sie das niederländische und deutsche Vokal- und Konsonantensystem. Welche phonemischen und allophonischen Unterschiede fallen auf?

11. Versuchen Sie, für den Assimilationsprozess in den folgenden Wörtern eine phonologische Regel aufzustellen: *aanpassen*, *onbezet*, *bonbon* und *pinpas*.

📖   Literatur zum Weiterlesen

Eine ausführliche Einführung zur Phonetik auf Niederländisch bieten Rietveld & Van Heuven (2009) *Algemene fonetiek* sowie Kooij & Van Oostendorp (2003) *Uitnodiging tot de klankleer van het Nederlands* und Neijt (1991) *Universele fonologie*. Eine englischsprachige Beschreibung der niederländischen Lautlehre gibt Booij (1995) *The phonology of Dutch*. Der Leitfaden zum IPA ist das *Handbook of the International Phonetic Association. A Guide to the Use of the International Phonetic Alphabet* (1999). Empfehlenswert ist auch das deutschsprachige Werk von Ten Cate & Jordens (2008) *Phonetik des Deutschen. Eine kontrastiv deutsch-niederländische Beschreibung für den Zweitspracherwerb.* Zwar steht in diesem Werk die deutsche Lautlehre in Vordergrund, die niederländischen Laute werden aber vielfach zum Vergleich herangezogen. Im *Uitspraakwoordenboek* von Heemskerk & Zonneveld (2000) kann man die Aussprache niederländischer Wörter nachschlagen.

7. Sprache im Kontext

Ute K. Boonen

Abb. 7.1: Eine typische Begrüßung im Ruhrgebiet

Ein Nicht-Muttersprachler – aber auch ein Besucher aus Bayern oder Sachsen – würde eine Begrüßung wie in Abbildung 7.1 wohl nicht so formulieren, auch wenn ihm alle Vokabeln bekannt sind. Sprache besteht eben aus mehr als nur Wortschatz und Grammatik. Wenn man genug Vokabeln gelernt hat und die grammatischen Regeln kennt und anwenden kann, kann man noch lange nicht davon ausgehen, dass man die Sprache auch in allen Facetten und Nuancen beherrscht. Wer lernt schon im Deutschunterricht, dass eine Begrüßung im Ruhrgebiet so aussehen kann? Auch wenn keine konkreten Informationen ausgetauscht werden, handelt es sich bei diesem Wortwechsel ja durchaus um eine kommunikative Handlung, eine floskelhafte Eröffnung eines Gesprächs.

Wie hier erkennbar wird, hat Sprache neben einer beschreibenden Funktion, mit der wir Ideen, Vorstellungen, Gedanken ausdrücken und Informationen austauschen können, auch eine interpersonale Funktion: Sie dient allgemein zur **Kommunikation** (*communicatie*), dazu Mitmenschen zu grüßen, Freude oder Missfallen auszudrücken usw. Mit Sprache sorgen wir für Kontakt und Interaktion zwischen Menschen.

Der Bereich der Linguistik, der sich mit dieser funktionalen Seite der Sprache beschäftigt, wird als **Pragmatik** (*pragmatiek*) bezeichnet. Der Begriff kommt aus dem

Griechischen: πρᾶγμα (pragma) bedeutet 'Handlung, Tat'. Die Pragmatik beschäftigt sich mit der Sprache im Gebrauch, mit Sprache in verschiedenen Gebrauchssituationen, mit Sprache als Kommunikationsmittel zwischen Gesprächspartnern und den Äußerungsabsichten von Sprachbenutzern, wobei die Kommunikation sowohl mündlich im Gespräch als auch schriftlich in verschiedensten Arten von Texten erfolgen kann. Die linguistische Pragmatik ist ein relativ junges Forschungsfeld. Zu den Begründern und wichtigsten Vertretern gehören der britische Philosoph John Langshaw Austin (1911–1960), der britische Sprachphilosoph Herbert Paul Grice (1913–1988) und der amerikanische Philosoph John Rogers Searle (*1932). Auf ihre Ideen gehen die Modelle zurück, die in den Unterkapiteln 7.3 bzw. 7.4 vorgestellt werden.

7.1   Das Kommunikationsmodell

Die Pragmatik analysiert Sprache in den verschiedensten Kommunikationssituationen, zu denen immer ein Sprecher und ein Zuhörer gehören. In der Terminologie eines einfachen, aber sehr nützlichen und wichtigen Modells, dass der russische Sprachwissenschaftler Jakobson[1] aus der Nachrichtentechnik in die Linguistik eingeführt hat, werden die allgemeineren Bezeichnungen **Sender** (*zender*) und **Empfänger** (*ontvanger*) oder **Adressat** verwendet.

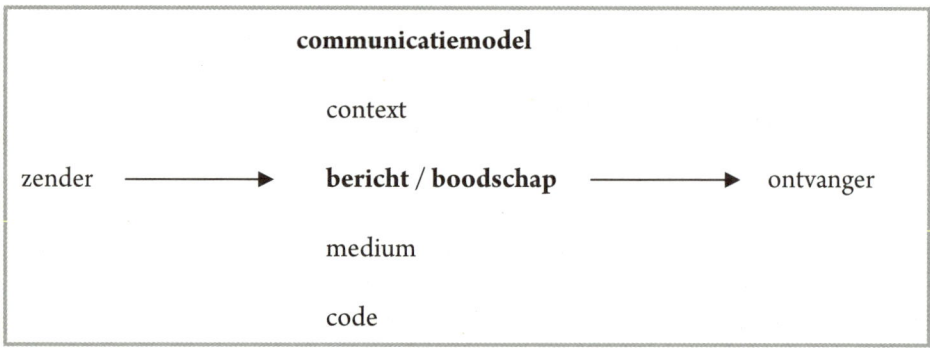

Abb. 7.2: Kommunikationsmodell

Der Sender sendet eine **Botschaft** (*bericht/boodschap*), eine Nachricht innerhalb eines Kontextes (*context*), wozu u.a. persönliche, situative, aber auch politische und historische Verhältnisse und Ereignisse gehören. Zur Vermittlung benötigt der Sender einen Kanal, ein **Kontaktmedium** (*medium*). Darunter versteht man jede Art von physischer, technischer Übermittlung, z.B. elektrische Impulse, fernmeldetech-

---

[1]   Roman Jakobson (1896–1982) gilt als einer der Begründer der modernen Sprachwissenschaft und gehört zu den wichtigsten Vertretern der sog. Prager Schule (Strukturalismus); Forschungsschwerpunkt dieser Schule ist die Phonologie.

nische Apparaturen bei einem Telefonat, aber auch einen Brief, ein Gedicht etc. Für eine erfolgreiche Vermittlung der Botschaft müssen Sender und Empfänger den gleichen **Kode** (*code*) verwenden. Das bedeutet zunächst, dass sie das gleiche Sprachsystem (z.B. die niederländische Sprache) verwenden und verstehen müssen, aber auch, dass beiden Kommunikationspartnern klar ist, ob es sich um eine Nachrichtensendung, einen Cartoon oder ein Gedicht handelt, ob es sich um eine informative Aussage oder einen Witz handelt.

Das Modell ist für jede Form von Kommunikation anwendbar, also nicht nur für gesprochene Sprache, sondern auch für geschriebene Sprache oder Gebärdensprache etc. Für eine gelungene Kommunikation ist es essentiell, dass Sender und Empfänger sich verstehen. Aufgrund unterschiedlicher Vorstellungen und Bewertungen kann es jedoch zu kommunikativen Missverständnissen kommen, die im Extremfall zu echten Schwierigkeiten führen können. Es kommt gelegentlich sogar zu Klagen, meist gegen Künstler wie Literaten oder Kabarettisten, weil beispielsweise sarkastische Texte als 'echte' Beleidigung gewertet werden. Beleidigung ist prinzipiell ein strafbares Delikt. Steht aber fest, dass die Beleidigung im Genre des politischen Kabaretts ausgesprochen wurde, ist dies wohl erlaubt, da es sich um Satire handelt.

Was passiert nun in Abbildung 7.3? Die Person links im Bild stellt eine Frage, die im Zusammenhang mit dem äußeren Erscheinungsbild seines Gegenübers steht: "Bist du Fakir?". Die Person rechts antwortet mit "Nein ich komme nie hierher."

Abb. 7.3: Misskommunikation

Der Fakir hat die Frage seines Gegenübers nämlich nicht als *ben je fakir*, sondern als *ben je vaak hier* (bist du oft hier?) aufgefasst. Beides klingt von einem Niederländer ausgesprochen mehr oder weniger gleich. Nur wer über ausreichende Nieder-

ländischkenntnisse verfügt, kann diese Doppeldeutigkeit verstehen. Die Kommunikation zwischen dem Zeichner (Sender) und dem Leser (Adressat) funktioniert nur,
wenn beide auch den gleichen Kode beherrschen, in diesem Fall die niederländische
Sprache. Die beiden Figuren im Cartoon jedoch beherrschen beide die niederländische Sprache, verwenden den gleichen Kode, und dennoch geht etwas in ihrer
Kommunikation schief. Wie kann es dazu kommen? Der Fakir interpretiert die Laut-
kette *benjefakir* im Kontext der Kneipe, als einem Ort, an dem häufiger ein Spruch
wie "Kommst du öfter hierher?" als Einstiegsfrage verwendet wird, wenn man (oder
frau) am Tresen steht und ein Bier trinkt. Seine Interpretation entspricht also
durchaus dem situativen Kontext 'Kneipe'. Für den Fragenden ist aber das fremde,
andersartige Aussehen des Fakirs der Ausgangspunkt für seine Frage. Der Ort des
Gesprächs ist für ihn gar nicht relevant. Attribute wie Turban, Schlange, Nägel bilden für ihn den situativen Kontext.

Für Kommunikation ist ein gemeinsamer Kode zwar die Voraussetzung, die gleiche Sprache zu sprechen reicht aber für eine gelungene Kommunikation noch lange
nicht aus: Die richtige Interpretation der Botschaft, eingebettet in den situativen
Kontext ist außerordentlich wichtig und mitentscheidend für das Gelingen der Ver-
ständigung.

7.2   Der Sender als Ausgangspunkt

Nicht nur dem Empfänger einer Botschaft kommt eine wichtige Rolle zu, sondern
auch dem Sender, der in hohem Maße die Bedeutung einer Botschaft bestimmt. Wie
lässt sich beispielsweise die Botschaft *Wij spreken daar morgen af* interpretieren,
wenn unklar ist, wer den Satz sagt? Ist es einem Außenstehenden möglich, aus diesem Satz zu schließen, wer sich wo, wann trifft? Die Begriffe *wij*, *daar* und *morgen*
verweisen nicht auf einen kontextunabhängigen Referenten (vgl. Kap. 3), sondern
können sich abhängig vom Sprecher und dem situativen Kontext auf verschiedene
Referenten beziehen. Etwas anderes ist die Aussage in der Form: *Jan de Vries en Kees
Vermeulen spreken op 31 december 2013 op het Amstelveld af*. Eine solche Aussage ist
auch ohne den situativen Kontext eindeutig.

> Begriffe, deren Bedeutung kontextabhängig ist, und die vor allem auf etwas ver-
> weisen, werden als **deiktische** Begriffe bezeichnet.

Das Wort *deiktisch* (ndl. *deiktisch*) geht auf das griech. δείκνυμι 'deiknumi –
(an)zeigen, auf jem./etw. zeigen' zurück.

Die Pronomen *ik/wij* beziehen sich auf den Sprecher, *jij/jullie* auf den Empfänger, *hij/zij* auf außenstehende Dritte. Neben dieser **Personaldeixis** (*personele deixis*)
gibt es auch **Temporaldeixis** (*temporele deixis*). Das Wort *morgen* steht in einem
Zusammenhang mit *vandaag* und *gisteren*, aber eine Wendung wie *Morgen is vandaag*

gisteren zeigt, dass die Bedeutung nur eine relative ist: *vandaag* deutet genau den Zeitpunkt an, an dem der Sprecher seine Botschaft äußert, *gisteren* bezieht sich auf einen Zeitpunkt vor der Äußerung, *morgen* auf einen Zeitpunkt danach; weitere Beispiele sind *nu* und *dan*. Genauso wenig konkret sind die Begriffe *hier* und *daar*. Bedeutung erhalten sie nur im situativen Kontext: *hier* ist in der Nähe des Sprechers, *daar* ist in einer Entfernung zum Sprecher; bei derartigen Begriffen spricht man von **Lokaldeixis** (*ruimtelijke deixis*).

In literarischen Texten kann man mit der deiktischen Beziehung von Sender und Empfänger auch spielen, so wie es der Dichter Erik van Os in seinem Gedicht tut:

Dag papegaai, zei de pinguïn.
Dag papegaai, **zei de papegaai**.
Nee, zei de pinguïn, jij moet dag pinguïn zeggen.
Nee, zei de papegaai, **jij moet dag pinguïn zeggen.**
Nee, zei de pinguïn, ík ben een pinguïn
Nee, zei de papegaai, í**k ben een pinguïn.**
Jíj bent een papegaai, zei de pinguïn
Jíj bent een papegaai, **zei de papegaai.**
Stomme papegaai, zei de pinguïn.
Stomme pinguïn, **zei de papegaai.**

Erik van Os (1994)

7.3 Kooperationsprinzip

In der Regel wollen Gesprächspartner so miteinander kommunizieren, dass sie einander verstehen. Sender und Empfänger bemühen sich sicherzustellen, dass Bezüge zum Kontext eindeutig sind, dass Kontaktmedium und Kode für beide Seiten verständlich sind, so dass die Botschaft, die der Sender vermitteln will auch vom Empfänger korrekt verstanden wird. Beide Gesprächspartner sind dann kooperativ, wenn sich zum einen der Sender der Botschaft bemüht, deutlich und eindeutig sowie verständlich zu sein, und wenn zum anderen der Empfänger versucht, die Botschaft zu entschlüsseln und zu begreifen.

> Die Grundvoraussetzung für gelungene, erfolgreiche Kommunikation wird als **Kooperationsprinzip** (*coöperatieprincipe*) bezeichnet.

Im Fakir-Beispiel wollen der junge Mann und der Fakir kooperativ sein, aufgrund unterschiedlicher Interpretationen gelingt die Kommunikation nicht. In Beispiel 1 verhält sich der antwortende Kommunikationspartner bewusst nicht kooperativ.

1)   Kunde: Kann ich bei Ihnen bezahlen?
       Verkäufer: Ich weiß nicht, ob Sie das können.

Woran liegt dies? Der Kunde möchte wissen, ob es möglich ist, an dieser Kasse, bei diesem Verkäufer zu bezahlen. Der Verkäufer – dem diese Intention des Fragenden, des Senders, sicherlich klar ist – tut so, als ginge es um die Fähigkeit des Kunden, zahlen zu können. Dabei weiß der Kunde, ob er in der Lage ist zu zahlen oder nicht. Darauf ist seine Frage ja nicht gerichtet. Die Antwort des Verkäufers wirkt ironisch. Diese Ironie entsteht durch die bewusste Verletzung des Kooperationsprinzips.

In Gespräch 2 möchte Arie nicht wissen, ob Bram in der Lage ist, die Uhr zu lesen oder ob er über ein bestimmtes Wissen tatsächlich verfügt.

2)   Arie: Weißt Du, wie spät es ist?
       Bram: Ja.

Die Frage ist vielmehr eine Bitte an Bram, Arie mitzuteilen, wie spät es ist. Dabei ist es natürlich notwendig, dass Bram über dieses Wissen tatsächlich verfügt. Arie fragt aber nicht "Weißt Du, wie spät es ist, und wenn ja, teile es mir bitte mit." Eine solche Frage wirkt seltsam. Wäre Bram kooperativ, könnte er antworten: "Ja, viertel nach drei." Die Antwort "Viertel nach drei" wäre – sogar ohne die explizite Antwort "Ja" – eine passende Antwort auf Aries Frage.

7.3.1 Erfolgreiche Kommunikation

Nach dem Modell von Grice beachten bei erfolgreicher Kommunikation die Gesprächspartner vier Richtlinien: Bei diesen **Konversationsmaximen** (*gespreksmaximes*) handelt es sich um universelle Prinzipien, allgemeingültige Strategien zur Informationsübermittlung, die nicht sprachspezifisch für das Deutsche oder Niederländische sind, sondern für alle Sprachen gelten. Daher werden diese Maximen auch als **pragmatische Universalien** (*pragmatische universalia*) bezeichnet.

Die **Maxime der Qualität** bezieht sich auf die Richtigkeit der geäußerten Information. Was ein Sprecher äußert, sollte wahr und richtig sein und es sollten Gründe oder Belege für die Aussage vorliegen. Nach der **Maxime der Quantität** gibt man soviel Information wie nötig, aber so wenig wie möglich. Die **Maxime der Relation** oder der Relevanz besagt, dass die Äußerung relevant, passend und zur Sache sein soll. Aufgrund der **Maxime der Art und Weise** oder der Modalität sollen alle Äußerungen eindeutig, klar und unmissverständlich sowie strukturiert und in der richtigen Reihenfolge dargestellt werden. Mit dem Modell sollen keine praktischen Ratschläge für Kommunikation gegeben werden, das Modell soll vielmehr dabei helfen, Kommunikation objektiv zu beschreiben. Nicht in allen kommunikativen Situationen werden diese Maximen tatsächlich angewandt und beachtet; häufig werden sie bewusst und gezielt missachtet, manchmal aber auch unbewusst verletzt.

Maxime der Qualität	*maxime van kwaliteit*
Maxime der Quantität	*maxime van kwantiteit*
Maxime der Relation	*maxime van relatie*
Maxime der Art und Weise	*maxime van wijze*

Betrachten wir noch einmal Beispiel 1. Der Verkäufer beantwortet die Frage bewusst 'falsch'. Die Antwort ist nicht relevant, weil sie nicht zur intendierten Frage passt. Der Bezug von *können* auf 'die Fähigkeit besitzen' ist in diesem situativen Kontext nicht passend.

In Beispiel 2 ist die Antwort von Bram quantitativ nicht ausreichend: Arie fragt implizit nach der Uhrzeit und diese Frage beantwortet Bram nicht. Die explizite Formulierung "Weißt Du, wie spät es ist, und wenn ja, teile es mir bitte mit." entspricht ebenfalls nicht der Maxime der Quantität. Bei kooperativen Gesprächspartnern ist diese Frage zu ausführlich, zu lang, enthält überflüssige Informationen. Der 'seltsame Effekt' dieser Frage ergibt sich aus der Verletzung der Maxime.

In einem anderen situativen Kontext kann die Antwort von Bram auch anders interpretiert werden. Wenn Bram gar nicht weiß, wie spät es ist und dennoch mit "Ja" oder "Viertel nach drei" antwortet, verletzt er die Maxime der Qualität. In einer anderen Situation kann Brams Antwort "Ja" allerdings auch alle Maximen erfüllen. Stellen wir uns vor, Arie und Bram müssen zu einem bestimmten Zeitpunkt aufbrechen, Arie hat keine Uhr und möchte wissen, ob Bram weiß, wann sie aufbrechen müssen und dann auch Bescheid gibt. In diesem Fall bittet Arie nicht um die Nennung der Uhrzeit, sondern möchte sich versichern, dass Bram die Uhr im Auge behält, so dass sie pünktlich sind.

Die Gesprächspartner in Dialog 3 sprechen offensichtlich nicht miteinander, sondern aneinander vorbei.[2]

3)   Annelies: Kan ik je fiets morgen lenen?
        Stefan: Die buurvrouw hiernaast is me er trouwens ook een, zeg!
        Annelies: Ik moet morgen op de fiets naar Marken.
        Stefan: Die heeft haar haar deze week al drie keer anders geverfd.
        Annelies: Ik moet mijn jarige neef opzoeken.
        Stefan: Ik zou mijn portemonnee maar klaar houden, als ik bij haar thee ging drinken.

Die Antwort von Stefan passt nicht zur Frage von Annelies, es wirkt so, als hätte Stefan die Fragen von Annelies akustisch gar nicht wahrgenommen. Die jeweiligen Reaktionen passen nicht zu den Aktionen. Es ist fraglich ob es sich überhaupt um ein Gespräch, eine Kommunikationssituation zwischen zwei Gesprächsteilnehmern handelt. Wenn Stefan in Gedanken versunken ist oder Hörschwierigkeiten hat, weil

---

[2]   Die Beispiele gehen auf Appel et al. 2002 zurück, sind aber z.T. leicht angepasst.

es beispielsweise in der Umgebung extrem laut ist, verletzen die beiden das Kooperationsprinzip unbewusst. Beispiel 3 kann aber auch anders interpretiert werden.
Stellen wir uns vor, dass Annelies Stefan ständig bittet, ihr etwas zu leihen, Stefan
davon genervt ist und Annelies sein Fahrrad gar nicht leihen möchte. In dem Fall
wählt Stefan seine Antworten ganz bewusst aus und verletzt absichtlich die Maxime
der Relation. Statt explizit mit "Nein, ich leihe dir mein Fahrrad nicht" zu antworten,
versucht er Annelies klarzumachen, dass er ihr nicht schon wieder etwas leihen will,
dass er auf diesem Ohr taub ist.

In Beispiel 4 ist es gut möglich, davon auszugehen, dass Frank und Jan kooperati-
ve Gesprächspartner sind und Jan eine echte Antwort auf Franks Frage gibt:

4)   Frank: Kan ik wat geld van je lenen?
        Jan: Mijn portemonnee ligt in de keuken.

Die Maxime der Relation scheint hier zwar auf den ersten Blick missachtet zu
werden. Dennoch lassen sich relativ leicht Kontexte herstellen, in denen die Antwort
von Jan tatsächlich relevant ist: a) Frank braucht nur in die Küche zu gehen und
kann sich Geld aus dem Portemonnaie nehmen. Jan beantwortet die Frage dann
positiv. b) Jan hat sein Portemonnaie nicht bei sich, weil es in der Küche liegt. Er
kann Frank somit kein Geld leihen. Mit seiner Antwort intendiert Jan dann ein Nein.
Jans Antwort ist für Frank relevant und erfüllt auch die anderen Maximen.

Im Fakirdialog geht der Fakir davon aus, dass sein Gesprächspartner sich an die
Maxime der Relation hält und eine relevante Frage stellt. Für den Fakir ist "Bist du
Fakir?" nicht besonders relevant, für ihn ist es ja völlig normal. Daher interpretiert er
die Frage anders, sodass sie für ihn wohl relevant ist.

Die Maxime der Art und Weise wird verletzt, wenn die Botschaft missverständlich
oder unstrukturiert gesendet wird. Die Aussage eines Zeugen wie in Beispiel 5 ist
nicht eindeutig:

5)   Ik zag de dader en de jongen. Hij rende weg en werd neergeschoten.

6)   Politie schiet na overval op juwelier (*Onze taal kalender* 06.02.2012, aus
        Metro)

7)
> **Bereidingswijze:**
> Verwijder de kartonnen wikkel. *Folie niet verwijderen en geen
> gaatjes prikken.* Zet de maaltijd in de magnetron. Zet deze
> 4 minuten aan op vol vermogen. Wacht op de fluittoon,
> 30 seconden laten fluiten en … *klaar*! Laat de maaltijd ± 1 minuut
> nagaren en schep hem om.

Abb. 7.4: Anleitung für *Risotto met gegrilde kip*

Der Bezug des Pronomens *hij* in Beispiel 5 ist missverständlich: Ist es der Täter oder
der Junge, der wegrennt und auf den geschossen wird? Grammatisch kann sich das

Pronomen schließlich sowohl auf *de dader* als auch auf *de jongen* beziehen. Dadurch ist es für den Empfänger nicht deutlich, ob es der Täter oder der Junge ist, der wegrennt und auf den geschossen wird. Hier müsste der Empfänger der Botschaft nachfragen, was genau gemeint ist. In Beispiel 6 ist nicht ganz klar, auf wen die Polizei denn nun geschossen hat – auch wenn anzunehmen ist, dass es nicht der Juwelier ist. Wer seine Mikrowellenmahlzeit so zubereitet, wie auf der Verpackung (Bsp. 7) angegeben, hat ein Problem mit dem Umrühren: Wie soll man das machen, wenn man die Folie nicht entfernen darf? Die Anleitung ist also etwas ungenau (bzw. fehlerhaft).

In informativen Texten sollten Ungenauigkeiten und **Doppeldeutigkeiten** (*dubbelzinnigheden*) vermieden werden. Im literarischen Sprachgebrauch aber wird die Maxime der Art und Weise häufig bewusst verletzt. Durch **Ambiguität** (*ambiguïteit*) wird eine Interpretation erforderlich. Berühmt für die bewusste Doppeldeutigkeit sind die Aussprüche von Orakeln; so soll die Sybille dem König Pyrrhus Folgendes prophezeit haben:

8)   Ibis redibis nunquam per bella peribis. (Cicero, *De divinatione* II, 56, 116)

Pyrrhus interpretiert die Aussage in 8 als "du wirst gehen und zurückkehren und niemals in Kriegen umkommen". Die Sybille jedoch hat das Adverb *nunquam* nicht auf den Untergang, sondern auf die Rückkehr bezogen: "du wirst gehen und niemals zurückkehren; in Kriegen wirst du umkommen".

7.3.2 Zwischen den Zeilen lesen

Der Empfänger einer Äußerung muss diese nicht nur akustisch wahrnehmen, sondern auch richtig verstehen und interpretieren. Häufig reicht es nicht, Äußerungen ganz wörtlich aufzufassen. Wir müssen zwischen den Zeilen lesen und Schlussfolgerungen ziehen. In dem bereits besprochenen Beispiel vom Fakir bettet der Fakir die Frage in den Kontext der Kneipe statt sie auf sein Äußeres zu beziehen: Der Fakir zieht die falschen Schlüsse. Im Dialog 4 beantwortet Jan Franks Frage nicht explizit mit Ja oder Nein. Seine Antwort *Mijn portemonnee ligt in de keuken* geht weit über die wörtliche Bedeutung 'die Geldbörse befindet sich in der Küche' hinaus. Frank kann mehrere Schlussfolgerungen aus dieser Antwort ziehen, wenn er zwischen den Zeilen liest. Gehen wir davon aus, dass Frank und Jan im Wohnzimmer sind und die Küche nebenan ist, dann kann Frank aus Jans Antwort schließen: Das Portemonnaie ist in der Küche; es ist Geld im Portemonnaie; Jan ist bereit, Frank Geld zu leihen; Frank soll in die Küche gehen und sich selbst Geld aus dem Portemonnaie nehmen. Diese Schlussfolgerungen sind nur möglich, weil Frank davon ausgeht, dass Jan sich bei seiner Antwort an das Kooperationsprinzip hält und davon überzeugt ist, dass Frank seinerseits in der Lage ist, zwischen den Zeilen zu lesen. Derartige Schlussfolgerungen werden bei Grice **Implikaturen** (*implicaturen*) genannt.

7.4   Sprechakte

Wenn Menschen sprechen, tauschen sie nicht nur Informationen aus, wie beispielsweise Bienen, die sich gegenseitig darüber informieren, in welcher Richtung und
Entfernung es geeignete Blüten gibt. In menschlicher Kommunikation geht es häufig
um mehr als um Aussagen und Behauptungen wie in 9 und 10, deren Wahrheitsge-
halt überprüfbar ist:

9)   De aarde draait om de zon.
10)   2 plus 2 is 4.

Mit einer Äußerung wollen wir nämlich meistens neben einer Übermittlung von
Information mehr erreichen, wir verfolgen eine Absicht, wollen unseren Gesprächspartner zu etwas bewegen, zu etwas auffordern, von etwas überzeugen etc. Die Äußerung hat neben einer informativen Bedeutung auch einen pragmatischen Sinn.
Die Aussageabsicht des Sprechers, der funktionale Aspekt Aspekt einer Äußerung,
geht über das eigentlich wortwörtlich Gesagte hinaus.

Viele Äußerungen sind in sich Handlungen, bei denen es nicht um einen Wahr-
heitsgehalt der Aussage geht: etwas wünschen, um etwas bitten, schimpfen, versprechen. Austin bezeichnet diese Aussagen dementsprechend als *speech acts*, **Sprechakte** (*taalhandelingen*). Ausgehend von dieser Feststellung klassifiziert Searle
Sprechakte in fünf Kategorien: assertive, direktive, kommissive, expressive Sprechakte sowie Deklarationen. Diese fünf Kategorien lassen sich in drei zusammenfassen: informativ, obligativ und konstitutiv, wobei zur informativen Kategorie dem
assertiven Sprechakt eine Kategorie hinzugefügt werden kann: die Informationsfrage.

Bei **informativen Sprechakten** (*informatieve taalhandelingen*) geht es um die
Mitteilung von Informationen, um Behauptungen, Beschreibungen, Konstatierun-
gen (assertive Sprechakte – *assertieve taalhandelingen*) und um die Frage nach derartigen Informationen (Informationsfrage– *informatievraag*):

- **informatief**

    assertief: *De trein rijdt via Duisburg naar Amsterdam.*
    informatievraag: *Gaat deze trein naar Amsterdam?*

Typische Verben für diese Sprechakte sind *beweren* (behaupten), *vaststellen*,
beschrijven, *aannemen* bzw. *vragen*.

Bei **obligativen Sprechakten** (*obligatieve taalhandelingen*) geht es um eine Verpflichtung, die der Sprecher, also der Sender, sich selbst oder einem anderen auferlegt. Kommissiv (*commissief*) sind solche Sprechakte, bei denen der Sender sich
selbst zu etwas verpflichtet (beispielsweise in Form eines Versprechens), direktiv
(*directief*) sind Sprechakte, bei denen der Sender dem Empfänger eine Verpflichtung
auferlegt, beispielsweise in Form einer Bitte oder eines Befehls:

- **obligatief**

    commissief: *Morgen mag je zoveel ijs eten als je maar wilt.*

    directief: *Wil je de deur dicht doen?*

Typische Beispiele für derartige Sprechakte sind *beloven* (versprechen), *aanbieden*
bzw. *verzoeken* -bitten), *bevelen, aanraden* (empfehlen) und *voorstellen* (vorschla-
gen).

Bei **konstitutiven Sprechakten** (*constitutieve taalhandelingen*) geht es um
Sprechakte, die nur in ganz bestimmten Kontexten und Situationen angemessen
und gültig sind. Eine Gratulation oder eine Äußerung des Dankes oder der Wertschätzung passt nur unter bestimmten Umständen, es handelt sich dabei um expressive Sprechakte (*expressieve taalhandelingen*). Bei deklarativen Sprechakten (*declara-
tieve taalhandelingen*) beinhaltet die Äußerung zugleich eine Tat. Mit der Äußerung
wird eine neue soziale Wirklichkeit kreiert und es ändern sich soziale Gegebenheiten:

- **constitutief**

    expressief: *Gefeliciteerd met je verjaardag.*

    declaratief: *Hierbij verklaar ik u tot man en vrouw.*

Beispiele hierfür sind *bedanken, feliciteren, groeten, condoleren* bzw. *dopen* (taufen),
huwen (trauen), *veroordelen* und *vonnissen* (ein Urteil sprechen).

Wie wir bereits gesehen haben, kann es bei der kommunikativen Interaktion zu
Missverständnissen zwischen Gesprächspartnern kommen. In den folgenden Beispielen wird deutlich, welche Rolle die Sprechakte bei der Entstehung der Missverständnisse spielen:[3]

    11)   Els: De vuilniszak staat nog niet buiten.

           Bram: Zet hem zelf maar op de stoep.

           Els: Ik vroeg je toch niets!

Die Reaktion von Bram zeigt, dass er die Aussage von Els als obligativen, direktiven
Sprechakt auffasst. Er bewertet die Aussage als Aufforderung von Els an Bram, den
Müll hinauszubringen. Die Reaktion von Els wiederum macht deutlich, dass Els ihre
Aussage nicht als direktiven Sprechakt, sondern als einen informativen, assertiven
Sprechakt sieht. Els stellt fest, dass der Müll noch drinnen steht. Die vom Sender
intendierte Botschaft kommt in diesem Fall offensichtlich nicht korrekt beim Emp-
fänger an.

Ein Sprechakt gilt nur dann als gelungen oder geglückt, wenn er unter bestimmten Bedingungen geäußert wurde; diese Bedingungen werden als **Glückens-
bedingungen** (*geslaagdheidsvoorwaarden*; Engl. *felicity conditions*) bezeichnet. Der

---

[3]   Das Beispiel stammt aus Appel et al. 2002.

Sender eines assertiven Sprechaktes muss über korrekte Informationen verfügen, um diese vermitteln zu können. Der Sender einer Aufforderung muss über die soziale Position verfügen, um jemand anderem einen Befehl zu übermitteln. Die Sekretärin kann nicht zu ihrem Chef sagen: "Schick mal das Fax nach Berlin". Eine solche Aufforderung wird höchstwahrscheinlich nicht zum intendierten Ziel führen und ist somit nicht geglückt. Insbesondere bei konstitutiven Sprechakten wird deutlich, dass der situative Kontext und die Umstände der realen Welt darüber entscheiden, ob ein Sprechakt *geslaagd* ist oder nicht. Obwohl Marloes einen Glückwunsch äußert, gratuliert sie Roel in Beispiel 12 nicht zu seinem Geburtstag – da er zum Zeitpunkt der Äußerung gar keinen Geburtstag hat. Der Sprechakt gelingt somit nicht:

12)   Marloes: Gefeliciteerd met je verjaardag!
      Roel: Ik ben pas volgende week jarig.

In gleicher Weise gelingt der intendierte Gruß der Verkäuferin in Beispiel 13 nicht. *Guten Morgen* sagt man eigentlich nur morgens bis 12 Uhr, danach sollte man *Guten Tag* verwenden:

13)   Verkoopster :   Goedemorgen!
      Klant: Het is al half drie.

Statt zurückzugrüßen erwidert der Kunde, dass es bereits halb drei ist. Die freundliche Begrüßung geht hier also ins Leere.

7.5   Indirektheit und Höflichkeit

Nicht immer sagen wir explizit und direkt, was wir meinen oder möchten. Gehen wir von der folgenden Situation aus: Bert und Karin sind im Auto auf der Autobahn unterwegs. Karin muss auf die Toilette und möchte daher bei der nächsten Raststätte anhalten.

14)   Karin: Moet jij niet naar de wc?
      Bert: Nee, hoor, ik kan het nog een tijdje volhouden.

Bert fährt an der Ausfahrt vorbei. Offensichtlich hat er die Äußerung in 14 als echte Frage aufgefasst und nicht als indirekte Bitte. Wenn Karin sich nun beschwert, wird Bert wahrscheinlich denken "Warum sagt die Frau nicht einfach, was sie möchte?"

Warum verwenden wir **indirekte Sprechakte** (*indirecte taalhandelingen*), statt einer direkten, expliziten Äußerung? Vergleichen Sie die folgenden Sätze:

15a)   Tür zu!
15b)   Schließ bitte die Tür!
15c)   Türe schließen.
15d)   Würdest Du so freundlich sein, die Tür zu schließen?
15e)   Sollten wir nicht lieber die Tür schließen?
15f)   Ich finde es hier nicht warm.

Alle sechs Aussagen beinhalten die Aufforderung des Senders an den Empfänger, die
Tür zu schließen. Die erste Formulierung ist sehr direkt und wirkt unhöflich. Ein
solcher Befehl kann in bestimmten Situationen, wenn es z.B. schnell gehen muss wie
beim Sport oder bei einer Gefahr, dennoch angemessen sein. In 15b handelt es sich
um eine Aufforderung mit einer Imperativform des Verbs, im Deutschen meist ergänzt um das Wort *bitte*. Durch diesen Zusatz wird der Befehl abgeschwächt und
freundlicher, so dass es sich um eine recht neutrale Aufforderung handelt. Eine Aufforderung wie in 15c in Form eines Infinitivs wird häufig bei Schildern verwendet.
Auch hier ist der Zusatz *bitte* regelmäßig zu finden. Auch in 15d wird die Aufforderung höflich formuliert, in diesem Fall durch eine Frage (auf die der Sender allerdings keine Ja-Nein-Antwort möchte). Durch die Frageform vergrößert der Sender
den sozialen Abstand zwischen sich und dem Empfänger. Der Sprecher macht sich
selbst klein und der Empfänger kann sein Gesicht wahren: Er könnte theoretisch mit
Nein antworten. Der Sprecher kann den sozialen Abstand zwischen sich und dem
Adressaten auch verringern, indem er beispielsweise *wir* statt *du* verwendet und den
Empfänger der Botschaft zum gemeinsamen Handeln einlädt wie in 15e. Die Aussage in 15f ist so indirekt, dass der Empfänger sie nicht unmittelbar als Aufforderung
auffassen muss. Es könnte sich auch um eine reine Feststellung handeln. Der Empfänger der Botschaft muss die vom Sender intendierte Aussage erkennen und die
Implikatur verstehen, um die Aussage als direktiven Sprechakt analysieren zu können.

Wenn wir unsere Mitmenschen um etwas bitten oder sie zu etwas bewegen wollen, gelingt uns dies leichter, wenn wir unseren Mitmenschen höflich begegnen.
Indirektheit (*indirectheid*) ermöglicht dabei, dass unser Gegenüber in einem hohen
Maß sein Gesicht wahren kann. Indirekte Sprechakte sind **gesichtsbeschützend**
(*gezichtsbeschermend*; engl. *face saving*), während direkte Sprechakte, die sehr eindeutig und klar sind, auch **gesichtsbedrohend** (*gezichtsbedreigend*; engl. *face
threatening*) sind. Solche Aussagen, die zu einem Gesichtsverlust führen, werden in
der Regel als unhöflich empfunden. **Höflichkeit** (*beleefdheid*) kann also als ein
Grund dafür angesehen werden, dass wir indirekte Sprechakte verwenden. Jeder
Mensch hat dabei zwei Gesichter (im Sinne des öffentlichen Images einer Person;
Meibauer 2008: 114). Das negative Gesicht steht für Handlungsfreiheit und Unabhängigkeit, das positive für Anerkennung. Eine Vorgehensweise wie in 15d wird
daher als **negative Höflichkeitsstrategie** (*negative beleefdheidsstrategie*), die in 15e
als **positive Höflichkeitsstrategie** (*positieve beleefdheidsstrategie*) bezeichnet. Mit
Höflichkeitsstrategien sorgt der Sender dafür, dass der Empfänger sein Gesicht wahren kann, indem er dem Empfänger prinzipiell die Möglichkeit offenlässt, eine Bitte
abzuschlagen. Oder der Sender bestärkt den Empfänger in seinem Handeln, z.B.
durch ein Kompliment und schenkt ihm Anerkennung (vgl. Nübling 2006: 155).
Dem Sender nützen diese Strategien, da die Wahrscheinlichkeit, dass der Empfänger
tut, was der Sender möchte, steigt, wenn der Empfänger sich nicht 'bedroht', sondern bestärkt fühlt. Wie wir in Dialog 14 gesehen haben, kann Indirektheit allerdings

auch zu Missverständnissen führen. Die meisten Sprachbenutzer haben ein Gefühl dafür, ob sie in einem bestimmten situativen Kontext eine Äußerung besser direkt oder indirekt formulieren sollten. Sie sind meistens in der Lage, abzuschätzen, wann welche Äußerung angemessen ist, sie wissen um die **pragmatische Angemessenheit** (*pragmatische gepastheid*) der Aussage.

Die deutschen Formulierungen in den oben aufgeführten Beispielsätzen 15 können recht wörtlich ins Niederländische übertragen werden:

16a) Deur dicht!
16b) Wil je de deur dicht doen?
16c) Deur sluiten a.u.b.
16d) Zou je zo vriendelijk willen zijn de deur dicht te doen?
16e) Moeten we de deur niet dicht doen?
16f) Ik vind het hier niet echt warm.

Der auffälligste Unterschied besteht in der Formulierung in Beispiel 15/16b: Während die deutsche Formulierung *Schließ bitte die Tür* eine neutrale Form ist, gilt dies nicht für die Imperativform im Niederländischen *Doe de deur dicht*. Eine derart direkte Aufforderung wirkt im Niederländischen wie ein eher unhöflicher Befehl und wird in der Regel als nicht angemessen und gesichtsbedrohend für den Empfänger erfahren. Die pragmatisch angemessene Formulierung auf Niederländisch lautet *Wil je de deur dicht doen?*, die gesichtsbeschützend ist, da der Empfänger auf die Frage theoretisch mit Nein antworten und die Bitte des Senders abschlagen könnte.

Fehler in der angemessenen Formulierung können zu Störungen der Kommunikation führen, wie das folgende Textbeispiel (Schlizio et al. 2009: 37) zeigt:

Das dringende Fax
Der promovierte deutsche Betriebswirt Holger Knef arbeitet als Unternehmensberater in den Niederlanden. Er ist daran beteiligt, neue Produktionskonzepte für größere Unternehmen zu erarbeiten. Eines Tages muss er dringend ein Fax nach Deutschland zu einem Kunden senden. Er weiß, dass die Berliner Firma in spätestens einer Stunde schließt. So geht er schnell zu der Sekretärin, Ruth van Helvoort, mit der Bemerkung: "Guten Tag, Ruth, fax das bitte schnell nach Berlin. Die Nummer steht auf dem Brief. Danke." Als er ihr Büro verlassen will, ruft Ruth ihn jedoch zurück. Ihr gefalle sein Tonfall nicht, er sei unfreundlich [...].

Die Kommunikation zwischen deutschem Vorgesetzten und niederländischer Sekretärin gelingt nicht, weil der Sender eine falsche Form des direktiven Sprechaktes wählt. Zumindest ist diese Form im Niederländischen falsch: Die niederländische Sekretärin ist pikiert. Anweisungen an andere Personen werden in den Niederlanden normalerweise als Frage formuliert. Eine aus deutscher Sicht höfliche Bitte ist nicht ausreichend, weil sie für Niederländer wie ein Befehl klingt: "Anweisungen müssen anders verpackt werden", der Angestellte möchte "das Gefühl haben, noch 'Nein' sagen zu können." (Schlizio et al. 2009: 38). Im Niederländischen werden also verstärkt negative Höflichkeitsstrategien verwendet. Der Sender vergrößert durch die Frage den Abstand zwischen sich selbst und dem Empfänger und ermöglicht durch die Frageform dem Empfänger, sein Gesicht zu wahren. Auf Deutsch ist diese Art der Anweisung in Form einer Frage ebenfalls möglich (*Würden Sie bitte das Fax verschicken?*), die Imperativform in Kombination mit dem Zauberwort *bitte* wird jedoch noch häufiger als neutrale Variante verwendet.

Nicht nur durch die Hinzufügung des Wörtchens *Bitte* können wir Aufforderungen abschwächen. Vergleichen Sie die nachstehenden Sätze. Inwieweit unterscheiden sie sich – abgesehen von der Anzahl der verwendeten Wörter? Was ist der pragmatische Unterschied?

17) Komm her!
Komm mal her!
Komm doch her!
Komm doch mal eben her!

In den vier Beispielsätzen in 17 geht es jeweils um eine Aufforderung: Die angesprochene Person soll zum Sprecher kommen. Im ersten Fall ist die Aufforderung sehr direkt, in den anderen Beispielen sind Partikeln wie *mal*, *doch*, *eben* hinzugefügt.

> Mit **Partikeln** (*partikels*) können wir Aussagen auf subtile Weise nuancieren und z.B. Aufforderungen in ihrer Direktheit abschwächen und indirekter gestalten.

Die Übersetzung von Partikeln stellt häufig ein Problem dar. Deutsch und Niederländisch gelten als partikelreiche Sprachen, im Gegensatz zu beispielsweise Englisch und Französisch, die partikelarm sind. Zu einem Großteil ähneln sich die deutschen und niederländischen Wörter. Dennoch gibt es in der Verwendung Unterschiede: Oft entspricht *toch* dem deutschen *doch* doch nicht ganz, und *maar* lässt sich nicht mit *aber* wiedergeben.[4] Dass Partikeln sich nur schwer übersetzen lassen, liegt daran, dass sie keine leicht zu beschreibende Bedeutung haben und nicht auf einen bestimmten Referenten verweisen (vgl. Kap. 3). Sie dienen vielmehr dazu, die Interpretation eines Sprechaktes zu steuern.

Die Bedeutung der niederländischen **Modalpartikeln** (*schakeringspartikels*) wie *eens*, *maar*, *nou* und *toch*, mit denen der Sprecher seine Haltung oder Meinung ange-

---

[4] Als Partikel bedeutet *maar* meist etwas wie 'nur', 'ruhig': *kom maar – komm ruhig her*.

geben oder nuancieren kann, kann in etwa so umschrieben werden (vgl. E-ANS 2002, Kap. 8.3.2):

18)   Kom!   Befehl
      Kom eens!   Wunsch, freundliche Bitte
      Kom maar!   freundliche Bitte (beruhigend, aufmunternd)
      Kom nou!   ungeduldige Aufforderung
      Kom toch!   ungeduldige, mahnende Aufforderung

Partikeln können im Niederländischen (wie im Deutschen) auch miteinander kombiniert werden, meistens liegt die Reihenfolge der Partikeln fest. Die Übersetzung der Partikeln bzw. die Wiedergabe der Nuancierung stellt dabei häufig ein Problem dar, wie die folgenden Beispiele zeigen, bei denen die wortwörtliche Übertragung nicht möglich ist:[5]

19a) Toen heeft ze maar eens even gespiekt.
      ?Da hat sie ruhig mal halt abgeguckt.   Da hat sie halt mal abgeguckt.

19b) Kijk dan toch eens!
      ?Schau dann doch mal!   Schau doch mal!

19c) Das kann doch wohl nicht wahr sein!
      *Dat kan toch wel niet waar zijn!   Dat kan toch niet waar zijn!

19d) Geef de boeken dan nou toch maar eens even hier.
      *Gib die Bücher dann nun doch ruhig mal eben her.
      Gib die Bücher dann doch mal her.

7.6   Pragmatische Angemessenheit bei Anredeformen

Gesprächspartner verwenden in einer Konversation **Anredeformen** (*aanspreek-vormen*) wie *jij* (du), *jullie* (ihr) oder *u* (Sie). Im Niederländischen gibt es eine ganze Reihe von Pronomen für die Anredeform, die in Tabelle 7.1 aufgelistet sind (vgl. Vismans 2007: 175, Kremer 2000: 16). Zum einen werden die Anredepronomen nach formellen und informellen Formen unterschieden. Die formellen Formen werden beim Siezen (*vousvoyeren*) verwendet, die informellen beim Duzen (*tutoyeren*). Neben den Personalpronomen (*Sie, du, ihr*) sind die besitzanzeigenden Pronomen (Possessiva) aufgeführt (*Ihr, dein, euer*). Bei einigen Formen gibt es neben einer sog. vollen, betonten Form auch eine unbetonte Variante (z.B. *jij – je*). Hinzu kommt die für den Süden des Sprachraumes typische Form *gij*, die zwar offiziell nicht als standardsprachlich gilt, die aber in der Umgangssprache außerordentlich weit verbreitet ist. Neben der Subjektform *jij* bzw. *gij* (du) gibt es als Objektform *jou* (dir, dich) bzw. *u*, wobei das *u* dann ebenfalls 'dir/dich' bedeutet.

---

[5]   Das Beispiel stammt aus Hoogvliet 1903, zitiert nach Van der Wouden & Caspers (2010: 4).

	formell		informell			
	Pers.	Poss.	Pers.		Poss.	
			betont	unbetont	betont	unbetont
Sgl.	u	uw	jij	je	jouw	je
			jou	je		
			gij	ge	uw	
			u		uw	
Pl.	u	uw	jullie		jullie	je
			gij	ge	uw	

Tab. 7.1: Pronomen der 2. Person

Wann siezt man nun seinen Gesprächspartner und wann duzt man sich? Allgemein werden **Status** (*status*; engl. power) und **Solidarität** (*solidariteit*; engl. solidarity), Begriffe die von Brown & Gillmore 1960 eingeführt wurden, als ausschlaggebende Faktoren angesehen. In einem asymmetrischen Verhältnis zwischen den Gesprächspartnern, wie zwischen Eltern und Kind oder Professor und Student, ist der Status für die Wahl der Anredeform entscheidend, in einem symmetrischen Verhältnis, wie zwischen Schulkameraden oder Studierenden, die Solidarität (vgl. Vismans 2007: 175f.). Siezen ist wiederum typisch für den Ausdruck von Status, duzen für den von Solidarität. Allerdings spielen im Niederländischen noch mehr Faktoren bei der Wahl der Anredeform eine Rolle: das Alter und die geographische Herkunft sowie Religionszugehörigkeit, Geschlecht und Ausbildung des Sprechers, Alter, Geschlecht und gesellschaftlicher Rang des Adressaten sowie der Grad der Formalität des Gesprächs an sich (Vermaas 2002).

Vergleichen wir die Minidialoge in 20, die sich inhaltlich entsprechen:

20a) Student: Guten Tag Herr Eickmans.
Professor: Guten Tag Herr Schulze.
Student: Haben Sie morgen Zeit? Kann ich dann in Ihre Sprechstunde kommen?
Professor: Ja, Sie können morgen in meine Sprechstunde kommen.

20b) Student: Hallo Geert.
Professor: Hallo Jan.
Student: Heb je morgen tijd? Kan ik tijdens je spreekuur langskomen?
Professor: Ja, je kunt morgen tijdens mijn spreekuur langskomen.

20c) Student: Goeiedag professor.
Professor: Hallo Freek.
Student: Heeft u morgen tijd? Mag ik dan tijdens uw spreekuur langskomen?
Professor: Ja, je kunt morgen tijdens mijn spreekuur langskomen.

Es handelt sich in allen drei Fällen um eine asymmetrische Situation zwischen Student und Professor. Im deutschen Beispiel 20a siezt der Student den Professor und der Professor siezt den Studenten. Obwohl die Gesprächspartner auf unterschiedlichen hierarchischen Ebenen stehen, verwenden beide Seiten die *Sie*-Form. Das Siezen drückt dabei die soziale Distanz, ggf. auch gegenseitigen Respekt, aus. Im niederländischen Beispiel 20b duzen sich die Gesprächspartner trotz des hierarchischen Unterschieds. Das Duzen soll hier das freundschaftliche, solidarische Verhältnis betonen. Im flämischen Beispiel 20c duzt der Professor den Studenten, während der Student den Professor siezt. Der hierarchische Unterschied (und die Asymmetrie) wird hier in den unterschiedlichen Anredeformen zum Ausdruck gebracht.

Zwischen dem niederländischen Niederländisch, dem belgischen Niederländisch und dem Deutschen gibt es offensichtlich interkulturelle Unterschiede, welche Anredeform pragmatisch angemessen ist und welche nicht. Aus niederländischer Sicht betont das deutsche Siezen die Distanz zwischen den Gesprächspartnern und den Status. Im Deutschen siezen sich häufig aber auch langjährige gute Bekannte (z.B. in Geschäftsbeziehungen), wobei die *Sie*-Form dann vor allem Respekt und Achtung dem Gesprächspartner gegenüber ausdrücken soll. In den Niederlanden wird häufig nach dem ersten Vorstellen bereits geduzt, was freundschaftlich, vertraut und solidarisch klingen soll. Noch in der ersten Hälfte des 20. Jahrhunderts war es in den Niederlanden aber weit verbreitet, nicht nur Gott und die Königin sowie Fremde zu siezen, sondern sogar die Eltern und Großeltern (*Oma, mag ik een koekje van u?* – ?*Oma, kann ich ein Plätzchen von Ihnen bekommen?*). Bis heute wird dies in bestimmten Kreisen so gehandhabt. In Flandern wiederum ist es völlig ungebräuchlich, Eltern oder Großeltern zu siezen.

Für den deutschen bzw. anderssprachigen Lerner hat das niederländische System durchaus auch seine Tücken, denn nicht immer ist es angemessen, Unbekannte einfach zu duzen. Eine Regel wie "sag immer *Sie*, es sei denn ..." gibt es aber im Niederländischen nicht. Nicht nur für Ausländer, sondern offensichtlich auch für Niederländer selbst ist es häufig schwierig, die richtige Wahl zu treffen:

> De meeste Nederlanders tussen de dertig en zestig worden tegenwoordig als aangesprokene voortdurend tussen *u* en *jij* heen en weer geslingerd. Bij de supermarkt krijg ik *u* als ik me geschoren heb, maar met stoppels ben ik 'jij'. *U* lijkt bedoeld voor het maat- en mantelpak, *jij* past bij de joggingbroek. Op mijn werk ben ik, ongeacht mijn voorkomen, 'jij' voor de collega's en 'u' voor het kantinepersoneel. Mijn studenten bedienen zich van beide.
>
> Grezel 2007 (http://www.kennislink.nl)

In Flandern ist die Situation etwas übersichtlicher. Geduzt wird meist mit *gij/ge*, auch *jij/je* kommt vor. Gesiezt wird mit *u*. Im Allgemeinen ist die Entscheidung fürs Siezen oder Duzen in Flandern deutlicher als in den Niederlanden. Geduzt werden nur bekannte, vertraute Personen in informellen Situationen. Unbekannte, ältere Menschen und Respektspersonen werden gesiezt. In Gesprächssituationen, bei denen die Partner auf unterschiedlichen hierarchischen Stufen stehen, kommt es häufig vor, dass die höher stehende Person die andere duzt, während die Person auf der niedrigeren Hierarchiestufe die andere siezt: Der Professor duzt den Studenten, der Student siezt den Professor. Dies ist wiederum anders als im Deutschen.

Das Wissen um die interkulturellen Unterschiede in den Anredeformen ermöglicht es, eine Gesprächssituation richtig einzuschätzen und Kommunikation erfolgreich gelingen zu lassen.

7.7   Zusammenfassung

Sprache dient der Kommunikation zwischen Gesprächspartnern, soll Informationen und auch Intentionen vermitteln. Gesprächspartner (**Sender** und **Empfänger**) müssen bei der Nachrichtenvermittlung den gleichen **Kode** benutzen, das **Medium** kennen und den situativen **Kontext** korrekt einschätzen, damit die **Botschaft** auch richtig ankommt. Sind diese Voraussetzungen nicht erfüllt, kann es zu Missverständnissen kommen. In der Regel sind Gesprächspartner kooperativ und halten sich an die **Konversationsmaximen**: Wir sagen, was wir für wahr und relevant halten, sind möglichst eindeutig und geben unserem Gesprächspartner die richtige Menge an Informationen. Für die Vermittlung von Aussagen stehen uns informative, obligative und konstitutive **Sprechakte** zur Verfügung. Nicht immer meinen wir wortwörtlich, was wir sagen. Wir verwenden **Höflichkeitsstrategien** und können indirekt formulieren. Auch mithilfe von **Partikeln** können wir unsere Aussagen nuancieren. Der Sprachbenutzer muss um die **pragmatische Angemessenheit** wissen, wenn er nicht unangenehm auffallen will, da unterschiedliche Formulierungen und Anredeformen vom situativen Kontext, aber auch vom kulturellen Hintergrund abhängig sind.

Aufgaben

1. Um welche *taalhandeling* handelt es sich in den folgenden Beispielen?
    1. (Bij Christie's:) Eenmaal, andermaal, verkocht!
    2. Ik help je met verhuizen.
    3. Het huren van een fiets kost € 7,50 per dag.
    4. Mag ik een zakdoek van je?
    5. Ligt de stad Liège in Vlaanderen?
    6. Gefeliciteerd met je verjaardag!

2. Inwiefern unterscheiden sich die beiden folgenden Aussagen?
    1. Morgen ga ik zwemmen.   2. Morgen breng ik je het boek mee.

3. Analysieren Sie die folgenden Gespräche hinsichtlich des Kooperationsprinzips und der Konversationsmaximen und lesen Sie zwischen den Zeilen.

    Gesprek 1
    Henk hat einen Platten und sucht nun einen Fahrradladen in der Nähe.
    Henk: Ik heb een lekke band. Is er een fietswinkel in de buurt?
    Bram: O, vlak om de hoek is een garage.

    1. Bram weiß, dass man in der Werkstatt um die Ecke auch Fahrräder repariert.
    2. Bram weiß nicht, ob man in der Werkstatt auch Fahrräder repariert.
    3. Bram weiß, dass man in der Werkstatt auch Fahrräder repariert, aber er weiß ebenfalls, dass diese an diesem Tag geschlossen ist.

    Gesprek 2
    Annelies: Ga je vanavond mee naar de opera?
    Paul: Mijn zoon is ziek.

4. Bei welchen Formulierungen werden positive bzw. negative Höflichkeitsstrategien angewandt?
    1. Laten we naar binnen gaan.   3. Zou je me de krant kunnen geven?
    2. De koelkastdeur staat open.   4. Zullen we nu samen opruimen?

5. Übersetzen Sie die folgenden Sätze ins Niederländische und Englische (ggf. auch ins Französische oder weitere Sprachen) und vergleichen Sie, wie die Partikeln jeweils wiedergegeben werden:

    1. Das war aber eine Reise!   3. Ja, ich denke schon.
    2. Ich kann es ja versuchen.   4. Wo ist denn nur mein Schlüssel?

6. Vergleichen Sie in verschiedenen niederländischen und deutschen Lehrwerken und Grammatiken die Gebrauchsregeln zur Verwendung der Anredepronomen. Stellen Sie Ihre Ergebnisse den Resultaten von Ludger Kremer in seinem Artikel "Duzen und Siezen" (2000) gegenüber.

📖 Literatur zum Weiterlesen

Eine niederländischsprachige Einführung ist Houtkoop & Koole (2000) *Taal in actie.* In dem schon etwas älteren Band *Studies over taalhandelingen*, herausgegeben von Eemeren &. Koning (1981) wird näher auf die Sprechakte eingegangen. Eine übersichtliche Einführung zur Pragmatik auf Deutsch ist Meibauer (2008) *Pragmatik. Eine Einführung.* An englischsprachiger Literatur findet sich viel, übersichtlich mit vielen Beispielen ist Grundy (2008) *Doing Pragmatics* oder auch Verschueren (1999) *Understanding pragmatics.*

8. Variation in Sprache

Gunther De Vogelaer

Keine zwei Menschen sprechen oder schreiben, auch wenn sie die gleiche Sprache gebrauchen, vollkommen identisch. Jede Sprache auf der Welt, auch die niederländische, weist nämlich **Variation** (*variatie*) auf: Es gibt verschiedene Möglichkeiten, den gleichen Inhalt auszudrücken. Ein Buch wie die Bibel ist zum Beispiel in einem vielleicht etwas altmodisch anmutenden Niederländisch geschrieben (oder besser: übersetzt worden). Aber es geht auch anders, nämlich in der sog. *straattaal*, dem Niederländischen, das manche Jugendliche in multikulturellen holländischen Städten auf der Straße miteinander sprechen (Textbeispiel nach http://www.straat bijbel.nl):

> Maria, een meisje van misschien veertien jaar oud, was uitgehuwelijkt aan een *kill* die Jozef *'Jowie'* Davids heette. Ze waren verloofd, *zeg maar*. De gewoonte was toen om geen seks voor het huwelijk te hebben. Maar ze bleek ineens *pregno* te zijn. Jowie kwam erachter en hij was *omin depressed*, want hij dacht dat ze met een ander *gebald* had. Hij kon het in ieder geval niet geweest zijn! Een grote schande.

Die kursiven Wörter markieren die wichtigsten Unterschiede zum ursprünglichen Text: Einige Wörter aus dem Fragment stehen nicht im Wörterbuch: *pregno* 'schwanger', *omin* 'sehr schlimm', *depressed* 'niedergeschlagen', *gebald* 'Sex gehabt', ein Wort wie *kerel* wird anders ausgesprochen (*kill*), die Form des Eigennamens *Jozef* wird angepasst (*Jowie*) und die Kombination *zeg maar* wird als Satzpartikel anstelle des standardsprachlichen *als het ware* benutzt. Im sprachwissenschaftlichen Jargon spricht man in diesen Fällen von **Varianten** (*varianten*). Die Form des Niederländischen, in der jeweils geschrieben oder gesprochen wird, nennt man eine **Varietät** (*variëteit*), in diesem Fall *straattaal*. Dass die kursiven Varianten aus dem Textbeispiel nicht in Wörterbüchern oder anderen maßgeblichen Beschreibungen der niederländischen Sprache zu finden sind, ist kein Zufall. Nachschlagewerke beschränken sich in der Regel nur auf eine einzige, genau bestimmte Varietät des Niederländischen, das **Standardniederländisch** (*Standaardnederlands*). Wörter wie *pregno* und *depressed* sind nicht allgemein genug, um in die Standardsprache aufgenommen zu werden.

8.1   Variationslinguistik

Standardniederländisch ist eine noch relativ junge Erscheinung. Man geht davon aus, dass es im 17. Jahrhundert entstanden ist (vgl. Kap. 2). Obwohl Standardniederländisch im Mittelpunkt des Sprachunterrichts und in der Beschreibung der Sprache steht, ist es für Sprachwissenschaftler nur eine von vielen Varietäten des Niederländischen. Es ist ein bekannter Ausspruch, dass eine (Standard-) Sprache nichts anderes als 'a dialect with an army and a navy' sei. Das heißt, dass es aus sprachwissenschaftlicher Sicht oft vollkommen willkürlich ist, ob ein bestimmtes sprachliches Phänomen zur Standardsprache gehört oder nicht. Aus diesem Grund sprechen Sprachwissenschaftler eigentlich auch nur selten von Sprachfehlern. Man kann höchstens von einem Sprachgebrauch sprechen, der den Anforderungen, die die Gesellschaft in bestimmten Situationen auferlegt, nicht entspricht. Es gibt Zweige in der Sprachwissenschaft, die gerade die Sprachvariation untersuchen: Allgemein spricht man dann von **Variationslinguistik** (*variatielinguïstiek*). Es gibt sicher zwei gute Gründe, sich mit Variationslinguistik zu beschäftigen. Erstens schmälert eine Beschränkung auf die Standardsprache die empirische Grundlage für die wissenschaftliche Erforschung des Niederländischen. Hierbei besteht die Gefahr, dass man ungerechtfertigte Aussagen über die niederländische Sprache macht. So könnte man behaupten, dass die niederländische Verbkonjugation im Plural neutralisiert ist: Die Flexion lautet schließlich *wij/jullie/zij gaan*. Diese Behauptung lässt jedoch außer Acht, dass bei südlichen Varietäten die Flexion der zweiten Person Plural auf -*t* endet (z.B. *gullie gaat*, meist noch mit einem abweichenden Pronomen).

Zweitens hat Sprache eine bestimmte Wirkung in der Gesellschaft: Viele sehen Sprache als Kommunikationsmittel, mit dem man Botschaften übermittelt. Auf kommunikativer Ebene scheint die Variation nicht gerade effizient, weil es dadurch wesentlich leichter zu Missverständnissen kommen kann. Was bringt Sprecher dann dazu, so verschieden zu sprechen und, wie im obenstehenden Fragment, Wörter wie *depressed* statt *terneergeslagen* zu verwenden, oder *pregno* statt *zwanger*? Zweifellos spielt dabei eine Rolle, dass Sprache auch ein Mittel ist, um Identität auszudrücken und soziale Beziehungen zu knüpfen. Durch die Wahl bestimmter Wörter, Laute oder Formen können Sprecher angeben, zu welcher gesellschaftlichen Gruppe sie gehören (oder gehören wollen). Zuhörer können oft auch aus der Art und Weise, wie jemand spricht oder schreibt, sehr viel über diese Person ableiten. Die **Soziolinguistik** (*sociolinguïstiek*) untersucht diese Wirkung der Sprache in der Identitätsbildung und in der Gesamtheit der sozialen Beziehungen in der Gesellschaft.

Das alles impliziert, dass die Variationslinguistik eine besonders vielseitige Teildisziplin ist. Sie hat Verzweigungen in allen Bereichen der Systemlinguistik (von Phonologie über Morphologie und Syntax zur Pragmatik) und ist gleichzeitig fest in der Soziolinguistik verankert.

8.2   Variationsarten

Wenn wir davon ausgehen, dass Standardniederländisch nur eine von vielen Varietäten des Niederländischen ist, dann stellt sich die logische Frage, wie viele Varietäten es im Niederländischen denn überhaupt gibt. Bei der Beantwortung dieser Frage stellen sich zwei Probleme: Was genau verstehen wir unter dem Begriff 'Niederländisch' und was genau ist notwendig, um von einer Varietät sprechen zu können?

Für das erste Problem können verschiedene Kriterien herangezogen werden. Die gängigsten sind Geografie, historische Verwandtschaft und grammatische Ähnlichkeiten, Verständlichkeit sowie die Meinung der Sprachbenutzer. Diese Kriterien sind aber nicht hieb- und stichfest und führen außerdem zu widersprüchlichen Ergebnissen. Folgendes Beispiel verdeutlicht dies: Man kann die Sprache aller Einwohner der Niederlande und Flanderns als 'Niederländisch' betrachten. Das geografische Kriterium steht jedoch mit den anderen in einem Konflikt: Die Verständlichkeit der Dialekte aus beispielsweise Westflandern und der niederländischen Provinz Limburg ist für Menschen aus anderen Regionen relativ gering. Auch gibt es Personen, die sich kaum mit der niederländischen Sprache identifizieren. Viele Flamen sind sehr zurückhaltend mit der Behauptung, Niederländisch zu sprechen. Auf dem Niveau der gesprochenen Sprache sprechen sie lieber von Flämisch. Niederländisch als die Sprache der Niederlande und Flanderns zu umschreiben, spiegelt also nicht die Meinung dieser Menschen wider. Die Probleme mit dem geografischen Kriterium werden noch größer, wenn wir über die Grenzen der Niederlande und Flanderns hinausschauen. Dann finden wir u.a. westflämische Dialekte in Frankreich, die außer den flämischen Nachbarn kaum jemand versteht und die oft von Menschen gesprochen werden, die wiederum kein Standardniederländisch verstehen. Gelten diese Dialekte nun als Niederländisch oder nicht? Und was machen wir mit den niederdeutschen Dialekten, die auf der deutschen Seite der deutsch-niederländischen Grenze gesprochen werden und die bezüglich ihrer Verständlichkeit und ihres Sprachsystems kaum von ihren Nachbardialekten in den Niederlanden abweichen?

Auch das zweite Problem, nämlich das Bestimmen, was eine Varietät genau ist, hat sich als im Grunde unlösbar herausgestellt. Wenn man davon ausgeht, dass keine zwei Sprecher identisch sprechen und alle ihren eigenen sog. **Idiolekt** (*idiolect*) haben, ist es vielleicht nicht weit hergeholt, von ein paar Millionen Varietäten auszugehen. Außerdem gibt es selbstverständlich auch noch Sprecher, die in verschiedenen Situationen unterschiedliche Formen der niederländischen Sprache verwenden. Allerdings sind nicht alle Unterschiede in der Sprache gleich wichtig. Oft verbergen sich die Unterschiede nur im Gebrauch eines bestimmten Wortschatzes, z.B. einer **Fachsprache** (*vaktaal*) oder eines **Jargons** (*jargon*), oder in minimalen Unterschieden in der Aussprache, einem **Akzent** (*accent*). In der Regel spricht man erst bei beträchtlichen, systematischen Unterschieden, die auch die Grammatik betreffen und von einer definierbaren gesellschaftlichen Gruppe gesprochen werden, von einer Varietät. Mit anderen Worten wird dabei also eine Kombination linguistischer und sozialer Kriterien verwendet. Doch die Kriterien führen zu allem anderen als zu eindeutigen Ergebnissen: Ab wann sind linguistische Unterschiede groß oder systematisch genug und wann wird eine Gruppe in der Gesellschaft 'erkennbar'? Eine genaue Schätzung, wie viele Varietäten es mit einer derartigen Beschreibung geben könnte, gibt es dementsprechend nicht. Es dürften wohl sehr viele sein.

Die Frage, der mehr Aufmerksamkeit geschenkt wird, ist, welche Arten von Varietäten es in der niederländischen Sprache überhaupt gibt. Die Antwort auf diese Frage sagt jedenfalls viel über die Struktur der Gesellschaft aus: Man kann davon ausgehen, dass Faktoren, die eine starke Wirkung auf den Sprachgebrauch haben, wichtig für die Identitätsbildung sind und umgekehrt. Die Variationsform, die traditionell die größte Aufmerksamkeit erhielt, ist die geografische Variation. Schon im 19. Jahrhundert entstand eine reiche Forschungstradition zu **Dialekten** (*dialecten*), lokalen Sprachvarietäten, die von der **Dialektologie** (*dialectologie*) untersucht wurden. Die Dialektologie kann als Vorläufer der Soziolinguistik betrachtet werden. Im Laufe des 20. Jahrhunderts, vor allem ab den sechziger Jahren, begannen sich Linguisten viel stärker auf Varietäten innerhalb von Sprechergemeinschaften zu konzentrieren, wobei Faktoren wie Geschlecht, soziale Schicht, Alter und Ethnie von entscheidender Bedeutung waren.

> Varietäten, die von einer spezifischen gesellschaftlichen Gruppe gesprochen werden, nennt man **Soziolekte** (*sociolecten*); ein Beispiel dafür ist Jugendsprache. Bei ethnischer Variation spricht man von **Ethnolekt** (*etnolect*).

Neuere Ansätze in der Soziolinguistik wenden sich in gewissem Sinne von solchen Herangehensweisen ab, die von *Lekten* und Varietäten sprechen. Menschen identifizieren sich in der heutigen Gesellschaft oft mit verschiedenen Gruppen gleichzeitig und versuchen, diesen mehrschichtigen Identitäten eine Form zu geben, indem sie Varianten aus verschiedenen Varietäten miteinander kombinieren und sie situationsabhängig einsetzen oder auch nicht. In einer solchen Landschaft wird nicht länger von deutlich unterscheidbaren Varietäten gesprochen, sondern von **Sprechstilen** (*spreekstijlen*). Einige Formen von Variation werden im Folgenden erörtert, wobei generell die chronologische Reihenfolge beibehalten wird, in der die jeweilige Variation ins Niederländische eingeführt wurde.

8.3   Geografische oder 'horizontale' Variation

Eine erste Form der Variation, die wir im Niederländischen antreffen, ist die geografische Variation. Sie wird auch 'horizontale' Variation genannt, weil es um Varietäten geht, die 'auf derselben Höhe' eines vergleichbaren geografischen und sozialen Bereichs liegen. In diesem Fall sind das die Dialekte. Die Dialekte in den Niederlanden und Flandern sind gut dokumentiert und beschrieben, u.a. in Dialektwörterbüchern und Grammatiken, in denen meistens ein einzelner Dialekt beschrieben wird. Auch Atlanten bieten eine globale Übersicht. Obwohl Niederländer und Flamen recht einfach voneinander zu unterscheiden sind, spielt die Staatsgrenze in diesen Einteilungen eine untergeordnete Rolle. Meist unterscheidet man fünf große Gruppen (vgl. Abb. 8.1): holländische, brabantische, flämische, sächsische und limburgische Dialekte (vgl. Kap. 2). Zum Flämischen wird meist auch das Seeländische gerechnet.

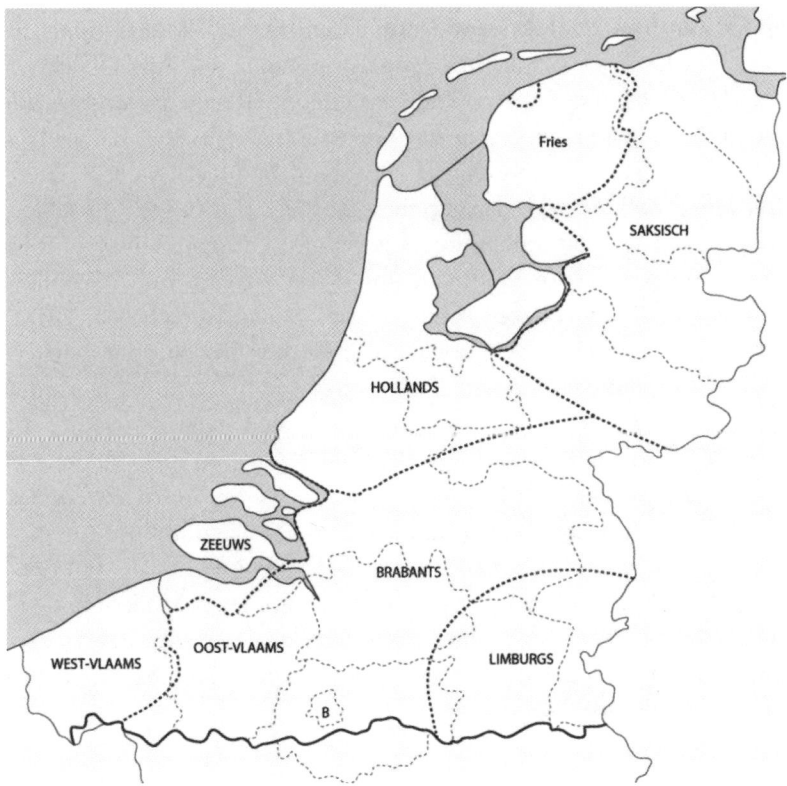

Abb. 8.1: Dialektkarte des niederländischen Sprachgebiets (Janssens & Marynissen 2008)

Darüber hinaus gibt es noch die friesischen Dialekte, die sehr stark mit anderen nördlichen Dialekten verwandt sind. Aber da Friesisch als separate Sprache betrachtet wird, gehen wir auf diese hier nicht weiter ein. Die Grenzen zwischen diesen Gebieten sind größtenteils weniger scharf umrissen als Karten es vielleicht vermuten lassen. Es gibt zumeist breite Übergangszonen zwischen den Dialekten. Eine sehr deutliche Übergangszone ist das Ostflämische, das historisch stärker mit dem West-flämischen verwandt ist, aber inzwischen weitgehend *verbrabantst*, 'brabantisiert' ist. Die sächsischen und limburgischen Dialektgebiete erstrecken sich über die deutsch-niederländische Landesgrenze hinweg und bilden einen fließenden Übergang zu den Dialekten im deutschen Sprachgebiet bzw. zu den niederdeutschen sowie ost- und mittelfränkischen Dialektgebieten. Eine echte Sprachgrenze zwischen den Niederlanden und Deutschland kann also, im Gegensatz zu einer Grenze mit dem französischen Sprachgebiet, nicht gezogen werden.

> Eine Sprachlandschaft mit fließenden Übergängen wird auch ein **Dialektkontinuum** (*dialectcontinuüm*) genannt.

Die niederländischen, deutschen und friesischen Dialekte gehören zum **kontinentalwestgermanischen Dialektkontinuum** (*Continentaal West-Germaanse dialectcontinuüm*). Ein häufiger Irrtum in Bezug auf Sprache ist, dass Dialekte von der Standardsprache 'abgeleitet' seien. Die Existenz eines sprachübergreifenden Dialektkontinuums beweist aber genau das Gegenteil: Die heutige Dialektlandschaft entstand schon lange, bevor überhaupt von Standardsprachen die Rede war, zum Großteil sogar schon kurz nach den germanischen Invasionen ins Römischen Reich.

Trotz der Heterogenität innerhalb der jeweiligen Gruppen können für jedes Gebiet dennoch einige typische Merkmale aufgelistet werden. Für die holländischen Dialekte ist das noch am schwierigsten: Da die Standardsprache vor allem auf das Holländische ausgerichtet ist, zeigen die holländischen Dialekte sehr viele Gemeinsamkeiten mit der Standardsprache. Diphthonge wie in *huis* oder *ijs* sind aus dem Holländischen in die Standardsprache durchgedrungen, genauso wie der sogenannte 'Einheitsplural' von Verben auf *-e(n)* (*wij/jullie/zij werk-en*). Manche holländischen Merkmale, wie die diphthongierte Aussprache von *ee*, *eu* und *oo* (z.B. *heejt* statt *heet*, *leujk* statt *leuk* und *bo00um* statt *boom*) oder die stimmlose Aussprache der Frikative *v*, *z* und *g* (z.B. *foet* statt *voet*, *seven* statt *zeven* und *choede* statt *goede*), werden allmählich auch in der Standardsprache übernommen, vor allem in den Niederlanden. Dasselbe gilt für einige grammatische Merkmale, wie für den Gebrauch von *hun* als Subjekt (z.B. *hun hebben gescoord*) oder das generalisierte Relativpronomen *wie/wat* (z.B. *de speler wie gescoord heeft*).

Holländische Merkmale
- offene Diphthonge: *blaaive* für *blijven* oder *kaaud* für *koud* (diese sind auch zum sog. *Poldernederlands* durchgedrungen, vgl. 8.5.4)
- Reflexivpronomen *zijn eigen*: *hij wast z'neige* statt *hij wast zich*
- Diminutive auf *-ie*: *meisies* statt *meisjes*

Brabantische Merkmale
- offene Diphthonge, die oft auch velar (d.h. hinten im Mund) gesprochen werden: *blaaive* für *blijven* oder *oois* für *huis*
- Diminutive auf *-(s)ke*: *zakske* statt *zak*, *fietske* statt *fiets*
- Reflexivpronomen *zijn eigen*: *hij wast zijneige* statt *hij wast zich*

Flämische/Seeländische Merkmale

- Diphthongierung fehlt größtenteils: *ies* statt *ijs* und *muus* statt *muis*
- *g* wie *h* ausgesprochen: *hoed* statt *goed* (beachte: in den meisten flämischen und brabantischen Dialekten wird das h weggelassen)
- Reflexivpronomen *hem* und *haar*: *hij wast hem* und *zij wast haar* (= *zich*)

Sächsische Merkmale

- Diphthongierung fehlt: *ies* statt *ijs* und *muus* (oder *moes*) statt *muis*
- *-en* am Ende eines Wortes wird vollständig ausgesprochen, manchmal mit Verschlucken des Schwa-Lautes: *slikn* statt *slikke(n)*
- Einheitsplural auf *-t*: *wij/jullie/zij werkt* statt *werken*

Limburgische Merkmale

- 'singende' Intonation: manche Wörter mit einem ansteigenden Ton ausgesprochen werden
- *k* am Ende eines Wortes manchmal wie *ch* ausgesprochen: *ich* anstatt *ik*
- in manchen Gebieten ist *du* (ausgesprochen als [du]) als Anrede bewahrt

Die Dialektologie beschäftigt sich mit verschiedenen Aspekten der Dialektvariation. Obwohl man bestimmten Dialektgebieten allgemeine Merkmale zuschreiben kann, muss nachdrücklich betont werden, dass Dialekte zu einem sehr großen Teil unabhängige Sprachsysteme sind. Um ihre Struktur zu ergründen, ist demnach sehr viel Forschungsarbeit notwendig. Aus soziolinguistischer Sicht ist vor allem wichtig, dass innerhalb der Dialektologie auch eine bedeutende historische Theoriebildung entwickelt wurde, die uns über die Motive der Sprecher für die Wahl einer bestimmten Art des Sprachgebrauchs aufklärt.

In der Sprachwissenschaft der *Junggrammatiker* (19. Jahrhundert) hielt man den Sprachwandel für einen Prozess, der mit regelmäßigen Lautgesetzen beschrieben werden konnte. Die Dialektologen hingegen stellten auf ihren Dialektkarten wesentlich chaotischere Muster fest, wobei sich die Grenzen zwischen zwei Aussprachevarianten nicht mit allgemeinen phonologischen Prinzipien vorhersagen ließen. Ganz im Gegenteil – sie konnten für jedes Wort abweichen. Dieses Phänomen nennt man **lexikalische Diffusion** (*lexicale diffusie*). Die Entdeckung der lexikalischen Diffusion führte zu der bekannten Maxime der Dialektologie: 'Jedes Wort hat seine eigene Geschichte'. Sprachwandel läuft dann darauf hinaus, dass Sprecher Innovationen Wort-für-Wort über **Sprachkontakt** (*taalcontact*) übernehmen. Dabei sind zentralisierte, dichtbevölkerte und wirtschaftlich starke Gebiete erfolgreicher, ihre Innovationen zu verbreiten, als periphere, isolierte und dünnbevölkerte Gebiete, weil Kontakte mit Sprechern aus erstgenannten Gebieten wahrscheinlicher sind. Durch aufeinanderfolgende Wellen der Entwicklung aus verschiedenen Zentren entstehen Dialektkontinuen und nach einiger Zeit auch neue Sprachen. Diesen Vorgang beschreibt die sog. **Wellentheorie** oder **Expansionstheorie** (*expansietheorie*). Heute wissen wir, dass sprachliche Veränderungen sowohl anhand der Auffassung der Junggrammatiker als auch anhand der Wellentheorie erklärt werden können. Ein berühmtes Beispiel aus der niederländischen Dialektologie kann dies veranschaulichen: die Aussprache des Lautes <ui> (*huis, muis*).

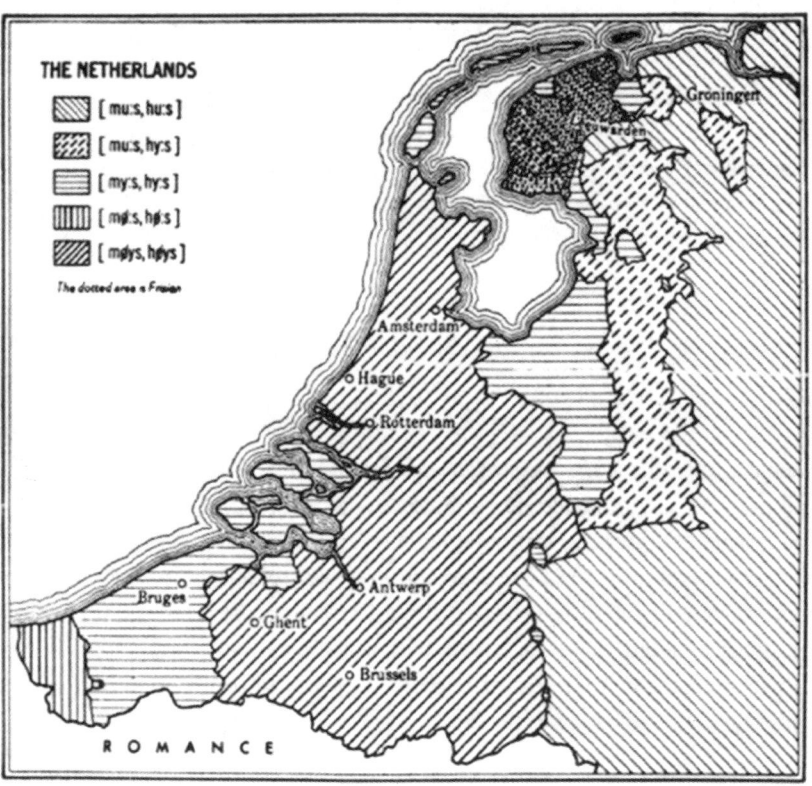

Abb. 8.2: Lautverteilung zu *muis* und *huis* nach Kloeke (Hamans 2011)

In zentralen Gebieten wie Holland und Brabant ist es ein Diphthong [œy], in der östlichen und südwestlichen Peripherie ein Monophthong, sei es [u] (die älteste Variante, z.B. *hoes, moes*), sei es [y] (eine frühe Entwicklung, z.B. *huus, muus*). Die [u]-Aussprache treffen wir übrigens auch im Niederdeutschen an. Die Karte zeigt erstens, dass die Aussprache der Wörter *huis* und *muis* in manchen Gebieten unterschiedlich ist, und zweitens, dass sich die Entwicklungen vom Zentrum der *Lage Landen,* genauer gesagt von Holland aus, über den Rest des Gebiets verbreitet haben. Dialektologen sprechen hier auch von **holländischer Expansion** (*Hollandse expansie*).

Schon seit Jahrhunderten wird auch außerhalb des niederländischen Sprachgebiets Niederländisch gesprochen. In Gebieten, in denen neben Niederländisch noch andere Sprachen eine wichtige Rolle spielen, ist Niederländisch für sehr viele, oder sogar für alle Sprecher, nicht die erste Sprache. Durch Zweisprachige und Anderssprachige entstehen **Kontaktvarietäten** (*contactvariëteiten*) des Niederländischen, die deutlich von anderen Sprachen beeinflusst worden sind. Es gibt verschiedene Arten, von denen einige eigentlich schon eher eigene Sprachen sind als Varietäten. Ein erster Typ sind die Pidginsprachen. Das sind Sprachen, die in mehrsprachigen Gebieten als Umgangssprache benutzt werden, während sie fast niemand als Muttersprache beherrscht. Pidgins sind somit auch meistens stark vereinfachte Sprachen, mit einem begrenzten Wortschatz und frei von allen grammatischen Komplexitäten. In den Vereinigten Staaten soll es zwei Pidgins des Niederländischen gegeben haben, das *Mohawk Dutch* und das *Negro Dutch*, diese sind aber nicht überliefert.

Ein anderer Typ sind die Kreolsprachen, die entstehen, wenn große Gruppen Fremdsprachiger eine meist europäische Umgangssprache als Muttersprache übernehmen. Auf diese Weise entstehen 'Mischsprachen', die ihre Merkmale teils von der Ausgangssprache der Anderssprachigen übernehmen, teils von der europäischen Zielsprache und teils auch eigene Merkmale entwickeln (oft typische Kontaktphänomene). Beispiele finden wir im ehemaligen Niederländisch-Indien (*Petjo, Javindo, Ceylons-Nederlands*) und in der Karibik (*Negerhollands, Berbice Nederlands, Skepi Nederlands*). Alle niederländischen Kreolsprachen sind ausgestorben oder vom Aussterben bedroht.

Außer Pidgins und Kreolsprachen gibt es noch Kontaktvarietäten, die weniger von einer anderen Sprache beeinflusst worden sind, wobei nicht so sehr Zweisprachigkeit, sondern eher Entlehnung eine Rolle gespielt hat. Der Brüsseler Dialekt ist beispielsweise stark von der französischen Sprache beeinflusst, genau wie das Französisch-Flämische. Amsterdamer Dialekte hingegen haben viele Wörter aus dem Jiddischen übernommen.

8.4 Soziale oder 'vertikale' Variation

8.4.1 Der Aufschwung der gesprochenen Standardsprache

Neben der horizontalen Variation gibt es auch die 'vertikale' Sprachvariation, bei der hierarchisch geordnete Varietäten, d.h. Varietäten aus einem unterschiedlichen geografischen und sozialen Bereich, nebeneinander existieren. Sehr lange wurde außerhalb der eigenen Gruppe eine importierte (oder 'exogene') Sprache wie Latein oder Französisch verwendet. Das kann man sehr gut an den überlieferten historischen Quellen sehen, die natürlich fast ausschließlich die Schriftsprache betreffen. Ab dem Mittelalter wurde auch mehr und mehr in der Volkssprache geschrieben, anfänglich in Schreibsprachen, die stark an Dialekte angelehnt waren (vgl. Kap. 2). Im 17. Jahrhundert entwickelte sich dann ein Vorläufer der heutigen niederländischen Standardsprache. Diese Standardsprache ist als Schriftsprache immer wichtiger geworden, auch wenn die Entwicklung der Schriftsprache in den *Lage Landen* damit sicher noch nicht abgeschlossen ist. Heute nimmt zum Beispiel auch Englisch eine sichtbare Rolle in der Gesellschaft ein (z.B. in Werbeslogans, in der Wissenschaft) und in bestimmten jüngeren Formen geschriebener Sprache (E-Mails, Chat, Internetforen) tauchen wieder neue Nicht-Standardmerkmale auf.

Über das Verhältnis zwischen gesprochener Standardsprache und Dialekt im Laufe der Geschichte ist viel weniger bekannt als über die Schriftsprache, da die überlieferten schriftlichen Quellen nur sporadische Informationen darüber enthalten, wie früher gesprochen wurde. Das Streben nach einer einheitlichen Aussprache ist in jedem Fall jünger als die geschriebene Norm. Die meisten Experten situieren die Entstehung der gesprochenen Standardsprache, des *Algemeen Beschaafd Nederlands* (ABN), in den Niederlanden erst ins 19. Jahrhundert (vgl. Kap. 2). Bis zu einem gewissen Grad wurden Standardsprachen, häufig auch die Sprache der Hauptstadt, als die Sprachform gesehen, die die nationale Identität am besten ausdrückt. Durch dieses hohe gesellschaftliche Ansehen wurde die Standardsprache nicht nur eine zusätzliche Varietät neben den Dialekten, sondern es übernahmen immer mehr Sprecher die Standardsprache, auch im alltäglichen Kontakt mit Menschen aus derselben Region. Die Entwicklung, dass immer weniger Menschen in immer weniger Situationen Dialekt sprechen, nennt man **Dialektverlust** (*dialectverlies*). Der Dialektverlust hält bis heute an. Eine Situation, in der der Dialektverlust besonders erkennbar wird, ist die Erziehung. Sehr viele Eltern, die miteinander Dialekt sprechen, entscheiden sich dafür, mit ihren (kleinen) Kindern Standardsprache zu sprechen. Das führt fast unweigerlich dazu, dass die Kinder keinen, oder zumindest weniger gut, Dialekt beherrschen.

Der Dialektverlust hat nicht in allen Regionen gleich stark um sich gegriffen: In den zentralen Regionen in den Niederlanden ist der Dialekt so gut wie verschwunden, aber in niederländischen Randgebieten hört man ihn noch relativ oft. In Belgien sind die Dialekte noch etwas stärker vertreten als in den Niederlanden, doch auch dort gibt es große Unterschiede zwischen dialektfesten Regionen (wie Westflandern) und Regionen mit einer starken Standardisierung (z.B. Limburg, das in diesem Punkt stark von der gleichnamigen niederländischen Nachbarprovinz abweicht). In den Regionen mit starkem Dialektverlust ist der Dialekt auf eine begrenzte soziale Gruppe, oft die unteren Schichten, zurückgedrängt worden. Wegen der starken Assoziation mit einer bestimmten sozialen Schicht fungieren die Dialekte in dieser Region somit auch eher als **Soziolekte** (*sociolecten*) oder Gruppensprache. Viele der lokalen Dialektmerkmale verschwanden unter dem Einfluss der Standardsprache und anderer Dialekte. Dadurch näherten sich die Dialekte nicht nur immer mehr dem Standard an, sondern ähnelten sich auch gegenseitig immer stärker. Auch dieser Prozess, der **Dialektausgleich** (*dialectnivellering*) genannt wird, dauert bis heute an. Er kann im Prinzip dazu führen, dass es langfristig kaum noch lokale Dialekte geben wird, und höchstens noch von regionalen Varietäten, **Regiolekten** (*regiolecten*) oder Akzenten gesprochen werden kann. Das Dialektkontinuum zum Deutschen und Friesischen 'zerbricht'.

In der Interaktion zwischen Standard und Dialekt sind Varietäten mit Merkmalen beider Formen entstanden. Von einer Situation, in der Dialekte neben einer
deutlich abgegrenzten Standardsprache existierten (was als eine Form von **Diglossie** (*diglossie*) oder Zweisprachigkeit zu betrachten ist), entwickelte sich die Sprache
zu einem Kontinuum mit der Standardsprache und dem Dialekt an den Polen und
allerlei Zwischenvarietäten: eine sog. **Diaglossie** (*diaglossie*). In einer Diaglossie
bestimmen die Sprecher je nach Situation mehr oder weniger autonom, wie viele
standardsprachliche und wie viele lokale Elemente sie in ihrem Sprachgebrauch
zulassen wollen.

Abb. 8.3: Von Diglossie zu Diaglossie

Ob ein Sprecher sich in einer diaglossischen Sprachlandschaft eher am Standard-
sprachepol oder eher am Dialektpol orientiert, hängt von vielen Faktoren ab, z.B.
von sozialen Faktoren wie Herkunft, Alter, Bildungsgrad etc. Außerdem spielt auch
die konkrete Kommunikationssituation eine Rolle.

8.4.2 Quantitativ soziolinguistische Forschung

Weil 'gemischter' Sprachgebrauch sowohl Elemente enthält, die man Dialekten, als
auch solche, die man der Standardsprache zuordnen kann, muss man ihn zwangsläufig mit quantitativen Techniken beschreiben: Nur so kann man nämlich angeben, ob
Wörter, Laute und grammatikalische Konstruktionen zur Standardsprache gehören
oder nicht und in welchen Situationen, wie oft und von wie vielen Sprechern sie
verwendet werden. Der quantitativ soziolinguistische Forschungsansatz verwendet
häufig das Konzept der **linguistischen Variable** (*linguïstische variabele*). Damit ist
eine Reihe von Sprachbausteinen oder **Varianten** (*varianten*) mit derselben Bedeutung gemeint, die jedoch unterschiedliche soziale Konnotation haben. Variablen
gibt es auf allen Beschreibungsebenen der Sprachwissenschaft, im Wortschatz (Flämisch *ajuin* vs. *ui* in der Standardsprache), auf der Ebene der Laute (unterschiedliche Aussprache des r, wie z.B. Zungenspitzen-[r], Gaumen-[ʀ] oder Approximant-
[ɹ]) und auf dem Gebiet der Morphosyntax (die zweite Person Singular ist z.B. *jij
werk-t* oder *du werk-s*). Der Einsatz von Variablen erlaubt es, den relativen Anteil von
standardsprachlichen und dialektalen Elementen in einer Materialsammlung zu
bestimmen.

Mit der quantitativen Soziolinguistik assoziiert man vor allem die Arbeiten des
amerikanischen Sprachwissenschaftlers William Labov (*1927). Seine Studien haben bis heute einen enormen Einfluss auf das Forschungsgebiet. Auf der Grundlage
von Labovs Methoden wurden u.a. historische Phänomene wie Dialektausgleich
und Dialektverlust erforscht. Außerdem beschäftigt man sich mit Standardisie-

rungsprozessen und/oder Veränderungen innerhalb der Standardsprache. Vor allem die Standardisierung in Flandern ist gründlich erforscht worden, weil sich dieser Prozess dort in jüngster Zeit durchgesetzt hat. Auf dem Gebiet der Schriftsprache scheinen sich das belgische Niederländisch und das niederländische Niederländisch schon seit Jahren aufeinander zu zubewegen. Bei der Aussprache ist das deutlich weniger der Fall, da die Standardaussprache in Flandern viel konservativer ist als in den Niederlanden. Das niederländische Niederländisch weicht auch stärker als das belgische von der Norm ab, die in der ersten Hälfte des 20. Jahrhunderts aus den Niederlanden übernommen wurde. Für das niederländische Niederländisch kann man sich beispielsweise fragen, ob Aussprachevarianten wie *fis* und *seef* nicht mindestens genauso zur Standardsprache gezählt werden können wie *vis* und *zeef*, das 'weiche g' in *goed* wird in den Niederlanden sogar allgemein als südliches Merkmal von Sprechern aus Limburg, Nordbrabant oder Flandern wahrgenommen.

Labov und andere Soziolinguisten fanden heraus, dass man auf der Grundlage synchroner Informationen feststellen kann, ob Dialektverlust oder -ausgleich vorlag, indem man verschiedene Generationen miteinander vergleicht. Diese Methode nennt man **Apparent-Time-Methode** (*apparent-time methode*). Man geht davon aus, dass sich die Sprache von Erwachsenen kaum noch verändert und dass die Sprache eines heute Fünfzigjährigen somit Aufschluss darüber gibt, wie Zwanzigjährige vor dreißig Jahren gesprochen haben. Wenn man also die Sprache von zwei Altersgruppen miteinander vergleicht, erhält man Informationen über aktuelle Veränderungen der Sprache.

Ein bekanntes Beispiel für eine solche (quantitativ-soziolinguistische) Studie, die Veränderungen in der Standardsprache untersucht, ist die von Van Hout aus dem Jahr 1989. Van Hout stellte u.a. fest, dass der nicht-standardsprachliche Gebrauch von *hun* als Subjekt (*hun hebben gescoord*) immer häufiger vorkommt.

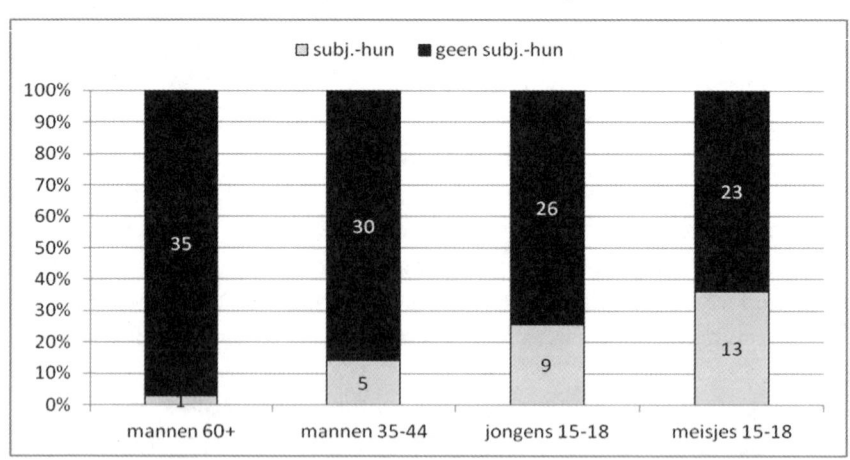

Abb. 8.4: *hun* als Subjekt in Nimwegen (nach Van Hout 1989: 231)

In einer Umfrage stellte sich heraus, dass in einer Gruppe von 36 älteren Männern aus Nimwegen gerade mal einer *hun* als Subjekt verwendete, in einer jüngeren Altersgruppe fünf von 35 und bei der jüngsten Gruppe sogar neun von 35. Dieses Ergebnis ist außerordentlich interessant: Wie überall in den Niederlanden gibt es auch in der Dialektlandschaft um Nimwegen Dialektausgleich und sogar Dialektverlust. Das typische Bild in einer soziolinguistischen Studie zeigt eigentlich, dass sich jüngere Sprecher in einer solchen Situation eher an der Standardsprache orientieren als ältere. Für *hun* als Subjekt gilt das aber offensichtlich nicht: Dieses Phänomen scheint auf dem Vormarsch zu sein, obwohl es nicht standardsprachlich ist. Abbildung 8.4 gibt nicht nur Aufschluss über das Alter. Offensichtlich gibt es auch geschlechtsspezifische Unterschiede, denn Mädchen verwenden das Subjekt-*hun* häufiger als Jungen. Auch diese geschlechtsspezifischen Unterschiede werden in der Soziolinguistik untersucht. Aus Studien zum Dialektverlust und -ausgleich geht dabei hervor, dass sich Frauen meistens mehr am Standard orientieren als Männer. Es gibt allerdings eine Ausnahme: Bei Variablen, für die sich der Standard im Wandel befindet, verwenden Frauen doch häufiger die innovativere Variante, auch wenn diese mehr von der Standardsprache abweicht. Frauen sind also in der sprachlichen Entwicklung Vorreiter, sowohl was Entwicklungen angeht, die sich in Richtung der Standardsprache bewegen, als auch bei solchen, die sich vom Standard weg bewegen. Man hat versucht, dieses progressive Verhalten der Frauen auf unterschiedliche Art und Weise zu erklären, beispielsweise mit der Rolle von Frauen in der Kindererziehung oder mit ihrer weniger günstigen Position auf dem Arbeitsmarkt. Beide Faktoren würden dann dafür sorgen, dass Frauen ihr soziales Prestige mehr über Sprache definieren müssten (und über Äußerlichkeiten wie Kleidung). Sehr überzeugend sind diese Erklärungen jedoch nicht; kinderlose Frauen oder erfolgreiche Karrierefrauen drücken sich nämlich nicht unbedingt 'männlicher' aus.

Außer den schon erwähnten geschlechtsspezifischen Unterschieden bringen viele Studien Unterschiede auf der Grundlage der **sozialen Schicht** (*sociale klasse*) zu Tage. Auch hier sind die Ergebnisse nicht eindeutig: Einerseits orientieren sich höhere soziale Klassen normalerweise stärker an der Standardsprache, wodurch sie die Prozesse des Dialektverlustes und -ausgleichs anführen. Andererseits gibt es auch Beispiele, bei der die soziale Oberschicht die Veränderung, die sich von der Norm weg bewegt, beeinflusst und fördert. Ein Beispiel dafür ist das *Poldernederlands* (eine junge Variante der niederländischen Sprache, in der vor allem die Vokale stark von der Standardaussprache abweichen, vgl. 8.5.4). Zurzeit genießt das *Poldernederlands* großes Ansehen und es sieht so aus, also ob sich diese Variante weiter verbreiten würde.

Geschlechtsspezifische Unterschiede und Unterschiede in der sozialen Schicht machen es nicht gerade einfach, Aussagen über die Richtung zu treffen, in die sich der Sprachwandel bewegt. Dennoch werden diese Faktoren in der sprachhistorischen Forschung häufig herangezogen, weil sie erlauben, die Rolle des **sozialen Prestiges** (*sociaal prestige*) aufzuzeigen: Sowohl Frauen als auch die Oberschicht scheinen sich stärker an den Varianten mit einem solchen Prestige zu orientieren. Das Prestigekonzept gehört zu den Schlagwörtern der klassischen Soziolinguistik: Man geht davon aus, dass Sprecher Prestigevarianten mehr oder weniger bewusst übernehmen, beispielsweise um in Gesprächen einen besseren Eindruck zu hinterlassen. Wenn das langfristig dazu führt, dass eine Prestigevariante eine andere Variante verdrängt, spricht man von *change from above the level of social consciousness* oder kurz von *change from above*. Die Soziolinguistik hat sich sehr intensiv mit diesem Phänomen beschäftigt. Im Gegensatz zum *change from below*, für den meist sprachinterne Faktoren ausschlaggebend sind (weil eine Variante z.B. einfacher zu erlernen oder aus anderen Gründen anwenderfreundlicher ist), kann *change from above* eher mit sozialen Motiven erklärt werden. In der klassischen Soziolinguistik ging man davon aus, dass Sprecher eigentlich zwei Arten von Sprache unterscheiden: Zum einen die informelle Sprache, die man innerhalb einer bestimmten Gruppe, seiner **Peergroup** (*peer group*), benutzt, und zum anderen die Sprache, die man in formellen Situationen, in denen Hierarchie eine Rolle spielt, benutzt. In informellen Situationen, so die Annahme, wollten Sprecher vor allem **Solidarität** (*solidariteit*) ausdrücken und so häufig wie möglich die Sprache verwenden, die sie als Kind erlernt haben – ihren Idiolekt (meistens ein lokaler Dialekt). In formellen Situationen hingegen verlaufe die Verwendung von Sprache nicht spontan, sondern kontrolliert. In diesen Situationen versuchten die Sprecher Prestigevarianten zu benutzen. Dieses Bild von Sprachvariation führte zu einer typischen Methodik, wobei man versuchte, spontane Sprache (das informellste Register) mit vorgelesenen Texten (das formellste Register) zu vergleichen, und eventuell noch andere Situationen hinzu zu nehmen, die bezogen auf die Formalität eine Zwischenposition einnehmen.

Das Variationskonzept der klassischen Soziolinguistik wurde in vielen anschaulichen Studien angewandt. Es wurde und wird jedoch auch stark kritisiert. So funktioniert ein Konzept wie das des Prestiges nicht immer auf die gleiche Art und Weise: Was Prestige überhaupt ist, lässt sich nicht so leicht definieren und es lässt sich nicht vorhersagen, welche Sprachformen Prestige erlangen werden. Beispiele wie die Entwicklung zu stimmlosen Frikativen und die Verwendung von *hun* als Subjekt illustrieren, dass Prestige nicht dasselbe ist wie Standardsprachlichkeit. Ein weiteres Problem des Prestigekonzeptes ist, dass es offensichtlich nicht nur die Reichen und Mächtigen der Gesellschaft sind, die ihre Art zu sprechen an den Rest der Gesellschaft weitergeben. So wurde z.B. die Anrede *jij* aus dem Holländischen der unteren Schichten übernommen. Diese Anrede war in dieser Schicht im 17. Jahrhundert üblich, während der Adel noch systematisch *gij* benutzte. Diese Verteilung wird in Quellen der damaligen Zeit beschrieben und außerdem als Stilmittel in Theaterstücken verwendet. Da sich Sprecher über die verschiedenen Möglichkeiten, aus denen sie wählen konnten, sehr wohl bewusst waren, gilt die Verallgemeinerung der *jij*-Form im heutigen Holland als *change from above*, die hier nicht die Prestigevariante des Adels verallgemeinert hat, sondern eine Form, die als intim und vertraut galt.

Daran kann man sehen, dass bei Sprachwandel kompliziertere soziale Motive wirken als nur die Tendenz der Sprecher, einem Prestige nachzueifern.

8.4.3 Im Kopf des Sprechers: Attitüde-Forschung

Innerhalb der Soziolinguistik hat man sich, u.a. wegen der Komplexität sozialer Situationen, zum Ziel gemacht zu ermitteln, wie Sprecher über bestimmte Varianten und Varietäten denken, wie ihre **Attitüde** (*attitude*) gegenüber diesen sprachlichen Formen ist. Wird der Sprachgebrauch beispielsweise als schön oder hässlich beurteilt, mit gebildeten oder ungebildeten Sprechern assoziiert, wird er als sprachwissenschaftlich reich oder arm angesehen? Diese Art von Bewertungen hat meistens kaum etwas mit objektiven Merkmalen einer Sprache oder Varietät zu tun, sondern ausschließlich mit den Vorstellungen, die innerhalb der Sprache über einige Sprecher herrschen. So wird die Aussprache der Verbformen *spreken* im Plural als /*spre:kn*/ in den Niederlanden als *boers* ('plump') beurteilt, da diese Aussprache mit Sprechern der nordöstlichen Dialekte auf dem platten Land in Verbindung gebracht wird. In Deutschland hingegen ist diese Variante der Endung *-en* die normale und sogar die prestigeträchtigere Aussprache.

Für die Attitüdeforschung sind verschiedene Methoden entwickelt worden. So kann man zum Beispiel vom Sprachverhalten ableiten, welche Varianten in welchen Situationen bevorzugt und welche eher vermieden werden. Da soziolinguistische Beobachtungen sehr arbeitsintensiv sind, entscheidet man sich meistens für eine eher zielgerichtete Arbeitsweise, bei der man versucht, die Attitüden einer Informantengruppe zu 'messen'. Diese Messung kann direkt durchgeführt werden, in dem man die Informanten unumwunden nach ihrer Meinung zum Sprachgebrauch fragt, entweder mit oder ohne Hörbeispiele. Die direkte Methode hat allerdings den Nachteil, dass die Testpersonen nicht immer sofort ihre wahre Einstellung preisgeben, sondern manchmal eher geneigt sind, Antworten zu geben, die sozial erwünscht sind. Mit einer indirekten Messung, bei der die Testpersonen nicht wissen, dass sie an einer Studie zur sprachlichen Attitüde teilnehmen, kann dieses Problem gelöst werden. Dabei werden z.B. Hörproben verwendet, anhand derer die Testpersonen sagen müssen, was sie über den Sprecher des Fragmentes denken. Typische Fragen sind: "Glauben Sie, dass der Sprecher eine leitende Funktion hat?" oder "Denken Sie, dass der Sprecher dieses Fragmentes vertrauenswürdig ist?". Das erste Merkmal wird typischerweise Sprechern der Standardsprache zugewiesen, das zweite Dialektsprechern. Bei solchen Studien wird häufig die **Matched-Guise-Technik** (*matched-guise techniek*) verwendet, bei der verschiedene Fragmente, die die Probanden beurteilen sollen, von derselben Person eingesprochen werden. Unterschiede in der Evaluation sind dann mit großer Sicherheit dem Sprachgebrauch im jeweiligen Fragment zuzuschreiben und nicht anderen Faktoren wie beispielsweise der Stimmfärbung.

In der niederländischen Soziolinguistik wird seit 1960 intensive Attitüde-forschung betrieben. In manchen Studien scheinen die Testpersonen beispielsweise ziemlich typisch in Begrifflichkeiten von Solidarität und Prestige zu denken, was mit der klassischen Betrachtungsweise nach Labov übereinstimmt. Andere Studien zeigen eine dreiteilige Struktur der Attitüden, wobei neben dem prestigeträchtigen Sprachgebrauch auch Varianten vorkommen, die die persönliche Integrität unterstreichen (Merkmale wie Zuverlässigkeit oder Ehrlichkeit) oder die soziale Anziehungskraft beurteilen (Merkmale wie Humor oder unterhaltsame Gesprächspartner). Neuere Studien zeigen z.B., dass ein limburgischer Akzent in den Niederlanden mit Integrität assoziiert wird, während in einem großen Teil des niederländischsprachigen Belgiens ein brabantischer Akzent als sozial reizvoll wahrgenommen wird.

Attitüden scheinen, genau wie Sprache an sich, in Zeit und Raum variabel zu sein. Sie variieren auch innerhalb verschiedener Bevölkerungsschichten und sind außerdem empfänglich für Faktoren wie Alter, Geschlecht und soziale Schicht. Das kann dazu verleiten, einen Zusammenhang zwischen den Attitüden, die eine bestimmte Person hat, und ihrem Sprachgebrauch zu sehen. Die Beziehung zwischen Attitude und Sprachgebrauch ist jedoch bei weitem nicht immer gleich offensichtlich. Nicht alle Informanten, die die Standardsprache als sehr prestigeträchtig betrachten, würden selbst in formellen Situationen auf Standardsprache umschalten. Attitüdeforschung wurde nicht nur bezogen auf Varianten des Niederländischen betrieben, sondern auch auf Attitüden gegenüber Sprachen, die in den Medien vertreten sind (wie Englisch), Sprachen, die als Fremdsprache erlernt werden, oder Sprachen von Migranten.

8.5   Aktuelle Entwicklungen in der niederländischen Sprache

8.5.1   Standardisierung abgeschlossen?

Wenn ein Standardisierungsprozess wie die Verallgemeinerung des gesprochenen Standards lange Zeit andauert, stellt man sich die Frage, wann diese Entwicklung definitiv abgeschlossen ist. Heute ist klar, dass Standardisierung niemals zu vollständiger Einheitlichkeit führen wird: Es spricht schließlich einiges dafür, dass die Standardisierung momentan nicht im gleichen Tempo wie vor einigen Jahrzehnten voranschreitet. Das zeigt nochmals, dass Variation der Sprache eigen ist und Sprache nicht nur als Kommunikationsmittel dienen soll, sondern sie den Sprechern auch ermöglicht, ihre eigene Identität auszudrücken. Dass Standardisierung an Stärke verliert (manche sprechen sogar von Destandardisierung), zeigt sich in unterschiedlichen aktuellen Entwicklungen. So wird von einer Dialektrenaissance gesprochen, bei der der Dialekt in bestimmte Nischen der Sprache eindringt, in denen er früher kaum oder nicht vorhanden war (s. 8.5.2). Außerdem scheint sich die Norm der Standardsprache sowohl in den Niederlanden als auch in Flandern auszuweiten, was sich in neuen Varietäten des Niederländischen widerspiegelt. Diese neuen Varietäten sind vor allem in informellen Registern der gesprochenen Sprache sehr erfolgreich, wie das *Poldernederlands* und *Verkavelingsvlaams* (s. 8.5.3). Vor allem in Großstädten entstehen durch den Kontakt des Niederländischen mit anderen Sprachen auch vollkommen neue Varietäten. Diese Entwicklungen kann man häufig nur dann nachvollziehen, wenn man die lokalen Gegebenheiten in einer Region berücksichtigt. Sie zeigen sich auch von Person zu Person sehr unterschiedlich. Aus diesen Gründen sind sie eine wichtige Herausforderung für die klassischen soziolinguistischen Forschungsmethoden, die sich vor allem eignen, um verallgemeinernde Aussagen über große Bevölkerungsgruppen zu machen.

8.5.2 Dialektrenaissance und Anerkennung von Mundarten

Seit den achtziger Jahren des 20. Jahrhunderts glauben einige Wissenschaftler, eine **Dialektrenaissance** (*dialectrenaissance*) zu erkennen, ein neu auflebendes Interesse an Dialekten. Die Dialektrenaissance ist ein schwierig zu beschreibendes Phänomen, denn sie äußert sich auf unterschiedliche Art und Weise. So erfreut sie sich der Dialekt als Teil der Lokalgeschichte und der lokalen Identität großer Beliebtheit: Viele Amateurhistoriker wollen Wörterbücher oder Grammatiken zu einem lokalen Dialekt schreiben oder Gespräche und Lieder aufnehmen. Frappierender ist allerdings, dass der Dialekt auch in Gebiete vordringt, in denen er früher höchstens eine kleine Rolle gespielt hat. Die Bibel beispielsweise wurde in verschiedene Dialekte übersetzt. Der Dialekt ist in Literatur, Theater, Kabarett und Musik im Kommen und dringt so bis in den Kultursektor vor.

Ein Problem bei der Beschreibung der Dialektrenaissance ist, dass keines der genannten kulturellen Phänomene vollkommen neu ist: Auch im 19. Jahrhundert gab es Dialektliteratur und -theater, vor allem inspiriert vom Faible für das Lokale und für die Natur in der Romantik. Dieses Faible fehlt in der Dialektrenaissance allerdings größtenteils, da die Genres, die man benutzt, ein Teil der modernen Popkultur sind und die Kulturprodukte so weit über das eigentliche Kulturgebiet hinaus bekannt werden. Ein Beispiel ist die Comicfigur Haagse Harry, ein Arbeitsloser aus Den Haag, der gerne randaliert (s. Abb. 8.5). Dialektrenaissance zeigt sich auch in der Popmusik: In den letzten Jahrzehnten gibt es immer mehr Musiker, die Dialekt verwenden. Das Typische an den Musikern der jüngeren Generation ist, dass sie den Dialekt im Gegensatz zu der älteren Generation nicht als Motor für lokale Identität sehen, sondern eher als Instrument, mit dem sie ihre eigenen persönlichen Gefühle am besten ausdrücken können (Stichwort Authentizität). Bekannte niederländische Bands sind Normaal, Rowwen Hèzze und Skik. In Flandern gibt es Flip Kowlier und Axl Peleman. Die jungen Künstler singen über Themen der heutigen industrialisierten und urbanisierten Gesellschaft.

Abb. 8.5: Haagse Harry (Niet Te Wènag!!)

Das Fragment des westflämischen Sängers Flip Kowlier (Textbeispiel aus: *min moaten*) beschäftigt sich mit Themen wie Hip-Hop-Musik und Pornografie, wobei auch englische Wörter nicht vermieden werden:

tlp, is ne party dj	TLP is een party DJ
moa skratch solo's kant ie	maar scratchsolo's kan hij
nie brieng	niet brengen
sex i zinne lust en zin leven	seks is zijn lust en zijn leven
tlp, de gentse porno-king	TLP de Gentse pornokoning
bza, inne vlamsche rapper	BZA is een Vlaamse rapper
en ne parttime vizzekluot	en een part-time vieze kloot
moj kan leute moaken lik ginjin	maar hij kan plezier maken als geeneen
en tjikenen lik de beste	en tekenen als de beste
mijn respect voe bza i gruot	mijn respect voor BZA is groot

Die Dialektrenaissance erhöht die Sichtbarkeit des Dialektes in den Medien. Auffallend ist jedoch, dass dies keine Zunahme des Dialektes im täglichen Sprachgebrauch zur Folge hat: Der Dialektverlust und der Dialektausgleich werden also nicht rückgängig gemacht und nicht einmal aufgehalten.

Eine weitere wichtige Entwicklung ist die Anerkennung von Dialekten als **Regionalsprachen** (*streektalen*). 1992 entschlossen sich die Mitgliedsstaaten des Europarates, Regionalsprachen und Sprachen regionaler Minderheiten zu unterstützen. Die Niederlande haben in diesem Rahmen Limburgisch und *Nedersaksisch* als Regionalsprachen anerkannt, während Friesisch eine noch weiter reichende Anerkennung als offizielle Amtssprache in der Provinz Friesland erhalten hat. Im Zuge der

Anerkennung (einiger) Dialekte als Regionalsprachen, versucht man den Dialekt auf unterschiedliche Art und Weise als vollwertige Sprache zu etablieren: In vielen niederländischen Gemeinden gibt es Straßenschilder im Dialekt, man strebt eine einheitliche Schreibweise an und möchte sogar Rechtschreibprogramme oder Software von Navigationsgeräten im Dialekt entwickeln. Belgien hat die Charta der Regional- oder Minderheitensprachen nicht ratifiziert, aus Angst vor Unstimmigkeiten mit der eigenen komplexen Sprachgesetzgebung, und hat deshalb keine Dialekte anerkennen lassen. In Frankreich wurde Westflämisch anerkannt.

8.5.3 Post-Standardvarietäten

In den neunziger Jahren des 20. Jahrhunderts fand der niederländische Sprachwissenschaftler Jan Stroop heraus, dass eine große Gruppe renommierter Sprecher – vor allem Frauen in der Randstad – anfing, eine Varietät zu sprechen, die deutlich vom Standardniederländisch abwich, das *Poldernederlands*.

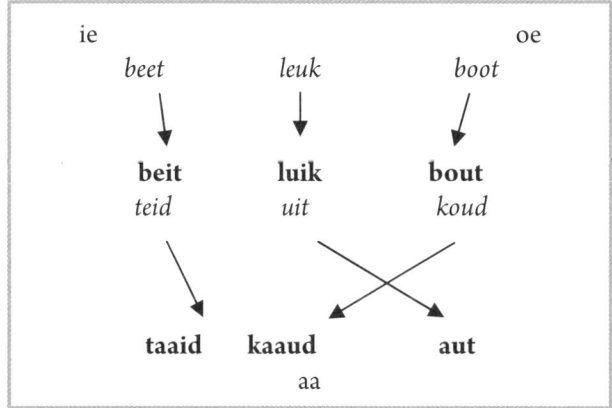

Abb. 8.6: Vokaldreieck des *Poldernederlands* (nach Stroop 1998)

Das auffälligste Merkmal des *Poldernederlands* ist die sehr offene Aussprache der Diphthonge *ei*, *ui* und *ou* (bzw. *taaid* statt *tijd*, *aut* statt *uit* und *kaaud* statt *koud*). Parallel zu diesen Lauten haben auch das *ee*, das *eu* und das *oo* eine offenere und stark diphthongierte Aussprache entwickelt. Aus weiteren Studien geht hervor, dass junge Frauen in der Randstad zwar finden, dass *Poldernederlands* weniger gepflegt klingt als die Standardsprache, sie sich aber dennoch stärker damit identifizieren. Die Varietät verbreitet sich mittlerweile sehr schnell über die Niederlande, auch wenn sie in den Ohren mancher stark stigmatisiert ist.

In Flandern bekommt die Standardsprache keine Konkurrenz vom *Poldernederlands*, sondern aus einer anderen Ecke. Die gesprochene flämische Sprache steht der niederländischen Standardsprache weniger nahe als die gesprochene Sprache in den Niederlanden. In den meisten formellen Situationen galt als Norm jedoch der stark am nördlichen Niederländisch orientierte Standard. Jüngere Sprecher finden es momentan wohl weniger dramatisch, wenn in solchen Situationen wieder regionale Merkmale durchschimmern. Dieses Phänomen hat unterschiedliche Namen, die fast alle recht negativ klingen, wie *Verkavelingsvlaams, Soapvlaams, Schoon Vlaams, tussentaal* usw. Die Bezeichnung *tussentaal*, die am häufigsten verwendet wird, ist ein Ausdruck, der die Sprache auf der einen Seite zwar ziemlich neutral als etwas beschreibt, das sowohl Merkmale der Standardsprache als auch Merkmale des Dialektes aufweist. Auf der anderen Seite wird diese Varietät jedoch als vorübergehende und unvollkommene Sprachform stigmatisiert, die sich mit fortschreitender Entwicklung in Richtung der Standardsprache bewegt. Im Gegensatz zum *Poldernederlands* ist *Verkavelingsvlaams* sehr heterogen: Es basiert auf dem belgischen Standardniederländisch, ist jedoch von regional gefärbten Lauten und Strukturen durchzogen, die sich von Gebiet zu Gebiet unterscheiden. Eines der bekanntesten Merkmale ist das Wegfallen des *-t* am Ende eines Funktionswortes (wie *nie* statt *niet*, *da* statt *dat*), außerdem kommt u.a. das Pronomen *gij* (statt *jij*) vor sowie Diminutive auf *-ke* (z.B. *tafelke* statt *tafeltje*).

Auf den ersten Blick scheint die Verwendung von Varietäten wie *Poldernederlands* und *Verkavelingsvlaams* darauf hinzuweisen, dass der Standardisierungsprozess teilweise rückgängig gemacht wird. Es gibt allerdings auch gute Gründe anzunehmen, dass diese Varietäten teilweise als Folge der Standardisierung entstanden sind: Die Standardsprache ist immerhin jahrzehntelang das wichtigste sprachliche Instrument gewesen, um gesellschaftliches Ansehen zu erstreben oder zu demonstrieren. Zu einem Zeitpunkt, zu dem die Kenntnis der Standardsprache weit verbreitet ist, kann diese nicht länger soziale Unterschiede markieren. Es scheint also logisch, dass Sprecher nach neuen sprachlichen Möglichkeiten suchen, um dies zu tun. Außerdem sind die traditionellen westeuropäischen Gesellschaftsformen und auch die dazugehörige Kultur der Standardsprache in der zweiten Hälfte des 20. Jahrhunderts deutlich informeller geworden. Das Abweichen von der Standardsprache wird in einem derartigen Klima von vielen als Form von **Authentizität** (*authenticiteit*) gesehen. Sprecher weichen bewusst von der Standardsprache ab, um zu signalisieren, dass sie sich wohl fühlen, die Situation unter Kontrolle haben oder einfach sie selbst sind.

8.5.4   Neue Variation: vom Weltniederländisch zu *straattaal* und *Murks*

Niederländisch steht wegen seiner kolonialen Vergangenheit schon sehr lange mit anderen Sprachen in Kontakt, aber erst mit der stärkeren Präsenz in der niederländischen Gesellschaft haben die Kontaktvarietäten mehr Beachtung gefunden. Diese Präsenz hängt vor allem mit der Immigration aus den ehemaligen Kolonien (hauptsächlich aus Indonesien und Suriname) und mit Arbeitsmigranten (vor allem aus Marokko und der Türkei) zusammen. In der heutigen Gesellschaft kommen diese

Kontaktvarietäten in einer komplexen Interaktion mit der niederländischen Sprache und auch untereinander in Kontakt.

Das surinamische Niederländisch entlehnt seine ethnischen Elemente dem Sranantongo (vgl. Kap.1) – vor allem bei der Aussprache und dem Wortschatz. Das typischste Merkmal in der Aussprache ist das bilabiale *w*, das ein bisschen wie ein [u] klingt. Im lexikalischen Bereich fallen vor allem die Srananwörter auf, die auch häufig von Jugendlichen mit surinamischem Hintergrund verwendet werden, wie z.B. *brada* (Bruder/Freund), *doekoe* (Geld), *sma(tje)* (Mädchen) und *waggie* (Wagen). Das marokkanische Niederländisch weist Einflüsse aus dem marokkanischen Arabisch und aus den Berbersprachen auf. Ein Merkmal ist beispielsweise die Aussprache von *s* als *sj* (z.B. *muisj, sjlapen*) oder das Verschlucken des Schwa, vor allem in offenen Silben (z.B. *gvangen* statt *gevangen* und *jongtje* statt *jongetje*). Die erste Generation der marokkanischen Einwanderer hat außerdem Probleme mit dem niederländischen Vokalsystem, u.a. mit dem Unterschied zwischen kurzen und langen Vokalen. Auch eine Beeinflussung des Wortschatzes kommt vor, nicht nur auf den zu erwartenden lexikalischen Ebenen, wie dem Wortschatz im Hinblick auf den Islam oder die marokkanischen Bevölkerungsgruppen, sondern auch in Form von Interjektionen (z.B. *we llah* 'ich schwöre' und *teez* 'shit'). Im türkischen Niederländisch kommt unter anderem die Palatalisierung des *k* (klingt etwa wie *kj*) und die Verwendung des Zungenspitzen-*r* vor. Sprecher der ersten Generation haben typischerweise Probleme mit Konsonantenclustern und sagen beispielsweise *files* statt *fles*.

Die oben beschriebenen Varietäten spielen in den Niederlanden als Teil der sog. *straattaal* eine deutliche Rolle. Mit *straattaal* wird nicht eine einzelne Varietät des Niederländischen bezeichnet, sondern die Sprache, die Jugendliche vor allem mit ausländischer Herkunft in der Randstad miteinander sprechen. Aufgrund der Vielfältigkeit in den Städten gibt es sehr viele Arten von *straattaal* – auch wenn es einige Merkmale gibt (meistens grammatikalische Eigenheiten), die für alle Kontaktvarietäten gelten. Das auffallendste gemeinsame Merkmal ist sicher die Universalität des Artikels *de* (bekannt ist hier vor allem der Hit *Waar is de meisje* der Hip-Hop-Band De Hoop) sowie das flektierte Adjektiv (z.B. *een mooie meisje*). Ansonsten hängt es sehr stark vom Hintergrund des Sprechers ab, welche Elemente in der *straattaal* genau vorkommen. Fast alle Studien zeigen, dass Sprecher der *straattaal* aus mehreren Kontaktvarietäten schöpfen: Jugendliche mit einen surinamischen Hintergrund mischen beispielsweise nicht nur Sranantongo in ihr Niederländisch, sondern übernehmen auch Elemente aus dem Papiamentu der Antillianer oder marokkanische Elemente. Da viele Jugendliche die fremde Sprache nicht oder kaum noch sprechen, ist es unwahrscheinlich, dass sie die Herkunft aller Elemente kennen. Es tritt offensichtlich Vermischung auf. Dabei treten das surinamische und das marokkanische Niederländisch am leichtesten zutage, da ihre Sprecher 'verborgenes Prestige' genießen. Zu den ethnischen Elementen kommt noch ein starker englischer Einfluss hinzu. Dies zeigt, dass *straattaal* nicht so sehr eine ethnische, sondern eher eine Jugendsprache (oder ein Soziolekt) ist, die man aufgrund ihrer heterogenen Zusammenstellung auch als **Multi-Ethnolekt** (*multi-etnolect*) bezeichnet.

Eine besondere Form des Sprachgebrauchs ist *Murks*. Weiße Jugendliche benutzen *Murks*, um *straattaal* zu imitieren und zu ironisieren, aber nur, wenn keine *straattaal*-Sprecher in der Nähe sind. Man kann eher von einem Sprachspiel als von einer echten Varietät des Niederländischen sprechen. Das ist für einen Soziolinguisten nicht weniger interessant, da es einen Einblick in die komplexe soziologische Realität der modernen Großstadt vermittelt. Auch in Flandern kommt (Multi-) Ethnolekt vor, wobei das Niederländische vor allem mit Marokkanisch und Türkisch interagiert. Außerdem werden auch sehr viele Dialektelemente in die Kontaktvarietäten übernommen. Eine Studie aus Antwerpen zeigt, dass Jugendliche mit Migrationshintergrund in manchen Situationen sehr bewusst die ausländischen Merkmale in ihrer Sprache übertreiben. Diese Form der 'Sprachsabotage' bezeichnen sie als 'illegales Sprechen'. In der belgischen Provinz Limburg gibt es auch eine italienisch-niederländische Kontaktvarietät: *Citétaal*.

8.5.5 'Superdiversity' auf dem linguistischen Markt: von Lekten zu Sprechstilen?

In der neueren Geschichte der niederländischen Sprache sind offensichtlich mehrere neue Varietäten entstanden, die als Gruppensprachen oder Soziolekte charakterisiert werden können. Das Phänomen der Soziolekte ist nicht neu, aber zurzeit nehmen sie eine wichtigere Rolle ein als früher. Sie scheinen gewissermaßen den Platz der Dialektvariation einzunehmen, die entweder verloren gegangen oder nivelliert ist. Soziolekte unterscheiden sich von Dialekten darin, dass die grammatischen Unterschiede zur Standardsprache weniger prägnant sind. Sie unterscheiden sich meistens nur durch einen eigenen Wortschatz und einige Merkmale in der Aussprache. Soziolekte entstehen in einem breiteren sozialen Kontext, in dem eine bestimmte Gruppe ihrer Identität über die Sprache Ausdruck verleihen möchte.

Es gibt sehr viele Arten von Faktoren, die eine Gruppenidentität definieren können, vom Alter über die Ethnie, den Beruf und das Geschlecht bis hin zur sexuellen Orientierung und dem Musikgeschmack oder der Zugehörigkeit zu einer bestimmten Subkultur. All diese Merkmale können offensichtlich auch sprachliche Variation hervorrufen. Untersuchungen in den Vereinigten Staaten haben gezeigt, dass bestimmte Sprachlaute typischerweise von Leuten aus der Schwulenszene verwendet werden. In über Musik definierten Subkulturen wiederum kann der eigene Wortschatz angeführt werden, um u.a. auf Menschen innerhalb und außerhalb dieser Subkultur zu verweisen. Diese Art von identitätsbildenden Faktoren schließen sich in der Regel nicht aus: Es ist sogar normal, dass Sprecher zu verschiedenen sozialen Gruppen gehören. Jeder Sprecher ist dabei wegen seiner mehr oder weniger einzigartigen Biografie verschiedenen Einflüssen ausgesetzt. In diesem Zusammenhang wird manchmal behauptet, dass wir momentan eine Zeit der *linguistic superdiversity* erleben. In einer solchen Situation machen viele sprachliche Variationen eigentlich keinen Teil von erkennbaren Varietäten aus. Soziolinguisten verwenden deshalb häufig den Begriff 'Sprechstil', um auf eine bestimmte Art des Sprachgebrauchs einer Person hinzuweisen. Manche neuere Ansätze in der Soziolinguistik machen es sich auch nicht länger zum Ziel, Varietäten zu beschreiben, sondern eher die **sozialen Bedeutungen** (*sociale betekenissen*) darzustellen, die an Sprach*varianten* gekoppelt werden können. Die zugrundeliegende Vorstellung ist die eines gigantischen linguistischen Marktes, auf dem Sprachbenutzer sich auf der Grundlage sozialer Bedeutungen aus den Varianten, die für sie in Frage kommen, eine vollkommen einzigartige Sprache zusammenstellen – abhängig von der gewünschten Identität. Dieser Ansatz steht im Kontrast zur klassischen Herangehensweise, bei der Sprache als Mittel zur Bildung einer gemeinsamen Identität verstanden wird und nicht als eine Spiegelung der eigenen Identität. Bei diesem Ansatz wird solchem Sprachgebrauch besondere Beachtung geschenkt, bei dem Sprecher in ihren Aussagen auch implizit die Form, mit der sie etwas sagen, kommentieren. Das wird **Stylisation** (*stylisation*) genannt. Von **Crossing** (*crossing*) spricht man, wenn die Sprache anderer sehr bewusst übernommen oder nachgeahmt wird. Die flämische Sängerin Hannelore Bedert imitiert in der ersten Strophe ihres Songs *Vocabulaire* (s. Textbeispiel) die Sprache von Leuten, die sich über den westflämischen Dialekt der Sängerin lustig machen. Bedert übernimmt dabei nicht-standardisierte Elemente, die für brabantische Dialekte typisch sind (*Crossing*), u.a. der Gebrauch von *gij* und *uwe* als Anrede und Wörter wie *vocabulaire* und *klappen* ('reden'). In der zweiten Strophe wechselt die Sängerin zu ihrem eigenen westflämischen Dialekt, wobei aus dem Kontext und dem übermäßigen Gebrauch von auffallenden Merkmalen, wie der Aussprache des *g* als *h*, der abweichende Charakter und die erschwerte Verständlichkeit deutlich werden.

> juffrouw, er zijn wat woorden / in uwe vocabulaire / die wij niet helemaal begrijpen / juffrouw, er zijn wat letters / in uwe vocabulaire / die wij niet niet helemaal kunnen horen / ge moet dringend leren klappen / uw taal, juffrouw, uw taal / zo komt ge niet onder de mensen / ge klinkt zo abnormaal
>
> ik zeg, madam, het is west-vloams / 't è nie gemaakt om te verstoan / a 'k ik min klep wil open doen / awel, dan doe'k ze op'n / en a 'k ik hoesting é / om de h in een g te verand'ren / dan é gie doar geen zoakens mee

8.6   Zusammenfassung

Neben und eigentlich auch innerhalb der Standardsprache gibt es unterschiedliche Formen des Niederländischen. Dabei ist es nicht immer ganz einfach zu bestimmen, was eigentlich noch '(Standard-)Niederländisch' ist und was nicht. Obwohl in diesem Kapitel nur ein Teil der gesamten Variation beschrieben wurde, wird die wichtige Rolle, die diese Sprachvariation in der heutigen Gesellschaft spielt, sehr deut-

lich: Sie erlaubt es den Sprechern, sich über Sprache zu definieren. Durch die Be-
schäftigung mit **Sprachvariation** kann man mehr über die Grammatik, die Sprachgeschichte und sogar die Struktur der niederländischen und flämischen Gesellschaft
erfahren; hier sind die Ansätze vorgestellt, bei denen die Variation im Mittelpunt
steht (**Dialektologie** und **Soziolinguistik**). Die Erforschung von Varietäten verläuft größtenteils parallel zu der Entwicklung von allgemeinen sprachlichen Variationen. Durch die extreme Zunahme der geografischen und sozialen Mobilität im
zwanzigsten Jahrhundert verschiebt sich der Fokus von lokalen Varietäten fester und
größtenteils homogener Gemeinschaften auf Städte mit einer sehr heterogenen
Population. Das bedeutet, dass mehrschichtige Identitäten, starke oder vielfältige
Besiedlung und komplexe soziale Beziehungen die Regel sind.

Dennoch ist weder Sprachkontakt an sich eine neue Erscheinung, noch sind die
'alten' Variationen fester Sprachgemeinschaften verschwunden. Außerdem ist die
Vorstellung eines linguistischen Marktes, auf dem sich die Sprecher bedienen können, sehr verlockend. Es steht fest, dass die Sprache, mit der man aufwächst, im weiteren Leben nach wie vor einen entscheidenden Einfluss hat, was bedeutet, dass die
vollkommene Wahlmöglichkeit bei Erwachsenen eine Illusion ist. Die traditionellen
Ansätze zur sprachlichen Variation sind daher noch immer relevant. Das 21. Jahrhundert braucht somit genauso sehr Dialektatlanten und Studien, die sich mit den
neuen Phänomenen befassen. Dabei ist es vor allem interessant zu erfahren, wie
neue und oft fremdsprachliche Elemente in die niederländische Sprache integriert
werden. Und wir brauchen natürlich neue Methoden, mit denen wir die zukünftigen
Entwicklungen der niederländischen Sprache verstehen können.

Aufgaben

1. Was sind Idiolekte, Dialekte, Soziolekte, Ethnolekte, Sprechstile? Geben Sie
    jeweils ein Beispiel, sowohl aus dem Niederländischen als auch aus dem Deut-
    schen. Welche Art von Varietäten findet man eher in einer Diglossie, und wel-
    che in einer Diaglossie?

2. Was sind Sprachattitüden? Warum interessieren sich Soziolinguisten dafür?

3. Was versteht man unter 'Stylisation' und 'Crossing'? Warum sind das für Sozio-
    linguisten interessante Phänomene? Versuchen Sie ein eigenes Beispiel zu fin-
    den.

4. Benennen Sie einige Unterschiede zwischen der Dialektologie und der Sozio-
    linguistik, sowohl auf inhaltlichem als auch auf methodischem Niveau. Inwie-
    weit hängen die inhaltlichen und methodischen Unterschiede zusammen?

5. Sammeln Sie in den niederländischen und flämischen Medien (z.B. auf den
    Webseiten von Fernseh- und Radiosendern, via Youtube u.ä.) fünf Beispiele

von Personen, die Ihrer Meinung nach eine Form des Niederländischen sprechen, die von der Standardsprache abweicht.

a. Können Sie für jede Person fünf Merkmale nicht-standardsprachlichen Sprachgebrauchs ermitteln?

b. Können Sie die Varietät, die die Personen jeweils sprechen, benennen? Um welche Art von Varietät handelt es sich?

c. Können Sie den Grund für die Abweichungen erklären? Handelt es sich um bewusste oder unbewusste Abweichungen von der Standardsprache? In welchem Maße liegen diese Abweichungen Ihrer Meinung nach in der spezifischen Gesprächssituation begründet?

d. Erkennen Sie Ähnlichkeiten im desbetreffenden Sprachgebrauch und Ihrem eigenen Niederländisch? Warum (nicht)?

📖 Literatur zum Weiterlesen

Die traditionelle niederländische Dialektvariation ist in verschiedenen Dialektatlanten ausführlich beschrieben, wie in *Reeks Nederlandse Dialectatlassen* (Blancquaert & Pée 1925–1982) und *Fonologische/Morfologische* und *Syntactische Atlas van de Nederlandse Dialecten* (FAND bzw. MAND bzw. SAND). Sehr zugänglich ist auch der *Dialectatlas van het Nederlands* von Van der Sijs et al. (2005). Bekannte Einführungen in die Dialektologie sind u.a. Weijnen (1966) *Nederlandse Dialectkunde* und Goossens (1977) *Inleiding tot de Nederlandse dialectologie*.

Klassische soziolinguistische Studien sind z.B. die Dissertationen von Van de Velde (1996) *Variatie en verandering in het gesproken Standaard-Nederlands* und von Van Hout (1989) *De structuur van taalvariatie*. Das Oeuvre von Jan Stroop gilt als Standardreferenz in Bezug auf das Poldernederlands (u.a. Stroop 2010). Zum Verkavelingsvlaams gibt es ein aktuelles Buch von Absilis, Jaspers & Van Hoof (2012). Nortier (2009) bespricht in *Nederland Meertalenland* verschiedene Formen der Sprachvariation in den Niederlanden sowie auch Van der Sijs (2005b) in *Wereldnederlands*. Die wissenschaftliche Zeitschrift *Taal & Tongval* ist der Sprachvariation gewidmet (www.taalentongval.eu). Hier finden sich zahlreiche qualitativ hochwertige Artikel.

9.   Sprache in Bewegung

Ingeborg Harmes

Thes naghtes an minemo beddo uortheroda ich minen wino; ich uortheroda hine ande neuand sin niet. (*Oudnederlands*)

Een welken die mine ziele mint socht ic des nachts in mijn bedde. Ic sochte hem: ende ic en vants niet (*Middelnederlands*)

's Nachts in mijn slaap zoek ik mijn lief. Ik zoek hem, maar ik vind hem niet. (*Hedendaags Nederlands*)

Hooglied (3:1)

Sprachen verändern sich ständig. Das ist deutlich zu erkennen, wenn man das Niederländische von heute mit seinen älteren Sprachstadien vergleicht. Das Beispiel aus dem *Hooglied* (3:1) zeigt, dass das moderne Niederländisch sich erheblich vom Alt- und Mittelniederländischen unterscheidet. Auch heutzutage verändert sich das Niederländische allmählich, was wir aber oft gar nicht so (bewusst) wahrnehmen. So kann z.B. der Gebrauch von *hun* als Subjekt im nichtstandardsprachlichen *hun hebben het gedaan* auf eine Veränderung im pronominalen System des Niederländischen hinweisen. Auch kommen neue Wörter (*whatsappen*) dazu, während andere wie *ijdeldarm* ('Vielfraß') wieder aus dem Sprachgebrauch verschwinden. Veränderungen in einer Sprache fallen aber vor allem dann auf, wenn sie die Regeln der Standardsprache und das Idealbild einer Sprache verletzten.

> Der Prozess, bei dem sich Sprache innerhalb eines bestimmten Zeitraums verändert, nennt man **Sprachwandel** (*taalverandering*).

Sprachwandel ist Teil der Sprachgeschichte, die man aus zwei Perspektiven betrachten kann: Die **innere Sprachgeschichte** (*interne taalgeschiedenis*) beschäftigt sich mit den Veränderungen innerhalb einer Sprache, wie z.B. Lautveränderungen, grammatische und lexikalische Veränderungen. Die **äußere Sprachgeschichte** (*externe taalgeschiedenis*), die die innere Sprachgeschichte beeinflusst, beschäftigt sich mit dem Kontext, in dem diese Veränderungen stattfinden. Dazu gehören politische und gesellschaftliche Veränderungen, das Verhältnis Niederlande – Flandern, die allmähliche Ausbildung der Standardsprache, die Position des Niederländischen hinsichtlich anderer Kultursprachen wie Latein und Französisch und die vorhandenen Quellen, in denen man Sprachwandel beobachten kann. Mit der äußeren

Sprachgeschichte befasst sich das 2. Kapitel, in diesem Kapitel gehen wir auf die innere Sprachgeschichte und den eigentlichen Prozess des Sprachwandels ein. Da die innere Sprachgeschichte des Niederländischen äußert reich und komplex ist, werden in diesem Kapitel nur einzelne Veränderungen exemplarisch behandelt.

9.1   Der Prozess des Sprachwandels

Wenn wir uns die Beispiele aus dem *Hooglied* (3:1) anschauen, fallen sofort einige Unterschiede zwischen den drei Sprachstadien auf, wie z.B. in der Rechtschreibung (*ich – ic – ik* und *mine – mijn*), der Konjugation (*vand* statt *vond*), der Deklination (*minemo – mine – mijn*), der Grammatik (eine zweigliedrige Verneinung *en ... niet* in *ic en vants niet* statt *ik vond niet*) oder in Wörtern, die heute etwas anderes bedeuten als damals (*fortheron* 'fordern' für *zoeken* 'suchen'). Obwohl die Rechtschreibung genau genommen zum Bereich der äußeren Sprachgeschichte gehört, können Rechtschreibunterschiede auf Lautunterschiede weisen, wie z.B. das [i] in *minen* und das [ɛi] in *mijn*. Diese Beispiele zeigen, dass Sprachwandel auf allen Ebenen stattfindet, von der Phonologie, über die Morphologie und Syntax bis hin zur Lexikologie und Semantik. Veränderungen auf der einen Sprachebene können Folgen haben für die anderen Sprachebenen. Der Verlust des Kasussystems im Niederländischen, ein morphologischer Prozess, hat z.B. zu Veränderungen in der Syntax geführt: Die Regeln für die Wortstellung sind strikter geworden, wie in *hij ziet mij* statt *mij ziet hij*.

Sprachwandel hat mehrere Eigenschaften, so ist er erstens zeitlich und räumlich begrenzt. Die Lautveränderung /ol/ und /al/ > /ou/ vor einem dentalen Plosiv im Altniederländischen, wie *gold > goud*, *wald > woud* und *malz > mout* hat nur in der Periode von etwa 800–1100 stattgefunden. Bei Wörtern, die später in den niederländischen Wortschatz übernommen wurden, ist diese Lautveränderung nicht eingetreten. Das Wort *folter*, das erst im Mittelniederländischen aus dem Deutschen entlehnt wurde, hat sich z.B. nicht zu *fouter* entwickelt. Auch die räumliche Begrenzung lässt sich gut an diesem Beispiel erklären, denn diese Lautveränderung hat nur im altniederländischen Sprachraum stattgefunden, weshalb die Wörter *goud* und *mout* im Deutschen und Englischen bis heute *Gold* und *Malz* respektive *gold* und *malt* heißen.

Zweitens ist Sprachwandel ein allmählicher Prozess: Veränderungen in der Sprache finden eben nicht über Nacht, sondern über eine längere Periode statt, die sogar mehrere Jahrhunderte dauern kann. Auch in geografischer Hinsicht ist dieser Prozess allmählich. Ein Beispiel dafür ist die 2. Lautverschiebung: Im Rheinland ist die Verschiebung von /p, t, k/ zu /pf, ts, χ/ nicht einheitlich durchgeführt: Im Süden ist sowohl *p* (*appel – apfel*) als auch *t* (*dat – das*) und *k* (*maken – machen*) verschoben, im zentralen Gebiet hauptsächlich *k* und *t* und im Norden nur das *k*, die Laute *p* und *t* dagegen nicht. Mit anderen Worten: von Süden nach Norden nehmen die Lautverschiebungen nach und nach ab. Die Grenzlinien zwischen diesen Gebieten, die **Iso-**

glossen (*isoglossen*), laufen alle am Rhein zusammen und bilden einen Fächer, den **Rheinischen Fächer** (*Rijnlandse waaier*). Lautveränderungen verbreiten sich nicht nur in geografischer Hinsicht, sondern können sich ebenfalls von Wort zu Wort verbreiten, man nennt diese Erscheinung **lexikalische Diffusion** (*lexicale diffusie*) (vgl. Kap. 8.3). Die Lautveränderungen verbreiten sich dann schrittweise durch den Wortschatz. Im Gebiet des Rheinischen Fächers findet man z.B. das Wort *Pferd* mit einem anlautenden /p/ nicht nur in den nördlichen Varietäten, sondern auch in einigen eher südlichen Varietäten, wo eigentlich die Wortform *Pferd* zu erwarten ist. Ein weiteres Beispiel für die Allmählichkeit von Sprachwandel ist die etwa 400 Jahre später entstandene **Uerdinger Linie** oder *ik-ich*-**Linie**, die zum Teil auch durch die limburgischen Provinzen in Belgien und den Niederlanden führt:

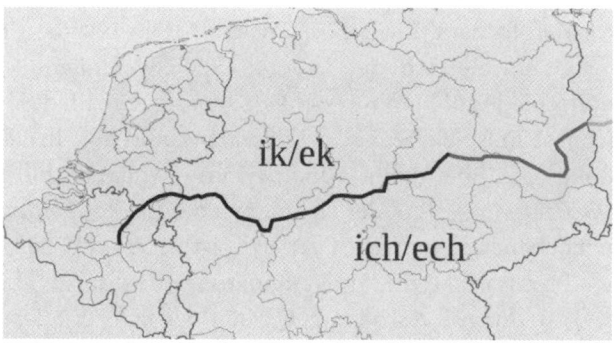

Abb. 9.1: Die *ik-ich*-Linie (nach wikimedia)

Abbildung 9.1 zeigt die Grenzlinie für die Verschiebung *k* → *ch* im Wort *ik/ich*. In den Varietäten, die südlich der Grenzlinie gesprochen werden, hat die Verschiebung stattgefunden, in denen nördlich der Grenzlinie nicht. Bemerkenswert ist, dass diese Verschiebung nur für die beiden Wörter *ik/ich* und *ook/ouch* gilt. In limburgischen Karnavalsliedern ist die verschobene Form *ich* besonders gut zu erkennen, wie z.B. im folgenden Satz von Ben Erkens: *Ich dènk dat ich hiej zeker effe hange blief* (*ik denk dat ik hier zeker even blijf hangen*).

Die unvollständige Verbreitung der 2. Lautverschiebung im nördlichen Abschnitt des Rheinischen Fächers zeigt drittens, dass Sprachwandel ein unvollständiger Prozess ist. Auch morphologisch gibt es Veränderungen, die (noch) nicht vollständig durchgeführt sind, wie z.B. bei der Pluralbildung. Das Niederländische hat zwei produktive Morpheme, um einen Plural zu bilden: -en (*doek* – *doeken*) und -s (*tijger* – *tijgers*). Wir können seit längerer Zeit beobachten, dass Wörter, die den Plural mit einem -s bilden, zunehmen. Noch Anfang des 19. Jahrhunderts war bei Wörtern, die auf Schwa enden, nur ein Plural mit -n möglich, wie z.B. *gemeente* – *gemeenten*, *hoogte* – *hoogten*, *weduwe* – *weduwen* (Witwe) und *bediende* – *bedienden*. Heute sind beide Formen möglich und akzeptiert: *gemeenten* – *gemeentes*, *hoogten* – *hoogtes*, *weduwen* – *weduwes* und *bedienden* – *bedientes*. Im Englischen hat sich die

Veränderung von zwei produktiven Pluralmorphemen zu einem vollzogen: Das moderne Englische hat, abgesehen von einigen Ausnahmen, seit etwa dem 14. Jahrhundert nur noch eine Pluralform auf -*s* (mit Allomorphie). In früheren Stadien (im Altenglischen ca. 900–1066) konnte der Plural noch mit -*s* und -*en* gebildet werden. Diese Beispiele zeigen zugleich, dass Sprachwandel ein nicht vorhersehbarer Prozess ist. Das liegt nicht nur daran, dass mehrere Faktoren im Laufe einer Veränderung eine Rolle spielen können, wie z.B. die Normierung im Standardisierungsprozess (vgl. Kap. 2), sondern auch weil es viele mögliche Ursachen für Sprachwandel gibt.

9.1.1 Ursachen für Sprachwandel

Sprache verändert sich nicht einfach so. Immer sind mehrere Ursachen und ineinandergreifende Prinzipien dafür verantwortlich, wenn ein Teil einer Sprache sich neu organisiert. Eine Spracherneuerung beginnt meist mit einem individuellen Sprecher, der z.B. ein neues Wort wie *whatsappen* einführt oder einen Plural mit -*s* bildet und *vogels* sagt statt *vogelen*, und damit, dass diese Neuerung von der Sprachgemeinschaft in der direkten Umgebung übernommen wird. Die neuen Formen verbreiten sich dann weiter in andere Gebiete und es entsteht **Variation** (*variatie*): sowohl *vogels* als auch *vogelen* kommt als Pluralform vor. Erst wenn die Sprachgemeinschaft die Erneuerung übernommen hat, können wir eigentlich von Sprachwandel sprechen. Die Periode zwischen der Einführung einer Neuerung und deren Akzeptanz kann eine sehr lange sein und sogar mehrere Jahrhunderte dauern. Im *Groene Boekje* stehen z.B. immer noch die beiden Pluralforme *vogelen* und *vogels* neben einander. Ob Sprache sich verändert oder nicht, liegt deshalb vor allem an gesellschaftlichen Faktoren. Dennoch gibt es mehrere Prinzipien, die zu Sprachwandel führen.

Ein Prinzip liegt in der Sprache selbst, die Veränderungen in eine bestimmte Richtung vorgibt. Dieses Phänomen nennt der amerikanischen Sprachwissenschaftler Edward Sapir (1884–1939) **Drift** (*drift*):

> [L]anguage is not merely something that is spread out in space, as it were – a series of reflections in individual minds of one and the same timeless picture. Language moves down time in a current of its own making. It has a drift. (Sapir 1921: 127)

> The drift of a language is constituted by the unconscious selection on the part of its speakers of those individual variations that are cumulative in some special direction. (Sapir 1921: 155)

Die Idee dahinter ist, dass Sprache sich selber und von den Sprechern unbemerkt in eine Richtung organisiert. Das Niederländische z.B. hat im Laufe der Jahrhunderte seine morphologische Kasusmarkierung verloren (vgl. Kap. 2.2.2). Als Reaktion auf diesen Flexionsverlust sind neue Mechanismen entstanden, die die nun fehlenden Informationen ersetzt haben, wie z.B. festere Satzmuster und Konstruktionen mit Präpositionen, wie *des esels name* zu *de naam van de ezel*.

Eine Motivation für Sprachwandel ist das **ökonomische Prinzip** (*economisch principe*) des Sprachbenutzers, der sich so schnell und einfach wie möglich ausdrücken will. In der Aussprache können wir das besonders gut sehen bei den phonologischen Prozessen (vgl. Kap. 6.5), wie z.B. bei Assimilation (*onpraktisch* wird [ɔm'prɑktis]) oder dem Wegfall von *-n* am Wortende (*lopen* wird ['lopə]). Auch in der Grammatik wirkt das ökonomische Prinzip, wie z.B. im Englischen und Afrikaans. Sie bilden das Perfekt ausschließlich mit dem Hilfsverb *have* bzw. *het*: *I **have** been very ill* – *ek **het** baie siek gewees* (*ik **ben** erg ziek geweest*). Dem ökonomischen Prinzip steht das Prinzip der **Deutlichkeit** (*helderheid*) gegenüber, der Sprecher möchte sich so klar wie möglich ausdrücken. Der Verlust der Genitivendung hat z.B. zu einer Umschreibung mit der Präposition *van* geführt, damit der Besitzer eindeutig angezeigt werden kann (*van de koning, van het kind, van de ezel* usw.).

Eine oft vorkommende Ursache für Sprachwandel ist die **Analogie** (*analogie*): eine sprachliche Form verändert sich durch die Ähnlichkeit mit anderen sprachlichen Formen. Ein Beispiel dafür ist die Bildung der Vergangenheitsform. Außer den unregelmäßigen Verben kennt das Niederländischen zwei weitere Arten von Verben: Schwache Verben bilden die Vergangenheit mit mit *-de/-te* und *ge-* + Stamm + *-d/-t* (*werken – werkte – gewerkt* und *wandelen – wandelde – gewandeld*) und starke Verben mit einem Ablaut (*lopen – liep – gelopen* und *blijken – bleek – gebleken*). Heutzutage gibt es einige Verben, die früher eine starke Beugung hatten, die heute aber zum Teil nach dem Muster der schwachen Verben konjugiert werden:

lachen	loech	gelachen	>	lachte	gelachen
wassen[1]	wies	gewassen	>	waste	gewassen
stoten	stiet	gestoten	>	stootte/stiet	gestoten
ervaren	ervoer	ervaren	>	ervoer/ervaarde	ervaren

Tab. 9.1: Analogieprozesse bei starken Verben

Am Partizip Perfekt können wir noch erkennen, dass diese Verben einst eine starke Präteritumform hatten. Der umgekehrte Prozess kommt auch vor, ist aber eher selten. Beispiele sind *zeiken* (pissen, meckern) und *vragen*, die ursprünglich schwache Verben waren (*zeikte – gezeikt* bzw. *vraagde – gevraagd*), die heute auch starke Formen zulassen *zeek – gezeken* bzw. *vroeg* (*– gevraagd*). Auch in diesem Prozess handelt es sich um Analogie, allerdings nicht nach dem häufig vorkommenden Muster der schwachen Verben, sondern nach bestimmten Ablautreihen.

Eine weitere Ursache für Sprachwandel kann **Erstspracherwerb** (*eerstetaalverwerving*) sein: Der Grundgedanke ist, dass Kinder Sprache lernen aufgrund des Inputs der Eltern (und anderer Personen in ihrer Umgebung), wobei sie sich die Kombinationsmöglichkeiten der Sprache zu eigen machen. Ein klassisches Beispiel

---

[1]   Gemeint ist hier das Verb mit der Bedeutung 'mit Wasser saubermachen'.

sind die starken Verben, die anfangs von Kindern oft schwach gebeugt werden (*hij eette het niet op*). Normalerweise werden diese 'Fehler' von der Umgebung korrigiert (*hij at het niet op*) und lernen Kinder die richtige Formen und Konstruktionen. Passiert das jedoch nicht, dann kann eine Sprachneuerung entstehen. Solche Prozesse können zu **Reinterpretation** oder **Reanalyse** (*herinterpretatie*) führen: Die Grammatikregeln werden sozusagen 'neu kreiert'. Ein morphologisches Beispiel können wir in der Pluralbildung sehen. Die ursprünglichen Pluralformen *kinder* und *eier* wurden als Singular interpretiert und es wurde ein neuer Plural gebildet mit dem Pluralmorphem *-en* (hier spielt auch Analogie eine Rolle): Aus *kinder* und *eier* wurde *kinderen* und *eieren*. Dieser Prozess hat auch bei den Wörtern, die auf Schwa enden, stattgefunden, wodurch doppelte Endungen wie in *gemeentens* und *begeertens*[2] vorkamen. Solche Formen finden wir heute immer noch, wie z.B. bei *damens en heren* oder auch bei Wörtern griechischer Herkunft wie z.B. *lemmata – lemmata's* und *traumata – traumata's*. Ähnliche Prinzipien wirken beim **Zweitspracherwerb** (*tweedetaalverwerving*), dem Lernen einer Fremdsprache. Der Zweitspracherwerb kann also ebenfalls eine Ursache für Sprachwandel sein. So haben Immigranten (wie übrigens auch niederländischsprachige Kinder) z.B. Schwierigkeiten mit dem Erwerb des bestimmten Artikels *het*, sie sagen dann beispielsweise *de paard* und *de meisje*. Es wäre deshalb nicht undenkbar, dass der Zweitspracherwerb eine Ursache sein könnte beim beobachteten Rückgang von *het*-Wörtern im Niederländischen, die ohnehin seltener vorkommen als *de*-Wörter.

Eine weitere Ursache für Sprachwandel ist **Sprachkontakt** (*taalcontact*). Beim Zweitspracherwerb oder wenn zwei Sprachen in einem Gebiet verwendet werden, besteht eine Situation von Mehrsprachigkeit. Die Sprachen können sich dabei gegenseitig beeinflussen oder eine Sprache wird zugunsten der anderen aufgegeben. Ein Beispiel ist das Niederländische in den USA: Um 1850 zogen einige Gruppen niederländischer Protestanten nach Michigan und Iowa, weil sie durch Veränderungen in der religiösen Landschaft und in der Politik ihren Glauben nicht mehr ausüben könnten. Das Niederländische hat sich in diesen Gegenden relativ lange behauptet. Ein Beispiel für dieses amerikanische Niederländisch ist folgender Textabschnitt:

> Mijn wijf en ik zijn lest Toesdee vijf-en-twintig jaar gemerried geweest, en daar hebben wij 'n nais sellebreesje van gehad. De wiek bevoor had ik 'n ed in *De Groundwet*, daar zal ik hier 'n koppie van af laten printen.
>
> Mijn vrouw en ik zijn vorige dinsdag vijfentwintig jaar getrouwd geweest en daar hebben we een gezellig feestje van gehad. De week daarvoor had ik een advertentie in *de Groundwet*, daar zal ik hier een afschrift van laten drukken.
>
>   Dirk Nieland, *'n Fonnie Bisnis* (1929)

---

[2]   Die Beispiele stammen aus Weiland's *Nederduitsche spraakkunst* (1805).

Der Einfluss des Englischen ist vor allem im Wortschatz (*Toesdee – Tuesday, sellebreesje – celebration, gemerried – married*) deutlich zu erkennen. Das Niederländische in den USA wurde erst in den Schulen, danach in der Kirche und Presse und schließlich auch im familiären Bereich aufgegeben. Heutzutage ist es so gut wie verschwunden und sind nur noch Ortsnamen wie *Zwolle* und *Westerlo* erhalten.

Eine letzte Ursache sind **gesellschaftliche Veränderungen** (*maatschappelijke veranderingen*) wie z.B. neue Gegenstände, neues Wissen und veränderte soziale Verhältnisse. Sie sind u.a. ein wichtiger Grund für das Entstehen und Verschwinden von Wörtern. Bei den sozialen Verhältnisse spielt das **Prestige** eine wichtige Rolle: Sprachvarianten, die von Sprechern mit Prestige verwendet werden, haben bessere Chancen sich durchzusetzen (vgl. Kap. 8.4.2).

Diese Ursachen und Prinzipien können auch dazu führen, dass eine Sprache irgendwann nicht mehr gesprochen wird. Wenn eine Sprache keine Muttersprachler mehr hat, spricht man von **Sprachtod** (*taaldood*). Das Gotische z.B. hat sich durch die Völkerwanderung in Mittel- und Südeuropa verbreitet, wo auch mehrere andere Sprachen gesprochen wurden. Irgendwann wurde das Gotische zugunsten dieser anderen Sprachen aufgegeben und heute sind nur noch Orts- und Personennamen sowie Lehnwörter aus dem Gotischen übriggeblieben.

9.1.2 Sprachwandel oder Sprachverfall?

Lebende Sprachen verändern sich kontinuierlich, und wir haben gesehen, dass Variation eine Voraussetzung für Sprachwandel ist, indem alte und neue Formen nebeneinander existieren. Es ist allerdings keine Sebstverständlichkeit, dass Variation in einer Sprache auf objektive Weise beurteilt wird. Normative und ästhetische Urteile über Sprache sind für die meisten Sprecher ein wichtiger Gradmesser, denn sie möchten gerne wissen, ob eine bestimmte Form akzeptabel ist oder nicht. Neue Sprachformen, die in einer Sprache noch nicht allgemein akzeptiert sind, werden deshalb oft abweisend beurteilt und als **Sprachverfall** (*taalverloedering*) interpretiert. Bekannte Beispiele sind der Gebrauch vom Vergleichswort *als* nach einem Komparativ und der Gebrauch von *hun* als Subjekt: *hun zijn groter als mij*. Für einen Sprachwissenschaftler, der Sprache so beschreiben will, wie sie in der Wirklichkeit ist, existiert Sprachverfall einfach nicht.

9.2   Wie untersucht man Sprachwandel?

Um Sprachwandel untersuchen zu können, brauchen wir sprachliche Daten, und die gehen für das Niederländische – abgesehen von einigen kleineren Texten und Textfragmenten – nicht weiter zurück als bis etwa ins 10. Jahrhundert. Bei den historischen Daten handelt es sich vorwiegend um schriftliche Quellen, Tonaufnahmen existieren schießlich noch nicht so lange. Die Geschichte einer Sprache ist deshalb vor allem eine Geschichte der geschriebenen Sprache. Dennoch ist viel über die Geschichte der niederländische Sprache bekannt, und auf Grund der vorhandenen Quellen sind historische Wörterbücher und Grammatiken geschrieben worden, in denen die interne Geschichte des Niederländischen ausführlich beschrieben ist. Zudem sind historische Quellen immer mehr digital verfügbar, sodass die Möglichkeiten, Sprache historisch untersuchen zu können, stets besser werden (vgl. auch Kap. 10.1).

Die Geschichte der Sprache stand lange Zeit im Mittelpunkt der Sprachwissenschaft. Im 19. Jahrhundert gab es eine Gruppe von Sprachwissenschaftlern in Leipzig, die Junggrammatiker (*Neogrammatici*), die Sprache nach einer wissenschaftlichen Systematik beschreiben wollte und die Geschichte der Sprache als die wichtigste Betrachtungsweise voraussetzte. Ein wichtiger Bestandteil dieser **historisch-vergleichende Methode** (*comparatieve methode*) ist die Rekonstruktion der Ursprache (*prototaal*) aufgrund von Wörtern, die einen gemeinsamen Ursprung haben und dadurch eine lautliche Ähnlichkeit aufweisen. Diese Wörter heißen **Kognaten** (*cognaten*):

Sanskrit	Griechisch	Latein	Französisch	Englisch	Deutsch	Niederländisch
pitar	patér	pater	père	father	Vater	vader
dva	duo	duo	deux	two	zwei	twee

Tab. 9.2: Kognaten der indoeuropäischen Sprachfamilie

Die Sprachwissenschaft sollte für die Junggrammatiker eine Gesetzeswissenschaft – wie die Physik – sein, weshalb sie Lautverschiebungen als **Lautgesetze** (*klankwetten*) darstellten und zunächst die Ausnahmslosigkeit der Lautgesetze postulierten. Weil Ausnahmen nicht immer als systematisches Gesetz erklärt werden konnten, wurde als Ergänzung zum Lautgesetz das Prinzip der Analogie (vgl. Kap. 9.1.1) eingeführt. Die Junggrammatiker haben mit ihren methodischen Ansätzen einen großen Beitrag zur Erforschung der Sprachgeschichte geleistet.

Sprache und Sprachwandel kann man auf zwei Ebenen betrachten: einerseits den Zustand zu einem bestimmten, zeitlich festgelegten Moment, d.h. **synchron** (*synchroon*), andererseits die Entwicklung über zwei oder mehrere Zeitebenen hinweg, d.h. **diachron** (*diachroon*). So können wir beispielsweise das Kasussystem im Mittelniederländischen und im modernen Niederländischen untersuchen, wir haben dann jeweils eine synchrone Studie. Wenn wir die Entwicklung im Kasussystem zwischen den beiden Zeitebenen untersuchen, handelt es sich um eine diachrone Studie. Die Zweiteilung oder **Dichotomie** (*dichotomie*) der Synchronie und Diachronie geht auf den Sprachwissenschaftler Ferdinand de Saussure (1857–1913) zurück, der diese Herangehensweise in seinem 1916 postum erschienen *Cours de linguistique générale* eingeführt hat.

Die **Synchronie** (*synchronie*) betrachtet Sprache zu einem gewissen Zeitpunkt, die **Diachronie** (*diachronie*) betrachtet die Entwicklung der Sprache im Laufe der Zeit.

Real time vs. apparent time

Es gibt zwei Methoden, um Sprachwandel zu untersuchen, mit einem Vergleich in *real time* oder in *apparent time*. Bei der **Real-Time-Methode** (*werkelijke tijd methode*) werden (oft bereits vorhandene) Quellen miteinander verglichen, so können wir z.B. Zeitungstexte aus dem 19. Jahrhundert mit solchen aus dem 20. Jahrhundert vergleichen oder früher gesammelte Dialektdaten mit aktuellen Dialektaufnahmen. Der Vorteil dieser Vorgehensweise ist, dass man Sprachwandel über einen längeren Zeitraum untersuchen kann. Ganz unproblematisch ist diese Methode allerdings nicht, da man von den überlieferten Daten abhängig ist. Das bedeutet u.a., dass man sich hauptsächlich auf geschriebene Sprache beschränken muss, weil es wenige Tonaufnahmen aus der Zeit vor 1950 gibt. Ein anderer Punkt ist die Repräsentativität des Sprachmaterials (s. hierzu auch Kap. 10): Es ist nicht einfach, vergleichbare Daten zu finden, wie z.B. ähnliche Textsorten.

Um jüngere Entwicklungen zu untersuchen ist die **Apparent-Time-Methode** (*schijnbare tijd methode*) eine Alternative (vgl. auch Kap. 8.4.2). Ausgangspunkt dieser Vorgehensweise ist die Annahme, dass der Sprachgebrauch eines Menschen sich ab einem bestimmten Alter (ab etwa 20 Jahren) kaum noch verändert. Eine 60 Jahre alte Person hat demzufolge einen 40 Jahre älteren Sprachstand als ein(e) 20-Jährige(r). Durch den Vergleich können Erkenntnisse über neuere Veränderungen gewonnen werden. Der Vorteil dieser Methode ist, dass die Daten auf allen Ebenen vergleichbar sind, die Repräsentativität ist daher sehr hoch. Die Apparent-Time-Methode hat aber auch Nachteile: Erstens können nur neuere Veränderungen untersucht werden und zweitens kann sich der Sprachgebrauch mit zunehmendem Alter noch ändern. Man spricht dann von *age grading*. Über *age grading* und seinen Einfluss auf den Sprachgebrauch ist jedoch noch nicht viel bekannt.

9.3   Lexikalischer Wandel

Die auffälligste Veränderung in einer Sprache ist die Verändering des Wortschatzes: Es kommen neue Wörter hinzu und andere Wörter verschwinden. Dies wird in Wörterbüchern, wie z.B. dem *Woordenboek der Nederlandsche Taal* (WNT) dokumentiert (vgl. Kap. 3). Der wichtigste Grund für das Verschwinden von Wörtern ist, dass bestimmte Gegenstände oder Konzepte nicht mehr zu unserem Alltagsleben gehören. Gegenstände wie *een griffel en een lei* (Griffel und Schiefertafel), ein *trekschuit* (Treckschute, s. Abb. 9.2), Berufe wie der *lijfbediende* (Leibdiener) oder Konzepte wie *terugspoelen* (zurückspulen) sind durchaus noch bekannt, die Wörter werden allerdings kaum mehr gebraucht, da die dazugehörigen Gegenstände, Handlungen oder Berufe in unserer heutigen Gesellschaft nicht mehr gebraucht werden. Solche altmodischen oder veralteten Wörter heißen **Archaismen** (*archaïsmen*).

Abb. 9.2: Treckschute (C.C. Fuchs, um 1810)

Ein anderer Grund für das Verschwinden eines Wortes kann das Auftreten eines alternativen Wortes für das gleiche Konzept sein, so nennt man heutzutage einen *krankzinnigenarts* ('Geisteskrankenarzt') lieber *psychiater*, die *werkster* (Putzfrau) *interieurverzorgster* (Raumpflegerin) oder *schoonmaakster* (Reinigungskraft) und einen *patiënt* (Patient) oft *cliënt* (Kunde). Veränderungen in der Gesellschaft, wie neue Gegenstände, veränderte Normen und Werte und neues Wissen, sind der wichtigste Grund für das Entstehen und Verschwinden von Wörtern.

Neue Wörter können in einer Sprache dazukommen, weil sie neu gebildet werden: **Neologismen** (*neologismen*) werden aus schon vorhandenen Wörtern zusammengesetzt. Mit den produktiven Wortbildungsprozessen **Komposition** und **Derivation** (vgl. Kap. 4) können wir nach Bedarf neue Wörter bilden, wie z.B. *comazuipen, ecokleding, Koningsdag, gezondheidscoach* sowie *televisie, bromfietser, voordeurdeler* (wörtl. 'Haustürteiler', eine Person, die mit einer anderen Person zusammenlebt und einen gemeinsamen Haushalt führt) und *dotteren* (Verfahren um blockierte Stellen in Blutgefäßen zu behandeln). Durch **Blending** werden ebenfalls neue Wörter gemacht, wie z.B. *frappuccino* (*frappé* + *cappuccino*) oder *alcomobolist* (*alcohol* + *automobilist*), und **Akronyme** können neu gebildet werden, wie *BSN* (*burgerservicenummer*) und *LOL* (*laughing out loud*). Ein anderer produktiver Prozess ist die **Lexikalisierung** (*lexicalisering*) einer Wortgruppe, die dadurch eine eigene Bedeutung bekommt, wie z.B. *dunne darm* und *dikke darm, gouden gids* und *groene golf*. Bemerkenswert ist, dass die ersten zwei Beispiele auf Deutsch Komposita sind (*Dünndarm* und *Dickdarm*) während die letzten zwei ebenfalls mit einer Wortgruppe bezeichnet werden (*die gelben Seiten* und *grüne Welle*). Diese Beispiele zeigen zugleich, dass man Komposition und Lexikalisierung nicht immer klar von einander abgrenzen kann.

Neologismen haben eine deutliche Funktion in der Sprache: Sie haben eine direkte Beziehung zum Alltagsleben und füllen Lücken im Wortschatz, wie z.B. Wörter für neue Berufe (*gezondheidscoach*) oder neue Konzepte (*comazuipen*). Nicht alle Neologismen haben 'gute Überlebenschancen', viele sind nur Modewörter, die relativ schnell wieder in Vergessenheit geraten, weil sie einfach nicht mehr benutzt werden. Die Neologismen, die weiterhin Bestand haben, werden irgendwann in ein Wörterbuch aufgenommen.

Neue Wörter können auch durch Entlehnung aus einer anderen Sprache hinzukommen: Diese Wörter heißen **Lehnwörter** (*leenwoorden*). Entlehnung findet statt bei Sprachkontakt zwischen Sprechern unterschiedlicher Sprachen, das kann z.B durch die geografische Nähe sein, wie bei Französisch und Deutsch, durch Kultur- oder Handelskontakte und heutzutage vor allem durch die modernen Medien. Das Niederländische hat in seiner Geschichte aus vielen Sprachen Wörter entlehnt. Sehr frühe Entlehnungen aus dem 10. Jahrhundert oder noch davor sind z.B. *kerk* (Griechisch), *poort* (Lateinisch) und *ambacht* (Keltisch). Tabelle 9.3 zeigt einige Beispiele der Gebersprachen, aus denen das Niederländische Wörter entlehnt hat. Die Jahreszahlen beziehen sich auf niederländische Quellen, in denen die Lehnwörter zum ersten Mal angetroffen wurden (Van der Sijs 2001).

Sprache	frühe Entlehung	späte Entlehnung
Friesisch	eiland (1240)	sjoelbak (1912)
Afrikaans	aardvarken (1779)	apartheid (1961)
Indonesisch	mango (1596)	loempia (1954)
Französisch	fanatiek (1796)	generalist (1984)
Italienisch	risico (1525)	pizzeria (1984)
Spanisch	ansjovis (1518)	macho (1976)
Portugiesisch	banaan (1596)	gamba (1984)
Deutsch	turnen (1856)	kek (1974)
Jiddisch	goochem (1800)	keppeltje (1950)
Englisch	trainen (1572)	voicemail (1996)
Arabisch	imam (1626)	halal (1989)
Hebräisch	halleluja (1561)	sjwa (1929)
Türkisch	kaviaar (1481)	yoghurt (1912)
Japanisch	soja (1670)	tsunami (1992)
Chinesisch	bami (1897)	wok (1984)

Tab. 9.3: Lehnwörter im Niederländischen

Wenn ein neues Wort entlehnt wird, tritt es normalerweise zunächst bei einer kleinen Gruppe von Sprechern auf (unter Jugendlichen, Fachkollegen o.ä.), bevor das Wort eventuell von der Gesellschaft übernommen wird. Wörter, die eine Lücke im Wortschatz füllen, wie einst *cacao*, *suiker* oder *fingerspitzengefühl*, werden im Allgemeinen ohne Probleme in den allgemeinen Sprachgebrauch übernommen. Wenn ein neues Wort entlehnt wird, behält es zunächst seine ursprüngliche Schreibweise und Aussprache. Wenn es sich durchsetzt, wird es irgendwann in Wörterbücher aufgenommen. *Pizzeria, macho* und *voicemail* haben zwar noch immer ursprüngliche Merkmale der Aussprache und Schreibweise, sie stehen aber in den niederländischen Wörterbüchern. Die Aufnahme in Wörterbücher ist ein wichtiges Indiz dafür, dass ein Lehnwort in den niederländischen Wortschatz aufgenommen wurde. Andere Indizen sind die Anpassungen des Wortes an das Niederländische in Bezug auf die Rechtschreibung (*fanatiek* aus *fanatique*), Aussprache (*turnen* mit niederländischer Aussprache) oder Morphologie: in der Flexion (*loempia – loempia's, whatsappen – gewhatsappt*) oder in den niederländischen Wortbildungsprozessen (*joghurtje, banaanachtig, sojamelk, trainingsbroek*).

Bei weitem nicht alle Fremdwörter werden dauerhaft in eine Sprache übernommen. Faktoren wie das Prestige der Sprecher, die das Lehnwort einführen, und die Häufigkeit der Benutzung spielen eine wichtige Rolle. Außerdem können Lehnwörter auf Widerstand stoßen, weil man danach strebt, die Sprache möglichst frei von Fremdwörtern zu halten. Statdessen werden sie durch Wörter aus der eigenen Sprache ersetzt. Dieses Phänomen nennen wir **Purismus** (*purisme*). Im 17. Jahrhundert hat Simon Stevin z.B. die Wörter *wiskunde* (Mathematik), *optellen* (addieren) und *aftrekken* (subtrahieren) eingeführt, um die griechischen und lateinischen Wörter zu ersetzen. In Flandern hat man sich gegen französischen Einfluss gewehrt und viele französische Wörter durch niederländisch wirkende Wörter ersetzt, wie *inkom* statt *entree* oder *regenscherm* statt *paraplu*.

Jedes Wort hat seine Geschichte, und die **Etymologie** (*etymologie*) untersucht die Herkunft, die ursprüngliche Form und Bedeutung sowie die Entwicklung von Wörtern. Die Geschichte von *sigaret* lässt sich beispielsweise so erklären, dass es im 19. Jahrhundert aus dem spanischen *cigarritos* 'sigaartjes' und dem französischen *cigarette* entlehnt wurde.

> Der Autor Willem Hietbrink behauptet in seinem Büchlein *Kwispelen met taal*, dass das Niederländische als 'Mutter aller Sprachen' zu sehen ist. Die Wörter *sigaret, hospitaal* und *cynisme* seien wie folgt zu erklären: *sigaret* ist aus 'zuig-er-uit', *hospitaal* aus 'huis-bed-hal' und *cynisme* aus 'zie-er-niets-meer' entstanden.

Die Etymologie als Wissenschaft ist nicht zu verwechseln mit der **Volksetymologie** (*volksetymologie*), in der aufgrund meist oberflächlicher Laut- und Bedeutungsverbindungen Erklärungen zur Herkunft von Wörtern gegeben werden. Ein berühmtes Beispiel für eine volksetymologische Erklärung ist das Wort *hangmat*, das im 17. Jahrhundert über das Spanische *hamaca* entlehnt wurde (das es wiederum aus einer haitianischen Sprache entlehnt hatte). Die ursprüngliche Form *hamack* entwickelte sich ziemlich schnell zu *hangmak* und noch etwas später zu *hangmat*. Das Wort *hangmat* ist nachher als eine Zusammenstellung von *hangen* und *mat* erklärt worden. Diese Art volksetymologischer Erklärungen kommt vor allem bei Lehnwörtern vor.

9.4   Bedeutungswandel

Wenn neue Wörter entstehen und andere verschwinden, verändert sich der Umfang des Wortschatzes. Bei semantischem Wandel oder **Bedeutungswandel** (*betekenis-verandering*) geht es darum, wie sich die Bedeutung einer vorhandenen Wortform im Laufe der Zeit verändert. Das Wort *winkel* z.B. war im Alt- und Mittelniederländi-schen ein geometrischer Begriff, genauso wie der deutsche *Winkel*. Heute ist die übliche Bedeutung von *winkel* 'Geschäft', also ein 'Gebäude, in dem Waren zum Verkauf angeboten werden', und ist *hoek* der geometrische Begriff für *Winkel*. Solche Bedeutungsveränderungen kann man in einem historischen Wörterbuch wie dem WNT nachschlagen. Die Veränderung der Wortbedeutung unterliegt stets den glei-chen Prinzipien: Das sind die Bedeutungserweiterung, die Bedeutungsverengung, Metapher und Metonymie sowie Pejoration und Melioration (vgl. auch Kap. 3).

Wenn die Bedeutung eines Wortes sich erweitert und die ürsprüngliche Bedeu-tung verlorengegangen ist, spricht man von **Bedeutungserweiterung** oder **Bedeu-tungsgeneralisierung** (*betekenisverruiming* oder *betekenisgeneralisatie*). Das Wort *muis* hatte ursprünglich die Bedeutung 'Nagetier aus der Familie der *Muridae*', wie die bekannte Hausmaus. Später kam die Bedeutung 'fleischiger Teil/Muskel des menschlichen Körpers' hinzu, womit heute allerdings nur noch die Handballen un-terhalb des Daumes bezeichnet werden. Im 20. Jahrhundert hat *muis* eine neue Be-deutung dazu bekommen, nämlich 'Gerät zu Steuerung eines Computers', die Com-putermaus. Ein anderes Beispiel ist *limonade*, einst ein Erfrischungsgetränk aus Zitronensaft, Zucker und Wasser. Heute kann die Basis für *limonade* jeder Fruchtsaft oder jede Fruchtessenz sein.

Der umgekehrte Prozess ist die **Bedeutungsverengung** (*betekenisspecialisatie*): die neue Bedeutung beschränkt sich auf ein bestimmtes Merkmal in der Semantik des Begriffs. Im Alt- und Mittelniederländischen hatte *varen* die allgemeine Bedeu-tung 'gehen' oder 'sich fortbewegen':

1)   Florus die *voer* vter stad. (*Rijmbijbel*, 1275–1300)
      'Florus, der aus der Stadt ging'

Heute ist *varen* auf die Fortbewegung mit einem Schiff beschränkt. Nur in festste-henden Ausdrücken wie *de hoop laten varen* 'die Hoffnung fahrenlassen' oder *vaarwel* 'Lebewohl' ist die ältere Bedeutung noch zu erkennen. Ein anderes Beispiel ist *deftig*, das früher mehrere Bedeutungen hatte, wie 'vernünftig', 'erheblich', 'wichtig' und 'vornehm'. Heutzutage hat *deftig* in den Niederlanden nur noch die letzte Bedeutung (*de deftige oude dame* oder *met deftige woorden spreken*), in Flandern kann *deftig* – wie im Deutschen – auch 'kräftig und nahrhaft (ohne verfeinert zu sein)' bedeuten, wie in *een deftige maaltijd*.

Metapher (*metafoor*) und **Metonymie** (*metonymie*) fungieren ebenfalls oft als Grundlage für Bedeutungswandel. Durch eine Metapher bekommt ein Wort eine neue Bedeutung aufgrund einer bestimmten Ähnlichkeit. Das wort *blad* wurde einst nur für das botanische 'Blatt' bei Pflanzen benutzt. Später kam die Bedeutung 'Stück Papier' dazu, das ebenfalls ein 'flacher Gegenstand' ist. Bei einer Metonymie erweitert sich die Bedeutung eines Wortes, wobei ein logischer Zusammenhang zwischen den beiden Bedeutungen besteht. Ein Beispiel ist das Wort *tuin*, bei dem ein räumlicher Zusammenhang zwischen den älteren Bedeutungen 'Umzäunung' und 'Abtrennung' (Bsp. 2) und der modernen Bedeutung 'Garten' besteht:

2) Een man was die plantte eenen wijngart, ende omme din wijngart so loec hi enen *tuun* (*Het Luikse Diatessaron*, 1291–1300)
'Es war ein Mann, der einen Weingarten pflanzte, und um den Weingarten zog er einen Zaun'

Schon im Mittelniederländischen hat sich die Bedeutung von *tuin* zu 'umzäunter Bereich, Garten' erweitert, heute hat *tuin* ausschließlich diese Bedeutung. Der deutsche Kognat *Zaun* hingegen hat die alte Bedeutung bis heute. Es lässt sich allerdings nicht immer leicht festzstellen, ob es sich bei Bedeutungswandel um eine Metapher oder um eine Metonymie handelt.

Schließlich kann Bedeutungswandel Veränderungen im Gefühlswert oder der Konnotation eines Wortes bewirken (vgl. Kap. 3). Zum einem kann eine Bedeutungsverschlechterung oder **Pejoration** (*pejorisatie*) auftreten: Das Wort *wijf* hat heutzutage grundsätzlich einen abwertenden Gefühswert, wie in *wat een dom wijf* oder *het wijf van de overkant*. Nur in bestimmten Kombinationen, wie in *een moordwijf* oder *wat een lekker wijf*, ist die Bedeutung von *wijf* nicht unbedingt abwertend.

Abb. 9.3: *Wijf* im 15. und 21. Jahrhundert

Im Mittelniederländischen hatte *wijf* diese Konnotation nicht, *wijf* bezeichnete einfach eine Person des weiblichen Geschlechts bzw. eine verheiratete Frau (vgl. Abb. 9.3). Das *scone wijf* namens Sanderijn aus dem mittelalterlichen Text *Lanseloet van Denemerken* (1400–1420) war eindeutig frei von negativen Assoziationen. Aber auch wenn ein *lekker wijf* heute nicht unbedingt eine abwertende Konnotation haben muss, ist dieser Ausdruck nicht ganz frei von einem vulgären oder sexuellen Unterton. Die Pejorisierung von Wörtern für Menschen des weiblichen Geschlechts findet man in vielen Sprachen. Ein weiteres Beispiel für Pejoration ist *raar*, das heute die Bedeutung 'seltsam' oder 'komisch' hat: *er gebeuren hier rare dingen* oder *de melk smaakt raar*. Die ursprüngliche Bedeutung von *raar* war 'selten', wie im Deutschen, oder 'merkwürdig'.

Zum anderen kann Bedeutungsverbesserung oder **Melioration** (*ameliorisatie*) auftreten. Ein bekanntes Beispiel ist das Wort *maarschalk*, das heute einen hochrangigen Soldaten bezeichnet. Früher bedeutete *maarschalk* jedoch 'Pferdeknecht':

> 3) Ghi sult moeten riden u peerd ombesleghen, want de *maerscalc* ne heeft
>   gheen haenbilt no gheen hamer (*Het Brugsche Livre*, 1351–1400)
>   'Sie werden ihr Pferd unbeschlagen reiten müssen, denn der Marschall hat
>   weder Amboss noch Hammer'

Ein weiteres Beispiel ist das Wort *ijver*, das im Niederländischen einst u.a. die Bedeutung 'Neid' oder 'Eifersucht' hatte. Heute ist die mehr geläufige Bedeutung von *ijver* 'Fleiß', die ältere Bedeutung 'Neid' findet man nur noch in den Wörter *na-ijver* und *ijverzucht*. Der Prozess der Melioration kommt im Vergleich zu Pejoration jedoch weniger vor.

9.5   Lautwandel

Wir haben gesehen, dass für die älteren Sprachstadien nur schriftliche Quellen vorhanden sind. Dennoch ist es möglich, die Ausprache zu rekonstruieren, denn obwohl es im Alt- und Mittelniederländischen noch keine standardisierte Rechtschreibung gab, hat man doch nach einer bestimmten Systematik geschrieben. Auch sind viele mittelniederländische Texte in Reimform geschrieben, was ebenfalls Hinweise zur damaligen Aussprache liefern kann. Schließlich wird in alten Grammatiken die Aussprache von Lauten behandelt, so schreibt Spieghel in seiner *Twe-spraack vande Nederduitsche letterkunst* (1584), dass der Laut /ey/ "nóchtans als /ay/ meest uyt ghesproken word". Lautveränderungen sind mit diesen Rekonstruktionsmethoden ziemlich gut zurückzuverfolgen.

Es gibt verschiedene Arten von Lautveränderung:

- Laute können wegfallen: Die **Prokope** (*procope*) ist der Wegfall im Anlaut, wie z.B. das *h* in manchen südlichen Dialekten *honderd > onderd*. Im Inlaut heißt der Wegfall **Synkope** (*syncope*), Beispiele sind *maghet > maagd* und *weder > weer*.

Bei der **Apokope** (*apocope*) fällt der auslautende Laut weg, wie das Schwa in *vrouwe > vrouw* und *ic hebbe > ik heb*.

- Laute können hinzu kommen: Im modernen Niederländisch haben einige Wörter ein *d* im Inlaut, das in den älteren Formen nicht vorkommt, wie das altniederländische *kellere > kelder* und *diurir > duurder*. Das Einfügen eines Lautes im Inlaut wird **Epenthese** (*epenthesis*) genannt.

- Laute können den Platz tauschen: Die Umstellung oder **Metathese** (*metathese*) kommt häufig beim Laut *r* vor, wie in *borne > bron* (Brunnen) oder *drie > derde* oder *dertig*.

Mit der 1. Lautverschiebung haben sich die germanische Sprachen von den anderen indoeuropäischen Sprachen abgegrenzt und mit der 2. Lautverschiebung das Althochdeutsche von den anderen westgermanischen Sprachen (vgl. Kap. 2.1.2). Für die niederländische Sprache sind danach die sog. **altniederländischen Lautgesetze** (*Oudnederlandse klankwetten*) von Bedeutung gewesen, sie haben in den anderen westgermanischen Sprachen selten oder nicht gewirkt. Tabelle 9.4 zeigt einige wichtige Lautverschiebungen:

Lautgesetz	Deutsch	Niederländisch
ft > cht	Luft, stiften	lucht, stichten
chs > ss	Fuchs, Achse	vos, as[3]
Vokal + l + d/t > ou + d/t	Holz, kalt	hout, koud
ai > ee	Stein, weinen	steen, wenen
au > oo	Traum, laufen	droom, lopen

Tab. 9.4: Altniederländische Lautgesetze

Der Übergang zum Mittelniederländischen wird vor allem durch die Abschwächung der vollen Vokale in unbetonten Silben charakterisiert: *hebban > hebben* und *vogala > vogele*. Im Mittelniederländischen hat sich die Lautkombination *sk*, wie in *scone wijf*, durch Assimilation allmählich zu sχ entwickelt, heute das *schone wijf*. Eine wichtige Lautveränderung, die den Übergang zum Neuniederländischen kennzeichnet, ist die Diphthongierung der Monophthonge *i* (im Mittelniederländischen mit <ij> geschrieben) und *u*:

Lautgesetz	Mittelniederländisch		Modernes Niederländisch	
i > ij	[i]	wijf, mijn	[εi]	wijf, mijn
u > ui	[y]	huus, muus	[œy]	huis, muis

Tab. 9.5: Diphthongierung

---

3   Gemeint ist hier der technische Begriff 'Achse'.

Nicht alle Wörter haben diese Entwicklung durchgemacht, vor einem *r* sind die Monophthonge nicht diphthongiert, *vieren* und *buur* sind beispielsweise nicht zu **vijren* und **buir* geworden. Auch haben bestimmte Wörter den ursprünglichen Lautwert behalten, wie *kiekeboe* (< *kijken*) oder *piel* (männliches Glied), oder kommen beide Formen heute noch vor, wie *duivel* und *duvel*.

Abschließend werden einige neuere Entwicklungen im 20. Jahrhundert vorgestellt. In einer Studie haben Van der Velde, Gerritsen und Van Hout (1995) festgestellt, dass zwischen 1935 und 1993 die stimmhaften Frikative *v*, *z* und *ɣ* in den Niederlanden immer häufiger stimmlos ausgesprochen wurden, besonders im Anlaut (vgl. auch Kap. 6.4 und 6.5). Auch der Liquid *r* ist stark in Bewegung: Im Niederländischen kommen das Zungenspitzen-*r* und das Zäpfchen-*r* nebeneinander vor, wobei das Zungenspitzen-*r* vermutlich die ältere Aussprache ist. In Flandern ist das Zäpfchen-*r* auf dem Vormarsch, während sich in den Niederlanden das sog. 'Gooise r' (vgl. Kap. 6.4) immer mehr verbreitet. Im Vokalsystem sind ebenfalls neue Entwicklungen bei den Diphthongen zu beobachten, nämlich die weiter geöffnete Artikulation von [εi], [ɑu] und [œy] sowie die Tendenz zur Diphthongierung von *e* und *o* (vgl. Kap. 8.5.3).

9.6   Morphologischer Wandel

Bei morphologischem Wandel geht es um Veränderungen der Derivations- und Flexionsmorphemen: Es können neue hinzukommen oder verschwinden oder ihre Produktivität verändert sich. Eine prominente Veränderung in der niederländischen Sprachgeschichte ist der Flexionsverlust, der nicht nur bei den Kasus im nominalen Bereich stattfindet (vgl. Kap. 2.2.2), sondern auch im verbalen Bereich. Eine markante Veränderung können wir in der zweiten Person sehen:

Mittelniederländisch (1200–1300)				Modernes Niederländisch			
du	gheves	du	ghafs[4]	jij	geeft	jij	gaf
ghi	ghevet	ghi	g(h)avet	jullie	geven	jullie	gaven
du	hoers	du	hoerde	jij	hoort	jij	hoorde
ghi	hoert	ghi	hoert	jullie	horen	jullie	hoorden

Tab. 9.6: Flexionsverlust in der Konjugation

Im Mittelniederländischen sehen wir in der zweiten Person Singular noch eine Endung auf *-s*, in der zweiten Person Plural auf *-t*. Mit dem Verschwinden des Pronomens *du* ist auch die Endung *-s* verloren gegangen. Die modernen *jij*-Formen stammen vom Pronomen *gij* ab und werden dementsprechend in Kombination mit der verbalen Endung *-t* verwendet. In Weilands *Nederduitsche Spraakkunst* aus dem Jahr

---

[4]   Die Flexion der 2. Person Singular ist im Mittelniederländischen wesentlich komplexer als hier
        dargestellt (vgl. Van Loey (1948), besonders § 49c 2 und Bemerkung 2).

1805 steht z.B. *gij geeft* für die zweite Person Singular und Plural im Präsens und *gij gaaft* im Präteritum. Bis weit nach 1950 lassen sich in der geschriebenen Sprache noch Verbformen auf *-t* für die zweite Person Plural finden. Auch der Konjunktiv ist allmählich verschwunden. Im Niederländischen des 19. Jahrhunderts wurde der Konjunktiv in der geschriebenen Sprache noch häufig verwendet. Nach und nach wurden seine Funktionen, wie z.B. Wünsche und Aufforderungen, jedoch mit Hilfe von Hilfsverben oder einem Indikativ umschrieben. Heute gibt es nur noch einige feste Redewendungen mit einem Konjunktiv, wie z.B. *zo waarlijk helpe mij God almachtig* oder *men neme twee eieren*. Der Flexionsverlust ist ein sehr langsamer Prozess in der Sprachgeschichte, sehr wahrscheinlich auch, weil die Flexion durch die Kultivierung oder durch das Primat (bis De Saussure) der geschriebenen Sprache lange aufrechterhalten wurde.

Auch Derivationsmorpheme sind dem Sprachwandelprozess unterworfen. Um z.B. neue weibliche nomina agentis zu bilden, sind im modernen Niederländischen nur noch die Suffixe *-e* und *-ster* produktiv: *piloot – pilote, echtgenoot – echtgenote, voorzitter – voorzitster* und *vrijwilliger – vrijwilligster*. Das Suffix *-in*, das im Deutschen sehr produktiv ist (*Lehrer – Lehrerin, Soldat – Soldatin, Herr – Herrin*), war im Niederländischen nur bis zum Mittelniederländischen sowie im 15. und 16. Jahrhundert produktiv, und auch nur sehr eingeschränkt. Manche Wörter wie *duivelin, boerin* und *koningin* existieren immer noch, wohingegen andere wie *meesterin* und *zangerin* heutzutage ersetzt sind durch *meesteres* und *zangeres*. Wir können hier eine Veränderung in der Produktivität beobachten, denn das Suffix *-in* ist im modernen Niederländischen generell nicht mehr produktiv. Allerdings scheint es neuerdings im belgischen Niederländisch wieder einigermaßen produktiv zu sein, denn dort ist die Form *studentin* (statt *studente*) seit einigen Jahren im Umlauf:

Mooie kamer voor betrouwbare studentin
Ruime, net gerenoveerde mooie studentenkamer te huur in woonhuis centrum Leuven, voor betrouwbare *studentin* die wil bijverdienen door af en toe te babysitten op de twee kinderen (9m en 2j) van eigenaar.

http://nl.kapaza.be/ (07.06.2013)

Die Produktivität eines Morphems kann sich auch steigern, ein Beispiel dafür können wir bei den **Intensivierungen** (*intensivering*) sehen. Intensivierungen sind Affixe, Wörter oder Wortkombinationen, mit denen Ausdrücke verstärkt werden können, wie z.B. *supergroot, megacool, keigezond, knalrood, heel erg vol* und *zo sterk als een paard*. In den letzten Jahren ist der Gebrauch des Präfixes *über-* als Intensivierung zu beobachten. Beispiele finden wir vor allem im Internet, wo Ausdrücke wie beispielsweise *übergezond leven, een übergezonde maaltijd, een übercool weekend, übercoole fietsverlichting* oder *een übermooi huis* zahlreich vorkommen.

9.7   Syntaktischer Wandel

Dass Lautung und Bedeutungen einzelner Wörter sich im Laufe der Zeit verändern, kann man sich noch gut vorstellen. Dass ganze Satzmuster hinzukommen, wegfallen oder ihre Funktion ändern, ist schon schwieriger nachzuvollziehen. Doch auch syntaktischer Wandel ist in natürlichen Sprachen an der Tagesordnung. Eine ziemlich auffällige Entwicklung in der niederländischen Sprachgeschichte ist die Veränderung in der **Negation** (*negatie*), der Verneinung. Allgemein angenommen wird, dass es ursprünglich ein Element *ne* gab, um einen Satzinhalt zu verneinen, wie z.B. im folgenden altniederländischen Satz:

4)   *ne* ist heil himo in Gode sinemo (*Wachtendonckse Psalmen*, 10. Jh.)
       'Es gibt keine Erlösung für ihn bei seinem Gott'

In einigen späteren Texten des Altniederländischen sind aber zweiteilige Negationen zu finden, ein Vorbote der geläufigen Negation im Mittelniederländischen – sowie am Anfang des Neuniederländischen –, die aus zwei Teilen bestand: *ne* oder *en* direkt vor dem konjugierten Verb und einem zweiten Element wie *niet*, das sehr wahrscheinlich zur Verstärkung diente:

5)   Wir *newillon niet* uergezzan, thaz ... (*Leidse Willeram*, um 1100)
       'Wir wollen nicht vergessen, dass ...'

6)   Ende ic *en* weet *niet* waer ic henen sal (*Lanseloet*, 1400–1420)
       'Und ich weiß nicht, wo ich hin soll'

7)   Ick *en* weet *niet* oft ghij levende oft doot zijt (*Brieven vd Meulen*, 1584)
       'Ich weiß nicht, ob du lebendig oder tot bist'

Die zweigliedrige Verneinung war in geschriebenen Texten noch bis weit ins 17. Jahrhundert verbreitet, heute kommt sie aber in dieser Form nicht mehr vor. Das ursprüngliche Verneinungselement *ne/en* ist in der Standardsprache kein Teil der Negation mehr. In einigen Dialekten ist es allerdings noch anwesend, wie z.B. im Westflämischen: *Ik en heb niemand gezien*.[5]

Die meisten syntaktischen Veränderungen folgen zwei größeren Entwicklungstendenzen. Die erste Tendenz ist die Entwicklung von einem synthetischen zu einem analytischen Sprachbau. Die Begriffe 'synthetisch' und 'analytisch' charakterisieren in der Typologie die Art und Weise, wie eine Sprache syntaktische Beziehungen im Satz ausdrückt. **Synthetische Sprachen** (*synthetische talen*) markieren Beziehungen untereinander mittels Flexion am Wort, wie z.B. Kasus (*der Gesang des Vogels*), Modus (*wenn ich ein Vöglein wär, flög ich zu dir*) oder die Person des Verbs (lat. *cantat* 'er singt'). Die Wortstellung in einer synthetischen Sprache ist häufig etwas freier, da

---

[5]   Beispiel aus Van der Auwera, De Cuypere & Neuckermans (2006), das der Lesbarkeit halber auf Standardniederländisch wiedergegeben ist.

die syntaktischen Beziehungen der Satzglieder ja am Wort gekennzeichnet sind. **Analytische Sprachen** (*analytische talen*) hingegen markieren syntaktische Beziehungen mittels Umschreibungen oder Periphrasen, wie z.B. Präpositionen anstelle von Kasus (*het gezang van de vogel*), Hilfsverben zum Ausdruck von Konditionalsätzen (*als ik een vogel zou zijn, zou ik naar jou vliegen*) oder Personalpronomen bei Verben (*hij zingt*). Auch feste Satzkonstruktionen, in denen jeder syntaktischen Funktion eindeutig eine Position zugewiesen ist, sind ein typisches Merkmal analytischer Sprachen. Die Wortstellung ist relativ fest, weil eine freie Wortstellung zu Ambiguität führen kann: Der Satz *Oma schlägt der Dieb* hat nur eine Interpretation, während *oma slaat de dief* zwei mögliche Interpretationen zulässt.

Die Entwicklung von einem synthetischen zu einem analytischen Sprachsystem verläuft fließend. Das Indoeuropäische und das Urgermanische, der rekonstruierte Vorläufer der germanischen Sprachen, waren vorwiegend synthetische Sprachen. Das moderne Niederländische ist allerdings vorwiegend analytisch und die Entwicklung in diese Richtung ist immer noch im Gange, auch wenn sie sich großenteils bereits vor dem Altniederländischen abgespielt hat. Die syntaktische Entwicklung steht innerhalb des Sprachsystems nicht für sich, sondern im Zusammenhang mit phonetischen und morphologischen Entwicklungen. Mit der Abschwächung von vollen Vokalen in unbetonten Silben (eine der phonetischen Veränderungen zwischen Alt- und Mittelniederländisch) wurde der Weg frei für den Flexionsverlust: die Endungen verschwanden allmählich, wodurch Konstruktionen mit **Präpositionen** (*preposities/voorzetsels*) immer wichtiger wurden, wie z.B mit *aan*, um das indirekte Objekt anzuzeigen (*ze geven een koekje aan het kind*), oder mit *van*, um den Besitzer anzuzeigen (*het huis van de burgemeester*). Auch treten immer mehr Verben mit einer festen Präposition auf, wie *geven aan, wachten op, bezwaar hebben tegen* oder *verliefd zijn op*. Darüber hinaus kommen vermehrt **feste Verbindungen** (*vaste verbindingen*) vor, z.B. *de aandacht vestigen op* (auf etwas hinweisen), *in de gaten houden* (im Auge behalten), *aan de hand van* (anhand), *met een sisser aflopen* (keine Folgen haben), *een conclusie trekken* (die Schlussfolgerung ziehen) oder *iets tot in de puntjes weten* (etwas in allen Einzelheiten kennen). Hinzu kommt, dass die Wortstellung immer strikter wird, so steht das niederländische finite Verb in Aussagesätzen normalerweise an der zweiten Stelle im Satz (diese Eigenschaft wird in der Linguistik auch als V2 bezeichnet), nur in besonderen Fällen taucht die finite Verbform auf einer anderen Position auf (s.u.). Der Wandel von einem synthetischen zu einem analytischen System ist ein sehr langsam fortschreitender Prozess mit vielen kleineren und größeren Änderungen, die in einem größeren Zusammenhang stehen und einander gegenseitig bedingen.

Die zweite Tendenz ist eine **Verschiebung der Wortstellung** (*woordvolg-orde-drift*), die das Niederländische in seiner Entwicklung mitmacht (vgl. die Klassifizierung des Satzbaus in Kap. 5.4). Während das moderne Englische ganz klar eine SVO-Sprache ist, weisen das Niederländische und Deutsche ein gemischtes Muster mit SVO im Hauptsatz und überwiegend SOV im Nebensatz auf:

8)   I believe that she$_S$ likes$_V$ him$_O$.
        Ik geloof dat zij$_S$ hem$_O$ leuk vindt$_V$.
        Ich glaube, dass sie$_S$ ihn$_O$ mag$_V$.

Das war aber nicht immer so. Das Urgermanische hatte sehr wahrscheinlich eine
ausgeprägte SOV-Wortstellung. Im Mittelniederländischen können wir im Nebensatz bereits verschiedene Möglichkeiten finden, das Verb konnte fast an jeder Stelle
vorkommen, nur nicht an der ersten Stelle direkt nach der Konjunktion:

9)   Ic hebbe dicke wel horen lesen, dat die minne$_S$ soect$_V$ haers ghelike$_O$
        (*Lanseloet*, 1400–1420)
        'Ich habe oft gehört und gelesen, dass die Liebe ihres Gleichen sucht'

10)   Ic bidde gode, dat hi$_S$ mine scande$_O$ wille$_V$ decken (*Lanseloet*, 1400–
        1420)
        'Ich bitte Gott, dass er meine Schande verhüllen will'

Das Mittelniederländische war auf dem Weg, sich zu einer SVO-Sprache zu entwickeln,[6] eine Veränderung, die im Englischen bereits um 1200 durchgeführt war.
Dennoch hat sich diese Entwicklung für das Niederländische nicht durchgesetzt,
was wieder einmal zeigt, dass Sprachwandel offensichtlich ein unvollständiger Prozess ist.

Exkurs: Grammatikalisierung
Im 19. sowie zu Anfang des 20. Jahrhunderts nahm die diachrone Sprachwissenschaft eine zentrale Position in der Linguistik ein, wobei die Schule der Junggrammatiker führend war. Im Verlauf des 20. Jahrhunderts verschob sich der Akzent hin
zu einer synchronen Betrachtungsweise von Sprache, aber in den letzten Jahrzehnten des 20. Jahrhunderts kehrte die Diachronie in den Fokus der Linguistik zurück,
u.a. in der Grammatikalisierungsforschung. Die **Grammatikalisierung** (*grammati-
calisatie*) ist – vereinfacht ausgedrückt – der Prozess, in dem ein lexikalisches Element sich zu einem grammatischen entwickelt. Ein Beispiel ist das Substantiv
richting mit der Bedeutung 'Stand oder Bewegung auf eine bestimmte Seite oder ein
bestimmtes Ziel'. Heutzutage wird *richting* auch als Präposition verwendet, wie in *we
gaan richting Brussel*. Das Substantiv *richting* ist ein lexikalisches Element, d.h. dass es
eine 'konkrete' Bedeutung hat (wir haben eine mentale Vorstellung davon) und es
kann bei Wortbildungsprozessen wie Komposition und Derivation ohne weiteres
eingesetzt werden. Die Präposition *richting* ist ein grammatisches Element, d.h. dass
es eine 'abstrakte' Bedeutung hat (wir brauchen Kontext um die Bedeutung zu verstehen) und dass es eher selten bei Wortbildungsprozessen eingesetzt wird. Ein
anderes Beispiel ist die Entstehung von Hilfsverben aus Vollverben. Das Verb

---

[6]   Diese Entwicklung wird hier auf einer sehr vereinfachten Weise dargestellt, in Wirklichkeit verlief
        sie komplizierter. Es führt aber zu weit, hier auf die Details einzugehen.

hebben (mit der Vollverbbedeutung 'besitzen' – *zij heeft een auto*) hat sich zugleich zum Hilfsverb des Perfekts entwickelt (*hij heeft geslapen*). Mit dem Übergang von einem lexikalischen zu einem grammatischen Element 'entsteht' sozusagen Grammatik.

9.8   Pragmatischer Wandel

Die Pragmatik untersucht, wie sprachliche Mittel in einer bestimmten Situation benutzt werden. Das bedeutet, dass der Kontext, in dem die Kommunikation stattfindet, von großer Bedeutung ist. Bei pragmatischem Wandel steht daher die Frage im Mittelpunkt, ob sich *die Art und Weise* verändert, wie Menschen sprachliche Mittel verwenden. Ein Beispiel für pragmatischen Wandel ist die Veränderung im Gebrauch der Anredeformen: Seit den 60er Jahren des 20. Jahrhunderts hat sich im Niederländischen der Gebrauch des Anredepronomens *je/jij* ausgebreitet. Diese Veränderung lässt sich mit den Dimensionen Macht und Solidarität beschreiben. Diese Dimensionen wurden von Brown & Gillman (1960) eingeführt, um die Verschiebung in den Anredepronomen, nämlich die von *V*-Pronomen zu *T*-Pronomen, in europäischen Sprachen zu erklären.[7] Das *V*-Pronomen beruht auf dem lateinischen *vos* (*u/uw*), das *T*-Pronomen auf *tu* (*jij/je/jou/jouw/jullie*) (vgl. Kap. 7.6).

Bis weit ins 20. Jahrhundert war die Dimension Macht entscheidend für die Wahl des Anredepronomens. In einer Studie hat Vermaas (2002) festgestellt, dass der Gebrauch von *jij* in vielen Situationen zugunsten von *u* zugenommen hat. Gesellschaftliche Veränderungen in den sechziger Jahren des 20. Jahrhunderts wie die Individualisierung, Emanzipation und Demokratisierung haben sehr wahrscheinlich dazu geführt, dass die Solidaritätsdimension im Vergleich zur Machtsdimension einen höheren Stellenwert eingenommen hat. Parallel dazu gibt es eine Verschiebung im Gebrauch der Vornamen, die zunehmend häufiger verwendet werden. Denn prinzipiell kombiniert man im Niederländischen den Vornamen mit der Anredeform *je/jij*, und den Familiennamen – in Kombination mit *mevrouw, meneer* oder einer anderen Anredeform – mit *u*.[8] Die Verschiebung hat jedoch zur Folge, dass eine große graue Zone entstanden ist, in der Situationen nicht klar zu bestimmen sind und es immer wieder zu Unsicherheiten bei der Wahl des Anredepronomens kommt. So auch im Fernsehprogramm *Zomergasten* im Jahr 2002, in dem der Schriftsteller und Fernsehmoderator Adriaan van Dis mit dem Historiker und Jurist Cees Fasseur sprach. Am Anfang der Sendung hat Adriaan van Dis seinen Gesprächspartner gesiezt, aber im Laufe des Gesprächs hat er immer mehr zwischen *u*

---

[7]   Die Dimensionen Macht und Solidarität sind in der Forschung zu den Anredepronomen auch auf Kritik gestoßen, vor allem weil diese Dimensionen die Wirklichkeit zu einfach darstellen.

[8]   Im Deutschen dahingegen können in bestimmten Situationen Anreden mit dem Vornamen und *Sie* vorkommen (das sog. 'Hamburger Sie' wie in *Max, lesen Sie bitte Seite 28*) sowie mit dem Familiennamen und *Du* (das sog. 'bayerische Du' wie in *Frau Müller, kannst du mir sagen, wo die Bücher sind?*) (vgl. Kremer 2000: 27).

und *jij* gewechselt, besonders nachdem Cees Fasseur angefangen hatte, ihn 'Adriaan' zu nennen:

Abb. 9.4: Fokke & Sukke (Reid, Geleijnse & Van Tol)

Auch wenn die Solidaritätsdimension heutzutage eine größere Rolle spielt, bedeutet dies nicht, dass heutzutage die Machtsdimension kein Gewicht mehr hat, in vielen Situationen ist sie nicht zu unterschätzen. Die Entscheidung für das *V*- oder *T*-Pronomen ist deshalb von vielen persönlichen Faktoren, wie Alter, Bildung, gesellschaftlicher Position oder Religion abhängig. Auch situative Faktoren sind entscheidend: Bei einer Arbeitsbesprechung ist die Situation anders als im Schulunterricht, beim Arzt oder bei einem Kneipenbesuch.

Eine andere Art pragmatischen Wandels ist eine Veränderung im Gebrauch des Hilfsverbs *zullen*, nämlich bei der Vergangenheitsform *zou*. Im heutigen Niederländischen wird *zou* häufig mit modalen Hilfsverben wie *kunnen*, *moeten* und *willen* kombiniert. Verbindungen mit modalen Verben sind schon im Mittelniederländischen belegt, aber die Kombination von *zou* mit *kunnen* und *moeten* ist neueren Datums. Die wichtigste Bedeutung von *zou* ist eine hypothetische (zu umschreiben mit 'angenommen, dass...'), wie sie heutzutage auch in Konditionalsätzen verwendet wird, z.B. in *als ik een miljoen zou winnen, zou ik een wereldreis maken*. Oder auch in Sätzen wie *de enige met wie ik dat zou kunnen bespreken, is Gudrun* ('angenommen, dass ich das mit jemandem besprechen könnte, dann ist das Gudrun'). Schauen wir uns nun folgende Sätze an:

11)   Je *zou* 't ook allebei *kunnen* doen
       'Du könntest auch beides machen'

12)   Dat *zou* je 'ns aan iemand *moeten* vragen.
       'Du solltest das mal jemanden fragen'

In diesen Beispielen hat *zou* in Kombination mit *kunnen* oder *moeten* keine reine hypothetische Bedeutung mehr, sondern fungiert als ein Ausdruck von Höflichkeit, um jemandem auf 'vorsichtige Weise' einen Rat zu geben. Solche vorsichtigen Ausdrücke werden auch mit dem englischen Begriff **mitigation** ('Abschwächung' oder 'Milderung', *mitigatie*) bezeichnet. Aus dem größeren Kontext des Gesprächs oder Textes lässt sich in diesen Fällen das Hintergrundwissen (Was, Wo, Wann usw.) ableiten.

Zou als Höflichkeitsausdruck hat sich aus der hypothetischen Bedeutung entwickelt, was noch gut in Sätzen wie *ik zou nu direct naar huis gaan* (*als ik jou was*) oder *ik zou het morgen vragen* (*als je het gaat vragen*) zu erkennen ist. Die Konditionalsätze *als ik jou was* oder *als je het gaat vragen* werden allerdings nicht mehr ausdrücklich gesagt, sie lassen sich aber aus dem Kontext erschließen, wie in einer **Implikatur** (*implicatuur*) (vgl. Kap 7.3.2). Auf diese Weise ist die Höflichkeitsfunktion von *zou* in Kombination mit Verben wie *kunnen* und *moeten* entstanden. In Beispiel 11 sehen wir sowohl die hypothetische Bedeutung (mit der Implikatur 'als je het gaat doen') als auch eine pragmatische Funktion, eine höfliche Empfehlung. In Beispiel 12 ist die Höflichkeitsfunktion von *zou* nicht mehr von einer Implikatur abhängig, sondern funktioniert jetzt selbständig. In diesem Fall ist die Implikatur der Auslöser für Sprachwandel, die eine Verschiebung von einer semantischen Bedeutung zu einer pragmatischen Funktion bewirkt hat.

9.9 Zusammenfassung

Sprachen verändern sich kontinuierlich. Der Prozess des **Sprachwandels** hat verschiedene Eigenschaften: Er findet auf allen sprachlichen Ebenen statt, ist zeitlich und räumlich begrenzt, unvollständig, unvorhersagbar, und vollzieht sich allmählich. Sprachen verändern sich jedoch nicht einfach so. Es gibt verschiedene Ursachen und Prinzipien, die für Sprachwandel verantwortlich sind, wie Drift, die Prinzipien der Ökonomie und Deutlichkeit, Analogie, Spracherwerb, Reinterpretation, Sprachkontakt und gesellschaftliche Veränderungen. Außer zu Veränderungen können diese Phänomene auch zu **Sprachtod** führen. Die **innere Sprachgeschichte** befasst sich mit sprachlichen Veränderungen in den verschiedenen Sprachstadien, die **äußere Sprachgeschichte** mit gesellschaftlichen, politischen und kulturellen Entwicklungen. Um Veränderungen in der Sprache zu untersuchen, sind zwei Herangehensweisen erforderlich: eine **synchrone** und eine **diachrone** Betrachtung. Der Vergleich von sprachlichen Daten verschiedener Sprachstadien kann durch die **Real-Time-** oder die **Apparent-Time-Methode** erfolgen. Die **historisch-vergleichende Methode** wird vor allem eingesetzt, um Sprachen mithilfe von Kognaten zu rekonstruieren. Veränderungen finden auf allen sprachlichen Ebenen statt: Es gibt Lautwandel, lexikalischen Wandel, Bedeutungswandel sowie morphologischen, syntaktischen und pragmatischen Wandel.

1. Sprachwandel kann auf verschiedenen Ebenenen vorkommen. Schauen Sie sich folgendes Textfragment aus dem Jahr 1877 an und bestimmen Sie, welche Elemente heutzutage veraltet sind und auf welchen sprachlichen Ebenen (Morphologie und Semantik) sie zu beschreiben sind. Ist es auch möglich, Lautunterschiede zu beschreiben?

De nieuwe rarekiek van den ouden korporaal Smit.

De oude Korporaal Smit? hoor ik u vragen, zou dat dezelfde zijn, waarover we pa en moe wel hebben hooren spreken, die zooveel moois te kijken gaf in hun jongen tijd en naar wien zij zoo gaarne luisterden? De oude Korporaal Smit zelf en geen mensch anders, zooals mijn grootvader zaliger placht te zeggen, toen hij zoo oud was als ik op dit oogenblik. Dezelfde oude Korporaal; maar natuurlijk ben ik mee vooruitgegaan met mijn tijd. In plaats van de kijkkast van vroeger, die ik op mijn rug versjouwen moest, een kijkkast met drie glazen, kan ik thans het geachte Nederlandsche publiek ontvangen in een net ingerichte tent en U, beste jongens en meisjes, allerlei fraaie dingen laten zien uit vreemde landen, ver hier van daan en uit uw eigen land, dingen, die ik op mijn lange reis zelf eigenhandig heb aanschouwd.

Anoniem, *De nieuwe rarekiek van den ouden korporaal Smit*

---

2. Welche Bedeutungswandelprozesse sind in den Beispielen 1–6 eingetreten? Benutzen Sie eventuell ein modernes und ein historisches Wörterbuch, um alte und neue Bedeutungen nachzuschlagen.

   1. *stout*   Karel de *Stoute* (1433–1477)
   2. *gelaat*   ursprünglich 'de manier waarop een persoon zich voordoet, zich vertoont, er uitziet'
   3. *lekker*   '*lekker* weertje vandaag' oder 'een *lekker* ding'
   4. *zebra*   de kinderen kunnen ook oefenen met oversteken op *zebra*'s
   5. *geil*   ursprünglich 'vrolijk'
   6. *fontein* ursprünglich 'bronwater, bron'

3. Lesen Sie folgendes Zitat. Der leicht sarkastische Unterton wird wohl keinem Leser entgehen. Begründen Sie, warum es vielen Menschen schwer fällt, Sprachwandel nicht als Sprachverfall zu sehen.

   "[T]aalkundigen zijn dol op veranderingen; als het volk massaal een bepaalde taalfout begint te maken, staan ze verrukt toe te kijken, als ouders bij hun spelende kinderen." (Benno Barnard, Knack.be 22.10.2008)

4. Das Verb *gaan* kommt im Niederländischen sowohl als selbständiges Verb, mit der Bedeutung 'sich fortbewegen' als auch als Hilfsverb des Futurs vor. Benutzen Sie die *Algemene Nederlandse Spraakkunst* (ANS) und das *Woordenboek der Nederlandsche Taal* (WNT) um die folgenden Fragen zu beantworten.

a. Wie kategorisiert die ANS das Verb *gaan*?
b. Kann *gaan* mit alle Arten Verben kombiniert werden? Welche Kombinationen sind in der Standardsprache möglich und welche nicht?
c. Welche Bedeutungsveränderungen sind bei *gaan* aufgetreten?
d. Vergleichen Sie die Art und Weise, wie die ANS en das WNT die regionale Variation behandeln. Was fällt Ihnen auf?
e. Wie können Sie die Veränderungen von *gaan* charakterisieren?

     Literatur zum Weiterlesen

Zu den Grundlagenwerken gehören die *Historische taalkunde* von Van Bree (1996), *De geschiedenis van het Nederlands* von Van der Wal (1992), *De geschiedenis van de Nederlandse taal* von Van den Toorn et al. (1997) und *Het Nederlands vroeger en nu* von Janssens & Marynissen (2008). Spezialisiert auf das 20. Jahrhundert ist *De geschiedenis van het Nederlands in de twintigste eeuw* (Van der Horst & Van der Horst 1999). Van der Horst bespricht in *Taal op drift* (2013) die langfristigen Sprachentwicklungen in den europäischen Sprachen in Zusammenhang mit gesellschaftlichen Veränderungen. Zum Sprachwandel und Sprachverfall ist *Taalverandering en Taalverloedering* (Bennis, Cornips & Van Oostendorp 2004) eine interessante Lektüre. Das *Leenwoordenboek* (Van der Sijs 1996) bietet eine gute Übersicht über Lehnwörter im Niederländischen und das *Etymologisch Woordenboek van het Nederlands* (Philippa et al. 2003–2009) beschreibt die Geschichte der modernen niederländischen Wörter. Um Bedeutungswandel zu untersuchen, ist das *Woordenboek der Nederlandsche Taal* (1864–1998) unentbehrlich. Zum Laut- und Flexionswandel sind exemplarisch Schönfelds *Historische grammatica van het Nederlands* (1970), Van Loeys *Middelnederlandse spraakkunst I Vormleer* (1980) und *Middelnederlandse spraakkunst II Klankleer* (1979) sowie Van Brees *Historische Grammatica van het Nederlands* (1987) zu nennen, zu neueren Veränderungen *Variatie en verandering in het gesproken Standaard-Nederlands* (Van de Velde 1996). Ein Monumentalwerk zum syntaktischen Wandel ist die zweiteilige *Geschiedenis van de Nederlandse syntaxis* (Van der Horst 2008). Ein einführendes Kapitel zur Grammatikalisierungstheorie steht im Studienbuch *Funktionale Grammatik. Konzepte und Theorien* (Smirnova & Mortelmans 2010).

10. Methoden der Sprachwissenschaft

Michaela Poß

> Armchair linguistics does not have a good name in some linguistics circles. A carica-
> ture of the armchair linguist is something like this. He sits in a deep soft comfortable
> armchair, with his eyes closed and his hands clasped behind his head. Once in a
> while he opens his eyes, sits up abruptly shouting, "Wow, what a neat fact!", grabs his
> pencil, and writes something down. [...]
> Corpus linguistics does not have a good name in some linguistics circles. A carica-
> ture of the corpus linguist is something like this. He has all the primary facts that he
> needs, in the form of a corpus of approximately one zillion running words, and he
> sees his job as that of deriving secondary facts from his primary facts. At the moment
> he is busy determining the relative frequencies of the eleven parts of speech as the
> first word of a sentence versus as the second word of a sentence.
>
> Charles J. Fillmore (1992: 35)

Wie das Wort schon verrät, handelt es sich bei der Sprachwissenschaft um eine Wissenschaft und als solche ist sie gewissen methodischen Standards verpflichtet. Die
Basis jeden wissenschaftlichen Arbeitens ist die Vertrauenswürdigkeit der erlangten
Ergebnisse. Betrachten wir z.B. die Medizin: Werden neue Medikamente bei Patienten einer bestimmten Gruppe getestet, muss die Fachwelt davon ausgehen können,
dass die Untersuchungsreihen gewissenhaft durchgeführt und die Ergebnisse nicht
manipuliert werden, damit die gewonnenen Erkenntnisse vertrauenswürdig auf weitere Patienten übertragen werden können. Doch nicht nur die Verlässlichkeit der
Resultate spielt eine Rolle in der wissenschaftlichen Arbeit. Die Methoden, mit denen wissenschaftliche Ergebnisse erzielt werden sollen, müssen zielführend sein.
Möchte ein Mediziner also wissen, ob sein neues Medikament die gewünschten
Resultate liefert, ist es nicht ausreichend, den Krankheitsverlauf eines einzelnen
Patienten auszuwerten. Vielleicht ist es Zufall, dass es dem Patienten besser geht
bzw. dass das Mittel anschlägt. Oder vielleicht schlägt es gerade nicht an, da der
betroffene Patient empfindlich auf einen Inhaltsstoff reagiert, während die meisten
anderen Menschen doch positiv reagieren würden. Medizinische Studien müssen
also so angelegt sein, dass äußere Faktoren, die die Ergebnisse beeinflussen könnten,
kontrolliert werden und die Gruppe der Testpersonen ausreichend groß und divers
ist.

   Zwar ist die Gefahr, dass Menschen zu Schaden kommen, in der sprachwissenschaftlichen Forschung vergleichsweise gering, dennoch funktioniert Wissenschaft
als Quelle des Erkenntnisgewinns nur dann, wenn alle, die daran teilhaben, sich all-

gemeingültigen Qualitätsstandards verschreiben. Nehmen wir z.B. eine fiktive Fragestellung aus der Soziolinguistik. Person A möchte gerne herausfinden, inwiefern die Sprachgewohnheiten von Menschen unter 60 Kilogramm Gewicht und Menschen über 60 Kilogramm Gewicht sich voneinander unterscheiden. Zu diesem Zwecke wertet Person A eine Rede eines 63-jährigen Mannes aus, der promovierter Vorstandsvorsitzender eines börsennotierten Großkonzerns ist und 120 Kilogramm wiegt, und vergleicht diese mit einem selbstgeführten und transkribierten Interview mit einer 19-jährigen Mutter dreier Kinder, die ohne Abschluss die Schule mit 15 verlassen hat und 52 Kilogramm wiegt. Der Katalog der sprachlichen Unterschiede zwischen den beiden, die Person A feststellt, ist lang, allerdings für die konkrete Frage, welche sprachlichen Unterschiede wir zwischen Menschen unter und über 60 Kilogramm finden, völlig ohne Aussagekraft. Der Vorstandsvorsitzende und die junge Mutter unterscheiden sich auf so vielen Ebenen, z.B. Alter, Bildungsgrad, Geschlecht, persönliches Umfeld etc., dass es schier unmöglich ist, zu unterscheiden, ob ein spezieller sprachlicher Unterschied nun auf das Lebendgewicht zurückzuführen ist oder auf andere innere und äußere Faktoren, die einen Einfluss auf das sprachliche Verhalten ausüben. Wissenschaftlich schwierig ist diese Studie auch deshalb, weil es schon intuitiv keinen direkten Zusammenhang zwischen dem Körpergewicht und dem Idiolekt, also der eigenen, individuellen Sprache, zu geben scheint. Das bedeutet natürlich nicht, dass es Unsinn ist, nach Zusammenhängen zu suchen, die noch nicht bekannt sind, doch zumindest müsste Person A gut darlegen können, warum das Körpergewicht einen möglichen, sinnvollen Faktor in der Beschreibung der Sprache eines Individuums darstellen könnte. Dafür ist aber die Auswahl je eines Vertreters der verglichenen Gruppen viel zu wenig. Um statistisch relevant Fragen beantworten zu können, muss die Gruppe der Versuchspersonen angemessen groß sein. Wie groß 'angemessen groß' im Einzelfall ist, kann nur abhängig von der Fragestellung beantwortet werden. Je ein beobachtetes Subjekt, soviel ist jedoch klar, ist in jedem Fall zu wenig. Obendrein ist die im Beispiel gewählte Fragestellung viel zu ungenau und unspezifisch. Je konkreter und abgegrenzter eine wissenschaftliche Fragestellung ist, desto größer ist die Wahrscheinlichkeit, dass sie beantwortet werden kann, und zwar mit Methoden, die zielführend und exakt sind.

Das Herzstück einer jeden wissenschaftlichen Studie ist eine sauber formulierte **Hypothese** (*hypothese*). In ihr wird ein vermuteter Zusammenhang zwischen zwei beobachtbaren **Variablen** (*variabelen*) formuliert, der dann überprüft werden kann. In unserem Beispiel hat Person A schon zu Beginn den Fehler begangen, eine Fragestellung zu formulieren, die gar nicht systematisch in einem Schritt untersuchbar ist. Besser macht es Person B. Sie ist Medizinerin und möchte den Zusammenhang zwischen Körpergewicht und Schnarchen untersuchen. Eine gewisse Relevanz des Faktors 'Gewicht' für die Wahrscheinlichkeit, ob eine Person schnarcht oder nicht, ist in der Literatur bereits bekannt. Die Fragestellung erscheint also intuitiv sinnvoll. Weiterhin weiß Person B, dass das absolute Gewicht eines Menschen alleine nicht aussagekräftig ist, da es nur im Zusammenhang mit der Größe auf einer Skala eingeordnet werden kann. Für einen Menschen mit 1,40 Meter Körpergröße sind 60 Kilogramm ein eher hohes Gewicht, ist jemand 2 Meter groß, sind 60 Kilogramm sehr wenig. Person B wählt also als erste beobachtbare Variable den Body Mass Index, also das Körpergewicht in Relation zur Körpergröße, der deutlich aussagekräftiger ist als das reine Gewicht. Als zweite beobachtbare Variable wählt sie den Faktor Schnarchen, also die Frage, ob und wie stark ein Individuum schnarcht. Eine mögliche Hypothese ist dann die Annahme, dass ein Body Mass Index, der über einem bestimmten Niveau liegt, zu verstärkter Schnarchaktivität, die ebenfalls über einem bestimmten Niveau liegt, führt, und diese Hypothese ist untersuchbar. Sie entspricht neben der Wahl beobachtbarer Variablen auch dem zweiten Kriterium für eine gute Hypothese: Sie ist **falsifizierbar** (*falsificeerbaar*). Es wäre nämlich auch denkbar, dass das Ergebnis der Studie enthüllt, dass gerade Menschen mit einem niedrigen Body Mass Index verstärkt schnarchen. Damit wäre zwar die Ausgangshypothese widerlegt, dennoch hätte Person B ein wissenschaftlich relevantes Ergebnis erzielt. Hypothesen, die nicht falsifizierbar sind, z.B. 'ein Mensch mit einem Body Mass Index von mehr als 30 schnarcht, oder er schnarcht nicht', sind wissenschaftlich nicht von großem Interesse. Das dritte Kriterium, welches eine gute wissenschaftliche Hypothese erfüllen muss, ist, dass das Ergebnis **reproduzierbar** (*reproduceerbaar*) sein muss. Jede wissenschaftliche Studie muss so aufgebaut und dokumentiert sein, dass es grundsätzlich möglich ist, sie unter den gleichen Bedingungen zu wiederholen und zu sehen, ob man wieder zu den gleichen Ergebnissen kommt. Dadurch ist gewährleistet, dass wissenschaftliche Ergebnisse überprüft werden können.

Das einleitende Beispiel beschreibt eine methodische Dichotomie innerhalb der Sprachwissenschaft: Auf der einen Seite befinden sich die sog. 'Lehnstuhllinguisten', die mithilfe introspektiver Herangehensweise sprachliche Phänomene beschreiben und analysieren. Doch die eigenen Intuitionen können täuschen, und gerade diejenigen, die sich täglich analytisch mit Sprache auseinandersetzen, haben oft Schwierigkeiten, unvoreingenommene Urteile zu fällen, z.B. über die Grammatikalität von Aussagen. Auf der anderen Seite befinden sich die Korpuslinguisten, die sich in erster Linie auf die Empirie verlassen. Doch auch hier gilt es, achtzugeben. Das reine Zählen von Beispieldaten hat noch keinen eigenen Mehrwert. Erst in Verbindung mit einer sinnvollen Fragestellung und Hypothese trägt die empirische Arbeit zum Erkenntnisgewinn bei.

Der Weg zur guten linguistischen Arbeit liegt also vermutlich in der Mitte: Welche Fragen und Phänomene untersucht werden und welche Methoden angewendet werden, um zu Ergebnissen zu kommen, ist eine Folge der Introspektion. Doch gerade in einem Feld, in dem der Untersuchungsgegenstand so vergleichsweise einfach beobachtbar ist, sollten auch empirische und experimentelle Methoden unterstützend eingesetzt werden, um die Ergebnisse zu untermauern.

Im weiteren Verlauf dieses Kapitels werden einige linguistische Methoden, die über die Introspektion hinausgehen, vorgestellt. Dabei erhebt diese Aufzählung keinen Anspruch auf Vollständigkeit und in einem solch kurzen Text kann den einzelnen Disziplinen auch nicht Genüge getan werden. Unser Hauptaugenmerk liegt auf der Korpuslinguistik und das aus einem einfachen Grund: Korpora des Niederländischen sind recht leicht zugänglich und auch ohne tiefere Computerkenntnisse können schon einfache Fragestellungen beantwortet werden. Neben der Korpuslinguistik unternehmen wir noch kurze Ausflüge – und als solche sollen sie auch verstanden werden – auf die Gebiete der Feldforschung und der Psycholinguistik.

10.1 Empirische Sprachwissenschaft: Korpuslinguistik

Linguisten sind verglichen mit beispielsweise Physikern deutlich im Vorteil, denn Sprache ist, im Gegensatz zu subatomaren Teilchen, allgegenwärtig beobachtbar. Das ist insofern praktisch, dass wir nicht allein auf unsere Introspektion angewiesen sind, sondern wir können direkt am Objekt testen, ob unsere theoretischen Annahmen auch in der Realität belegbar sind. Ein weiteres Beispiel: Person A ist der festen Überzeugung, dass das Verb *brauchen* im Deutschen immer mit einem *zu*-Komplement benutzt wird. Person B hingegen denkt, dass man *brauchen* auch ohne weiteres ohne *zu* benutzen kann. Wer von beiden Recht hat, ist relativ einfach herauszufinden, indem sie in geschriebenen Texten und gesprochener Sprache darauf achten, wie Menschen *brauchen* benutzen. Personen A und B werden schnell feststellen, dass beide Gebrauchsweisen, also mit und ohne *zu*-Komplement, vorkommen. Eine solche vergleichsweise simple Fragestellung kann gut durch aufmerksames Zuhören beantwortet werden.

Stellen wir uns jetzt vor, dass A und B mit diesem Resultat noch nicht zufrieden sind und gerne wüssten, welche der beiden Varianten häufiger vorkommt. In dem Fall wäre aufmerksames Zuhören sehr zeitraubend, immerhin sind Sätze mit modalem *brauchen* nicht sonderlich frequent, es würde also vermutlich lange dauern, bis man eine repräsentative Menge an Beispielsätzen zusammen hat. Allerdings kann die Frage, welche Gebrauchsweise denn nun häufiger ist, nicht auf einem kleinen Set von Beispielen basieren. Um statistisch signifikante Resultate zu erzielen, müssen ausreichend viele Daten ausgewertet werden.

Große Datenmengen stehen der Sprachwissenschaft zur Verfügung in Form von maschinenlesbaren **Korpora** (*corpora*). Ein Korpus besteht aus einer großen Menge meist homogener Sprachdaten, die auf unterschiedliche Weisen mit Metadaten angereichert und zugänglich gemacht sind. Je nach Art der Textsammlung können Korpora leicht viele Millionen Wörter umfassen. Im modernen Computerzeitalter ist das Sammeln von Sprachdaten verhältnismäßig einfach geworden. Gerade geschriebene Sprache, z.B. aktuelle Zeitungen und Bücher, liegt häufig schon in digitaler Form vor und kann in einem Korpus gebündelt werden. Darüber hinaus sind Bibliotheken weltweit dabei, Altbestände zu digitalisieren, sodass auch historisches Material, welches noch nicht bereitsteht, mehr und mehr mit dem Computer durchsuchbar gemacht wird. Doch je größer die Datenmenge wird, desto schwieriger ist es, sie so zu filtern, dass die relevanten Treffer gefunden werden. Um sich in einem großen Korpus noch zurechtfinden zu können, ist also eine weitere Aufbereitung der Sprachdaten von Nöten.

Der Begriff *Korpus* wird in der heutigen Sprachwissenschaft in der Regel auf maschinenlesbare Datenbanken angewendet, und die Korpuslinguistik ist ein Themenfeld, das seit den 1980er Jahren an Popularität gewinnt. Nimmt man es genau, wird allerdings schon seit den Anfängen der Sprachwissenschaft korpuslinguistisch gearbeitet: Alle Arbeiten zu älteren Sprachstufen, die auf der Auswertung von erhaltenem, geschriebenem Textmaterial basieren, sind korpuslinguistischer Art. Erst das Computerzeitalter hat die etablierte, aufwändige Methode der breiten Masse zugänglich gemacht.

10.1.1 Korpusarten und Formen der Korpusannotation

Grundsätzlich wird zwischen zwei verschiedenen Formen von Korpora unterschieden: den **Referenzkorpora** (*referentiecorpora*) und den **Spezialkorpora** (*speciale corpora*). Ein Referenzkorpus ist in der Regel groß und beansprucht für sich, eine bestimmte Periode einer bestimmten Sprache recht umfassend abzudecken. Referenzkorpora sollten **balanciert** (*gebalanceerd*) sein, mit anderen Worten eine ausgewogene Mischung verschiedener Sprachgenres beinhalten. Spezialkorpora hingegen beschränken sich auf eine bestimmte Textsorte, z.B. gesprochene Sprache im *Corpus Gesproken Nederlands* (CGN), oder Abschriften von Reden des Europäischen Parlaments in verschiedenen Sprachen im *Europarl*. Sehr verbreitet sind Zeitungskorpora wie das *27-Miljoen-Krantencorpus 1995*, doch auch hochspezialisierte Textsorten wie flämische gesprochene Sprache von Sprechern mit pathologischen Sprachstörungen sind als Korpus erhältlich. Spezialkorpora sind grundsätzlich nicht repräsentativ, da sie nicht die gesamte Bandbreite der Sprache abdecken, sondern nur ein Teilgebiet, z.B. Zeitungssprache oder gesprochene Sprache. Daher gilt es, bei der Wahl des Korpus genau abzuwägen, ob die Sprachdaten zur eigenen Hypothese passen. Korpora gibt es entweder **annotiert** (*geannoteerd*) oder nicht annotiert, also mit oder ohne metalinguistische Information (Bsp. s.u.).

Nichts ist älter als die Korpusliste von gestern. Daher verzichten wir auf einen detaillierten Überblick über die niederländischen Korpora. Die eigene Suche im Internet führt schnell zu Ergebnissen. Die meisten niederländischen Korpora werden zudem von der TST-Centrale unterhalten und zu wissenschaftlichen Zwecken gratis zur Verfügung gestellt. Weitere Information unter URL: http://www.inl.nl/tst-centrale/.

Die einfachste Form der digitalen Textbereitstellung ist das **rohe** (*platte*) Korpus. Darin ist nur der reine Text (inklusive Satzzeichen etc.) enthalten, ohne jede Form der qualitativen Analyse. Rohe Korpora können aufgrund der fehlenden Komplexität sehr schnell auch in gigantischen Größen erstellt werden. Nehmen wir z.B. alle Texte der niederländischen Wikipedia, kopieren sie als rohen Text in einen Texteditor und speichern diese Textdatei, so haben wir selbst ein digitales Korpus gebaut.

Die Elemente, die in einem Korpus enthalten sind, nennt man **Tokens** (*tokens*). Alles, was zwischen zwei Leerzeichen steht, ist ein Token und kann somit von einem Wort unterschieden werden. Zu den Tokens gehören nämlich auch die Einheiten, die keine Wörter sind, wie z.B. Satzzeichen. Ein Computer kann nun also recht einfach bestimmen, wie viele Tokens ein Korpus beinhaltet, indem er alle Einheiten zählt, die zwischen zwei Leerzeichen stehen. Eine einzelne, spezifische Zeichenkette entspricht einem **Type** (*type*) und kann in einem Korpus natürlich häufiger vorkommen. Alle Zeichenketten, die von der Form her gleich sind, gehören demselben Type an. Sehen wir uns ein Beispiel in Form eines Minikorpus an, bestehend aus dem Anfang von Harry Mulischs Buch *De ontdekking van de hemel*:

- Ogenblik!
- Wat is er?
- Opdracht volbracht. De zaak is rond.
- Welke zaak?
- Ja, neemt u mij niet kwalijk. Het allerbelangrijkste. De hoofdzaak.
- De hoofdzaak? Waar heb je het over?
- Over het testimonium.
- Ach, natuurlijk! Lieve hemel, het is toch verschrikkelijk. Onafgebroken wijd je je aan de wezenlijke dingen, al je vermogens geef je er aan, – en dan komt het moment, dat je ze eenvoudig vergeet, of dat je ze even in een handomdraai afhandelt.

Unser Korpus besteht aus 83 Tokens, darunter *Ogenblik!* und *aan*. Sprachwissenschaftlich gesehen ist das natürlich ungünstig, da wir wissen, dass das Ausrufezeichen kein Bestandteil der Einheit *ogenblik* oder *aan* ist. Der erste Schritt, der also sinnvollerweise bei der Erstellung eines Textkorpus unternommen wird, ist die **Tokenisierung** (*tokenizing*). In diesem Prozess werden alle Einheiten, die nicht zusammengehören und trotzdem nicht durch eine Leerstelle getrennt sind, wieder voneinander losgelöst. *Ogenblik* und *!* sind in einem tokenisierten Korpus zwei Tokens.

Auf der Type-Ebene kommen wir auf eine andere Zahl als auf Token-Ebene. Alle Einheiten, die mehr als einmal vorkommen, werden nur einmal gezählt. Unser Korpus besteht also aus 61 Types. Doch auch mit dieser Unterteilung geht wieder sprachwissenschaftliche Information verloren, die wir gerne aus dem Korpus ablesen können würden. So sind z.B. *over* in Zeile 6 und *Over* in Zeile 7 zwei verschiedene

Types, da eines mit einem Großbuchstaben beginnt, eines nicht. Für den Computer sind die beiden Einheiten vollkommen unterschiedlich, für den Sprachwissenschaftler aber nicht, da beide Formen der Präposition *over* zugeordnet werden. Andererseits finden wir in unserem Korpus mehrere Instanzen des Types *je*, die entweder dem Personalpronomen *jij* oder dem Possessivpronomen *jouw* zugeordnet werden.

Für eine automatische Suche in einem großen Korpus wäre es natürlich sinnvoll, wenn alle Formen eines Lemmas auch gemeinsam kategorisiert würden. Diesen Prozess nennt man **Lemmatisierung** (*lemmatisering*). In der lemmatisierten Version eines Korpus sind alle Tokens einem abstrakten Lemma zugeordnet, so dass man einerseits Homographen disambiguieren kann und andererseits verschiedene morphologische Formen eines Wortes wieder unter einem Lemma zusammenfassen kann.

Die nächste Stufe der linguistischen Analyse von Textkorpora ist die Wortartenannotation oder **Parts-of-Speech-Tagging** (*parts of speech tagging*). Hierbei wird jedem Token nicht nur ein Lemma zugewiesen, sondern auch die Wortart, in der es im Text vorkommt. Diese Metainformation ist beispielsweise dann von Interesse, wenn man Daten zu bestimmten Wörtern extrahieren möchte, die in verschiedenen Wortarten vorkommen können. Das niederländische Substantiv *richting* kann etwa nominal gebraucht werden (*In welke richting ligt Mekka?*), oder präpositional (*richting oosten*). Interessiert man sich ausschließlich für die präpositionale Gebrauchsweise, kann man explizit danach in einem wortartenannotierten Korpus suchen.

Empirische Korpusstudien zu bestimmten syntaktischen Konstruktionen sind erheblich leichter realisierbar, wenn das Korpus neben der Wortarteninformation noch über eine **syntaktische Annotation** (*syntactische annotatie*) verfügt. Komplexe Fragestellungen, wie z.B. welche Konstituenten und Satzglieder sich an erster Satzposition befinden können oder welche Reihenfolge direktes und indirektes Objekt bei ditransitiven Verben einnehmen, können nur anhand einer Wortartenabfolge nicht beantwortet werden. Erst die metasprachliche Information über die Konstituentenstruktur und Satzfunktionen macht eine genaue Suche in großen Korpora möglich. Korpora, die mit einer syntaktischen Annotation versehen sind, nennt man Baumbank oder **Treebank** (*treebank*).

Die hier aufgezählten Analyseniveaus haben in den vergangenen Jahren eine rasante Entwicklung erlebt und gehören heutzutage zur Basisausstattung eines guten, sprachwissenschaftlich nutzbaren Korpus. Darüber hinaus gibt es noch viele denkbare linguistische Ebenen, die von Interesse sein können und die in Einzelfällen auch annotiert sind, z.B. semantische Information, Informationsstruktur, Dialektzuordnung etc. Welche Analyseniveaus der Nutzer genau benötigt, hängt immer von der einzelnen Fragestellung ab.

Häufig steht die Qualität der Korpusannotation in direktem Verhältnis zur Größe des Korpus. Es gibt rohe Korpora mit Tokens in Milliardenhöhe, doch die sind natürlich auch einfach zu kompilieren. Die Suchmöglichkeiten in beispielsweise 3

Milliarden Tokens rohem Text ist hingegen extrem eingeschränkt. Dann gibt es wiederum Korpora, die auf verschiedenen Ebenen manuell annotiert sind. Diese Annotationen sind in der Regel sehr wenig fehlerbehaftet, andererseits sind die Korpora meist vergleichsweise klein und somit nicht in der Lage, die erforderliche Treffermenge für eine bestimmte Fragestellung zu liefern. Dieses Problem versuchen Computerlinguisten seit Jahren durch automatische Annotationsverfahren zu lösen, und auch hier sind die Entwicklungen rasant.[1] Für die Gebiete Tokenisierung, Lemmatisierung und Wortartenannotation gibt es inzwischen automatische Programme, die solch gute Erfolge erzielen, dass auch gigantische Textmengen ohne Probleme automatisch bearbeitet werden können. Auf dem Gebiet der syntaktischen Annotation werden ebenfalls immer bessere Ergebnisse erzielt, sodass heutzutage auch Treebanks die Millionen-Token-Grenze leicht überschreiten können. An die Qualität manuell annotierter Korpora ragen sie jedoch mit einer Präzision von selten über 90 Prozent nicht heran.

10.1.2 Die Analyse von Korpusdaten

Die rasche automatische Verarbeitung von Korpusdaten und die damit gewonnene Möglichkeit, schnell und vergleichsweise unkompliziert sprachliche Phänomene beobachten zu können, vereinfacht die wissenschaftliche Arbeit natürlich. Dennoch gibt es Stolperfallen und viele Faktoren, die beim Aufbau einer korpusbasierten Arbeit zu bedenken sind. So entbindet die Existenz von Korpora uns nicht von der Pflicht, eine sinnvolle Hypothese zu entwickeln und die Daten, die wir analysieren wollen, vorsichtig auszuwählen. Dabei gilt besondere Vorsicht bei der Wahl der Textsorte. In vielen Fällen ist die Gattung der Daten, die in einem Korpus zusammengefasst sind, homogen oder zumindest getrennt durchsuchbar. Wir unterscheiden z.B. zwischen geschriebenen und gesprochenen Korpora. Letztere bestehen aus Transkriptionen gesprochener Sprache, wie etwa das *Corpus Gesproken Nederlands* (CGN). Es liegt auf der Hand, dass ein solches Korpus bei einer Fragestellung, die auf gesprochenes Niederländisch abzielt, das Mittel erster Wahl ist. Mit insgesamt 9 Millionen Tokens, von denen 900.000 syntaktisch annotiert sind, ist das CGN allerdings eher klein. Bezieht sich die zu untersuchende Hypothese auf ein Phänomen, welches sowohl in der gesprochenen als auch in der geschriebenen Sprache gleichermaßen auftritt, wäre es sinnvoller, ein größeres Korpus zu Rate zu ziehen.

Welches Korpus man zu Rate zieht und welche Analysemethoden man anwendet, hängt von der Fragestellung ab. Grundsätzlich gilt: Je spezifischer und ungewöhnlicher das Phänomen, desto größer muss das Korpus sein. Für die Beantwortung der Frage, welcher Buchstabe im geschriebenen Niederländisch am häufigsten

---

[1]   Genaugenommen ist der Begriff *Korpuslinguistik* ambig. Einerseits beschreibt er den Ansatz, sprachwissenschaftliche Hypothesen entweder aus Datenmaterial abzuleiten oder sie mit Daten zu unterstützen, andererseits bezieht sich *Korpuslinguistik* auf das Gebiet der (automatischen) Annotation und Kompilierung.

vorkommt, reichen 100.000 Tokens, um eine statistisch aussagekräftige Antwort zu erhalten. Wer beobachten möchte, wie häufig das Verb *niesen* mit drei Argumenten statt intransitiv auftritt, entscheidet sich besser für ein Korpus in der Größenordnung des 2,4 Milliarden Token LASSY-Korpus.

Doch selbst dann, wenn man in einem gigantischen Korpus eine gesuchte Konstruktion nicht beobachten kann, bedeutet das nicht, dass sie nicht existiert. Niemals kann mithilfe von Korpusdaten ex negativo argumentiert werden. Nur, weil etwas nicht da ist, heißt das nicht, dass es nicht da sein könnte.

Korpuslinguistik im Sinne von datenbasierten Studien kennt zwei verschiedene Ansätze: die **korpusgeleitete** (*corpusgedreven*) und die **korpusbasierte** (*corpusgebaseerde*) Analyse. In korpusgeleiteten Studien werden Hypothesen induktiv aus dem gefundenen Material generiert. In korpusbasierten Studien werden introspektiv aufgestellte Hypothesen anhand des gefundenen Korpusmaterials bestätigt oder widerlegt. Weiß man also schon, was gesucht werden soll, arbeitet man korpusbasiert, analysiert man erst die Daten und bildet dann eine Hypothese, arbeitet man korpusgeleitet.

Wie man im Einzelnen eine Hypothese untermauern möchte, hängt immer vom spezifischen Ziel ab und kann nicht über den Daumen gepeilt vorgeschrieben werden. Dennoch können einzelne Methoden als zentral betrachtet werden, die wir hier vorstellen wollen. Ein wichtiges empirisches Instrument in der Korpusanalyse ist die **Konkordanz** (*concordantie*). Konkordanzen sind Listen, in denen ein bestimmter Suchbegriff angeführt wird. Will man z.B. alle Belege des Tokens *richting* in einem Korpus sehen, kann man mithilfe eines Konkordanzprogramms[2] die Daten danach durchsuchen und sich die Treffer anzeigen lassen. Eine Form der Konkordanz ist der sog. KWIC-Index (KWIC steht für Key Word In Context). Der Index präsentiert den jeweiligen Suchbegriff in seiner sprachlichen Umgebung. Konkordanzen und KWIC-Indizes werden bei der **Kookkurrenz**- oder **Kollokationsanalyse** (*collocatie-analyse*) verwendet, um zu erfassen, in der Umgebung welcher Wörter ein Suchbegriff besonders gerne auftritt. So wissen wir, dass es *sterke koffie* und *krachtige computer* heißt, nie allerdings *krachtige koffie* und *sterke computer*. Kollokationen sind also lexikalische Einheiten, die häufiger miteinander auftreten, als es statistisch wahrscheinlich wäre. Mithilfe von Konkordanzen können wir aus großen Korpora auch die Kollokationen herausfiltern, die etwas weniger augenscheinlich sind. Sie sind immer dann hilfreich, wenn ein bestimmter Suchterm bekannt ist.

---

[2]   Auch die Software zur Durchforstung von Korpora ist in ständigem Wandel und unterliegt Moden. Daher ist es auch hier wieder ratsam, sich im WWW umzusehen, welche Programme derzeit (häufig auf Universitätswebseiten) angeboten werden. In der Regel sind auch diese gratis. Häufig werden Korpora auch direkt mit einer eigenen Software angeboten.

```
en: relatief en absoluut. Een relatieve RICHTING neemt een aangegeven referentiepunt, va
ze foto links van Karel"). Een absolute RICHTING gebruikt een van tevoren afgesproken re
even met pijltjes. In de wiskunde wordt RICHTING aangeven door een vector op een gegeven
elsel. Inhoud [verbergen] 1 Relatieve RICHTING 1.1 Scheepvaart 1.2 Luchtvaart 1.3 Info
ica 1.4 waterlopen 1.5 wegen 2 Absolute RICHTING [bewerken]Relatieve richting Er zijn e
2 Absolute richting [bewerken]Relatieve RICHTING  Er zijn een aantal termen die richting
richting  Er zijn een aantal termen die RICHTING aanduiden: boven en beneden (op(waarts)
arts), omhoog en omlaag om een bewegingsRICHTING te duiden); voor en achter; links en re
 specifieke aanduidingen voor relatieve RICHTING. Bakboord en stuurboord worden aangedui
ctievelijk de rechterkant van de scheepsRICHTING aan te duiden (een denkbeeldige lijn va
rwal en lagerwal gebruikt als relatieve RICHTING. [bewerken]Luchtvaart  De twaalf klokp
lokposities; men geeft dan de relatieve RICHTING van een object (meestal een ander vlieg
alf uurmarkeringen te associëren met de RICHTINGen waarheen deze wijzen. Dientengevolge
"9 uur" links. De andere uren duiden de RICHTINGen aan waarvoor er niet onmiddellijk een
en in computertermen komt ook relatieve RICHTING voor, daar het betreft inkomend (inboun
erd door kan rijden. [bewerken]Absolute RICHTING
```

Abb. 10.1: KWIC-Index für den Suchbegriff *richting* aus dessen Wikipediaeintrag

Wollen wir allerdings nach abstrakten syntaktischen Mustern suchen, brauchen wir mehr als nur ein rohes Korpus und ein Konkordanzprogramm. In diesem Fall benötigen wir eine Treebank und ein darauf ausgerichtetes Suchwerkzeug (welches häufig mitgeliefert wird). Möchte man z.B. gerne herausfinden, ob es im Niederländischen eher *ik geef oma een cadeau* heißt oder *ik geef een cadeau aan oma*, so lautet die eigentliche Fragestellung, ob in ditransitiven Sätzen die Satzstellung NP V NP NP häufiger vorkommt oder NP V NP PP. Mit einer rein lexikalischen Abfrage lässt sich das nicht beantworten, mit einem Korpus, das die Suche nach syntaktischen Strukturen zulässt, hingegen sehr einfach.

Je nachdem, ob das Ziel der Suche eine **qualitative** oder eine **quantitative Analyse** (*kwalitatieve* bzw. *kwantitatieve analyse*) ist, schließen sich an die Treffersuche unterschiedliche Schritte an. Bei einer qualitativen Korpusanalyse werden die gefundenen Treffer einzeln bewertet, um die vorangegangene Hypothese zu unterstützen. Eine mögliche qualitative Aussage wäre: "Ich habe im CGN 300 Treffer für Satzmuster A und 250 Treffer für Satzmuster B gefunden. Ich schließe daraus, dass beide akzeptabel sind." Eine mögliche quantitative Aussage wäre: "Verb C kann sowohl in Satzmuster A, als auch mit Satzmuster B realisiert werden. Im CGN tritt es in 89 Prozent der Fälle mit A auf und in 11 Prozent der Fälle in B. Ich schließe daraus, dass die Wahrscheinlichkeit, dass C im gesprochenen Niederländisch in Satzmuster A auftritt, deutlich höher ist als die Wahrscheinlichkeit, dass es in B auftritt".[3]

10.1.3 Das Internet als Korpus

Im Internetzeitalter liegt es eigentlich auf der Hand, anstelle von eigens erstellten Korpora auch das Internet als primäre Quelle für Sprachdaten zu nutzen. Mehr als eine Milliarde Dokumente und Webseiten sind im weltweiten Netz gespeichert, und

---

[3] Korpusstatistik ist ein großes und komplexes Gebiet, welches im Detail über den Rahmen einer Einführung hinausgeht. Und viele kleine Korpusstudien können auch ohne komplexe statistische Auswertungen durchgeführt werden. Dennoch ist Statistik für jeden, der mit Daten arbeitet, unerlässlich. Wer eine größere quantitative Arbeit plant, findet große Hilfe in speziellen Statistikprogrammen wie R oder SPSS.

die können wertvolle Informationen für jeden Linguisten enthalten. Die meisten
werden schon einmal sprachliche Information mit Hilfe einer Internetsuchmaschine
gewonnen haben: z.B. wenn man sich der Schreibung eines Wortes nicht sicher ist.
Die Suche mit Google nach dem Wort *tegenwordig* bringt als Resultat 341000 Treffer. Das ist eine Menge, verglichen mit der Suche nach *tegenwoordig* jedoch signifi-
kant weniger. Die korrekte Schreibweise mit doppeltem *o* liefert 17,4 Millionen
Treffer.[4] Bei einer solch deutlichen Verteilung können wir beruhigt davon ausgehen,
dass *tegenwoordig* die korrekte Schreibweise ist.

Für lexikographische Fragestellungen eignet sich das WWW durchaus gut. Wie
wird ein Wort verwendet, welche Wörter treten häufig gemeinsam auf, in welchem
stilistischen Kontext benutzt man einen bestimmten Ausdruck? All dies sind Fragen,
die mithilfe von Suchmaschinen auch im Internet gut beantwortet werden können.
Dabei hat man mit der Zielsprache Niederländisch sogar einen Vorteil z.B. den Ang-
listen gegenüber: Englisch ist Verkehrssprache im WWW, und die Frage, ob und
welche Autoren von Texten wie Forenbeiträgen und Chats Muttersprachler des
Englischen sind, ist so gut wie nicht zu beantworten. Für eine vergleichsweise kleine
Sprache wie Niederländisch ist dieses Problem überschaubar, und natürlich ist nicht
alles immer gleich korrekt, was man findet (immerhin schreiben ja auch ausreichend
viele Nutzer *tegenwoordig* mit einem o), doch die Wahrscheinlichkeit, in hohem
Maße Texte von Nicht-Muttersprachlern zu analysieren, ist eher klein.

Nahezu alle Fragestellungen, die zu ihrer Beantwortung von einer differenzierte-
ren Annotation abhängen, sind hingegen schwer mit Material aus dem WWW zu
beantworten. Komplexe Satzmuster und grundsätzlich alle abstrakten Strukturen
lassen sich ohne eine Metaebene kaum finden. Daher gibt es inzwischen von mehreren Seiten Bemühungen, das Internet auch linguistisch informiert durchsuchbar zu
machen, oder auf einfache Weise große Datenmengen selbst zu einem linguistisch
informierten Korpus zu bündeln.

10.2 Feldforschung

Natürlich ist die Arbeit mit Korpora nicht die einzige Möglichkeit, sprachwissenschaftliche Fragestellungen mit Daten zu untermauern. Je nach Phänomen ist sie
auch völlig ungeeignet. Nehmen wir z.B. eine Sprache X, gesprochen von Urein-
wohnern des Landes Y, die vom Aussterben bedroht ist. Die Kinder wachsen nicht
mehr mit Sprache X als Muttersprache auf, sondern mit der für den Handel hilfrei-
cheren Sprache Z und die letzten Muttersprachler von X gehen dem Rentenalter
entgegen. X hat keine schriftliche Kultur und ist damit für die Nachwelt nicht überliefert. Hier ist ein Feldforscher gefragt.

Feldforschung (*veldwerk*) ist eine Methode der Datengewinnung, bei der der
Sprachwissenschaftler selbst 'ins Feld' geht, also zu den Sprechern der Varietät, den

---

[4]   Stand: August 2012.

Informanten (*informanten*), die es zu untersuchen gilt, und dort anhand von Gesprächen die Daten gewinnt, die er benötigt. Ob das nun (wie bei vielen bedrohten
Sprachen der Fall) eine komplette Grammatik ist, die dazu dienen soll, eine ausster-
bende oder noch nicht untersuchte Sprache zumindest in der Theorie zu erhalten,
oder ob es der Erfassung dialektaler Unterschiede innerhalb eines Sprachsystems
dient, ist dabei nachrangig. Die Methode bleibt die gleiche.

Auch für eine eigentlich sehr gut dokumentierte Sprache wie das Niederländische trifft man auf Fragestellungen, die sich nicht mit bereits existierenden Daten
beantworten lassen. So sind beispielsweise zahlreiche Dialekte des Niederländischen
nicht schriftlich festgehalten. Glücklicherweise haben einige Sprachwissenschaftler
es sich in den vergangenen Jahren zum Ziel gesetzt, die dialektalen Unterschiede
systematisch zu kategorisieren und somit einem Wissensverlust entgegenzuwirken.
Interessante Ergebnisse dialektbezogener Feldforschung sind der *Dialectatlas van het
Nederlands* (2011), der in erster Linie lexikalisch-semantische Eigenheiten dokumentiert, und der *Syntactische Atlas van de Nederlandse Dialecten* (SAND), ein Projekt, das syntaktische Variation zwischen niederländischen Dialekten in dialektalen
Karten festhält.

Doch sehen wir uns ein konkretes Beispiel an. Im Niederländischen Sprachraum
gibt es eine Vielzahl umgangssprachlicher Grußformeln, die beim Abschied verwendet werden. An einigen Orten sagt man *doeg*, andernorts verabschiedet man sich mit
ajuus und andere sagen *daag*. Bei der Frage, wo man welchen Gruß benutzt, kann ein
Korpus nicht weiterhelfen, da in der Regel keine ausreichend feinkörnige Annotation der regionalen Information vorhanden ist. Die Alternative ist also, entweder
selbst vor Ort mit Sprechern des Dialekts zu reden und zu erfragen, was sie zum
Abschied sagen, oder – so wie es das Dialectbureau, der Vorgänger des Meertens
Instituut tat – einen Fragebogen an einzelne Haushalte in verschiedenen Regionen
schicken. Nach der Auswertung zeigte sich, dass 1973 die Grußwörter beim Abschied in den niederländischen Dialekten wie in Abbildung 10.2 angegeben verteilt
waren. Jedes Symbol steht dabei für eine bestimmte Grußformel und auf der Karte
ist gekennzeichnet, wo Sprecher welches Wort verwenden. Für den *Syntactische
Atlas van de Nederlandse Dialecten* wurden die relevanten Daten in insgesamt drei
Schritten erhoben: Mit einem schriftlichen Fragebogen, der an Informanten an 321
Orten in den Niederlanden und Belgien verschickt wurde, gefolgt von einem mündlichen Fragebogen, der Testpersonen an 267 Orten vorgelegt wurde, und zum
Schluss wurden noch 246 telefonische Interviews geführt. Jedes Mal wurden eine
Vielzahl von Sätzen vorgestellt und die Informanten mussten ein Grammatikalitäts-
urteil fällen: Kann ich das in meinem Dialekt so sagen, oder nicht?

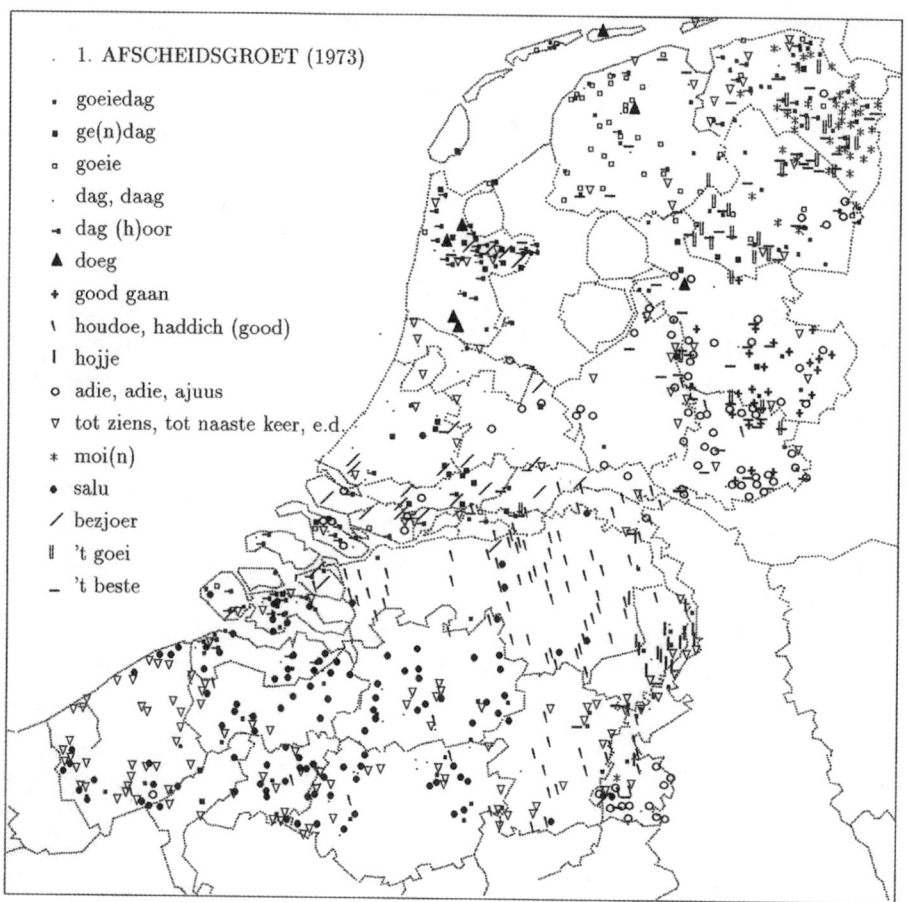

Abb. 10.2: Grußformeln in niederländischen Dialekten (nach Stroop 2009)

Solche Methoden der Datenerhebung sind besonders wertvoll in der Variationslinguistik (vgl. Kap. 8), wenn kleinflächige regionale und/oder soziale Unterschiede untersucht werden sollen. Doch ähnlich wie bei der Korpuslinguistik ist auch hier wieder die Frage der Repräsentativität nicht zu vergessen, wobei die Auswahl der Informanten eine große Rolle spielt. Ein frisch in eine Region zugezogener Informant ist ebenso wenig geeignet, Aussagen über den dortigen Dialekt zu treffen, wie ein Sprecher, der an dem Ort geboren ist, allerdings schon seit 20 Jahren im anderssprachlichen Ausland wohnt.

10.3 Experimentelle Sprachwissenschaft: Psycholinguistik

Wer sich in der sprachwissenschaftlichen Forschung nicht auf seine Intuitionen verlassen möchte, hat mit der Korpuslinguistik und der Feldforschung schon zwei mächtige Instrumente zur Hand. Dennoch bleiben noch immer viele Fragen offen,

die mit den bisher bekannten Werkzeugen nicht beantwortbar sind. Wie genau verarbeiten wir eigentlich Sprache? Was passiert in unserem Gehirn, wenn wir Sprache
hören oder lesen? Wie lernen Kinder ihre Muttersprache und wie eine Fremdsprache? Wie sind eigentlich die Wörter in unserem mentalen Lexikon angeordnet und
wie greifen wir darauf zu? All dies sind zentrale Fragen der **Psycholinguistik**
(*psycholinguïstiek*), der Schnittstelle zwischen Sprachwissenschaft und Psychologie.
Psycholinguistische Studien sind häufig experimenteller Natur. Die Frage, wie wir
auf Wörter zugreifen beispielsweise, lässt sich weder durch Introspektion noch
durch Analyse von Texten beantworten. Ob es überhaupt möglich ist, subtile kogni-
tive Prozesse exakt nachzuvollziehen, ist fraglich. Doch wie bei einem Puzzle ist es
anhand kleiner, einzelner Beobachtungen möglich, Hypothesen zu formulieren und
zu testen.

So kann man z.B. herausfinden, welche Wörter gemeinsam mit anderen **aktiviert**
(*geactiveerd*) werden. Die erste Beobachtung ist, dass das **mentale Lexikon** (*mentaal lexicon*), also unser Speicherort für lexikalisches Wissen, nicht eine willkürliche
Liste von Wörtern ist, die unabhängig voneinander gespeichert sind, sondern dass
die einzelnen Elemente in Netzwerken miteinander verknüpft sind. Denken wir
gerade an eine Kuh, können wir z.B. viel schneller das Wort *melk* aus dem Lexikon
holen, als das Wort *koffie*. *Koe* aktiviert *melk*. Auch die relative Wortfrequenz hat
Einfluss auf die Aktivierung eines Wortes: Wörter, die hochfrequent sind, stehen
schneller zur Verfügung als niedrigfrequente. Das Wort *koe* kommt uns also schneller in den Sinn als das Wort *herbivoor*. Mit dem bloßen Ohr ist dieser Unterschied
nicht hörbar, da beide Wörter im Millisekundenbereich zur Verfügung stehen. Ap-
parativ und experimentell können Zeitverzögerungen jedoch gut nachgewiesen
werden.

Die Psycholinguistik verfügt über verschiedene experimentelle Methoden, um
die Vernetzung von Wörtern sichtbar zu machen. Eine davon ist die **lexikalische
Entscheidung** (*lexicale decisie*). Einer Versuchsperson werden (meistens auf dem
Computer) Wörter vorgestellt, und mithilfe eines Knopfdrucks muss sie entscheiden, ob es sich um ein Wort handelt, oder nicht. Die Zeit, die zwischen Präsentation
des Wortes und der Entscheidung liegt, wird dabei gemessen. Lexikalische Ent-
scheidungsaufgaben bringen ans Tageslicht, dass die **Reaktionszeiten** (*reactie-
tijden*) bei hochfrequenten Wörtern schneller sind als bei niedrigfrequenten, aber
auch, dass es möglich ist, einen **Stimulus** (*stimulus*), also das Wort, welches gerade
untersucht werden soll, mithilfe von **Priming** (*priming*) schneller zu aktivieren. Ein
Prime ist ein Reiz, häufig ein vorangehendes Wort, der die Verarbeitung eines Wortes beeinflusst. *Koe* primet *melk*, da die semantische Kategorie im Gehirn bereits vor-
aktiviert ist. Neben semantischem Priming lassen sich auch auf den Gebieten des
phonologischen, morphologischen und syntaktischen Primings sichtbare Ergebnisse
erzielen, die alle darauf hinweisen, dass Wörter eben nicht nur wie eine einfache
Vokabelliste gespeichert, sondern auf höchst komplexe Weise miteinander vernetzt
sind.

Eine weitere experimentelle Herangehensweise ist das **Eye-Tracking** (*eye tracking*). Hierbei werden die Augenbewegungen der Versuchsperson aufgenommen und analysiert, während sie einen Text oder eine Reihe einzelner Wörter liest. Menschen lesen Texte nämlich nicht linear Wort für Wort, sondern sie springen bei Bedarf vor und zurück und fixieren einzelne Elemente. Mit der Messung von Augenbewegungen kann man z.B. den sog. **Holzwegeffekt** (*intuineffect*) aufspüren. Holzwegsätze schicken den Leser oder Hörer anfänglich auf einen falschen Interpretationsweg, und im laufenden Satz wird plötzlich deutlich, dass die ursprüngliche Interpretation nicht stimmen kann. Dann muss ab der Stelle, an der die Analyse schiefgegangen ist, neu interpretiert werden und das bewirkt erneutes Lesen (und kostet Zeit, ist somit auch messbar). Nehmen wir z.B. den Satz *Experimenten met regen maken lijken succesvol.*[5] Das Wort *lijken* ist ambig und bezieht sich entweder auf tote Körper, oder es ist die 3. Person Plural des Verbs *lijken*. Im ersten Ansatz interpretieren Leser den Satz so, dass Experimente mit Regen Leichen machen, doch das Adjektiv X führt semantisch nicht zu einer sinnvollen Interpretation. Anders wäre es mit dem Satz *Experimenten met regen maken lijken nat.* Trifft der Leser also während des Lesens auf das Wort *succesvol*, weiß er, dass er sich mit seiner Interpretation auf dem Holzweg befand und dass er das bisher Gelesene reinterpretieren muss. Im zweiten Ansatz ist es dann offensichtlich, dass *regen maken* zusammen verstanden werden muss und dass *lijken* eine Verbform ist. Dann kann der Satz in Gänze interpretiert werden, nämlich so, dass Experimente mit dem Machen von Regen erfolgreich zu sein scheinen. Mithilfe von Augenbewegungsexperimenten ist es möglich, sog. **Prozessierungs-** oder **Verarbeitungsstrategien** (*processing strategieën*) zu enthüllen, da Holzwegeffekte in erster Linie daher rühren, dass mögliche Interpretationen unterschiedliche Aktivierungspotenziale mit sich bringen.

Hochapparative Verfahren, die die Gehirntätigkeit bei der Verarbeitung sprachlicher Phänomene beobachten, werden vor allem in der **Neurolinguistik** (*neurolinguïstiek*) eingesetzt. Mithilfe von **ereigniskorrelierten Potenzialen** (*event-related potentials*, ERP) können z.B. Beispiel elektrische Strömungen, die als Reaktion auf einen Stimulus ausgelöst werden, gemessen werden. Mit **magnetischer Resonanzbildgebung** (*magnetic resonance imaging*, MRI) können die Teile des Gehirns sichtbar gemacht werden, die bei der Verarbeitung von Informationen angesprochen werden. Solche Verfahren sind natürlich stark abhängig von einer geeigneten apparativen Umgebung und können somit nicht spontan und unkompliziert durchgeführt werden. Zudem ist bei experimentellen Studien eine tiefgehende Kenntnis statistischer Methoden nötig. Letztendlich ist aber hoffentlich deutlich geworden, dass auch ein Sprachwissenschaftler sich nicht ausschließlich auf seine Intuitionen verlassen muss. Introspektive Erkenntnisse und oberflächliche Beobachtungen können mit den geeigneten (objektiven) Methoden wissenschaftlich untermauert wer-

---

[5]   Beispielsatz von URL: http://www.psy.vu.nl/pracfunc/meer_weten_grammatica.html (abgerufen am 20.10.2012).

den. Dabei ist allerdings das Aufstellen einer Hypothese und auch die Beweisführung, die Auswahl der geeigneten Daten oder der Aufbau eines Experiments immer nur so gut wie die Denkleistung, die darin steckt.

10.4 Zusammenfassung

In diesem Kapitel haben wir uns mit den wissenschaftlichen Methoden der Sprachwissenschaft beschäftigt. Wer zu einem linguistischen Thema forschen möchte, muss sich an gewisse methodische Standards halten, um Ergebnisse zu erhalten, die zum Erkenntnisgewinn beitragen. Dabei hat die Rolle der **Introspektion**, des Einfach-darüber-Nachdenkens, in den letzten Jahrzehnten auf dem Gebiet der Sprachwissenschaft deutlich abgenommen und die moderne Linguistik orientiert sich deutlich hin zu **datenbasierten Ansätzen**. Nach wie vor beginnt jedoch jede sinnvolle Studie mit einer klar definierten **Hypothese**, die das weitere Vorgehen leitet. Eine gute Hypothese stellt eine Verbindung zwischen zwei beobachtbaren **Variablen** her, ist **falsifizierbar** und die dazugehörige Untersuchung **reproduzierbar**.

Die **Korpuslinguistik** bietet eine gute Möglichkeit, entweder seine Hypothesen an großen Mengen von Sprachdaten zu testen (**korpusbasiert**) oder aber seine Hypothesen aus Beobachtungen abzuleiten (**korpusgeleitet**). Die Auswahl an Korpora ist mannigfaltig und es ist die Aufgabe des Nutzers, das für seine Fragestellung am besten geeignetste Korpus zu wählen. Verschiedene Ebenen der linguistischen Annotation helfen dabei, die relevanten Treffer in großen Korpora zu finden. Am verbreitetsten sind derzeit die **Wortartenannotation** und die **syntaktische Annotation**. Syntaktisch annotierte Korpora nennt man **Treebanks**. Je nach Korpustyp finden sich zusätzlich noch **semantische Annotationen**, in Spezialkorpora oft auch genrespezifische Informationen wie Sprechpausen und Versprecher in gesprochenen Korpora.

Die einzelnen Elemente in einem Korpus nennt man **Tokens**, Einheiten, die von der Form her gleich sind, sind Mitglieder eines **Types**. Häufig werden alle Tokens übergeordneten **Lemmata** zugewiesen, was die Suche nach speziellen Begriffen enorm erleichtert, da Homonyme ausgeschlossen und verschiedene morphologische Formen zusammengefasst werden können.

Das Durchforsten von großen Korpora übernehmen spezielle Programme, die häufig mit dem Korpus geliefert werden. Eine wichtige Rolle spielt die Erstellung von **Konkordanzen** oder **KWIC-Indizes**, die Listen eines Suchbegriffs in seiner sprachlichen Umgebung generieren. Ist ein Korpus syntaktisch annotiert, kann jedoch auch unabhängig von einem lexikalischen Element nach abstrakten Strukturen gesucht werden. Abhängig davon, ob eine Arbeit **qualitativ** oder **quantitativ** ausgerichtet ist, dienen die extrahierten Daten entweder der Illustration oder der statistischen Analyse. Das größte Korpus ist natürlich das Internet und mithilfe geeigneter Suchmaschinen kann auch das WWW wichtige Informationen über sprachliche

Phänomene liefern. Aufgrund der relativen Unerschlossenheit beschränkt sich der Radius von Internetanalysen derzeit mit Einschränkungen auf lexikalisch-semantische Arbeiten.

Eine Vielzahl von linguistischen Fragestellungen ist mit reinem Korpusmaterial allerdings gar nicht beantwortbar. Ein Beispiel ist die Mikrovariation in Dialekten, die einerseits oft gar nicht über eine Schriftsprache verfügen; andererseits sind in den wenigsten Korpora überhaupt die Daten feinkörnigen Regionen zugeordnet. In solchen Fällen kann die klassische **Feldforschung** sehr dienlich sein. Anhand von schriftlichen oder mündlichen Interviews und Fragebögen werden von **Informanten** Grammatikalitätsurteile und lexikalische Informationen erfragt. Kleine Feldstudien sind schon ohne großen Aufwand durchführbar.

Deutlich aufwändiger sind die Versuchsaufbauten, die häufig in der **Psycho-** und **Neurolinguistik** verwendet werden. Auf der Suche nach den kognitiven Zusammenhängen, die es Sprechern und Hörern ermöglichen, Sprache zu verarbeiten, werden verschiedene Arten von Experimenten durchgeführt. Die Aktivierung von semantisch verwandten Elementen kann beispielsweise mithilfe von **lexikalischer Entscheidung** untersucht werden. Syntaktische Prozesse wie der **Holzwegeffekt** werden durch **Eye-Tracking-Experimente** sichtbar gemacht und alle möglichen Arten der physiologischen Reaktion auf Reize werden mit hochapparativen Methoden wie **ERP** und **MRI** dargestellt.

Aufgaben

1. Sehen Sie sich noch einmal das Minikorpus unseres Mulisch-Texts an. In der jetzigen Form besteht es aus 83 Types und 61 Token. Tokenisieren sie das Korpus vollständig und zählen Sie noch einmal. Wieviele Types und Tokens finden Sie jetzt?

> - Ogenblik!
> - Wat is er?
> - Opdracht volbracht. De zaak is rond.
> - Welke zaak?
> - Ja, neemt u mij niet kwalijk. Het allerbelangrijkste. De hoofdzaak.
> - De hoofdzaak? Waar heb je het over?
> - Over het testimonium.
> - Ach, natuurlijk! Lieve hemel, het is toch verschrikkelijk. Onafgebroken wijd je je aan de wezenlijke dingen, al je vermogens geef je er aan, – en dan komt het moment, dat je ze eenvoudig vergeet, of dat je ze even in een handomdraai afhandelt.

2. Lemmatisieren Sie unser Minikorpus. Dabei sollte jeder Type, der ein Satzzeichen ist, auch einem eigenen Lemma zugeordnet werden. Wieviele Lemmata benötigen Sie, um das Korpus vollständig zu lemmatisieren?

3. Stellen Sie sich vor, Sie machten folgende Beobachtung: Alle Sprecher der
    Sprache X, die über 60 sind, produzieren durchgehend ein Zungenspitzen-*r*.
    Formulieren Sie eine sprachwissenschaftliche Fragestellung, eine Hypothese,
    und beschreiben Sie, wie diese überprüft werden kann.

    a. Inwiefern ist Ihre Hypothese aus Frage 3) falsifizierbar und ihre Untersu-
        chung reproduzierbar?

    b. Mit welchen linguistischen Metadaten müsste ein Korpus versehen sein, das
        als Datenbasis für die Hypothese dient, dass alle Sprecher der Sprache X
        über 60 das /r/ nur dann mit der Zungenspitze rollen, wenn sie aus der
        nördlichen Region Y stammen?

    c. Erklären Sie den jeweiligen Holzwegeffekt in den folgenden Sätzen:

        1. Het meisje slaat de hond met de stok met de riem.

        2. Hij kwam om in een steekpartij te vechten.

        3. Het meisje dat meerdere mensen bewonderden, zingt ook echt heel mooi.

📖 Literatur zum Weiterlesen

Eine gute Übersicht über die Methoden und Möglichkeiten der Korpuslinguistik bieten
die Einführungen von Lemnitzer & Zinsmeister (2006) *Korpuslinguistik. Eine Einführung*
und *Corpus Linguistics: Method, Theory and Practice* (2012) von McEcry & Hardic. An
die statistische Auswertung von Daten mithilfe des Statistikprogramms R führt Baayen
(2008) heran. Die Geschichte der Wissenschaft und ihre Konzepte werden in *De
ontwikkeling van wetenschap. Een inleiding in de wetenschapsfilosofie* von De Vries (1995)
skizziert. Syntaktische Variation in den niederländischen Dialekten wird im *Syntactische
Atlas van de Nederlandse Dialecten* dargestellt, der auch in einer digitalen Fassung abrufbar ist: *DynaSAND* unter http://www.meertens.knaw.nl/sand/. Van der Sijs (Hrsg.)
behandelt auch lexikalische und phonologische Variation im *Dialectatlas van het Nederlands* (2011). Eine gute Einführung in die Psycholinguistik bietet das Buch von Carroll
(2008) *Psychology of Language*.

Die meisten niederländischen Korpora werden vom INL verwaltet: Informationen zum
CGN gibt es unter http://lands.let.kun.nl/cgn/, das Korpus selbst ist erhältlich über
die TST-Centrale, http://tst-centrale.org/nl/producten/corpora/corpus-gesproken-
nederlands/ 6-17. Das *27-Miljoen-Krantencorpus 1995* findet sich unter http://tst-
centrale.org/nl/producten/corpora/27-miljoen-woorden-krantencorpus-1995/6-45, das
COPAS unter http://www.inl.nl/tst-centrale/nl/producten/corpora/corpus-pathologische-
en-normale-spraak-copas/6-46 und das LASSY-Korpus unter http://tst-centrale.org/nl/
producten/corpora/lassy-groot-corpus/6-67. Das Europarl Korpus findet man unter
http://www.statmt.org/europarl/. Um selbst ein Korpus zu erstellen eignet sich z.B
WebCorp, eine Suchmaschine für Sprachwissenschaftler, zu finden unter http://wse1.
webcorp.org.uk/. Für einen Überblick über das Gebiet 'Web als Korpus' siehe
http://webascorpus.sourceforge.net/.

Rechtsnachweise

Abb. 1.1: Sprachgebiete in Belgien, wikimedia commons (Lennart Bolks)

Abb. 1.2: Karibische Niederlande, mit freundlicher Genehmigung der Rijksoverheid

Abb. 1.3: Standaardtaal, mit freundlicher Genehmigung der Nederlandse Taalunie (http://taaladvies.net/taal/advies/tekst/85)

Abb. 2.2: Probatio pennae, mit freundlicher Genehmigung der Bodleian Library Oxford

Abb. 4.1: mit freundlicher Genehmigung von De Leertent, Amsterdam

Abb. 5.1: Rekursive Mona Lisa, http://www.megamonalisa.com/recursion/

Abb. 6.2: Sprechorgane nach Neijt 1991: 36

Abb. 8.1: Dialektkarte aus Janssens & Marynissen 2008: 178, mit freundlicher Genehmigung von Acco-Leuven

Abb. 8.2: Lautverteilung zu *muis* und *huis* nach Kloeke, aus: Hamans, Camiel (2011): An early sociolinguistic approach towards standardization and dialect variation. G.G. Kloeke's theory of Hollandish expansion. In: *History of Linugistics 2008*, hg.v. Gerda Hassler, Amsterdam – Philadelphia, 371. Mit freundlicher Genehmigung von John Benjamins Publishing Company.

Abb. 8.5: Haagse Harry, mit freundlicher Genehmigung von Niet Te Wènag!!

Abb. 8.6: Vokaldreieck Poldernederlands nach Stroop 1998: 28.

Abb. 9.1: *ik-ich*-Linie nach: http://upload.wikimedia.org/wikipedia/commons/0/0e/Ik-ich-Isogloss_-_Uerdinger_Lien.svg

Abb. 9.2: Treckschute: http://www.eurosc.nl/trekschu.htm bzw. http://www.muscom.nl/collecties/trekschuiten.php

Abb. 9.4: Fokke en Sukke, mit freundlicher Genehmigung von Reid, Geleijnse & Van Tol

Abb. 10.2: Dialektkarte mit der Verteilung der niederländischen Grußformeln von 1973 aus Stroop 2009: 15

Literaturverzeichnis

Abitzsch, Doris & Stefan Sudhoff (2009): *Welkom! Niederländisch für Anfänger.* Stuttgart: Klett.

Absilis, Kevin, Jürgen Jaspers & Sarah Van Hoof (Hg.) (2012): *De manke usurpator. Over Verkavelingsvlaams.* Gent: Academia Press.

Algemeen Nederlands woordenboek (2013), hg. v. Tanneke Schoonheim et al. (http://anw.inl.nl/).

ANS (= *Algemene Nederlandse Spraakkunst* (1997), hg. v. W. Haesereyn et al., 2de geheel herziene druk. Groningen – Deurne: Martinus Nijhoff – Wolters Plantyn.

Appel, Rene et al. (Hg.) (2002): *Taal en taalwetenschap.* Oxford: Blackwell.

Austin, John Langshaw (1962): *How to Do Things with Words.* Oxford: Clarendon Press.

Van der Auwera, Johan, Daniël Van Olmen & Denies Du Mon (im Druck): Grammaticalization. In: E. Dabrowska & D. Divjak (Hg.), *Handbook of Cognitive Linguistics.* Berlin: De Gruyter Mouton.

Van der Auwera, Johan, Ludovic de Cuypere & Annemie Neuckermans (2006): Negative indefinites: A typological and diachronic perspective on a Brabantic construction. In: Terttu Nevalainen, Juhani Klemola & Mikko Laitinen (Hg.): *Types of variation. Diachronic, dialectal and typological interfaces.* Amsterdam: Benjamins, 305–319.

Baayen, Harald R. (2008): *Analyzing Linguistic Data: A Practical Introduction to Statistics using R.* Cambridge: University Press.

Bakema, Peter, Patricia Defour & Dirk Geeraerts (1993): De semantische structuur van het diminutief. In: *Forum der Letteren* 34, 121–137.

Barbiers, Sjef et al. (2006): *Dynamische Syntactische Atlas van de Nederlandse Dialecten (DynaSAND).* Amsterdam: Meertens Instituut.

Bauer, Laurie (2006): Compound. In: Edward Keith Brown (Hg.): *Encyclopedia of Language &Linguistics.* 2. Aufl. Amsterdam: Elsevier. 719–726.

Baugh, Albert C. & Thomas Cable (1993): *A History of the English Language.* 4. Aufl. Routledge: London.

Beheydt, Ludo, René Dirven & Ulrike A. Kaunzner (1999): *Uitspraak Nederlands. Tekst- en oefenboek,* Leuven – Amersfoort: Acco.

Bennis, Hans (2012): Het Korterlands. Anarchie in de schrijftaal. In: *Onze Taal* 2012 (2/3), 46–48.

Bennis, Hans (2000): *Syntaxis van het Nederlands.* Amsterdam: Amsterdam University Press.

Bennis, Hans, Leonie Cornips & Marc van Oostendorp (2004): *Verandering en verloedering. Normen en waarden in het Nederlands.* Illustraties: Hein de Kort. Amsterdam: Amsterdam University Press – Salomé.

Berteloot, Amand (2006): Mittelalter. In: Ralf Grüttemeier & Maria-Theresia Leuker (Hg.): *Niederländische Literaturgeschichte.* Stuttgart – Weimar: Metzler, 1–58.

Berteloot, Amand (2003): Van *du* naar *ghi.* Een keerpunt in het pronominale systeem van het Nederlands. In: *Tijdschrift voor Nederlandse Taal- en Letterkunde* 119. Leiden: Stichting Dimensie, 204–215.

Berteloot, Amand (2002): Konjugation im Umbruch. Die Endungen der zweiten Person Singular im Mittelniederländischen vom 13. bis zum 15. Jahrhundert. In: *Akten des X. Internationalen Germanistenkongresses Wien 2000. Band 12: Niederländische Sprach- und Literaturwissen-*

schaft im europäischen Kontext – Der skandinavische Norden und Europa: Sprache, Literatur und Kultur. Bern etc. (Jahrbuch für Internationale Germanistik. Reihe A – Band 64), 53–60.

Berteloot, Amand (1995): Das Mittelniederländische als Urkundensprache im 13. Jahrhundert. In: Kurt Gärtner & Günter Holtus (Hg.): *Beiträge zum Sprachkontakt und zu den Urkunden-sprachen zwischen Maas und Rhein.* (= Trierer Historische Forschungen, 29), Trier, 173–196.

Van Bezooijen, Renée (2001): Poldernederlands; hoe kijken vrouwen ertegenaan? In: *Nederlandse Taalkunde 6*, 257–271.

Van Bezooijen, Renée, & C. Giesbers (2003): *Breekt ie echt dooj? De verspreiding van de Gooise r in het Standaardnederlands.* In: Jan Stroop (Hg.): *Waar gaat het Nederlands naartoe? Panorama van een taal.* Amsterdam: Bakker, 204–214.

Blancquaert, Edgar & Willem Pée (Hg.) (1925–1982): *Reeks Nederlands Dialectatlassen* (RND). Antwerpen: De Sikkel.

Boogaard, Marianne & Mathilde Jansen (2012): *Alles wat je altijd al had willen weten over taal. De Taalcanon.* Amsterdam: Meulenhoff.

Booij, Geert (2002): *The Morphology of Dutch.* Oxford: Oxford University Press.

Booij, Geert E. (1995): *The Phonology of Dutch.* Oxford: Clarendon Press.

Booij, Geert & Ariane van Santen (1998): *Morfologie. De woordstructuur van het Nederlands.* 2de, herziene en uitgebreide druk. Amsterdam: Amsterdam University Press.

Den Boon, Ton (2010): *Modern verdwijnwoordenboek. Van aamborstigheid tot zwijmelgeest en 748 andere verdwenen woorden.* Utrecht – Antwerpen: VanDale.

Boonen, Ute K. & Ingeborg Harmes (2012): Welk Nederlands voor Duitstaligen? Nederlandse taalverwerving en Nederlandse taalkunde vanuit Duits perspectief. In: *De manke usurpator. Over Verkavelingsvlaams,* hg.v. Kevin Absilis, Jürgen Jaspers & Sarah Van Hoof, Gent: Academia Press, 349–370.

Botha, W. (2007): *Afrikaans se posisie tans.* Lezingenreeks Hasselt (unveröffentlichter Reader).

Braun, Friederike (1984): Die Leistungsfähigkeit der von Brown/Gilman und Brown/Ford eingeführten anredetheoretischen Kategorien bei der praktischen Analyse von Anredesyste-men. In: Werner Winter (Hg.): *Anredeverhalten.* Tübingen: Narr, 41–72.

Van Bree, Cor (1997): Wat is er met "gaan" aan de hand? In: Han Nijdam, M. L. Gerla, K. H. van Dalen-Oskam (Hg.): *Leven in de ougermanistiek.* Leiden:Vereniging van Oudgermanisten, 72–77.

Van Bree, Cor (1996): *Historische taalkunde.* Leuven – Amersfoort: Acco.

Brieven en andere bescheiden betreffende Daniël van der Meulen (http://www.historici.nl/ Onderzoek/Projecten/BrievenEnBescheidenDanielVanDerMeulen1584-1600).

Brown, Roger & Albert Gilman (1960): The pronouns of power and solidarity. In: Thomas A. Sebeok (Hg.): *Style in language.* Cambridge: MIT, 253–276.

Bußmann, Hadumod (2008): *Lexikon der Sprachwissenschaft.* 4., durchgesehene und bibliogra-phisch erg. Aufl. u. M.v. Hartmut Lauffer. Stuttgart: Kröner.

De Caluwe, Johan & Magda Devos (1998): Noord/Zuid-verschillen in de Nederlandse morfologie. In: Eric Hoekstra & Caroline Smits (Hg.): *Morfologiedagen 1996.* Cahier van het Meertens Instituut, nr 10, Amsterdam, 21–33.

Carroll, David W. (2008): *Psychology of Language.* Belmont: Thompson – Wadsworth.

Ten Cate, Abraham P. & Peter Jordens (2008): *Phonetik des Deutschen. Ein kontrastiv deutsch-niederländisches Lehrbuch für den Hochschulunterricht.* Groningen: Publicatie van de afdeling Duits.

Chafe, Wallace (1994): *Discourse, consciousness, and time: the flow and displacement of conscious experience in speaking and writing.* Chicago: The University of Chicago Press.

Chomsky, Noam (1957): *Syntactic Structures.* Den Haag: Mouton.

Clemen, Gudrun (1998): *Hecken in deutschen und englischen Texten der Wirtschaftskommunikation: eine kontrastive Analyse.* Dissertation. Siegen. (http://www.ub.uni-siegen.de/pub/diss/fb3/1999/clemen/clemen.pdf.).

Cornelisse, Paulien (2012): *En dan nog iets.* Amsterdam – Antwerpen: Contact.

Coupé, Griet (2009): Modal verbs in long verb clusters. An innovation in Early Modern Dutch. In: Stavroula Tsiplakou, Marilena Karyolemou & Pavlos Pavlou (Hg.): *Language Variation – European perspectives II: Selected papers from the 4th International Conference on Language Variation in Europe (ICLaVE 4), Nicosia, June 2007.* Amsterdam – Philadelphia: John Benjamins, 59–70.

Crompvoets, Herman (1988): De beide Limburgen als dialectologisch slagveld. In: J. Goossens (Hg.): *Woeringen en de oriëntatie van het Maasland* (Bijlagen van de Vereniging voor Limburgse Dialect- en Naamkunde, Nr. 3). Hasselt, 89–109.

Debrabandere, Frans & Marlies Philippa (2003–2009): Etymologisch Woordenboek van het Nederlands. Amsterdam: Amsterdam University Press.

Debrabandere, Peter (2005): Verschillen tussen het Nederlandse en het Belgische Nederlands. (http://www.itidutchnetwork.org/documents/Antwerp/lezing%20Antwerpen%20Lessius%2012-06-2005.pdf, abgerufen am 15.02.2009).

Decroos, B. (2000): Wat is er met 'gaan' aan de hand...? (een aanvulling op Van Bree 1997). In: Veronique De Tier et al. (Hg.): Nochtans was scherp van zin. Gent: Universiteit van Gent, Vakgroep Nederlandse taalkunde, 111–116.

Delftse bijbel. (= *Bible in duytsche*) hg.v. Jacob Jacobszoon van der Meer en Mauricius Yemantszoon van Middelborch, Delft 1477, transkribiert v. Nicoline van der Sijs (2008). (http://www.bijbelsdigitaal.nl).

Deutsches Wörterbuch von Jacob und Wilhelm Grimm. 16 Bde. in 32 Teilbänden. Leipzig 1854–1961. Quellenverzeichnis Leipzig 1971. Online-Version vom 21.07.2013.

Dirven, René & Marjolijn Verspoor (Hg.) (1999): *Cognitieve inleiding tot taal en taalwetenschap.* Leuven – Amersfoort: Acco.

Donalies, Elke (2011): *Basiswissen Deutsche Wortbildung.* 2., überarbeitete Auflage, Tübingen – Basel: Francke.

Van Donselaar, Jan (2005), Het Surinaams-Nederlands in Suriname. In: Nicoline van der Sijs (Hg.): *Wereldnederlands. Oude en jonge variëteiten van het Nederlands.* Den Haag: Sdu, 111–130.

Dryer, Matthew S. & Martin Haspelmath (Hg.) (2011): *The World Atlas of Language Structures Online.* München: Max Planck Digital Library (http://wals.info/).

E-ANS (= Elektronische Fassung der *Algemene Nederlandse Spraakkunst*) (2002), hg. v. P.A. Coppen et al. (http://ans.ruhosting.nl/e-ans/).

Van Eemeren, Frans H. & Wim K. B. Koning, (Hg.) (1981): *Studies over taalhandelingen.* Amsterdam: Boom.

Eickmans, Heinz (2012a): Niederlande (Koninkrijk der Nederlanden). In: Franz Lebsanft, Monika Wingender (Hg.): *Europäische Charta der Regional- oder Minderheitensprachen. Ein Handbuch zur Sprachpolitik des Europarats.* Berlin – Boston: De Gruyter, 153–171.

Eickmans, Heinz (2012b): Woordenboek der Nederlandsche Taal (WNT). In: Ulrike Haß (Hg.): *Große Lexika und Wörterbücher Europas. Europäische Enzyklopädien und Wörterbücher in historischen Porträts.* Berlin – Boston: De Gruyter, 271–291.

Eickmans, Heinz (2003): Aspekte einer niederrheinischen Sprachgeschichte. In: Werner Besch, Anne Betten, Oskar Reichmann et al. (Hg.): *Sprachgeschichte. Ein Handbuch zur Geschichte der deutschen Sprache und ihrer Erforschung.* 2. Aufl.; 3. Teilband, Berlin – New York: De Gruyter, 2629–2639.

Elsen, Hilke (2011): *Grundzüge der Morphologie des Deutschen*. Berlin – Boston: De Gruyter Studium.

Erkens, Ben (1999): *'t is hiej versjrikkelik gezèllig*. (http://www.limburgzingt.nl/gelee-tz.htm, abgerufen am 02.04.2013).

(Expositio) Willerammi Eberspergensis Abbatis in Canticis Canticorvm. Die Leidener Handschrift. Neu hg.v. Willy Sanders (1971). München: Wilhelm Fink. Kleine deutsche Prosadenkmäler des Mittelalters, Heft 9.

FAND = Goossens, Jan, Johan Taeldeman & Geert Verleyen (1998: deel I; 2000: deel II + III); Chris De Wulf, Jan Goossens & Johan Taeldeman (2005: deel IV): *Fonologische Atlas van de Nederlandse Dialecten*. Gent: Koninklijke Academie voor Nederlandse Taal- en Letterkunde.

Fillmore, Charles J. (1992): *'Corpus Linguistics' or 'Computer-Aided Armchaim Linguistics'*. In: Jan Svartvik (Hg.): *Directions in Corpus Linguistics. Proceedings of Nobel Symposium 82 Stockholm*. Berlin: Mouton de Gruyter, 35–60.

Fleischer, Wolfgang & Irmhild Barz (1995): *Wortbildung der deutschen Gegenwartssprache*. 2., durchgesehene und ergänzte Aufl. u. M.v. Marianne Schröder. Tübingen: Niemeyer.

Fromkin, Victoria & Robert Rodman (1995): *Universele taalkunde. Een inleiding in de algemene taalkunde*. Bewerkt door Anneke Neijt. Dordrecht: Foris.

Fromkin, Victoria & Robert Rodman (1993): *An Introduction to Language*. 5. Aufl. Fort Worth: Harcourt College Publisher.

Gabriel-Kamminga, Mirjam & Johanna Roodzant (2005): *PONS Grammatik kurz und bündig Niederländisch*. Stuttgart: Klett.

Geeraerts, Dirk (1999): Wat er in een woord zit? Lexicologie. In: René Dirven & Marjolijn Verspoor (Hg.), *Cognitieve inleiding tot taal en taalwetenschap*. Leuven – Amersfoort: Acco, 31–59.

Geeraerts, Dirk (1986): *Woordbetekenis. Een overzicht van de lexicale semantiek*. Leuven – Amersfoort: Acco.

Geeraerts, Dirk et al. (1999): *Convergentie en divergentie in de Nederlandse woordenschat*. Amsterdam: Meertens Instituut.

Goossens, Jan (1998): r-Methatese vor Dental im Westen der kontinentalen Germania. In: Eva Schmitsdorf, Barbara Meurer & Nina Hartl (Hg.): *Lingua Germanica. Studien zur deutschen Philologie. Jochen Splett zum 60. Geburtstag*. Münster: Waxmann, 10–22.

Goossens, Jan (1977): *Inleiding tot de Nederlandse dialectologie*. Groningen: Wolter-Noordhoff.

Goossens, Jan (1971), *Was ist Deutsch – und wie verhält es sich zum Niederländischen?* Bonn: Königl. Niederländ. Botschaft: Reihe Nachbarn, Bd. 11.

Gobardhan-Rambocus, Lila (2007), Nederlands in Suriname, een geslaagd resultaat van taalpolitiek. In: Jane Fenoulhet et al. (Hg.), *Neerlandistiek in contrast. Bijdragen aan het Zestiende Colloquium Neerlandicum*. Amsterdam: Rozenberg, 499–507.

De Grauwe, Luc (1979–1982): *De Wachtendonckse Psalmen en Glossen. Een lexikologisch-woordgeografische studie met proeve van kritische leestekst en glossaria*. Band I und II, Gent: KANTL.

De Grauwe, Luc (2004): Zijn olla vogala Vlaams, of zit de Nederlandse filologie met een koekoeksei in (haar) nest(en)? In: *Tijdschrift voor Nederlandse Taal- en Letterkunde*, Jg. 120, 44–56.

Grezel, Jan Erik (2002): U of jij: wat moet je nou? Aanspreekvormen in Nederland en Vlaanderen. In: *Onze Taal* 10, 264–267.

Grice, Herbert Paul (1975): Logic and Conversation. In: Peter Cole & Jerry L. Morgan (Hg.): *Syntax and Semantics*. Vol. 3, Speech Acts. New York: Academic Press, 41–58.

Groeneboer, Kees (2007): Erfenis met toekomst: Het Nederlands in Indonesië. In: *Sica Mag* 34 (juni 2007), 11–13.

Groeneboer, Kees (1993): *Weg tot het Westen*. Leiden: KITLV Uitgeverij.

Grundy, Peter (2008): *Doing Pragmatics*. 3. Aufl. London: Hodder Education.

Haarmann, Harald (2002): *Sprachenalmanach: Zahlen und Fakten zu allen Sprachen der Welt*. Frankfurt/Main: Campus Verlag.

De Haas, Wim, & Mieke Trommelen (1993): *Morfologisch handboek van het Nederlands. Een overzicht van de woordvorming*. 's Gravenhage: Sdu.

Van Haeringen, Coenraad Bernardus (1940): De taaie levenskracht van het sterke werkwoord. *De Nieuwe Taalgids* 34, 241–255.

Hagers, M. & R. Schtutz (o.A.): *Onder Woorden. Woordenboek van Nederlandse intensiveringen.* (http://www.onderwoorden.nl/).

Handbook of the International Phonetic Association. A Guide to the Use of the International Phonetic Alphabet (1999), hg. v. International Phonetic Association, Cambridge: Cambridge University Press.

Harmans, Camiel (2011): An early sociolinguistic approach towards standardization and dialect variation. G.G. Kloeke's theory of Hollandish expansion. In: Gerda Hassler (Hg.): *History of Linguistics. Selected papers from the eleventh International Conference on the History of the Language Sciences* 2008, 369–387.

Harmes, Inge (2006): Shall-zullen-sollen: een contrastieve analyse. In: Matthias Hüning et al. (Hg.): *Nederlands tussen Duits en Engels. Handelingen van de workshop op 30 september en 1 oktober 2005 aan de Freie Universität Berlin.* Leiden: Stichting Neerlandistiek Leiden, 243–258.

Haspelmath, Martin (2002): *Understanding Morphology*. London: Arnold

Haspelmath, Martin et al. (2001): *Typologie und sprachliche Universalien* (Handbücher zur Sprach- und Kommunikationswissenschaft). Band 1 und 2., Berlin: De Gruyter.

Hauser, Marc D., Noam Chomsky & W. Tecumseh Fitch (2002): The Faculty of Language: What is it, who has it, and how did it evolve. In: *Science* 198, 1569–1579.

Haverkate, Henk (2006): *Zou ik misschien toch nog eventjes een klein vraagje mogen stellen? Nederlandse omgangsvormen in intercultureel persepectief. De rol van beleefdheid in onze taal en cultuur.* Amsterdam: Rozenberg.

Heemskerk, Josée & Wim Zonneveld (2000): *Uitspraakwoordenboek*. Utrecht: Spectrum.

Van Heuven, Vincent (2003): Vervlakt het Nederlands? Over intonatie. In: Jan Stroop (Hg.): *Waar gaat het Nederlands naartoe? Panorama van een taal.* Amsterdam: Bakker, 215–223.

Hietbrink, Willem (1996): *Kwispelen met taal. Met Oertaalwoordenboek.* Rotterdam: Phoenix & Den Oudsten.

Hiligsmann, Philippe & Florence Noiret (2010): Modale partikels in het Nederlands en hun vertalingen in het Frans. In: Johan de Caluwe & Jaques van Keymeulen (Hg.): *Voor Magda: artikelen voor Magda Devos bij haar afscheid van de Universiteit Gent.* Gent: Academia Press, 281–292.

Horn, Laurence R. & Gregory Ward (Hg.) (2004): *The Handbook of Pragmatics*. Malden et al.: Blackwell.

Van der Horst, Joop (2008a): *Het einde van de standaardtaal. Een wisseling van Europese taalcultur.* Amsterdam: Meulenhoff.

Van der Horst, Joop (2008b): *Geschiedenis van de Nederlandse syntaxis*. Leuven: Leuven University Press.

Van der Horst, Joop & Kees van der Horst (1999): *De geschiedenis van het Nederlands in de twintigste eeuw.* Den Haag: Sdu.

Van Hout, Roeland (1989): *De structuur van taalvariatie. Een sociolinguïstisch onderzoek naar het stadsdialect van Nijmegen.* Dordrecht: Foris.

Van Hout, Roeland & Uus Knops (1988): *Language Attitudes in the Dutch Language Area*. Dordrecht: Foris

Hüning, Matthias (2010): Adjective + Noun constructions between syntax and word formation in Dutch and German. In: Alexander Onysko & Sascha Michel (Hg.): *Cognitive Perspectives on Word Formation*. Berlin – New York: De Gruyter Mouton, 195–215 (Trends in Linguistics. Studies and Monographs, 221).

Hüning, Matthias (2004): Over woorden en woordgroepen. A+N-verbindingen in het Nederlands en in het Duits. In: Stefan Kiedron & Agata Kowalska-Szubert (Hg.): *Thesaurus polyglottus et flores quadrilingues. Festschrift für Stanislaw Predota zum 60. Geburtstag*. Wroclaw: Oficyna Wydawnicza ATUT – Wroclawskie Wyawnictwo Oswiatowe, 159–171.

Hüning, Matthias & Barbara Schlücker (2010): Konvergenz und Divergenz in der Wortbildung. Komposition im Niederländischen und im Deutschen. In: Antja Dammel; Sebastian Kürschner; Damaris Nübling (Hg.): *Kontrastive Germanistische Linguistik*. 2 Teilbände. Hildesheim – Zürich – New York: Georg Olms Verlag, 783–825.

Impe, Leen & Dirk Speelman (2007): Vlamingen en hun (tussen)taal: een attitudineel mixed guise-onderzoek. In: *Handelingen van de koninklijke Zuid-Nederlandse maatschappij voor taal-, letterkunde en geschiedenis* 61, 109–128.

Jacobi, Irene (2009): *On variation and change in diphthongs and long vowels of spoken Dutch*. Dissertation. Amsterdam.

Janssens, Guy & Ann Marynissen (2008): *Het Nederlands vroeger en nu*. Leuven: Acco.

Janssen, Theo (Hg.) (2002), *Taal in gebruik. Een inleiding in de taalwetenschap*. Den Haag: Sdu.

Jaspers, Jürgen (Hg.) (2009): *De klank van de stad. Stedelijke meertaligheid en interculturele communicatie*. Leuven: Acco.

Jongbloet-van Houtte, Gisela & Daniël van der Meulen (Hg.) (1986): *Brieven en andere bescheiden betreffende Daniël van der Meulen*. 's-Gravenhage: Martinus Nijhoff.

Joosten, Frank (2002): De uitspraak van letterwoorden in het Nederlands. In: *Nederlandse taalkunde* 7, 238–263.

Karel ende Elegast. In: Instituut voor Nederlandse Lexicologie (samenstelling en redactie): *Cd-rom Middelnederlands*. Den Haag – Antwerpen: Sdu/Standaard 1998 [editie Duinhoven 1969].

Kempen, Willem (1962): *Woordvorming en funksiewisseling in Afrikaans*. Kaapstad et al.: Nasionale Boekhandel.

Klooster, Wim (2001): *Grammatica van het hedendaags Nederlands. Een volledig overzicht*. Den Haag: Sdu.

Kloots, Hanne & Steve Gillis (2011): Van 'armen' tot 'zwerk': sjwa-insertie in het Standaardnederlands. In: *Over taal* 50 (2), 34–36.

Kolkman, Marieke (2011): 'De paard kijkt naar ons' Hoelang heeft het lidwoord *het* nog? In: *Onze Taal* 11, 318–319.

Kooij, Jan & Marc van Oostendorp (2003): *Uitnodiging tot de klankleer van het Nederlands*. Amsterdam: Amsterdam University Press.

Koole, Tom & Hanneke Houtkoop (2000): *Taal in actie*. Bussum: Coutinho.

Koster, Jan (1975): Dutch as an SOV language. In: *Linguistic Analysis* 1, 111–136.

Kremer, Ludger (2000): Duzen und Siezen. Zur Verwendung der Anredepronomina im Deutschen und Niederländischen. In: *Germanistische Mitteilungen* 52, 13–31.

Lademacher, Horst (1983): *Geschichte der Niederlande. Politik – Verfassung – Wirtschaft*. Darmstadt: Wissenschaftliche Buchgesellschaft.

Lanseloet van Denemerken. In: Instituut voor Nederlandse Lexicologie (samenstelling en redactie): *Cd-rom Middelnederlands*. Den Haag – Antwerpen: Sdu/Standaard 1998 [editie P. Leendertz jr. 1897].

Lawler, John M. (2005): *Frequently Asked Questions About Linguistics*. (http://www.personal. umich.edu/~jlawler/lingfaq.html, Stand 06.03.2005).

Van Leeuwen, Joke (2004): *Waarom een buitenboordmotor eenzaam is*. Rekkem: Stichting Ons Erfdeel.

Leidse Willeram [= *Expositio Willerammi Eberspergensis Abbatis in Canticis Canticorvm: die Leidener Handschrift*.] Neu hg.v. Willy Sanders. München: Wilhelm Fink, 1971. Kleine deutsche Prosadenkmäler des Mittelalters, Heft 9.

Lemnitzer, Lothar & Heike Zinsmeister (2006): *Korpuslinguistik. Eine Einführung*. Tübingen: Narr.

Le livre des mestiers. Dialogues français-flamands composés au XIVe siècle par un maître d'école de la ville de Bruges, hg.v. H. Michaelant (1875). Paris: Libraire Tross. 1875. 4°.

Van Loey, Adolphe (1948): *Middelnederlandse spraakkunst. Deel I. Vormleer*. Groningen: Wolters-Noordhoff (negende druk 1980).

Van Loey, Adolphe (1949): *Middelnederlandse spraakkunst. Deel II. Klankleer*. Groningen: Wolters-Noordhoff (zevende uitgave, 1979).

Het Luikse Diatessaron, hg.v. C.C. de Bruin (1970). Met de Engelse vertaling van A.J. Barnouw. Leiden. Verzameling van Middelnederlandse bijbelteksten. Kleine reeks, afdeling 1: evangeliënharmonieën deel I.

MAND = Georges De Schutter et al. (2005: deel I); Ton Goeman et al. (2008: deel 2): *Morfologische Atlas van de Nederlandse Dialecten*. Amsterdam: Amsterdam University Press.

Martin, Willy (2011): Lexicologie en lexicografie: een stand van zaken. In: *Over Taal* 50 (1), 76–79.

Martin, Willy (2010): Het Nederlands als vaktaal. In: Albert Oosterhof et al. (Hg.) (2010): *Nederlands in hoger onderwijs en wetenschap?* Gent: Academia Press, 115–116.

Martin, Willy, Willy Smedts & Leen van Cleyenebreugel (2009): *Prisma Handwoordenboek Nederlands. Met onderscheid tussen Nederlands-Nederlands en Belgisch-Nederlands*. Houten: Prisma Woordenboeken en Taaluitgaven.

McEery, Tony & Andrew Hardie (2012): *Corpus Linguistics: Method, Theory and Practice*. Cambridge: University Press.

Meibauer, Jörg (2008): *Pragmatik. Eine Einführung*. 2. Aufl. Tübingen: Stauffenburg.

Mijts, Eric (2007): Het Nederlands in de Nederlandse Antillen en Aruba. In: Jane Fenoulhet et al. (Hg.): *Neerlandistiek in contrast. Bijdragen aan het Zestiende Colloquium Neerlandicum*. Amsterdam, 509–518.

Mulisch, Harry (1997): *De ontdekking van de hemel*. Amsterdam: Bezige Bij.

Multatuli: *Ideën*, hg. v. G.L. Funke (1879) (zitiert nach http://www.dbnl.org/).

Multatuli: *Max Havelaar of De koffiveilingen der Nederlandsche Handelmaatschappy*, hg.v. Mimi Douwes Dekker (1900). Amsterdam: Elsevier, 9de druk (zitiert nach http://www.dbnl. org/).

Neijt, Anneke (1991): *Universele fonologie*. Dordrecht: Foris Publications.

De nieuwe rarekiek van den ouden korporaal Smit (1877). Anonym. Haarlem: J. M. Schalekamp.

De Nieuwe Bijbelvertaling (2004). hg.v. Nederlands Bijbelgenootschap. (http://www.bijbel.net).

Nieuwenhuijsen, Peter M. (1995): *Het verschijnsel taal. Een kennismaking*. Bussum: Coutinho.

Nortier, Jacomine (2009): *Nederland meertalenland*. Amsterdam: Aksant.

Nübling, Damaris et al. (2006): *Historische Sprachwissenschaft des Deutschen. Eine Einführung in die Prinzipien des Sprachwandels*. Tübingen: Narr.

Van Oostendorp, Marc (2004): *Taalvariatie in Nederland: Limburgse tonen*. (http://www. vanoostendorp.nl/pdf/atlascursus02.pdf).

Van Oostendorp, Marc (1999): 1950–1959. Honderd jaar revolutie. Taalwetenschap in de twintigste eeuw. In: Peter Burger, Jaap de Jong (Hg.): *Taalboek van de eeuw*. Den Haag – Antwerpen: Sdu/Standaard, 120–135.

Van Oostendorp, Marc (1996): *Tongval; Hoe klinken Nederlanders?* Amsterdam: Prometheus. (http://www.vanoostendorp.nl/fonologie/tongval/index.html).

Van Oostendorp, Marc & Ton van der Wouden (1998): Corpus Internet. In: *Nederlandse Taalkunde* 3, 347–361.

Osthoff, Hermann & Karl Brugmann (1878ff.): *Morphologische Untersuchungen auf dem Gebiete der indogermanischen Sprachen*. Nachdruck der Ausgabe Leipzig 1878–1890 als Documenta Semiotica. Hildesheim – New York: Georg Olms Verlag (1974/1975).

Paardekooper, Petrus Cornelis (1963): *Beknopte ABN syntaksis*. Im Selbstverlag.

Peters, Robert (2006): Der Ortspunkt Zwolle im Atlas spätmittelalterlicher Schreibsprachen des niederdeutschen Altlandes und angrenzender Gebiete. In: *Taal & Tongval* 58, 123–147.

Pollmann, Thijs & J. A. le Loux-Schuringa (1988): *Woorden, klanken, zinnen, talen. Een inleiding in de taalkunde*. Tweede herziene druk. Leiden: Nijhoff.

Postma, Gertjan (2006), Van groter dan naar groter als – structurele oorzaken voor het verval van het comparatieve voegwoord dan. *Nederlandse Taalkunde* 11, 2–22.

Quak, Arend (2008): *Echt Oudnederlands?* (Oratie uitgesproken door Prof.dr. A. Quak bij de aanvaarding van het ambt van bijzonder hoogleraar in de Oud-Germaanse Filologie aan de Universiteit Leiden vanwege het LUF). Leiden: Universiteit Leiden.

Renkema, Jan (2011): Een verkennend onderzoek naar taalverruwing. *Internationale Neerlandistiek* 49(1), 25–43.

Renkema, Jan (2004): Alles wat waar is, is koud zonder waarde. *Onze Taal*, 73, 120–122.

Van Rheeden, Hadewych A. (1995): *Het Petjo van Batavia: ontstaan en structuur van de taal van de Indo's*. Amsterdam: Universiteit van Amsterdam, Instituut voor Algemene Taalwetenschap.

Rietveld, A. C. M. & V. J. van Heuven (2009): *Algemene fonetiek*. Bussum: Coutinho.

Römer, Christine (2006): *Morphologie der deutschen Sprache*. Tübingen – Basel: A. Francke Verlag.

Rosenkranz, S. (2008): Niederlande Mordsgouda. In: *Stern* 26, 19.06.2008.

Salverda, Reinier (2006): Over de sterke werkwoorden in het Nederlands, Engels en Duits. In: Matthias Hüning et al. (Hg.), *Nederlands tussen Duits en Engels. Handelingen van de workshop op 30 september en 1 Okotber 2005 aan de Freie Universität Berln*. Leiden: SNL, 163–181.

Sanders, Ewoud (2005): De scrabblemythe: "staat een woord niet in het woordenboek, dan bestaat het niet". In: *Onze taal* 74 (7–8), 184–186.

SAND = Sjef Barbiers et al. (2005: deel 1); Sjef Barbiers et al. (2007: deel 2): *Syntactische Atlas van de Nederlandse Dialecten*. Amsterdam: Amsterdam University Press.

Van Santen, Ariane (1997): Hoe sterk zijn sterke werkwoorden? In: Ariane van Santen & Marijke van der Wal (Hg.): *Taal in tijd en ruimte*. (SNL reeks). Leiden: NN, 45–56.

Sapir, Edward (1921): *Language. An Introduction to the Study of Speech*. Book Jungle (12 Nov 2008).

Schlizio, Boris U., Ute Schürings & Alexander Thomas (2009): *Beruflich in den Niederlanden. Trainingsprogramm für Manager, Fach- und Führungskräfte*. Göttingen: Vandenhoeck & Ruprecht.

Schmidt, Wilhelm: *Geschichte der deutschen Sprache. Ein Lehrbuch für das germanistische Studium*. 10., verb. u. erw. Aufl. u.L.v. Helmut Langner & Norbert R. Wolf. Stuttgart: S. Hirzel.

Schönfeld, Moritz (1970): *Historische grammatica van het Nederlands*. (achtste druk, editie A. van Loey). Zutphen: N.V. W.T. Thieme & Cie.

Schürings, Ute (2007): Leben und Arbeiten in den Niederlanden. Eine kurze Einführung in die niederländische Arbeits- und Betriebskultur. In: Gerd Busse (Hg.): *Grenzüberschreitendes Lernen und Arbeiten*. Euregio Rhein-Waal, 1–19.

Searle, John Rogers (1969): *Speech acts. An Essay in the Philosophy of Language.* Cambridge: Cambridge University Press.

Sente Servaes. In: Maurits Gysseling (1977): *Corpus van Middelnederlandse teksten (tot en met het jaar 1300),* (Corpus Gysseling), *Cd-rom Middelnederlands.* Den Haag – Antwerpen: Sdu/ Standaard 1998.

Van der Sijs, Nicoline (Hg.) (2011): *Dialectatlas van het Nederlands.* Amsterdam: Prometheus.

Van der Sijs, Nicoline (2005a): *De geschiedenis van het Nederlands in een notendop.* Amsterdam: Bert Bakker.

Van der Sijs, Nicoline (Hg.) (2005b): *Wereldnederlands. Oude en jonge variëteiten van het Nederlands.* Den Haag: Sdu.

Van der Sijs, Nicoline (2004): *Taal als mensenwerk. Het ontstaan van het ABN.* Den Haag: Sdu.

Van der Sijs, Nicoline (2001): *Chronologisch Woordenboek. De ouderdom en herkomst van onze woorden en betekenissen.* Amsterdam – Antwerpen: Uitgeverij L.J. Veen.

Van der Sijs, Nicoline (1996): *Leenwoordenboek. De invloed van andere talen op het Nederlands.* Den Haag: Sdu.

Van der Sijs, Nicoline et al. (2009): *De geschiedenis van het Nederlands in twaalf eeuwen.* Amsterdam: Prometheus.

Van der Sijs, Nicoline, Jan Stroop & Fred Weerman (Hg.) (2007): *Wat iedereen van het Nederlands moet weten en waarom.* Amsterdam: Bakker.

Simon, Horst (2002): *Für eine grammatische Kategorie >Respekt< im Deutschen. Synchronie, Diachronie und Typologie der deutschen Anredepronomina.* Berlin: Linguistische Arbeiten 474.

Simons, Marylin (2003): *Carrousel.* Paramaribo: Okopipi.

Slippers, Jana, Anske Grobler & Neels van Heerden (2010): Afrikaans se unieke posisie en uitdagings in 'n veeltalige Suid-Afrika. In: *Acta Academica* 42(1), 132–167.

Smedts, Willy & Petrus Cornelis Paardekooper (Hg.) (1999): *De Nederlandse taalkunde in kaart.* Leuven – Amersfoort: Acco.

Smessaert, Hans (2010): *Morfologie van het Nederlands. Een inleiding.* Leuven – Amersfoort: Acco.

Smessaert, Hans (2009): *Basisbegrippen semantiek.* Leuven: Acco.

Smirnova, Elena & Tanja Mortelmans (2010): *Funktionale Grammatik. Konzepte und Theorien.* Berlin: De Gruyter.

Van Sterkenburg, Piet (2011): *Van woordenlijst tot woordenboek. Een geschiedenis van woordenboeken van het Nederlands.* Schiedam: Scriptum.

Van Sterkenburg, Piet (2009): *Een kleine taal met een grote stem. Hedendaags Nederlands.* Schiedam: Scriptum.

Stroop, Jan (2010): *Hun hebben de taal verkwanseld; over Poldernederlands, 'fout' Nederlands en ABN.* Amsterdam: Athenaeum-Polak & Van Gennep.

Stroop, Jan (2009): Groeten en wensen. In: Swanenberg, A. P. C. et al.: *Moi, adieë en salut; Groeten in Nederland en Vlaanderen.* Groesbeek: Stichting Nederlandse Dialecten, 13–23. (http://www.janstroop.nl/oudesite/artikelen/Groetenenwensen.shtml).

Stroop, Jan (Hg.) (2003): *Waar gaat het Nederlands naartoe? Panorama van een taal.* Amsterdam: Uitgeverij Bert Bakker.

Stroop, Jan (1998): *Poldernederlands. Waardoor het ABN verdwijnt.* Amsterdam: Bakker.

Van den Toorn, Maarten et al. (1997): *De geschiedenis van de Nederlandse taal.* Amsterdam: Amsterdam University Press.

Tops, Evie (2010): *Variatie en verandering van de /r/ in Vlaanderen.* Brussel: VUBPress.

Traxler, Matthew J. (2011): *Introduction to Psycholinguistics: Understanding Language Science.* Maldenet al.: Wiley-Blackwell.

Vandekerckhove, José (2005): De bokkensprongen van de taal. Over woordenschat in het Nederlands. In: André Mottart (Hg.): *Achtiende conferentie Het Schoolvak Nederlands.* Gent: Academia Press, 139–152.

Vandeweghe, Willy (2010): Modale partikels en vertaling. In: *Internationale Neerlandistiek* 48 (2), 19–30.

Vekeman, Herman W. J. & Andreas Ecke (1992): *Die Geschichte der niederländischen Sprache.* Bern – New York: Peter Lang.

Van de Velde, Hans (1996): *Variatie en verandering in het gesproken Standaard-Nederlands (1935–1993).* Nijmegen: Proefschrift K.U. Nijmegen.

Van de Velde, Hans, Marinel Gerritsen & Roeland van Hout (1995): De verstemlozing van de fricatieven in het Standaard-Nederlands. Een onderzoek naar taalverandering in deperiode 1935–1993. In: *De Nieuwe Taalgids* 88 , 422–445.

Verkuyl, Hendrik (2000): *Semantiek. Het verband tussen taal en werkelijkheid.* Amsterdam: Amsterdam University Press.

Vermaas, Johanna Aleida Maria (2002): *Veranderingen in de Nederlandse aanspreekvormen van de dertiende t/m de twintigste eeuw.* Dissertation. Utrecht: LOT.

Verschueren, Jef (1999): *Understanding Pragmatics.* London: Arnold.

Vismans, Roel (2007): Student tussen twee vuren: intercultureel tutoyeren. In: Jean-Marie Valentin et al. (Hg.): *Akten des XI. Internationalen Germanistenkongress, Paris 2005. Germanistik im Konflikt der Kulturen,* Band 2. Bern: Peter Lang, 175–182.

De Vogelaer, Gunther & Evie Coussé (2008): De kracht van disambiguering: nieuwe meervoudspronomina van het Middelnederlands tot nu. *Taal & Tongval,* Theme Issue 21 (Dialectgeografie en interne factoren), 13–35.

De Vries, Gerard (1995): *De ontwikkeling van wetenschap. Een inleiding in de wetenschapsfilosofie.* Groningen: Noordhoff Uitgevers B.V.

De Vries, Jan, Roland Willemyns & Peter Burger (1994): *Het verhaal van een taal. Negen eeuwen Nederlands.* Amsterdam: Prometheus.

De Vries, Matthias & Lammert Allard te Winkel (1898): *Woordenlijst voor de spelling der Nederlandsche taal.* 's Gravenhage: Nijhoff.

Wagenaar, Pyter (2004): *Handboek Taaletiquette. Tips voor taal en omgang.* Den Haag: Uitgeverij BZZTôH.

Van der Wal, Marijke J. (1995): *De moedertaal centraal. Standaardisatie-aspecten in de Nederlanden omstreeks 1650.* Den Haag: Sdu.

Van der Wal, Marijke J. & Cor van Bree (1992): *De geschiedenis van het Nederlands.* Utrecht: Het Spectrum.

Weerman, Fred (2003): *Een* mooie verhaal: veranderingen in uitgangen. In: Jan Stroop (Hg.), *Waar gaat het Nederlands naartoe? Panorama van een taal.* Amsterdam: Bert Bakker, 249–260.

Weijnen, Antoon (1966): *Nederlandse dialectkunde.* Assen: Van Gorcum.

Weiland, Petrus (1805): *Nederduitsche Spraakkunst.* Amsterdam: Johannes Allart.

Weiland, Petrus (1799–1811): *Nederduitsch taalkundig woordenboek.* Amsterdam: Johannes Allart.

Wenzel, Veronika (2004): Partikels in het Nederlands als vreemde taal. In: *Neerlandica Extra Muros* 42 (1), 33–43.

Wielenga, Friso (2012): *Geschiedenis van Nederland. Van Opstand tot heden.* Amsterdam: Boom Verlag.

Van Wijk, Nicolaas (1940): Het *Getijdenboek van* Geert Grote. Leiden: E.J. Brill (zitiert nach http://www.dbnl.org/).

Wilmink, Willem & W.P. Gerritsen ([7]2003): *De reis van Sint Brandaan. Een reisverhaal uit de twaalfde eeuw.* Utrecht: Aula.

Wischerhoff, Oliver (1998), Von "abartig" bis "zauberhaft". Was Deutsche von der niederländischen Sprache halten. *Nachbarsprache Niederländisch* 13/1–2, 16–42.

Woordenboek der Nederlandsche Taal (1864–1998), hg. v. De Vries, Matthias et al.: 's-Gravenhage: Martinus Nijhoff.

Van der Wouden, Ton (1996): Hoeven. In: *TABU* 26, 164–182.

Van der Wouden, Ton & Johanneke Caspers (2010): Nederlandse partikelbeschrijving in internationaal perspectief: waar zijn we eigenlijk en waar moet het toch naar toe? In: *Internationale Neerlandistiek* 48 (2), 1–10.

Internetquellen

De Belgische Grondwet. Gecoördineerde tekst van 17 februari 1994. http://www.senaat.be/www/?MIval=/index_senate&MENUID=22000&LANG=nl (abgerufen am 03.05.2013)

Frans klinkt lekkerder dan Duits. nieuwsblad.be 19 augustus 2009. http://www.nieuwsblad.be/article/detail.aspx?articleid=DMF20090819_038

Linguapolis (2008): *Taalsituatie in Brussel.* http://webh01.ua.ac.be/linguapolis/lara/Nederlands/5/Microsoft%20Word%20-%20transcriptie%20TAALSITUATIE%20IN%20BRUSSEL%20LARA.pdf

Redactie RNW (2010), *23 miljoen mensen spreken Nederlands.* 17 november 2010. http://www.rnw.nl/nederlands/article/23-miljoen-mensen-spreken-nederlands (abgerufen am 06.05.2013)

http://statbel.fgov.be/nl/statistieken/organisatie/adsei/informatie/statbel/in_de_kijker_archief/in_de_kijker_2012/belgie_telt_meer_dan_11_miljoen_inwoners.jsp

Taalpeil (2005). *De Nederlandse taal: feiten, cijfers en meningen.* http://taalunieversum.org/sites/tuv/files/downloads/taalpeil.pdf (abgerufen am 30.03.2011)

De Taalwetwijzer. Welke taal wanneer? http://brussel.vlaanderen.be/taalwetwijzer.html

http://www.bonairegov.an/pa/content/reibeweis (Aanpassingswet openbare lichamen Bonaire, Sint Eustatius en Saba, 2010) (abgerufen am 06.05.2013)

http://www.cbs.nl (abgerufen am 06.05.2013)

http://www.eerstekamer.nl/wetsvoorstel/31959_aanpassingswet_openbare (abgerufen am 06.05.2013)

http://www.ethnologue.com (abgerufen am 06.05.2013)

http://www.lc.nl/friesland/regio/article15430193.ece/Friese-tolk-helpt-advocaat-Vaatstra-verdachte

http://onzetaal.nl/nieuws/duitse-universiteit-wil-enkel-nog-vrouwelijke-functieaanduidingen (abgerufen am 21.08.2013)

http://www.spiegel.de/politik/ausland/verbreitet-die-meisten-europaeer-sprechen-deutsch-a-29660.html

http://www.statistics-suriname.org/index.php/statistieken/downloads/category/3-bevolkingsstatistieken (abgerufen am 06.05.2013)

http://www.taalunie.org (abgerufen am 06.05.2013)

http://www.volkskrant.nl/vk/nl/2672/Wetenschap-Gezondheid/article/detail/3456231/2013/06/10/Nieuw-Groene-Boekje-geen-nieuwe-regels-wel-nieuwe-woorden.dht

Sachwortregister

In dieser Auflistung sind die wichtigsten hier verwendeten sprachwissenschaftlichen Fachbegriffe aufgenommen. Neben dem deutschen Begriff steht *kursiv* die niederländische Entsprechung mit dem bestimmten Artikel; Adjektive stehen jeweils in der Grundform.